판례로 알아가는

연예매니지먼트

분쟁사례집

— ◆ 법무법인(유한) 신원 ◆ —

머리말

　　엔터테인먼트 산업의 규모가 갈수록 커지고, 새로운 매체를 통하여 다양한 형태의 콘텐츠가 유통, 소비되고 있지만, 여전히 엔터테인먼트 산업의 총아는 엔터테이너, 즉 '연예인'이라고 할 수 있다. 이 책이 다루고 있는 주제인 '연예매니지먼트'란, 쉽게 말해 '연예인을 육성하고, 연예인의 활동을 지원하는 업무'를 의미한다. 즉, 연예매니지먼트는 엔터테인먼트 산업의 발전과 함께 연예 활동 기획, 연예인의 스케줄 관리와 수익 정산과 같은 전통적인 역할에 그치는 것이 아니라, 다양한 형태의 콘텐츠 제작 및 유통까지 포괄하는 것으로 확장되고 있다. 이러한 과정에서 연예인과 매니지먼트사[1] 사이의 전속계약에 따른 분쟁은 물론이고, 연예인의 출연계약상 의무 위반, 학폭이나 미투와 같은 각종 의혹 제기로 인한 민형사상 분쟁이 발생하기도 하며, 콘텐츠의 제작 및 유통과 관련하여 저작권, 상표권, 퍼블리시티권, 초상권, 부정경쟁방지법위반과 같은 다양한 법적 이슈가 발생하기도 한다.

　　저자들은 그간 국내 유수의 매니지먼트사와 연예인들을 대리해 오면서, 많은 당사자들의 다양한 분쟁을 접할 수 있었다. 그리고 연예매니지먼트 사업을 성공적으로 영위하는 것은 물론 연예인이 성공적인 연예활동을 통해 인기를 누리기 위해서는, 엔터테인먼트 산업의 특성, 연예인이라는 직업의 특성을 이해하는 것이 기본이며, 더 나아가 연예인 개인의

---

1) 이 책에서는 '매니지먼트사'라는 용어보다는 '기획사' 또는 '회사'라는 용어로 통일하였다.

삶에서 파생되는 다양한 법적 장애물을 넘어설 수 있도록 연예인과 매니지먼트사가 함께 손을 맞잡고 대응해 나갈 준비가 필요하다는 결론을 내릴 수 있었다. 이 책에서 소개하는 다양한 사례들을 통하여, 매니지먼트사와 연예인이 그러한 준비 과정 내지 대응 과정에서 조금이나마 시사점을 얻었으면 하는 바람이다.

이 책을 집필하기 시작할 때만 해도 언론에 보도되었던 유명한 사건이나, 법적으로 중요한 쟁점을 내포하는 사건을 망라하여 모든 연예매니지먼트 분쟁 사례를 정리해 보고자 하는 욕심이 있었다. 그러나 출간을 앞둔 지금까지도 완전히 새로운 유형의 분쟁 사례가 추가되어야 할 정도로 연예매니지먼트 산업은 나날이 발전하면서 역동적으로 움직이고 있어, 결국 한 권의 책에 모든 사례를 담아내는 것은 쉽지 않았다. 또한 이 책은 주로 법원이나 수사기관의 판단이 이루어지거나 언론을 통해 공개된 사례들을 중심으로 해설하고 있는데, 이외에도 대중에게 알려지지 않은 채 물 밑에서 이루어지고 해결되었던 많은 분쟁들과 이를 해결하기 위한 노하우들을 소개하지는 못하였다는 점에서 다소 아쉬운 마음도 있다.

비록 어려운 법률 용어들이 가득하지만, 이 책이 연예인은 물론, 연예매니지먼트 산업의 종사자들, 법률전문가들, 엔터테인먼트 산업에 관심을 가진 일반인들에게, 때로는 연예인과 연예매니지먼트 산업에 대한 이해와 공감으로, 때로는 재미있는 연예 기사를 읽는 듯한 흥미로움으로, 그리고 때로는 법적 문제에 대한 진지한 해결책을 모색하기 위한 첫 단추로 다가갈 수 있길 희망한다.

법무법인(유한) 신원 | SHINWON

CONTENTS

I 형사1

- 악플과 명예훼손   9
- 가짜뉴스 유포   48
- 사생팬과 스토킹처벌   53
- 협박과 강요   88
- 성범죄   121

II 형사2

- 미투   141
- 빚투   165
- 학폭   177
- 음주운전   194
- 오디션프로그램 조작   205
- 기타 사회적 물의   210

III 초상권, 퍼블리시티권, 저작권

- 광고모델의 권리, 초상권과 퍼블리시티권   229
- 연예인 위인전   305
- 저작권의 제문제   312
- 공연실황 중계   330
- 연예인 유튜브와 SNS   338
- 팬아트와 굿즈   348

IV 계약

- 전속계약 분쟁 — 361
- 각종 출연계약 분쟁 — 487
- 연습생과 미성년연예인의 출연 — 500

V 기타

- 연예인의 미술활동 — 511
- 음원 사재기 — 517
- 암표 — 536
- 디지털 휴먼과 메타버스 — 548
- 연예인 조공 — 555
- 예술인 고용보험 — 560
- 연예인의 병역이행 — 564
- 유명연예인의 사생활과 언론보도 — 598

I.
형사1

악플과 명예훼손
가짜뉴스 유포
사생팬과 스토킹처벌
협박과 강요
성범죄

악플과 명예훼손

가 ▶ 뜨거운 감자 (Hot Issue)

2019년 10월 14일 故 설리(최진리)의 안타까운 사망소식이 전해졌고, 많은 사람들은 젊은 K-Pop 스타의 죽음에 큰 충격을 받았다. 인터넷의 익명성에 기대어 무분별하게 가해진 비난과 인신공격, 소위 '악플'에 따른 우울감이 사고의 주요 원인으로 지목되었다. 이에 사단법인 한국연예매니지먼트협회(이하 '연매협')는 2019년 10월 16일, 회원(사) 및 소속 아티스트에 대한 무분별한 사이버 언어폭력(이하 '악플')과 악플러를 근절하기 위한 초강경대응을 할 것을 선언하였다. 연매협은 대중문화예술인이 단지 '공인'이라는 이유로 감수할 부분을 넘어서 인간으로서 존엄성이 위협받고 그 가족과 주변인들까지 고통받고 있다는 것을 강조하며, 악플러들에 대하여 엄중한 처벌이 이루어질 수 있도록 수사기관에 의뢰하는 등 법적 조치하고, 정부를 상대로 청원을 하겠다고 밝혔다.

한편, 포털 사이트 다음(DAUM)은 2019년 10월 31일부터 연예뉴스의 댓글창을 없애고 인물 관련 검색어를 폐지하였으며, 네이버(NAVER)

또한 2020년 3월 5일부터 연예뉴스의 댓글기능을 모두 폐쇄하였다. 현재의 기술적 노력만으로 연예인들의 인격권 침해와 고통을 모두 해소하는 것은 역부족이라는 것이다.

나아가 박대출 등 국회의원 10인은 2020년 12월 11일 '정보통신망 이용촉진 및 정보보호 등에 관한 법률(이하 '정보통신망법')' 일부개정안(의안번호 2106387), 소위 '설리법', 또는 '최진리법'이라는 이름의 법안을 발의하였다. 위 법안은 악플을 방지하려는 목적으로, 게시글 및 댓글 등 매개 수단을 통하여 정보통신망에 따른 정보를 유통할 때에 아이디(ID, 이용자 식별부호)와 인터넷프로토콜(IP)주소를 모두 공개하고, 사이트 운영자가 이를 위반할 시 3천만원 이하의 과태료에 처한다는 것을 골자로 하고 있다. 해당 법안은 과거 폐지된 인터넷 실명제와 대비하여 '인터넷 준실명제'라고 평가할 수 있다. 이러한 인터넷 준실명제 도입에 대하여, 인터넷 이용자의 표현의 자유를 침해하는 것인지에 관한 찬반 양론이 대립하였으나, 국회 정보통신망법 심사소위원회(과학기술정보방송통신위원회)는 2021년 4월 27일 토의를 거쳐 ID를 공개하는 안을 가결하였고, 현재까지 과학기술정보방송통신위원회에 계류중이다. 대표 발의한 의원의 말처럼, '숱한 인격과 명예 살인으로 이어지는 이 비극'을 '설리법'이 끝낼 수 있을지, 그 귀추가 주목된다.

나 ▶ 법적 쟁점 (Legal Issue)

1. 악플이 범죄로 인정되는 기준은 무엇인가?
2. 악플에 대하여 어떤 조치가 가능하며, 고소 시 수사과정은 어떠한가?

다 ▶ 용어 해설

▶ 악플

악플은 악성 댓글(惡性+reply)의 줄임말로서, 상대방이 올린 글에 대한 비방이나 험담을 하는 댓글을 의미한다. 법원은 악플을 '다른 사람들의 게시물에 대하여 욕설 섞인 악성 댓글'로 정의한 바 있다(서울중앙지방법원 2017. 10. 24. 선고 2017나29452 판결).

▶ ID

아이디(ID)는 여러 사람이 공유하고 있는 정보통신망 또는 컴퓨터에서 각각의 사용자에게 부여된 고유한 명칭(기호)을 의미하고, 온라인 정보 서비스의 컴퓨터 시스템에 접속할 때 필요한 일종의 신분 증명을 의미한다(서울중앙지방법원 2019. 11. 21. 선고 2018가단5147856 판결 참조).

▶ 반의사불벌죄

피해자가 범죄자의 처벌을 원하지 않는다는 의사를 표시하면 처벌할 수 없는 범죄를 말한다. 형법상 명예훼손죄 또는 정보통신망법위반(명예훼손)죄가 대표적이다. 수사단계에서 피해자가 처벌을 희망하지 아니하는 경우 검사는 '공소권 없음'의 불기소결정을 하게 되고(검찰사건사무규칙 제115조 제3항 제4호 카목), 경찰은 '공소권 없음'의 불송치결정을 하게 된다(경찰수사규칙 제108조 제1항 제3호 타목).

▶ **친고죄**

검사의 공소를 위한 요건으로서 피해자 기타 일정한 자의 고소를 필요로 하는 범죄를 말한다. 모욕죄가 대표적이다. 고소가 없으면 공소를 제기할 수 없고, 잘못 제기된 공소에 대하여 법원은 공소기각(형사소송법 제327조 제2호) 판결을 선고하게 된다.

라 기본 법리

대한민국 헌법은 제10조에서 '모든 국민은 인간으로서의 존엄과 가치를 가지며 행복을 추구할 권리를 가진다.'라고 규정하여, 인간의 존엄성을 인정하고, 여기에서 도출되는 인격권을 보호하고 있다. 한편, 헌법은 제21조에서 '모든 국민은 언론·출판의 자유와 집회·결사의 자유를 가진다.'고 규정하여 표현의 자유를 인정하고 있다. 인터넷 공간에서 벌어지는 악플논쟁은 결국 인격권을 침해하는 표현의 자유를 어느 정도까지 인정할 수 있는지에 관한 문제로 귀결된다.

구체적으로, 형법은 제33장에서 '명예에 관한 죄'를 규정하고 있고, 사실적시 명예훼손, 허위사실적시 명예훼손, 사자(死者)명예훼손, 출판물에 의한 명예훼손, 그리고 모욕죄를 처벌하고 있다. 나아가 악플은 인터넷 공간에서 이루어지는 것을 전제로 하고 있으므로, 명예훼손에 관하여는 특별법인 '정보통신망법'이 적용된다. 일반적으로 '사이버명예훼손죄'로 지칭되는 범죄는 정확하게는 '정보통신망법위반(명예훼손)죄'이다. 그렇다면, 인터넷 악플을 고소하게 되는 경우 적용되는 법조항은 크게 '정보통신망법위반(명예훼손)죄'와 '형법상 모욕죄'로 대별되며, 때에 따라 형법상 '사자(死者)명예훼손죄' 등이 문제되는 사안도 있다.

그런데 법률 규정에 대한 네티즌들의 지식수준이 높아지면서 인터넷 댓글은 날이 갈수록 지능화되고 있으며 교묘하게 '명예훼손'과 '모욕'의 경계를 줄타기하고 있다. 또한 댓글 삭제 후 회원 임의 탈퇴 또는 외국계 기업의 비협조 등으로 수사 자체가 난항을 겪는 경우도 빈번하다. 이에 고소가 가능한 사안인지, 처벌까지 할 수 있는 문제인지에 관하여 점점 복잡한 법률판단이 필요하게 되는 추세이다. 따라서 연예인 매니지먼트에 있어서도 악플과 관련된 법률지식이 어느 정도 요구되는 바, 이하 '관련 사례'에서 구체적인 판례를 통해 관련 법리를 살펴보기로 한다.

구체적인 판례보다 우선적으로 기억해야 할 내용은, **모욕죄는 친고죄이므로 범인을 알게 된 날로부터 6월 내에 고소장을 제출해야 한다**는 점이다(형사소송법 제230조 제1항). 사이버명예훼손죄의 '비방할 목적' 및 '사실적시' 요건을 충족하였다고 보기에 애매한 댓글들이 많은 관계로, 실제 사안에서는 모욕죄를 예비적으로 추가하는 경우가 빈번하다. 따라서 악플러를 처벌하기 위해서는 우선 고소기간을 잘 확인해야 한다.

마 관련 법령

「정보통신망 이용촉진 및 정보보호 등에 관한 법률」

제70조(벌칙)

① 사람을 비방할 목적으로 정보통신망을 통하여 공공연하게 사실을 드러내어 다른 사람의 명예를 훼손한 자는 3년 이하의 징역 또는 3천만원 이하의 벌금에 처한다.

② 사람을 비방할 목적으로 정보통신망을 통하여 공공연하게 거짓의 사실을 드러내어 다른 사람의 명예를 훼손한 자는 7년 이하의 징역, 10년 이하의 자격정지 또는 5천만원 이하의 벌금에 처한다.

③ 제1항과 제2항의 죄는 피해자가 구체적으로 밝힌 의사에 반하여 공소를 제기할 수 없다.

▶ 구성요건: ① 비방할 목적 ② 공연성 ③ 특정성 ④ 사실 또는 허위 사실의 적시

「형법」

제307조(명예훼손)

① 공연히 사실을 적시하여 사람의 명예를 훼손한 자는 2년 이하의 징역이나 금고 또는 500만원 이하의 벌금에 처한다.

② 공연히 허위의 사실을 적시하여 사람의 명예를 훼손한 자는 5년 이하의 징역, 10년 이하의 자격정지 또는 1천만원 이하의 벌

금에 처한다.

제308조(사자의 명예훼손)

공연히 허위의 사실을 적시하여 사자의 명예를 훼손한 자는 2년 이하의 징역이나 금고 또는 500만원 이하의 벌금에 처한다.

제309조(출판물 등에 의한 명예훼손) (생략)

제310조(위법성의 조각) (생략)

제311조(모욕)

공연히 사람을 모욕한 자는 1년 이하의 징역이나 금고 또는 200만원 이하의 벌금에 처한다.

제312조(고소와 피해자의 의사)

① 제308조와 제311조의 죄는 고소가 있어야 공소를 제기할 수 있다.

② (생략)

「성폭력범죄의 처벌 등에 관한 특례법」

제13조(통신매체를 이용한 음란행위)

자기 또는 다른 사람의 성적 욕망을 유발하거나 만족시킬 목적으로 전화, 우편, 컴퓨터, 그 밖의 통신매체를 통하여 성적 수치심이나 혐오감을 일으키는 말, 음향, 글, 그림, 영상 또는 물건을 상대방에게 도달하게 한 사람은 2년 이하의 징역 또는 2천만원 이하의 벌금에 처한다.

바 관련 사례

> **Case 1-1** 허위사실을 유포하면 징역형도 선고 받을 수 있다!
> 서울중앙지방법원 2012. 7. 6. 선고 2011고단146 판결
> 서울중앙지방법원 2012. 10. 10. 선고 2012노2470 판결
> 대법원 2013. 1. 4. 선고 2012도12888 판결

1. 사실 관계

피고인들은 인터넷 카페인 N의 회원들이다. N은 2010년 5월경 O가 피해자 R이 S 대학교를 졸업하지 않았음에도 학력을 위조하여 마치 S 대학교를 졸업한 것처럼 행세한다고 주장하며 피해자를 비방하기 위하여 개설한 인터넷 카페이다.

O는 2010년 5월경부터 N 게시판에 'R의 학력은 모두 허위이다. R은 미국에 간 적이 없고 대학에도 간 적이 없다. R이 제시한 성적증명서, 졸업사진과 같은 자료는 R이 위조하였거나 합성하여 제출한 것이다. R은 실제 S 대학교를 졸업한 다른 사람의 이름을 도용하고 있다. R의 가족은 돈을 벌기 위하여 대한민국에서 10년간 학력, 경력을 속여 사기를 쳐 온 사기꾼 집단이다. 언론사에서 공개한 S 대학교, T 학교에서 보낸 공문은 모두 가짜이고, R이 언론사 기자들을 돈으로 매수하여 기사를 쓰게 하였다. R과 그 가족들은 이중국적자로서 모두 추방되어야 한다'라고 허위 주장을 하면서 피해자 R을 비방하는 글을 지속적으로 게시하였다. 피고

인들은 N에 회원으로 가입하여 O의 주장에 동조하면서 O가 게시한 글과 동일한 취지의 글을 게시하였다.

그러나, 피해자 R은 1988년 8월경 가족들과 함께 캐나다로 이민을 가 1992년 11월 13일 캐나다 국적을 취득하였고, 캐나다에서 1993년까지 중학교를 다니다 1994년 8월 국내에 입국하여 T 학교를 졸업한 후 1998년 9월 19일 미국 S 대학교에 입학하여 2001년 3월 23일 영문학 학사 학위를 취득하고, 학·석사연계과정(coterminal)을 통해 2002년 3월 22일 영문학 석사 학위를 취득하였다.

피해자 R은 O 및 피고인들을 비롯한 N 회원들의 허위 주장에 대응하여 2010년 5월경부터 2010년 6월경까지 ① S 대학교의 성적증명서와 졸업증명서를 공개하고, ② S 대학교의 부학장인 U의 'R은 1998년 가을 S 대학교를 입학하여 영문학 학사 과정을 졸업하고, 2002년에 석사 학위를 취득하였으며, R을 둘러싼 모든 의혹이나 의심 유발은 명백한 거짓이다'는 내용의 공문, ③ S 대학교 영문과 교수인 V의 'R은 S 대학교 학사와 석사 과정을 3년 반 만에 마치고 학위를 받았고, 상을 받은 것도 사실이며, R의 주장은 모두 진실이다'는 내용의 공문, ④ 미국 공인 학력인증기관인 National Student Clearinghouse(NSC)의 학력인증서, ⑤ S 대학교 교내 신문 기사 등 자신이 S 대학교를 졸업한 것이 사실이라는 자료를 언론을 통해 공개하여 피해자가 S 대학교를 졸업하였다는 사실에 대한 충분한 자료를 제시하였다.

그럼에도 피고인들은 아무런 증거자료가 없음에도, O와 함께 'R이 S 대학교를 졸업하였다는 것은 사실이 아니다. R이 제출한 성적증명서와 졸업사진은 위조되었다.'라는 허위 사실을 지속적으로 주장하면서 피해자 R을 비방하고 명예를 훼손하는 글을 게시하였다. 아울러, 피고인들은 R의 부친인 피해자 W가 X 대학교를 졸업하지 않았다는 사실, R의 모친인 피해자 Y가 경력을 속였다는 사실, R의 형인 피해자 Z가 미국 AA 대학교를 졸업하지 않았다는 사실 등에 대한 자료가 없음에도, 피해자 R과 그 가족들이 모두 학력, 경력 등에 대하여 거짓말을 한다고 주장하였다.

피고인들은 인터넷에 글을 게시하여 피해자 R, W, Y, Z의 명예를 훼손하고 공연히 모욕하였다는 혐의로 기소되었다.

2. 법원의 판단

서울중앙지방법원은, "피고인들은 R이 S 대학교를 졸업하지 않았음에도 학력을 위조하였다는 등의 내용을 주장하는 N 카페에 가입하여 피해자들이 학력, 경력 등을 위조하였다는 글들이 다수 게시된 N 카페 게시판에 별지와 같은 글을 게시한 점, 글의 문구나 전체적인 맥락, 글의 흐름 등으로 보아, '피해자 R이 S 대학교 학력을 사칭하고, 피해자 Z이 AA 대학교 학력을 사칭하였으며, 피해자 W가 X 대학교 학력을 사칭하고, 다단계로 사기를 치고, 피해자 W, Y가 R이나 Z의 학력을 위조하였거나 위조에 가담하였다'는 사실을 직접적으로 적시하기도 하고, '사칭'이나 '위조'라는 등의 단어를 사용하지 않았다고 하더라도 그러한 글들이 다수 게시되어 있는 게시판에 의혹제기나 추측의 형식을 빌어 피해자들의 사회적 평가가 침해될 가능성이 있을 정도의 구체적인 사실의 존재를 암시하였다고 봄이 상당하다. (생략) 피고인들은 N에 게시된 자료들만 보고 달리 사실관계의 조사나 확인 없이 R의 학력이 허위라는 글을 올렸을 뿐만 아니라 일부 피고인들의 경우는 R이 S 대학교의 성적증명서, 졸업증명서, NSC의 확인서, T학교의 확인서, S 대학교수의 확인서, 동문들의 확인서, 대학 재학시절 사진, 졸업식 사진, 대학교 교내신문 등 일반적으로 자신의 학력을 증명하기 위하여 내세울 수 있는 공적인 자료와 사적인 자료를 망라하여 공개되었음에도, 구체적이고 정확한 근거 없이 모든 자료가 위조되어 믿을 수 없다면서, R이 학력을 위조하였다는 사실을 명시 또는 암시하는 글을 게시한 것으로, 비방의 목적이나 명예훼손의 고의가 없었다고 할 수 없고, 또한 진실한 사실에 관하여 공공의 이익을 위한 것이라고 보기도 어렵다."고 판단하며 피고인들에게 징역 10월을 선고하였다.

제2심도 제1심과 같이 판단하였고, 상고는 기각되었다.

3. 해설

본 사건은 이미 10여년 전에 종결된 사건임에도 최근까지 이슈가 되고 있다. 비록 연예인은 아니지만, 2021년 4월 25일 경 있었던 한강 의대생 실종사건에 관하여 경찰이 사고사로 가닥을 잡고 있던 중 '반진사(반포한강사건 진실을 찾는 사람들)'와 같은 단체가 결성되어 활동하며 살인사건이 아니냐는 각종 의혹(소위 '음모론')을 제기하였고, 이는 대부분 사실이 아닌 것으로 밝혀졌다. 특히 코로나 시기와 겹치며 인터넷 매체에 대한 집중도가 그 어느 때보다도 높아져, 허위사실(소위 가짜뉴스)을 유포하는 유튜브나 SNS가 사회문제로 대두되기도 하였다. 2021년 6월 3일 CBS 김현정의 뉴스쇼 프로그램에서는 '타진요 11년, 판결문을 다시 읽다'라는 제목의 특집을 방송하였고, 대중들이 쉽게 확증편향이나 인지부조화에 빠지는 오류를 지적하기도 하였다.

연예인과 기획사는 대중의 관심을 받아야만 성장해 나갈 수 있다. 그러나 그 때문에 연예인이라면 악플을 다는 사람들도 포용해야 하는지, 연예인은 개인의 인격에 심각한 손상을 입고 가족이 고통에 빠지면서도 공인이라는 이유로 모든 공격을 참아내야만 하는지에 관하여 의문을 가질 수밖에 없다.

이에 법원(본 사건 제2심)은 어느 때보다 단호하게 다음과 같이 판시하였다.

"(전략) 유명 연예인의 경우 공인으로서 자연스럽게 대중의 관심을 받게 되어 그들의 신상과 경력에 관한 여러 정보가 각종 매체 등을 통하여 노출될 수밖에 없으며, 일부 정보에 관하여 다소의 의혹이 생긴다면 당사자는 그에 관한 자료를 제시하여 의혹을 해소하거나 또는 정당한 주장이라면 이를 인정하고 물의를 일으킨 행위에 대한 적절한 해명을 통하여 대중이 납득할 수 있을 정도의 처신을 할 필요성이 있음을 부인할 수 없다. 그러나 비록 공인이라고 하더라도 그러한 지위에 오르게 된 과정이나 경위와 관련된 정보 이외에 그 사람의 모든 신상정보나 경력사항, 사생활의 영역이 대중의 알 권리나 표현의 자유에서 보호되는 범위 내에 있다고 볼 수는 없고, 정당한 근거 없이 악의적으로 반복되는 의혹제기나 비방행위조차 그러한 기본권의 보호영역 내에 있다고 보기는 더욱 어려우며, (생략).

① 이 사건 범행의 동기가 불순하고 잘못된 범행이 여러 차례 반복되었으며, 범행의 방법도 천박할 뿐만 아니라 그 죄질도 매우 불량하다.

② 사실을 있는 그대로 밝히는 피해자들이 거짓말쟁이의 누명을 쓴 채 단순히 소외되는 정도로 넘어 피해자 측의 '인간으로서의 존엄과 가치'가 무시되고 그들의 행복추구권이 철저히 유린되었을 뿐만 아니라, 피해자들 중 1인은 이 사건으로 겪은 고통이나 스트레스가 하나의 원인이 되어 이 사건 제1심 계속 중 사망할 정도로 이 사건 범행으로 말미암아 실제로 발생한 피해의 결과 등도 매우 심각한 편이다.

③ (생략)

④ (생략)

⑤ 비록 위 피고인들에 의하여 저질러질 재범의 위험성은 상대적으로 적어 보이지만, **사회문제가 될 정도로 사이버공간에서 이른바 '악플'이 여전히 활개치고 있는 데다가, 삐뚤어진 군중심리에 편승하여 더불어 함께 살아야 할 우리 사회의 소중한 구성원을 헐뜯고 박해하면서 소외시키는 이른바 '왕따 현상' 등이 엄존하는 현실 하에서, 장차 사이버공간에서 '인간으로서의 존엄과 가치'를 갖는 또 다른 피해자를 상대로 한 비슷한 유형의 불행한 일(매우 잘 못된 범죄 행위)이 재발될 사회적 위험성이 비교적 큰 편이고, 이러한 사회 분위기 속에서 이 사건 범행과 같이 우매한 짓의 재발을 막기 위하여서라도 '일**

벌백계의 처방'은 반드시 필요한 것으로 보인다.

⑥ 이렇듯 또 다른 여러 양형의 조건들을 종합적으로 고려하면, 제1심이 위 피고인들에게 선고한 각각의 형이 너무 무거워 부당하다고 속단하기에도 여전히 주저된다."

위 판결 이후 11년이 지났지만, 악플러의 공격으로 인하여 고통받는 유명인들은 여전히 감내할 것을 요구받고, 일부 기획사들은 여전히 형사고소를 주저하고 있다. 그러나 우리 법원은 이미 10년 전에도 인간의 존엄성을 짓밟는 악플러를 단호하게 처벌하여야 한다는 입장이었다. 피해자들이 겪는 정신적인 고통은 스스로 목숨을 끊을 정도로 막대하다. 기획사로서는 소속 연예인의 마음의 상처가 더 커지기 전에 법의 도움을 받는 방법도 생각해 볼 필요가 있다.

Case 1-2 허위사실을 유포하면 경미한 사안의 경우 대체로 벌금형에 처해진다.
수원지방법원 성남지원 2020. 5. 12. 선고 2019고단2914 판결

---

1. 사실관계

A는 2019년 6월 27일 15:29경 A의 거주지인 성남시 분당구 B아파트 C호에서 컴퓨터를 이용하여 A가 인터넷 사이트인 "D"에 개설한 블로그(E)의 "핫이슈" 게시판에 "F"라는 제목으로 피해자 G의 사진과 함께 "1. G 과거 스폰서가 결정적인 이혼타, 2. G가 보유한 홍콩에서 가장 비싼 집과 연관되어 있음, 3. G 실제 클래스>>>>넘사벽 H 및 한국 기타연예인,

이유는 월드클래스의 막강한 재벌스폰서가 있었기에", "중국 거물의 스폰으로 G가 중국 시장에 진출해서 탑급 탤런트로 인정받고 현지 연예인 뺨 치는 출연료를 받아서 한국연예인 중에서도 탑클래스의 자산을 보유하게 된 계기가 된 것으로 추정된다", "G는 홍콩에 I 등 탑급에 가까운 연예인들이나 홍콩 준재벌에 속하는 사람들이 사는 가장 비싼 모 하우스(종류는 얘기 안 하려고)를 보유하고 있었다. 알기론 I도 그분이 스폰해 줌. 이 분은 동양계 연예인들을 자기 스타일이면 돈 아끼지 않고 거의 다 스폰 주고 있다", "G 결혼 후 그 집 처분으로 아마 스폰이랑 트러블이 생겼을 것으로 추정. H라는 어데 한국 들보잡이 이 사실을 알게 된 거지", "이 사실을 안 H는 자존심 상해서 중국시장 진출에 자발적 거부감이 들지 않았을까 싶음", "G를 건드릴 수 있는 한국재벌이나 정치인들이 별로 없어. 그 중국인 거물 스폰 때문에. 그 분 영향력은 커", "중국의 모든 돈 되는 예능은 G의 스폰서 그 분을 배제할 수가 없음. 다들 G가 뭐 남자 밝힌다 아이 못 낳아서 이런 식이던데 아냐"라는 내용의 글을 게시하였다.

이로써 A는 피해자를 비방할 목적으로 정보통신망을 통하여 공공연하게 거짓의 사실을 드러내어 피해자의 명예를 훼손한 혐의로 기소되었다.

2. 법원의 판단

법원은 2020년 5월 12일 A에게 벌금 200만원을 선고하였다.

법원은, "본인의 인터넷 블로그의 게시판에 판시와 같이 연예인 부부인 피해자 부부가 이혼하게 된 내막에 대하여 인터넷에서 떠도는 루머를 정리한다는 명목으로 그 진위 여부에 대한 아무런 근거 없이 '피해자가 중국의 거물 스폰서로부터 거액의 지원을 받아왔고, 이를 피해자의 배우자가 알게 되어 둘 사이가 틀어지게 되었다'는 취지로 여성 연예인인 피해자의 명예와 이미지에 치명적인 손상을 가하는 허위의 글을 게시하였다.

다만, A가 잘못을 인정하고 반성하는 태도를 보이고 있는 점, 이 사건 범행 당시 인터넷에 피해자 부부의 이혼 원인을 두고 위 글과 같은 취지의 글을 비롯하여 다양한 내용의 루머가 떠도는 상태였던 점, A가 위와 같은 인터넷 게시글을 복사하여 자신의 블로그에 올린 것이라고 주장하고 있고, 이를 배척할 만한 정황은 보이지 않는 점, 위 글은 2019년 6월 27일 게시된 후 2019년 11월 21일 이전에 삭제된 것으로 보이는 점, A에게 아무런 범죄전력이 없는 점 및 그 밖에 A의 연령과 성행, 환경, 범행 동기, 수단과 결과, 범행 후의 정황 등 제반정상을 감안하여 주문과 같이 형을 정한다."고 판시하였다.

3. 해설

이 판례는 악플러가 처벌되는 전형적인 모습을 보여준다. 누구나 이름을 대면 알 만한 연예인에 대한 허위사실을 유포한 경우 대체로 벌금형에 처해지는데, 그 형량에 관하여 법원은 앞서 양형이유로 밝힌 정황들(반성하는 태도, 악플 내용의 허위사실 정도, 직접 지어낸 것인지 여부, 전과, 연령, 성행, 환경, 동기, 수단과 결과, 범행 후 정황 등)을 고려하게 된다. 한편 사이버명예훼손죄는 전파가능성이 높다고 보아 가중처벌하고 있다 (아래 양형기준 참조). 허위사실적시의 경우 벌금형의 법정형이 '5천만원 이하'로 규정되어 있어 비교적 높은 편이다.

유형	구분	감경	기본	가중
1	일반 명예훼손	~ 6월	4월 ~ 1년	6월 ~ 1년6월
2	출판물등·정보통신망 이용 명예훼손	~ 8월	6월 ~ 1년4월	8월 ~ 2년6월

구분		감경요소	가중요소
특별 양형 인자	행위	• 범행가담에 특히 참작할 사유가 있는 경우 • 참작할 만한 범행동기 • 허위사실 적시의 정도가 경미한 경우 • 미필적 고의 • 전파가능성이 낮은 경우(2유형) • 사자에 대한 명예훼손의 경우	• 비난할 만한 범행동기 • 피해자에게 심각한 피해를 야기한 경우 • 범행수법이 매우 불량한 경우 • 군형법상 상관에 대한 명예훼손의 경우 • 피지휘자에 대한 교사
	행위자/기타	• 청각 및 언어장애인 • 심신미약(본인책임 없음) • 자수 • 처벌불원 또는 실질적 피해 회복(공탁 포함)	• 동종 누범 • 아동학대처벌법 제7조에 규정된 아동학대 신고의 무자의 아동학대에 해당하는 경우 • 상습범인 경우(아동학대처벌법 제6조의 가중처벌 규정이 적용되는 경우에 한함)
일반 양형 인자	행위	• 소극 가담 • 전파가능성이 낮은 경우(1유형)	
	행위자/기타	• 심신미약(본인 책임 있음) • 진지한 반성 • 형사처벌 전력 없음 • 상당한 피해 회복(공탁 포함)	• 이종 누범, 누범에 해당하지 않는 동종 실형 전과(집행 종료 후 10년 미만) • 합의 시도 중 피해 야기(강요죄 등 다른 범죄가 성립하는 경우는 제외)

[허위사실 적시 명예훼손 양형기준]

[Case 1-2] 관련 법리

▶ 공인에 대한 표현의 자유의 한계 = 순수한 사적 영역은 침해할 수 없다!

민주주의 국가에서는 여론의 자유로운 형성과 전달에 의하여 다수의견을 모아 민주적 정치질서를 생성·유지시켜 나가는 것이므로 표현의 자유, 특히 공익적 영역에 대한 표현의 자유는 중요한 헌법상의 권리로서 최대한 보장되어야 한다. 그러나 그에 못지 않게 개인의 명예나 사생활의 자유와 비밀 등 다른 법익도 충분히 보호되어야 하므로, '인격권으로서의 개인의 명예보호'와 '표현의 자유의 보장'이라는 두 법익이 충돌하였을 때 그 조정을 어떻게 할 것인지는 표현의 자유로 얻어지는 이익, 가치와 인격권의 보호에 의하여 달성되는 가치를 비교·형량하여 그 규제의 폭과 방법을 정하여야 한다(대법원 1998. 7. 14. 선고 96다17257 판결 등 참조).

이러한 표현의 자유에 대한 규제 기준은 표현된 내용이 사적 관계에 관한 것인가 공적 관계에 관한 것인가에 따라 차이가 있는데, 그 표현의 상대방인 피해자가 공적인 존재인지 사적인 존재인지, 그 표현이 공적인 관심 사안에 관한 것인지 순전히 사적인 영역에 속하는 사안에 관한 것인지, 그 표현이 객관적으로 국민이 알아야 할 공공성, 사회성을 갖춘 사안에 관한 것으로 여론형성이나 공개토론에 기여하는 것인지 아닌지 등을 따져보아 공인에 대한 공적 관심 사안과 사적인 영역에 속하는 사안 간에는 심사기준에 차이를 두어야 한다. 이 때 그 **표현이 사적인 영역에 속하는 사안에 관한 것인 경우에는 언론의 자유보다 명예의 보호라는 인격권이 우선할 수 있으나, 공공적·사회적인 의미를 가진 사안에 관한 것인 경우에는 그 평가를 달리하여 표현의 자유를 더 넓게 인정해야 한다**(대법원 2002. 1. 22. 선고 2000다37524, 37531 판결 등 참조).

▶ '비방할 목적'과 '공공의 이익'은 서로 대척되는 관계!

정보통신망법 제70조 제1항과 제2항에서 규정한 '사람을 비방할 목적'은 가해의 의사나 목적을 의미하는데, '사람을 비방할 목적'이 있는지는 당해 적시 사실의 내용과 성질, 당해 사실의 공표가 이루어진 상대방의 범위, 그 표현의 방법 등 그 표현 자체에 관한 여러 사정을 감안함과 동시에 그 표현에 의하여 훼손되거나 훼손될 수 있는 명예의 침해 정도 등을 고려하여 결정하여야 한다. 그리고 **'사람을 비방할 목적'은 공공의 이익을 위한 것과는 행위자의 주관적 의도의 방향이 서로 상반되므로, 적시한 사실이 공공의 이익에 관한 것인 경우에는 특별한 사정이 없는 한 비방할 목적이 있다고 볼 수 없다.** 여기서 '적시한 사실이 공공의 이익에 관한 것'이란 적시한 사실이 객관적으로 볼 때 공공의 이익에 관한 것으로서 행위자도 주관적으로 공공의 이익을 위하여 그 사실을 적시한 것이어야 하고, '공공의 이익'에는 널리 국가·사회 기타 일반 다수인의 이익뿐만 아니라 특정한 사회집단이나 그 구성원 전체의 관심과 이익도 포함된다. 나아가 그 적시한 사실이 공공의 이익에 관한 것인지는 당해 표현으로 인한 피해자가 공무원 또는 공적 인물과 같은 공인지 아니면 사인에 불과한지, 그 표현이 객관적으로 국민이 알아야 할 공공성·사회성을 갖춘 공적 관심 사안에 관한 것으로 사회의 여론형성 또는 공개토론에 기여하는 것인지 아니면 순수한 사적인 영역에 속하는 것인지, 피해자가 해당 표현의 위험을 자초한 것인지, 그리고 그 표현에 의하여 훼손되는 명예의 성격과 그 침해의 정도, 그 표현의 방법과 동기 등 여러 사정을 고려하여 판단하여야 하고, 행위자의 주요한 동기 또는 목적이 공공의 이익을 위한 것이라면 부수적으로 다른 사익적 목적이나 동기가 내포되어 있더라도 비방할 목적이 있다고 보기는 어렵다(대법원 2011. 11. 24. 선고 2010도10864 판결 참조).

▶ 악의적 모욕은 정당행위가 성립할 수 없다!

모욕죄에서 말하는 '모욕'이란 사실을 적시하지 아니하고, 사람의 사회적 평가를 저하시킬 만한 추상적 판단이나 경멸적 감정을 표현하는 것인 바, 어떤 글이 이러한 모욕적 표현을 담고 있는 경우에도 그 글을 게시하게 된 동기나 그 경위 및 배경, 글의 전체적인 취지, 구체적인 표현방법, 전제된 사실의 논리적·객관적 타당성, 그 모욕적 표현이 그 글 전체에서 차지하는 비중과 전체적인 내용과의 연관성 등을 고려하여 볼 때, 그 글이 객관적으로 타당성이 있는 사실을 전제로 하여 그 사실관계나 이를 둘러싼 문제에 관한 자신의 판단과 피해자가 취한 태도 등이 합당한가 하는데 대한 자신의 의견을 밝히고, **자신의 판단과 의견이 타당함을 강조하는 과정에서 부분적**

으로 모욕적인 표현이 사용된 것에 불과하다면, 다른 특별한 사정이 없는 한 이는 사회상규에 위배되지 않는 행위로서 형법 제20조에 의하여 **위법성이 조각**된다고 보아야 한다(대법원 2003. 11. 28. 선고 2003도3972 판결, 대법원 2008. 2. 28. 선고 2007도9411 판결 참조).

공적인 존재의 공적인 관심사에 관한 문제의 제기가 널리 허용되어야 한다고 하더라도 구체적 정황의 뒷받침도 없이 악의적으로 모함하는 것이 허용되지 아니하도록 경계해야 함은 물론 **구체적 정황에 근거한 것이라 하더라도 그 표현방법에 있어서는 상대방의 인격을 존중하는 바탕 위에서 어휘를 선택하여야 하고, 아무리 비판을 받아야 할 사항이 있다고 하더라도 모멸적인 표현으로 인신공격을 가하는 경우에는 정당행위가 성립될 수 없다**(대법원 2008. 4. 24. 선고 2006도4408 판결 참조).

▶ 1:1 메시지를 보내도 전파가능성이 있다면 명예훼손죄가 성립한다!

명예훼손죄의 관련 규정들은 명예에 대한 침해가 '공연히' 또는 '공공연하게' 이루어질 것을 요구하는데, '공연히' 또는 '공공연하게'는 사전적으로 '세상에서 다 알 만큼 떳떳하게', '숨김이나 거리낌이 없이 그대로 드러나게'라는 뜻이다. 공연성을 행위 태양으로 요구하는 것은 사회에 유포되어 사회적으로 유해한 명예훼손 행위만을 처벌함으로써 개인의 표현의 자유가 지나치게 제한되지 않도록 하기 위함이다. 대법원은 명예훼손죄의 구성요건으로서 공연성에 관하여 '불특정 또는 다수인이 인식할 수 있는 상태'를 의미한다고 밝혀 왔고, 이는 학계의 일반적인 견해이기도 하다. 대법원은 명예훼손죄의 공연성에 관하여 개별적으로 소수의 사람에게 사실을 적시하였더라도 그 상대방이 불특정 또는 다수인에게 전파할 가능성이 있는 때에는 공연성이 인정된다고 일관되게 판시하여, 이른바 **'전파가능성 이론'**은 공연성에 관한 확립된 법리로 정착되었다. 이러한 법리는 정보통신망법상 정보통신망을 이용한 명예훼손이나 공직선거법상 후보자비방죄 등의 공연성 판단에도 동일하게 적용되어, 적시한 사실이 허위인지 여부나 특별법상 명예훼손 행위인지 여부에 관계없이 명예훼손 범죄의 공연성에 관한 대법원 판례의 기본적 법리로 적용되어 왔다.

인터넷, 스마트폰과 같은 모바일 기술 등의 발달과 보편화로 SNS, 이메일, 포털사이트 등 정보통신망을 통해 대부분의 의사표현이나 의사전달이 이루어지고 있고, 그에 따라 정보통신망을 이용한 명예훼손도 급격히 증가하고 있다. 이러한 정보통신망을 통한 정보유통과정은 비대면성, 접근성, 익명성 및 연결성 등을 본질적 속성으로 하고 있어서, 정보의 무한 저장, 재생산 및 전달이 용이하므로, 정보통신망을 이용한 명예훼손은 '행위 상대방'이 누구인지 범위와 경계가 불분명해지고, 명예훼손 내용을 소수에게만 보냈음에도 행위 자체로 불특정 또는 다수인이 인식할 수 있는 상태를 형성하는 경우가 다수 발생하게 된다. 특히 정보통신망에 의한 명예훼손의 경우 행위자가 적시한 정보에 대한 통제가능성을 쉽게 상실하게 되고, 빠른 전파성으로 인하여 피해자의 명예훼손의 침해 정도와 범위가 광범위하게 되어 표현에 대한 토론과 반론을 통한 자정작용이 사실상 무의미한 경우도 적지 않다.

따라서 특히 정보통신망을 이용한 명예훼손 행위에 대하여, 상대방이 직접 인식하여야 한다거나, 특정된 소수에게 전달된 것으로는 공연성을 충족하지 못한다는 법리를 내세운다면 문제 해결 기준으로 기능하기 어렵게 된다. 오히려 특정 소수에게 전달한 경우에도 그로부터 불특정 또는 다수인에 대한 전파가능성 여부를 가려 개인의 사회적 평가가 침해될 일반적 위험성이 발생하였는지를 살피는 것이 실질적인 공연성 요건에 부합된다. 이러한 공연성의 의미는 형법과 정보통신망법 등의 특별법에서 동일하게 적용되어야 한다(대법원 2020. 11. 19. 선고 2020도5813 전원합의체 판결 참조).

> **Case 2-1** 악플러에게 민사상 위자료를 받아낼 수도 있다!
> 서울중앙지방법원 2019. 11. 1. 선고 2018가단5275331 판결 (확정)

1. 사실 관계

A는 개그맨 출신 BJ로 활동 중인 사람이다. B는 2016년 12월 3일 모 온라인 커뮤니티에 게시된 'A의 방송 중에 군대 언제 가냐고 묻는 시청자'라는 제목의 글에 욕이 섞인 댓글을 달았다. 악플러들은 2015년 A의 어머니가 사망했음에도 불구하고 능욕하는 글을 올리고, A가 병역을 회피한다고 허위사실을 유포했다. 악플이 계속되자 A가 참석하기로 한 행사가 항의 전화로 인해 취소되고, A는 정상적인 생활을 할 수 없는 등 정신적 고통을 받았다.

아래 내용은 해당 사건의 소장 중 '청구원인' 일부를 발췌한 내용이다.
"(생략) 악플러들은 원고(개그맨 A)와 전혀 상관없는 기사에도 원고에 관한 욕설을 남기고, 2015년에 원고 어머니가 사망하셨는데 어머니에 대한 능욕의 글도 올리고, 원고가 병역을 회피한다고 허위사실을 유포하고 있고, 그런 글들을 게시하면 원고를 잘 알지 못하는 사람들도 원고를 병역기피자로 인식하게 되고, 이런 악플이 계속되자 원고가 하기로 한 행사에 항의 전화가 다수 와서 행사가 취소되기도 하고, 행사 주최 측에서 먼저 취소하기도 하고, 촬영하는 곳으로 찾아와 '군대 가라'고 소리치거나 방송을 하는 중에 욕을 하거나 '죄는 짓지 말고 살아라'라고 소리를 치는 등으로 방송을 방해하였습니다. 원고가 시내를 나가면 원고를 알아보고 휴대폰으로 사진을 촬영하여 자신들의 SNS에 게시하고, 원고에 관한 기사에 악성 댓글을 다는 등 행위를 하고 있고, 원고는 집 밖으로 나가는 것 자체가 큰 스트레스이고 방송도 하기 어렵고 정상적인 생활이 불가능해졌습니다."

2. 법원의 판단

A는 B에 대해 민사상 불법행위에 기한 위자료 300만원을 청구하였는데, 제1심 법원은 정신적 손해배상 50만원 및 이에 대한 지연손해금을 인정하였고, 판결은 그대로 확정되었다.

3. 해설

악플러에 대한 민사상 손해배상 청구는 원칙적으로 형사처벌과 관계없이 별도로 진행할 수 있으며, 정신적 고통에 대한 위자료를 받는 것을 목적으로 한다. 다만, 정보통신망을 이용해 익명으로 이루어지는 공격은 가해자의 특정이 불가능하므로 수사기관의 힘을 빌려 가해자를 찾아내기 위해 형사고소를 병행하게 된다. 또한 형사처벌이 확정될 경우 민사상 손해배상 청구에서 유력한 증거로 사용할 수 있으므로, 형사고소를 우선하여 진행하는 것이 일반적이다.

정신적 고통에 대한 위자료는 증명이 쉽지 않으나, 대체로 피해자(비방

대상)의 사회적 지위, 비방의 내용과 반복성 정도, 유명한 사이트 혹은 게시판이어서 많은 사람이 보았는지(파급력) 등을 고려하여 원고가 청구한 범위 내에서 법원이 재량으로 정하게 되며, 피해자가 유명인일수록, 조회 수가 높을수록, 댓글보다는 게시글일수록 더 큰 손해배상액이 인정될 가능성이 높다. 명예훼손은 피해자의 사회적 평가를 저하시키는 것을 의미하는데, 사회 유력 인사일수록 그동안 쌓아온 평판이 일거에 무너질 수 있으므로, 그에 상응하여 대체로 위자료 액수가 높아질 수 있다(물론 모든 경우에 그와 같은 공식이 적용되는 것은 아니다).

구체적 사안에 따라 다르지만, 위자료 액수는 본 사건과 같이 수십만 원 수준에 이르기도 하고, 때에 따라 수백만원 이상이 인정되는 경우도 있다. 이때 패소한 당사자는 상대방의 소송비용(변호사비 중 일부를 포함)까지 물어내야 한다.

> **Case 2-2** 악플이 방치된 게시판의 폐쇄 청구를 할 수 있을까?
> 서울중앙지방법원 2021. 10. 28. 선고 2020가합541521 판결

1. 사실 관계

유명 아이돌 그룹 W의 멤버 K의 기획사 G는 법원에 D사이트 'W출신 오디션 게시판'을 폐쇄할 것을 청구하였다. G의 주장에 의하면 해당 게시판에 K의 사생활을 침해하거나 명예를 훼손하는 모욕적이고 경멸적인

게시물들이 수만 건씩 게시되어 방치되고 있는데, D사이트는 인터넷게시판 관리를 제대로 하지 않으므로, 게시판을 폐쇄하는 것만이 현재 이루어지고 있는 K에 대한 침해행위 및 장래에 생길 침해를 예방하기 위한 유일한 방안이라는 것이다.

2. 법원의 판단

법원은 우선, 인터넷게시판의 게시물들로 사생활을 침해당하거나 명예를 훼손당하는 주체는 가수 K인데, 연예기획사인 G가 자신의 어떠한 권리를 침해당하였다고 보기는 어렵고, G가 K의 권리를 소송상 대신 행사하는 것도 허용될 수 없어 G의 청구를 받아들일 수 없다고 판시하였다.

나아가 법원은, 설령 K의 권리를 G가 대신 행사하는 것이 허용된다고 보더라도, 그 곳에 게재되는 표현물들에 대한 지나친 간섭에 나서게 된다면 인터넷 이용자들이 가지는 표현의 자유는 위축될 것이므로, 위 사업자의 인터넷 게시공간 관리책임은 불법성이 명백한 게시물로 인한 타인의 법익 침해 가능성을 충분히 인지할 수 있고 그의 관리가 미칠 수 있는 일정한 범위 내에서 제한적으로 인정되어야 한다는 취지로 판시하였다.

그런데 이 사건에서는 "① 정보통신서비스 제공자인 D가 인터넷게시판 삭제 기준 등을 이용자들에게 알리고, 인터넷게시판 관리팀을 운영하면서, 특정 연예인을 모욕하거나 명예훼손하는 등의 게시물에 대한 신고가 들어오면 내부 검토 등을 거쳐 그 게시물을 삭제하려고 노력해 온 것으로 보이는 점, ② 이 사건 인터넷게시판은 K 개인에 대한 인터넷게시판이 아니라 W라는 프로그램에 관련된 인터넷게시판으로서 위 인터넷게시판에는 K와 관련되지 않은 다른 게시물들도 있는 것으로 보이는 점, ③ 2019년 말경 이 사건 게시판에 K를 비방하거나 모욕하는 내용의 게시물들이 상당수 있었던 것으로 보이기는 하나, 이 사건 변론종결 시점을 기준으로 이 사건 게시판에 게시된 게시물들 대부분이 위와 같은 게시물이라고 볼 만한 증거는 없는 점 등을 종합하여 보면, G가 제출한 증거만으로는 현재 시점에서 이 사건 인터넷게시판을 폐쇄하는 것만이 K에 대한 침해행위 및 장래에 생길 침해를 예방하기 위한 유일한 방안이라고 인정하기 부족하고 달리 이를 인정할 만한 증거가 없다"고 하여 G의 청구를 받아들이지 않았다.

결국 D사이트의 W게시판은 폐쇄되지 않았다.

3. 해설

해당 기획사는 법적 인용 가능성은 높지 않았음에도 프로그램 W게시판 폐쇄를 신청하는 초강수를 둠으로써 악플러에 대한 강경대응 의지를 보이고자 한 것으로 평가된다. 악플에 대한 법적대응으로서 프로그램 게시판 폐쇄까지 요청한 사례는 전무하였다는 점에서 이 사건은 의의가 있다. 다만 실제 게시판 폐쇄까지 이루어졌다면, 그 실효성 여부를 떠나서 악플러에 대한 상징적인 대응방법의 하나가 될 수 있었을 것이므로 다소 아쉬움이 남는다.

[Case 2-2] 관련 법리

▶ 실제로 법원의 판단으로 게시판이 폐쇄된 적 있었는지? : O

대표적으로, 하급심 판례 중 "대부분 게시물이 채권자 회사의 명예를 훼손하는 글로서 회사의 인격권을 심각하게 침해하는 불법행위에 해당하며, 이 사이트가 폐쇄되더라도 공공의 이익을 위한다는 순수한 의사를 가진 일반인들은 다른 매체를 이용하여 소위 '안티활동'을 할 수 있으므로 이 사건 안티사이트 전체의 폐쇄가 표현의 자유에 대한 과도한 제한이라고 할 수 없다."고 판시하여 게시판 폐쇄를 인정하였던 사례가 있다(서울고등법원 2004. 7. 29. 자 2003라748 결정 참조).

이와 유사한 사안에서 다른 하급심 판례는 "'J'는 신청인의 요청에 따른 피신청인의 계속된 임시조치에도 계속하여 신청인을 비방하는 내용의 게시물을 다시 게재하고 있는 점, 'J'는 이 사건 카페와 블로그에서 신청인의 얼굴을 이용한 무당의 모습을 상시로 게재하고, 원색적인 표현을 이용하여 피신청인에 대한 비방 또는 모욕을 서슴지 않고 있어 위 명예훼손적 게시물의 불법성이 명백하게 인정되는 점, 이 사건 카페와 블로그에서 위 명예훼손적 게시물이 차지하는 비중이 절대적이라는 점에다가 이 사건 카페와 블로그는 주로 신청인에 대한 명예훼손 또는 비방을 목적으로 개설된 것으로 보이는 점 등을 보태어보면, 단지 피신청인이 취하고 있는 임시조치만으로는 신청인의 인격권 또는 명예를 적절하게 보호할 수 없고, 앞으로 신청인에 대한 명예훼손적 게시물이 반복적으로 게재될 가능성도 크므로, 이를 궁극적으로 방지하기 위해 피신청인은 이 사건 카페 및 블로그를 폐쇄할 의무가 있고, 피신청인이 법원의 결정 없이는 이 사건 카페 및 블로그를 폐쇄할 권한이 자신에게 없다고 항변하고 있는 점, 앞서 본 바와 같이 신청인에게 발생하는 피해가 지속적이고도 명백하게 발생하고 있는 점 등을 고려하면 신청인에 대한 조속한 보호가 필요하다고 보이므로, 보전의 필요성도 인정된다."고 판시하여 게시판폐쇄가처분을 인용하기도 하였다(서울서부지방법원 2012. 12. 31. 자 2012카합420 결정).

▶ **인터넷 사이트 운영자에게 명예훼손 게시글을 삭제할 의무가 있는지 : O**

대법원은, "인터넷 종합 정보제공 사업자가 제공하는 인터넷 게시공간에 게시된 명예훼손적 게시물의 불법성이 명백하고, 위 사업자가 위와 같은 게시물로 인하여 명예를 훼손당한 피해자로부터 구체적·개별적인 게시물의 삭제 및 차단요구를 받은 경우는 물론, 피해자로부터 직접적인 요구를 받지 않은 경우라 하더라도 그 게시물이 게시된 사정을 구체적으로 인식하고 있었거나 그 게시물의 존재를 인식할 수 있었음이 외관상 명백히 드러나며, 또한 기술적, 경제적으로 그 게시물에 대한 관리·통제가 가능한 경우에는, 위 **사업자에게 그 게시물을 삭제하고 향후 같은 인터넷 게시공간에 유사한 내용의 게시물이 게시되지 않도록 차단할 의무가 있다.**"고 판시하여(대법원

2009. 4. 16. 선고 2008다53812 전원합의체 판결 등 참조) 일정한 전제 하에 게시글 삭제의무를 긍정하는 입장이다.

한편 대법원은, "정보통신서비스 제공자인 인터넷 사이트 운영자가 자신이 관리하는 인터넷 사이트에 타인의 명예를 훼손하거나 타인의 인격권을 침해하는 내용의 글을 방치하였을 때 그로 인한 책임을 부담하기 위해서는 그 **운영자가 그 게시물을 삭제할 의무가 있음에도 정당한 사유 없이 이를 이행하지 아니한 때여야 한다.** 이 경우 그 운영자에게 그 게시물의 삭제의무가 있는지는 **게시의 목적, 내용, 게시 기간과 방법, 그로 말미암은 피해의 정도, 게시자와 피해자의 관계, 반론 또는 삭제 요구의 여부 등 게시에 관련한 쌍방의 대응태도, 당해 인터넷 사이트의 성격 및 규모, 영리 목적의 여부, 개방정도, 운영자가 게시물의 내용을 알았거나 알 수 있었던 시점, 삭제의 기술적·경제적 난이도** 등을 종합하여 판단하여야 한다. 그런데 특별한 사정이 없다면 단지 인터넷 사이트 운영자가 제공하는 게시판 등에 다른 사람이 타인의 명예를 훼손하거나 타인의 인격권을 침해하는 글을 게시하고 그 운영자가 이를 알았거나 알 수 있었다는 사정만으로 항상 운영자가 그 글을 즉시 삭제할 의무를 지게 된다고 할 수는 없다."고 판시한 바 있는데(대법원 2003. 6. 27. 선고 2002다72194 판결 참조), 이는 운영자가 모든 글을 관리할 수 없다는 현실적 한계에서 비롯한 것이다.

> Case 3-1 **인스타그램에서 반복하여 성희롱한 자는 징역형도 선고 받을 수 있다.**
> 서울서부지방법원 2019. 11. 6. 선고 2019고단2435 판결
> 서울서부지방법원 2020. 2. 13. 선고 2019노640 판결

1. 사실 관계

B그룹은 현재는 해체되었으나 과거 매우 유명했던 걸그룹이다. B그룹의 멤버들은 많은 안티팬에게 시달려왔는데, 활동시기부터 20여 년이 지난 지금까지도 악플을 지속적으로 달아 온 안티팬이 있다.

피고인 L은 2018년경 B그룹의 전 멤버 S의 인스타그램에, 총 8회에 걸쳐 '특정 남성 배우와 성관계를 했다', '곧 기사도 퍼진다는데'라는 등 성적 수치심을 유발하는 글을 게시하였다.

이에 L은 성폭력범죄의 처벌 등에 관한 특례법(이하 '성폭력처벌법') 위반(통신매체이용음란)죄로 기소되었다.

2. 법원의 판단

가. 1심

법원은 L에게 징역 5개월을 선고하고, 80시간의 성폭력 치료프로그램 이수, 3년간 아동·청소년관련기관 취업제한을 명령하였다. L은 법정

구속되었다.

법원은 양형이유에서 '범행 횟수, 범행기간, 동종전과'를 고려했을 때 L이 강박장애가 있다거나 범행을 인정하는 태도를 보인다고 하더라도 실형선고는 불가피하다고 밝혔다.

나. 2심

법원은 L에게 징역 4개월을 선고하고, 위와 동일한 치료프로그램 이수 및 취업제한을 명령하였다(L이 이미 모욕죄로 처벌받은 바 있어 범죄 중 일부는 면소되어야 한다는 점에서 일부 감형이 이루어진 것으로 보인다).

3. 해설

성폭력처벌법상 통신매체이용음란죄는 정보통신망법상 사이버명예훼손죄보다는 법정형이 다소 낮지만, 형법상 모욕죄보다는 훨씬 법정형이 높은 죄이며, 무엇보다 명예에 관한 죄와 보호법익을 달리하고 있어서 친고죄나 반의사불벌죄에 해당하지 아니한다. 따라서 통신매체이용음란죄로 기소되는 경우, 피해자와 합의하여도 형사처벌을 받을 수 있다. 앞서 악플러들이 교묘해지면서 사이버명예훼손보다는 모욕죄로 기소되는 경우가 많아지고 있다고 하였는데, 만약 악플러가 성적수치심을 자극하는 글을 게시하는 경우에는 성폭력처벌법위반(통신매체이용음란)죄로 고소하는 것을 고려하여 볼 필요가 있다. 해당 사안처럼 악플러가 반복적으로 음란 댓글을 남긴 경우라면 실형선고도 가능하기 때문이다.

SW's comment (이것만은 알아두자)

◎ 증거자료를 어떻게 모으는가?

- ⋯› 권리를 침해하고 있는 정보(아이디, URL, 제목, 명예훼손적 표현 등)가 한 화면에 잘 드러나도록 캡처하여, 증거자료의 순번을 붙여 저장하는 것이 좋다.
- ⋯› 한편 방대한 게시물로 인해 캡처에 한계가 있어 해당 범위를 드래그 한 후 '복사-붙여넣기'하는 방식으로 제작된 엑셀파일을 증거로 제출한 사안에서, 해당 게시글이 실재한다는 점을 인정한 판례가 있다[2].

◎ 형사고소는 어떻게 해야 하는가?

- ⋯› 개정 형사소송법(2020. 2. 4. 법률 제16924호로 일부 개정된 것)이 2022년 1월 1일 시행됨에 따라 검찰의 경찰에 대한 수사지휘권이 폐지되고, 검찰의 직접 수사 범위는 경제범죄, 공직자범죄 등 6대 범죄로 제한되었다(이른바 검·경수사권 조정). 명예훼손 등 인격범죄는 위 6대 범죄에 해당하지 않기 때문에 악플러에 대한 고소장은 관할 경찰서에 접수하여야 한다.
- ⋯› 고소장을 작성하다 보면 '피고소인(=악플러)'의 인적사항을 확보하기 어려운데, 우선 피고소인란에 '성명불상자'로 기재 후 악플을 남긴 사이트 주소 및 게시물을 함께 기재하면, 추후 수사과정에서 피의자가 누구인지 특정하게 된다.

---

2) 서울중앙지방법원 2019. 11. 21. 선고 2018가단5147856 판결 참조

◎ 고소장은 어떻게 작성하는가?
  ⋯▸ 고소장은 고소의 취지, 범죄사실, 고소이유를 중심으로 처벌규정의 구성요건이 잘 드러나도록 논리적으로 써야 한다.
  ⋯▸ 고소장은 고소인 및 피고소인 인적사항(인적사항 삭제요청 등 특이사항), 고소취지, 범죄사실, 고소이유(당사자 관계, 경위, 적용법조), 처벌의 필요성과 수사진행의견, 증거자료, 관련사건이 있는지 여부(중복고소 여부, 관련 형사사건 수사유무, 관련 민사소송 유무) 등으로 구성하면 된다[3].

◎ 수사절차는 어떻게 되는가?
  ⋯▸ 고소장을 접수한 경찰은 법원으로부터 압수수색영장을 발급받아 해당 사이트에 제시함으로써 악플러의 신원을 확보하게 되는데, 아무리 신속하게 처리하여도 포털사이트 등에서 회신이 오는데 한 달 이상이 소요될 수도 있다.
  ⋯▸ 악플 개수가 많을 경우 경찰 수사관들이 '범죄일람표'를 정리해 줄 것을 요청하기도 하는데, 피의자별로 'URL, 작성일시, 게시글 제목, 혐의사실특정' 식으로 표를 만들어 두면 수사과정을 신속하게 진행할 수 있다.
  ⋯▸ 신원을 확보하기 전 악플러가 모든 게시글을 지우고 사이트에서 탈퇴할 경우 수사진행이 거의 불가능해진다. (포털사이트 등의 사업자는 이용자가 별도의 동의를 하지 않으면 탈퇴 즉시 개인정보를 파기하는 것이 원칙이기 때문이다[4].)

---

[3] 허위사실을 기재한 고소장을 수사기관에 제출하는 경우 무고죄(형법 제156조)로 처벌받을 수 있으므로 유의하여야 한다.

⋯▸ 한편, 포털사이트 별 개인정보처리방침이 다르다. 네이버(NAVER)는 '회원 탈퇴 시 지체 없이 파기'가 원칙이고, 다음(DAUM)은 '수집 및 이용목적이 달성되면 지체 없이 파기'한다.

⋯▸ 해외 사이트의 경우 신원조회가 매우 어렵다[5].

◎ 처벌수준은 어떻게 되는가?

⋯▸ 대법원 양형위원회는 명예훼손 범죄에 있어 전파가능성이 낮은 경우, 참작할 만한 동기, 허위사실적시 정도가 경미한 경우 등을 감경요소로 보고 있고, 피해자에게 심각한 피해를 야기한 경우, 범행수법이 불량한 경우, 누범 등을 가중요소로 보고 있다.

⋯▸ 사이버명예훼손의 경우 기본 6개월 ~ 1년 4개월 징역으로 형량을 정하고 있으나, **대개의 경우 벌금형**을 부과하는 것에 그치고 있다.

◎ 민사상 청구는 어떻게 하는가?

⋯▸ 악플러가 이미 형사처벌을 받았다면 민법상 불법행위책임(민법 제750조, 제751조)을 인정할 만한 유력한 근거가 되고, 악플러의 신원을 특정하여 민사상 손해배상청구를 하기에 용이할 것이다.

⋯▸ 또한 명예훼손이 있는 경우, 법원은 가해자에게 손해배상에 갈음하거나 손해배상과 함께 명예회복에 적당한 처분을 명할 수 있

---

4) **개인정보 보호법** (2020. 8. 5. 시행, 법률 제16930호)
 제21조(개인정보의 파기) ① 개인정보처리자는 보유기간의 경과, 개인정보의 처리 목적 달성 등 그 개인정보가 불필요하게 되었을 때에는 지체 없이 그 개인정보를 파기하여야 한다. 다만, 다른 법령에 따라 보존하여야 하는 경우에는 그러하지 아니하다.
 제73조(벌칙) 다음 각 호의 어느 하나에 해당하는 자는 2년 이하의 징역 또는 2천만원 이하의 벌금에 처한다.
  1의2. 제21조제1항(제39조의14에 따라 준용되는 경우를 포함한다)을 위반하여 개인정보를 파기하지 아니한 정보통신서비스 제공자 등

5) 경찰 수사관이 해외에 서버를 둔 사이트에 압수수색영장을 받는 경우 상당한 시일이 소요될 뿐 아니라, 개인 프라이버시와 표현의 자유를 중시하는 영미권 국가 사업자일수록 명예훼손 수사에는 비협조적인 편이다.

다(민법 제764조).

→ 이외에 인격권에 기초하여 가해자에 대하여 현재 이루어지고 있는 침해행위를 배제하거나 장래에 생길 침해를 예방하기 위하여 침해행위 금지를 구할 수 있다[6].

---

6) 대법원 2013. 3. 28. 선고 2010다60950 판결 참조

🔍 민형사상 조치 이외의 대응방법

◎ 온라인 신고 및 상담

- 경찰청 사이버안전지킴이 인터넷 홈페이지를 통한 신고
- 방송통신심의위원회 전자민원 또는 상담전화(국번없이 1377)를 통한 상담

◎ 정보통신서비스 제공자에게 댓글삭제 및 블라인드 처리 요청

- 명예훼손 등 침해를 받은 자는 정보통신서비스 제공자에게 침해사실을 소명하여 그 정보의 삭제 또는 반박내용의 게재를 요청할 수 있다(정보통신망법 제44조의2 제1항).
- 정보통신서비스 제공자가 삭제요청을 받은 경우, 당사자 간 다툼이 예상되면 30일간 해당 정보에 대한 접근을 임시적으로 차단하는 조치(이른바 '블라인드 처리')를 할 수 있다(정보통신망법 제44조의2 제4항).

◎ 방송통신심의위원회를 통한 구제 방법

- 정보통신망을 통하여 명예훼손을 당한 자는 방송통신심의위원회에 분쟁조정을 신청할 수 있다. 분쟁당사자가 방송통신심의위원회의 조정안을 제시받은 날로부터 15일 내에 이를 수락하면, 심의위원회는 즉시 조정서를 작성하여 당사자에게 교부하여야 한다. 조정서는 재판상 화해의 효력이 있고, 확정판결과 동일한 효력을 가진다.
- 사생활침해 또는 명예훼손에 의하여 권리를 침해당하였다고 주장하는 자는 민형사상 소를 제기하기 위하여 방송통신심의위원회 명예훼손 분쟁조정부에 해당 이용자의 정보(성명과 주소 등 최소한의 정보)를 제공하여 줄 것을 청구할 수 있다.
- 명예훼손, 모욕, 초상권 등 침해정보에 대하여, 피해를 입은 당사자 및 대리인은 방송통신심의위원회 권익보호국에 해당 정보를 삭제하거나

접속 차단하여 줄 것을 신청할 수 있으며, 이러한 신청은 방송통신심의위원회의 홈페이지를 통해서도 가능하다.

가짜뉴스 유포

가 ▶ 뜨거운 감자 (Hot Issue)

2022년 12월 말 외식사업가이자 배우 소유진의 남편인 백종원의 사망설이 온라인을 뜨겁게 달궜다. 유튜브 검색창에 백종원까지만 입력해도 사망설이 연관검색어로 확인될 정도였다. 이처럼 연예인에 관한 소식은 쉽게 대중들의 관심을 끌기 때문에 가짜뉴스의 소재가 되기 쉽다. 그러나, 가짜뉴스의 대상이 된 연예인은 고스란히 그 피해를 입게 된다.

나 ▶ 법적 쟁점 (Legal Issue)

1. 가짜뉴스를 배포하는 자를 처벌할 수 있을까?

다 ▶ 관련 법령

「정보통신망 이용촉진 및 정보보호 등에 관한 법률」

제70조(벌칙)

① 사람을 비방할 목적으로 정보통신망을 통하여 공공연하게 사실을 드러내어 다른 사람의 명예를 훼손한 자는 3년 이하의 징역 또는 3천만원 이하의 벌금에 처한다. 〈개정 2014. 5. 28.〉

② 사람을 비방할 목적으로 정보통신망을 통하여 공공연하게 거짓의 사실을 드러내어 다른 사람의 명예를 훼손한 자는 7년 이하의 징역, 10년 이하의 자격정지 또는 5천만원 이하의 벌금에 처한다.

③ 제1항과 제2항의 죄는 피해자가 구체적으로 밝힌 의사에 반하여 공소를 제기할 수 없다.

「전기통신기본법」

제47조(벌칙)

② 자기 또는 타인에게 이익을 주거나 타인에게 손해를 가할 목적으로 전기통신설비에 의하여 공연히 허위의 통신을 한 자는 3년 이하의 징역 또는 3천만원 이하의 벌금에 처한다.

라 ▶ 관련 사례

> **Case 1-1** 허위의 연예인 사망설 유포는 명예훼손이 될 수 있다.
> 대구지방법원 상주지원 2020. 8. 19. 선고 2020고단84 판결

1. 사실관계

A는 2018년 11월 27일 자신의 집에서, 사실 피해자 B가 사망한 사실이 없음에도 피해자를 비방할 목적으로 'C' 인터넷 사이트 내 'D' 게시판에 피해자 B가 사망했다는 내용의 글을 작성한 것을 비롯하여 2018년 11월 27일부터 2019년 12월 28일까지 별지 범죄일람표 기재와 같이 64회에 걸쳐 피해자를 비방할 목적으로 정보통신망을 통하여 피해자에 대한 허위의 글을 작성하여 피해자의 명예를 훼손하였다.

2. 법원의 판단

법원은 피고인은 연예인인 피해자를 상대로 수십 차례에 걸쳐 악의적인 허위의 글을 인터넷에 게시하였는데, 유명 연예인인 피해자에 관한 인터넷 게시글이어서 전파력이 매우 크고, 대중에 대한 이미지가 무엇보다 중요한 피해자가 입었을 피해도 중하다고 보아서, A에게 벌금 500만원을 선고하였다.

> **Case 2-1** 허위의 연예인 사망설은 전기통신기본법위반으로도 처벌될 수 있다.
>
> 창원지방법원 2022. 11. 10. 선고 2022고단1814 판결

1. 사실관계

A는 2021년 7월 26일 B사단 내 생활관에서 휴대전화를 이용하여 인터넷 커뮤니티 사이트인 C에 피해자 E이 사망하지 않았다는 것을 알면서도 "F"라는 제목으로 허위 내용의 글을 게시하였고, 2021년 9월 20일에는 자신의 집에서 마찬가지로 C 사이트에 "I"라는 제목으로 "굵직한 인기 드라마에 출연해온 배우 H(사진)가 오늘 20일 자신의 저택에서 세상을 떠났다. 향년 55세. (중략) 유족으로는 85세의 노모가 있다."는 허위 내용의 글을 게시하였으며, 2021년 10월 13일 B사단 내 생활관에서 휴대전화를 이용하여 C 사이트에 피해자 P가 사망하지 않았다는 것을 알면서도 사망하였다는 허위의 글을 게시하였다.

2. 법원의 판단

법원은 A가 타인에게 손해를 가할 목적으로 전기통신설비에 의하여 공연히 허위의 통신을 하였음을 인정하고, A에게 벌금 300만원을 선고하였다.

SW's comment (이것만은 알아두자)

◎ 명예훼손에 이르는 표현이 아니더라도 가짜뉴스 유포는 처벌될 수 있다.

⋯▸ 허위로 유포된 사실이 피해자의 명예를 훼손하는 표현에 이르지 않더라도, 허위 사실의 유포자가 자기 또는 타인에게 이익을 주거나 타인에게 손해를 가할 목적으로 허위 사실을 유포한 것이라면, **전기통신기본법위반죄**로 처벌될 수 있다. 법원은 전기통신기본법 제47조 제2항의 '이익' 또는 '손해'를 경제적인 손해로만 한정하여 해석하지 않기 때문이다.

[수원지방법원 2017. 11. 8. 선고 2017고정1366 판결]
전기통신기본법 제47조 제2항은 **자기 또는 타인에게 이익을 주거나 타인에게 손해를 가할 목적으로 전기통신설비에 의하여 공연히 허위의 통신을 한 사람을 처벌하도록 규정**하고 있는 바, '자기 또는 타인에게 이익을 줄 목적'은 반드시 적극적 의욕이나 확정적 인식을 필요로 하는 것이 아니라 미필적 인식만으로도 족하고, 그 목적이 있었는지 여부는 통신행위의 동기 및 경위와 수단 및 방법, 통신행위의 내용과 태양 등 여러 사정을 종합하여 사회통념에 비추어 합리적으로 판단하여야 하며, 여기서의 '이익'에는 일체의 유형적, 무형적 이익이 포함된다.

사생팬과 스토킹처벌

가 ▶ 뜨거운 감자 (Hot Issue)

　연예인들은 대중의 관심을 먹고 자라나는 존재라고 할 수 있으며, 특히 유명 연예인들의 성장과 성공에는 언제나 든든한 팬(Fan)이 존재한다. 팬들은 자신들이 응원하는 연예인에 대해 무한한 사랑과 지지를 표현하고, 이러한 팬들의 사랑은 연예인에게 정신적인 버팀목이자, 연예계 생활의 어려움을 헤쳐 나갈 원동력으로 작용한다.

　하지만 팬들의 응원과 지지가 언제나 긍정적이기만 할까? 연예인에 대한 사랑과 애정이 어느 순간 집착이 되고, 집착이 심해지면 그것은 더 이상 사랑이 아닐 수 있다. 팬들의 빗나간 사랑은 연예인에 대한 위협이 되기도 한다.

　일명 '사생팬'들은 팬심이라는 미명 아래 연예인에게 오히려 해를 끼치는 행동을 하기도 한다. ① 연예인의 스케줄을 모두 꿰고 따라다니며, 스케줄을 마친 이후에도 연예인을 미행하여 연예인의 사생활을 침해하는 것은 기본이고, 최근에는 연예인의 비행기 옆 좌석을 예약하고 탑승하여 사진과 동영상을 촬영하는 일도 발생했다. ② 연예인의 핸드폰 번호를 알아내어 팬과 소통하는 인터넷 방송 중에 집요하게 전화를 하기도 하고, 연예인의 개인정보를 거래대상으로 삼아 판매까지 하고 있다. ③ 한편 연예인의 차량에 붙어 운전하다가 교통사고를 유발하는가 하면, 소위 '사생택시'를 타고 미행하기도 한다. ④ 나아가 연예인의 집에 침입해 속옷을 훔치거나, 잠을 자고 있는 연예인에게 신체적인 접촉을 하기까지 한다. 이처럼 도를 넘은 사생팬의 행위는, 연예인의 생명과 신체의 안전뿐 아니라 가족과 주변인까지 위협하고 있는 명백한 범죄에 해당한다.

오늘날 팬들 사이에서 '사생팬은 결코 팬이 아니다'라는 인식이 널리 퍼져 있을 만큼, 사생팬들의 행동은 팬심과 범죄 사이에서 위태로운 줄타기를 하고 있다.

나 ▶ 법적 쟁점 (Legal Issue)

1. 도를 넘은 사생팬은 무슨 범죄를 저지르고 있는 것인가?
2. 효과적인 대응 방법은 무엇인가?

다 ▶ 용어 해설

▶ 사생팬

'사생(私生) + 팬(fan)'을 합친 단어로서 자신들이 좋아하는 가수, 배우, 모델 등 연예인들의 '사생활을 침해하는 팬'을 의미한다. 세계적으로 K-POP 팬들이 늘어나면서, 최근 영어권에서는 국문 발음 그대로 'Sasaeng fan'이라고 부르거나, SNS에서는 'Stalker Fan'을 줄여 'Stan'으로 불리기도 한다.

▶ 스토킹처벌법

국회가 2021년 4월 20일 제정하여 2021년 10월 21일부터 시행된 스토킹범죄의 처벌 등에 관한 법률(이하 '스토킹처벌법')의 약칭이다. 일반인들도 스토킹 범죄에 의해 정상적인 일상생활이 어려울 정도로 정신적·신체적 피해를 입는 경우가 발생하고, 범행초기에 피해자보호조치가 이루어지지 아니하여 강력범죄로 이어지는 경우가 발생하므로, 스토킹이 범죄임을 명확히 규정하고 초기단계에서 각종 피해자보호절차를 마련함으로써 심각한 범죄로 이어지는 것을 막고자 하는 취지의 법률이다.

라 관련 법령

「스토킹범죄 처벌 등에 관한 법률」
제2조(정의) 이 법에서 사용하는 용어의 뜻은 다음과 같다.
1. "스토킹행위"란 상대방의 의사에 반(反)하여 정당한 이유 없이 **상대방 또는 그의 동거인, 가족**에 대하여 다음 각 목의 어느 하나에 해당하는 행위를 하여 상대방에게 **불안감 또는 공포심을** 일으키는 것을 말한다.

가. 접근하거나 따라다니거나 진로를 막아서는 행위

나. 주거, 직장, 학교, 그 밖에 일상적으로 생활하는 장소(이하 "주거등"이라 한다) 또는 그 부근에서 기다리거나 지켜보는 행위

다. 우편·전화·팩스 또는 「정보통신망 이용촉진 및 정보보호 등에 관한 법률」 제2조제1항제1호의 정보통신망을 이용하여 물건이나 글·말·부호·음향·그림·영상·화상(이하 "물건등"이라 한다)을 도달하게 하는 행위

라. 직접 또는 제3자를 통하여 물건등을 도달하게 하거나 주거등 또는 그 부근에 물건등을 두는 행위

마. 주거등 또는 그 부근에 놓여져 있는 물건등을 훼손하는 행위

2. "스토킹범죄"란 지속적 또는 반복적으로 스토킹행위를 하는 것을 말한다.

제4조 (긴급응급조치)

① 사법경찰관은 스토킹행위 신고와 관련하여 스토킹행위가 지속적 또는 반복적으로 행하여질 우려가 있고 스토킹범죄의 예방을 위하여 긴급을 요하는 경우 스토킹행위자에게 직권으로 또는 스토킹행위의 상대방이나 그 법정대리인 또는 스토킹행위를 신고한 사람의 요청에 의하여 다음 각 호에 따른 조치를 할 수 있다.

1. 스토킹행위의 상대방이나 그 주거등으로부터 100미터 이내의 접근 금지

2. 스토킹행위의 상대방에 대한 「전기통신기본법」 제2조제1호의

전기통신을 이용한 접근 금지

제9조(스토킹행위자에 대한 잠정조치)

① 법원은 스토킹범죄의 원활한 조사·심리 또는 피해자 보호를 위하여 필요하다고 인정하는 경우에는 결정으로 스토킹행위자에게 다음 각 호의 어느 하나에 해당하는 조치(이하 "잠정조치"라 한다)를 할 수 있다.

1. 피해자에 대한 스토킹범죄 중단에 관한 **서면 경고**
2. 피해자나 그 주거등으로부터 100미터 이내의 접근 금지
3. 피해자에 대한 「전기통신기본법」 제2조제1호의 전기통신을 이용한 접근 금지
4. 국가경찰관서의 유치장 또는 구치소에의 유치

② 제1항 각 호의 잠정조치는 병과(倂科)할 수 있다. (이하 생략)

제18조(스토킹범죄)

① 스토킹범죄를 저지른 사람은 3년 이하의 징역 또는 3천만원 이하의 벌금에 처한다.

② 흉기 또는 그 밖의 위험한 물건을 휴대하거나 이용하여 스토킹범죄를 저지른 사람은 5년 이하의 징역 또는 5천만원 이하의 벌금에 처한다.

③ 제1항의 죄는 피해자가 구체적으로 밝힌 의사에 반하여 공소를 제기할 수 없다.

「형법」

제319조(주거침입, 퇴거불응)

① 사람의 주거, 관리하는 건조물, 선박이나 항공기 또는 점유하는 방실에 침입한 자는 3년 이하의 징역 또는 500만원 이하의 벌금에 처한다.

제329조(절도)

타인의 재물을 절취한 자는 6년 이하의 징역 또는 1천만원 이하의 벌금에 처한다.

제330조(야간주거침입절도)

야간에 사람의 주거, 관리하는 건조물, 선박, 항공기 또는 점유하는 방실(房室)에 침입하여 타인의 재물을 절취(竊取)한 자는 10년 이하의 징역에 처한다.

제331조(특수절도)

① 야간에 문이나 담 그 밖의 건조물의 일부를 손괴하고 제330조의 장소에 침입하여 타인의 재물을 절취한 자는 1년 이상 10년 이하의 징역에 처한다.

② 흉기를 휴대하거나 2명 이상이 합동하여 타인의 재물을 절취한 자도 제1항의 형에 처한다.

제366조(재물손괴등)

타인의 재물, 문서 또는 전자기록 등 특수매체기록을 손괴 또는 은닉 기타 방법으로 기 효용을 해한 자는 3년이하의 징역 또는 700만원 이하의 벌금에 처한다.

「폭력행위 등 처벌에 관한 법률」

제2조(폭행 등)

② 2명 이상이 공동하여 다음 각 호의 죄를 범한 사람은 「형법」 각 해당 조항에서 정한 형의 2분의 1까지 가중한다.

1. 「형법」 (생략) 제319조(주거침입, 퇴거불응) 또는 제366조(재물손괴 등)의 죄

「개인정보보호법」

제59조(금지행위)

개인정보를 처리하거나 처리하였던 자는 다음 각 호의 어느 하나에 해당하는 행위를 하여서는 아니 된다.

1. 거짓이나 그 밖의 부정한 수단이나 방법으로 개인정보를 취득하거나 처리에 관한 동의를 받는 행위
2. 업무상 알게 된 개인정보를 누설하거나 권한 없이 다른 사람이 이용하도록 제공하는 행위
3. 정당한 권한 없이 또는 허용된 권한을 초과하여 다른 사람의 개인정보를 훼손, 멸실, 변경, 위조 또는 유출하는 행위

제71조(벌칙)

다음 각 호의 어느 하나에 해당하는 자는 5년 이하의 징역 또는 5천만원 이하의 벌금에 처한다.

5. 제59조제2호를 위반하여 업무상 알게 된 개인정보를 누설하거

나 권한 없이 다른 사람이 이용하도록 제공한 자 및 그 사정을 알면서도 영리 또는 부정한 목적으로 개인정보를 제공받은 자

제72조(벌칙)

다음 각 호의 어느 하나에 해당하는 자는 3년 이하의 징역 또는 3천만원 이하의 벌금에 처한다.

2. 제59조제1호를 위반하여 거짓이나 그 밖의 부정한 수단이나 방법으로 개인정보를 취득하거나 개인정보 처리에 관한 동의를 받는 행위를 한 자 및 그 사정을 알면서도 영리 또는 부정한 목적으로 개인정보를 제공받은 자

「정보통신망 이용촉진 및 정보보호 등에 관한 법률」

제49조(비밀 등의 보호)

누구든지 정보통신망에 의하여 처리·보관 또는 전송되는 타인의 정보를 훼손하거나 타인의 비밀을 침해·도용 또는 누설하여서는 아니 된다.

제71조(벌칙)

① 다음 각 호의 어느 하나에 해당하는 자는 5년 이하의 징역 또는 5천만원 이하의 벌금에 처한다.

11. 제49조를 위반하여 타인의 정보를 훼손하거나 타인의 비밀을 침해·도용 또는 누설한 자

마 ▶ 기본 법리

헌법 제12조 제1항[7], 형법 제1조 제1항[8]은 죄형법정주의를 규정한 조항이다. 모든 국민은 법률과 적법한 절차에 의하지 아니하고는 처벌받지 아니하고, 범죄는 법률에 엄격하게 정해진 구성요건을 모두 충족할 때 성립한다.

이 대목에서 형사법의 대원칙인 죄형법정주의를 이야기하는 것은, 사생팬들의 일부 행동들의 경우에는 현재 사생팬을 처벌할 뚜렷한 근거법령이 없다는 점을 이야기하기 위함이다.

스토킹처벌법이 제정되었지만, 이 또한 사생팬들의 모든 행위를 규제하지는 못한다.

스토킹처벌법상 처벌되는 스토킹 행위는 '상대방의 의사에 반하여 정당한 이유 없이 상대방 또는 그의 동거인, 가족에 대하여 1) 접근하거나 따라다니거나 진로를 막아서는 행위, 2) 주거, 직장, 학교, 그 밖에 일상적으로 생활하는 장소 또는 그 부근에서 기다리거나 지켜보는 행위, 3) 우편·전화·팩스 또는 정보통신망을 이용하여 물건이나 글·말·부호·음향·그림·영상·화상을 도달하게 하는 행위, 4) 직접 또는 제3자를 통하여 물건

---

7) **대한민국 헌법 제12조**
① 모든 국민은 신체의 자유를 가진다. 누구든지 법률에 의하지 아니하고는 체포·구속·압수·수색 또는 심문을 받지 아니하며, 법률과 적법한 절차에 의하지 아니하고는 처벌·보안처분 또는 강제노역을 받지 아니한다.

8) **형법 제1조(범죄의 성립과 처벌)**
① 범죄의 성립과 처벌은 행위 시의 법률에 따른다.

등을 도달하게 하거나 주거 등 또는 그 부근에 물건 등을 두는 행위, 5) 주거 등 또는 그 부근에 놓인 물건 등을 훼손하는 행위 중 어느 하나에 해당하는 행위를 하여 상대방에게 불안감 또는 공포심을 일으키는 스토킹 행위를 지속적 또는 반복적으로 하는 행위'이다.

스토킹처벌법 시행 이후의 판례들을 살펴보면, 위와 같은 행동들이 있을 경우 스토킹처벌법이 적용되어 과거 경범죄처벌법과 형법 등만으로 규율되던 경우보다 높은 형량이 적용되고 있는 것으로 보인다. 다만, 사례들을 통해 살펴보는 것과 같이 다소 수위가 낮은 행위를 하거나(전화걸기), 지속적·반복적이라고 평가하기 어려운 정도인 경우, 여전히 스토킹처벌법에 해당하지 않을 가능성도 있다.

만약 스토킹 범죄에 해당하지 아니한다면, 결국 각각의 행위를 처벌할 수 있는지 여부는 형법 등의 법률에 따를 수밖에 없을 것이다.

한편, 구체적인 사례를 보기 전에 알아야 할 기본적인 형사법의 원칙은 다음과 같다. ① 하나의 행위가 여러 죄에 해당되는 경우(상상적 경합) 더 높은 법정형을 규정한 죄로 처벌받는다. ② 상습적으로 범행하는 경우에 가중처벌하는 상습범 처벌 규정이 있다면 일회성 범죄에 비해서 가중처벌 된다. ③ 2인 이상이 죄를 범하면 가중처벌 될 수 있다. ④ 미수범은 미수 처벌 규정이 없다면 처벌되지 않는다.

바 관련 사례

Case 1-1 스토킹 피해를 입은 경우 민사상 위자료를 청구할 수 있다.

전주지방법원 군산지원 2021. 3. 17. 선고 2020고단1904, 2039판결
전주지방법원 2021. 6. 9. 선고 2021노465판결
서울동부지방법원 2021. 5. 28. 선고 2020가단147635 판결

1. 사실 관계

A는 2017년경부터 3년간 지속적으로 가수이자 뮤지컬배우 B의 인스타그램 계정에 지속적으로 수백 회의 악의적인 내용의 댓글을 달거나 B에게 개인메시지를 보내는 등 B에게 정신적인 고통을 가해왔다. 한편, A는 B의 연극공연장에 이르러 몰래 B의 사진촬영을 하려다가 이를 저지하는 진행요원과 말다툼을 벌이고, 경찰관으로부터 접근 제한 지시를 받았음에도 불구하고 계속해서 공연장 및 B가 있는 대기실 부근을 서성이며 수차례 소란을 피워, 이에 겁을 먹은 B가 리허설에 참여하지 못하게 하는 등 공연을 제대로 진행할 수 없도록 하였다. 한편, 시청자 수십 명이 시청하는 B의 실시간 유튜브 방송에서 B를 '꽃뱀'으로 지칭하여 공연히 B를 모욕하였다.

이에 B는 결국 A를 공갈미수, 정보통신망법위반, 업무방해, 모욕 혐의로 형사고소하였고, 민사법원에 정신적 손해에 따른 위자료 지급도 청구하였다.

2. 법원의 판단

형사법원은 1심과 2심 모두 피고인 A에게 공갈미수, 정보통신망법위반, 업무방해, 모욕의 범죄사실을 인정하여 징역 2년의 실형을 선고하였다.

나아가, 민사법원에서도 A가 B에 대한 공갈미수, 정보통신망법위반, 업무방해의 불법행위를 하였고, 이로 인하여 B가 정신적 고통을 겪었음은 경험칙상 명백하므로, A는 B에게 이로 인한 정신적 손해를 배상할 의무가 있다고 하여 3천만원의 위자료 지급을 명하였다.

3. 해설

해당 사건은 스토킹처벌법이 시행되기 이전의 사건이므로 스토킹처벌법이 아닌 형법상의 죄명으로 처벌되었다.

만약 스토킹처벌법 시행 이후의 사건이었다면, 상대방의 의사에 반하여 정당한 이유 없이 상대방에 접근한 행위(스토킹처벌법 제2조 제1호 가목), 상대방의 직장 또는 그 부근에서 기다리거나 지켜보는 행위(나목), 정보통신망을 이용하여 글 등을 도달하게 하는 행위(다목)를 하여 상대방에게 불안감 또는 공포심을 일으켰다는 점에서 스토킹처벌법위반죄가 죄목으로 추가되었을 가능성이 있다.

> Case 2-1 '숙소팬'이 연예인을 지켜보는 것은 범죄행위에 해당한다!

1. 사실 관계

　가수 K는 2세대 유명 아이돌 D 출신이다. 아이돌 D는, 그 역사 자체가 사생팬의 역사라고 할 정도로 많은 사생팬에 시달려왔다. K는 2021년 5월 14일 인터넷 라디오 방송에서, 12년간 사생팬에게 시달렸던 사실을 고백하였다. K의 피해사례를 나열하면, ① 퇴근해 보니 자신의 집 현관문이 열려있었고, ② 모르는 번호로부터 거실, 방, 주방에 있는 자신의 모습이 찍힌 사진이 전송되었고, ③ 사생팬이 건너편 아파트로 이사 와 매일 쳐다보기도 했으며, ④ 새벽에 초인종을 누르고 도망가기도 했다는 것이다.

2. 문제점

　위와 같은 개인 피해사례 외에도, ⑤ 사생팬들이 아이돌 그룹 D 멤버 숙소에 무단 침입해 개인물건들을 촬영하여 공개하기도 하였다. 그렇다면 소위 '숙소팬'들의 어떤 행위까지 처벌할 수 있을까? 위 각 행위를 나누어 살펴본다.

3. 처벌 가능성

　① 아침에 잘 잠그고 나갔던 현관문이 퇴근해 보니 열려 있었다면, 대

부분의 사람들은 도둑이 든 것으로 생각할 것이다. 그렇지만 물건을 실제로 훔쳐가지 않았다면 절도죄로 처벌할 수는 없다. 만약, '물색행위'까지 마친 경우라면 절도 미수죄는 가능하다. 이와 별개로 주거침입죄는 성립하며, 현관문을 부수고 들어온 것이라면 재물손괴죄도 성립할 수 있다.

② 자기도 모르게 집 안에서 쉬는 모습이 찍힌 경우라면, 초상권이나 인격권(사생활의 평온과 자유) 침해를 이유로 하는 민사상 손해배상청구를 할 수 있겠지만, 형사처벌까지 받게 할 수 있는지 다소 의문이다. 한편 불안감을 유발하는 화상, 그림을 피해자에게 도달하게 한 경우 스토킹처벌법상 스토킹범죄로 처벌될 수는 있다.

③ 스토킹처벌법에 따르면 주거 근처에서 따라다니거나 계속적으로 지켜보는 행위도 범죄로 규율하고 있다. 맞은편 집을 구매한 이유나 목적, 지켜보는 시간대나 빈도 등도 고려해봐야 하겠지만, 사생팬이 연예인의 사생활을 감시할 목적이라면 이는 명백한 스토킹범죄행위에 해당한다.

④ 새벽에 초인종을 누르고 도망가면 주거의 평온을 심각하게 해치게 된다. 그러나 우리 대법원은 주거에 침입할 목적이 아니라 사람이 있는지 확인할 요량으로 초인종을 누른 경우라면 주거침입죄가 성립하지 않는다고 보았다.

⑤ 무단 침입 후 집 안에 있는 개인의 물건을 촬영한 경우는 어떠한가? 전형적인 주거침입행위에 해당한다. 다만 물건의 사진을 찍는 것 자체를

형사처벌하는 규정은 존재하지 않는다.

⑥ 마지막으로, 주거침입죄나 재물손괴죄의 경우, 2인 이상이 공동하여[9] 행하였다면 '폭력행위처벌법'에 의하여 1/2 가중처벌된다. 그리고 소위 '밤도둑'은 야간주거침입절도죄에 해당하여 일반 절도죄에 비하여 더욱 중하게 처벌된다. 나아가 문을 부수기까지 한 경우라면, '특수절도'에 해당하여 가중처벌 된다.

[Case 2-1] 관련 법리

▶ 담장을 넘고, 몸의 일부가 집에 들어가면 사생활의 평온은 깨어진 것!

건조물침입죄에서 건조물이란 단순히 건조물 그 자체만을 말하는 것이 아니고 위요지를 포함하는 개념이다. '위요지'란 건조물에 직접 부속한 토지로서 그 경계가 장벽 등에 의하여 물리적으로 명확하게 구획되어 있는 장소를 말한다. 즉, 담을 넘어 마당으로 진입한 후, 현관을 열고 집안에 들어가지 않았더라도 마당에 들어가는 순간 주거침입죄가 성립할 수 있다는 것이다.

한편 팔 하나가 창문으로 쑥 들어와서 사진을 찍어가는 경우는 어떠한가? 아니면 도망가려고 한발을 현관문 밖으로 빼고 있는 자는 침입한 것인가? 우리 대법원은 '신체의 일부만이 집 안으로 들어

---

9) 수인이 동일장소에서 동일 기회에 상호 다른 자의 범행을 인식하고 이를 이용하여 하는 것을 말한다.

갔다고 하더라도 사실상 주거의 평온을 해하였다면 주거침입죄는 기수에 이르렀다'고 판시한 바 있다.

정리해보면, 누군가 담장에 다리 하나를 걸치더라도 주거침입죄는 성립할 수 있는 것이다.

▶ 벨튀[10] 하면 무죄, 문 손잡이까지 당겨보면 미수범?

어떤 범죄에서 범죄행위가 시작된 것을 '실행의 착수'라고 부르고, 실행의 착수 이후 범죄를 완성하지 못하면 '미수'가 된다. 형법 제322조는 주거침입죄의 미수범을 처벌하도록 규정하고 있다.

한편 우리 대법원은 누군가 있나 확인하기 위하여 초인종을 누른 행위만으로는 주거침입죄의 실행의 착수가 없다고 보지만, 안으로 들어가려는 목적으로 출입문을 당겨보는 행위는 실행의 착수가 있다고 본다.

따라서 팬들이 밖에서 초인종을 누르거나 문을 두드리는 경우에는 주거침입이 성립하지 않으나, 손잡이까지 당기는 경우에는 적어도 주거침입죄의 미수범이 된다.

---

10) 현관문의 초인종(벨)을 누르고 도망간다(튄다)는 뜻의 은어

Case 2-2 '숙소팬'이 카메라로 촬영하는 것은 성범죄에 해당될 수도 있다!

1. 사실 관계

1세대 아이돌 H의 멤버 T는 어느 방송에서, 과거 숙소에 팬들이 찾아와 현관 외시경을 파손하고 샤워하는 모습을 훔쳐보던 사건이 있었다고 밝혔다.

2. 문제점

위 같은 사례는 어떤 문제로 번질 수 있을까? 이미 홈마[11]들의 대포카메라는 예삿일이 되었고, 일반인들이 드론을 사용하여 가정집을 살펴보는 사생활 침해도 늘어나고 있다. 더욱 큰 문제는 사진의 출처를 알지 못하는 일반인들이 불법적으로 촬영된 사진들을 퍼 나르며 유포하고 있다는 것이다.

3. 처벌 가능성

최근 카메라를 이용한 성범죄(소위 '몰카범죄')가 기승을 부리고 있고, 그 처벌 강화의 필요성이 대두되면서 국회는 2020년 5월 19일 성폭력처벌법을 대폭 개정하였다. 다만 '카메라등이용촬영'죄는 해당 법률 제정

---

11) '홈마'란 연예인 관련 홈페이지나 SNS 계정을 관리하는 '홈페이지 마스터'의 줄임말이다.

시부터 존재해왔다. ① 카메라나 유사한 기능을 갖춘 기계장치를 이용하여, ② 성적욕망 또는 수치심을 유발할 수 있는, ③ 사람의 신체를, ④ 촬영대상자의 의사에 반하여 촬영하면 성립하는 범죄이다.

T의 사례와 같이 사생팬이 단순히 쳐다보기만 하는 것은 처벌이 어려울 것이다. 그러나 Case 2-1의 경우, 사생팬이 만약 욕실 등에서 가수 K의 노출이 있는 사진을 찍었다면, 성폭력처벌법위반(카메라등이용촬영)죄로 처벌할 수 있을 것이다.

> **Case 3-1** 끊임없는 전화로 불안감을 유발한 경우 정보통신망법위반이 될 수 있다!
> 서울동부지방법원 2019. 12. 19. 선고 2019노726 판결 (참고판례)

1. 사실 관계

유명 아이돌 E의 멤버 S는 라이브방송 팬미팅 중 개인 휴대전화로 온 전화를 받으러 자리를 비웠다. 잠시 후 돌아온 S는 '사생팬의 전화였다, 전화를 하지 말아달라'고 호소했다. E와 같은 유명 아이돌에게는 사생팬으로부터의 전화가 하루에 100통이 오기도 하는데, 전화번호를 바꿔도 다시 알아내서 전화를 한다고 한다. 또한 사생팬들 중 일부는 자신이 추종하는 스타가 SNS 라이브 등 방송 중일 때를 노려 집요하게 전화하기도 한다. 이 경우 어떤 범죄에 해당할 수 있을까?

2. 처벌 가능성

　공포심이나 불안감을 유발하는 부호·문언·음향·화상 또는 영상을 반복적으로 상대방에게 도달하도록 하는 내용의 정보를 유통하는 때에는 1년 이하의 징역 또는 1천만원 이하의 벌금에 처할 수 있다(정보통신망법 제44조의7 제1항 제3호, 제74조 제1항 제3호).

　본 죄는 정보통신망을 이용하여 상대방의 불안감 등을 조성하는 일정 행위의 반복을 필수적인 요건으로 삼고 있을 뿐만 아니라, 그 입법 취지에 비추어 보더라도 위 정보통신망을 이용한 일련의 불안감 조성행위가 이에 해당한다고 하기 위해서는 각 행위 상호간에 일시·장소의 근접, 방법의 유사성, 기회의 동일, 범의의 계속 등 밀접한 관계가 있어 그 전체를 일련의 반복적인 행위로 평가할 수 있는 경우라야 한다(대법원 2009. 4. 23. 선고 2008도11595 판결).

　'도달하게 한다'는 것은 '상대방이 공포심이나 불안감을 유발하는 문언 등을 직접 접하는 경우뿐만 아니라 상대방이 객관적으로 이를 인식할 수 있는 상태에 두는 것'을 의미한다. 따라서 피고인이 상대방의 휴대전화로 공포심이나 불안감을 유발하는 문자메시지를 전송함으로써 상대방이 별다른 제한 없이 문자메시지를 바로 접할 수 있는 상태에 이르렀다면, 그러한 행위는 공포심이나 불안감을 유발하는 문언을 상대방에게 도달하게 한다는 구성요건을 충족한다고 보아야 하고, 상대방이 실제로 문자메시지를 확인하였는지 여부와는 상관없다. 비록 피해자의 수신차단으로 위 문자메시지들이 피해자 휴대전화의 스팸 보관함에 저장되어 있었다고 하더라도, 피해자가 위 문자메시지들을 바로 확인하여 인식할 수 있는 상태에 있었으므로, 피해자에게 '도달'하게 한 경우에 해당한다(대법원 2018. 11. 15 선고 2018도14610 판결).

'공포심이나 불안감을 유발하는 문언을 반복적으로 상대방에게 도달하게 하는 행위'에 해당하는지는 피고인이 상대방에게 보낸 문언의 내용, 표현방법과 그 의미, 피고인과 상대방의 관계, 문언을 보낸 경위와 횟수, 그 전후의 사정, 상대방이 처한 상황 등을 종합적으로 고려해서 판단하여야 한다(대법원 2013. 12. 12. 선고 2013도7761 판결).

한편 '정보통신망을 통하여 공포심이나 불안감을 유발하는 음향을 반복적으로 상대방에게 도달하게 한다는 것'은 상대방에게 전화를 걸어 반복적으로 음향을 보냄(송신)으로써 이를 받는(수신) 상대방으로 하여금 공포심이나 불안감을 유발케 하는 것으로 해석되고, 상대방에게 전화를 걸 때 상대방 전화기에서 울리는 '전화기의 벨소리'는 정보통신망을 통하여 상대방에게 송신된 음향이 아니므로, 반복된 전화기의 벨소리로 상대방에게 공포심이나 불안감을 유발케 하더라도 이는 같은 법 제65조 제1항 제3호 위반이 될 수 없다(대법원 2005. 2. 25. 선고 2004도7615 판결).

유명 연예인들에 대해 반복적으로 공포심이나 불안감을 유발하는 문자를 보내는 경우, 그 문자가 스팸메시지함에 있어도 정보통신망법위반죄가 성립한다. 따라서 본 사안과 같이 전화를 반복적으로 시도하는 경우 받지 않더라도 '도달'한 것으로는 볼 수 있으나, 전화를 통해 직접 '공포심이나 불안감을 일으키는 음향'을 전송하는 것이 아니라, 벨소리만으로 불안을 일으키는 경우에는 본 죄가 성립하지 않는다. 결국 연예인이 전화를 직접 받았고, 상대방이 반복적으로 공포심이나 불안감을 유발하는 멘트를 한 경우에만 본 죄가 성립한다. 따라서, 연예인으로서는 모르는 번호로 오는 전화는 증거확보를 위하여 반드시 녹음을 해 둘 필요가 있다.

3. 해설

수백 통의 전화를 모두 받아서 피해자가 공포심이나 불안감을 유발하는 말을 직접 들었어야 처벌할 수 있다는 것은 선뜻 납득하기 어려운 결론일 것이다.

한편, 2021년 10월 21일 시행된 스토킹처벌법 제2조 제1호 다목[12]의 규정형식을 보면, '전화를 이용하여 음향을 도달하게 함으로써 상대방에게 불안감이나 공포심을 일으키는 행위'를 처벌하는 것으로 되어있다. 그리고, 법원은 피고인이 피해자에게 전화를 걸었는데 피해자가 이를 받지 않아 통화 연결이 되지 않았다 하더라도(소위 '부재중전화' 내지 '차단된 전화', 이하 이를 통칭하여 '부재중전화'라고 한다), 스토킹처벌법이 규정

---

12) **스토킹처벌법 제2조 (정의)**
　1. "스토킹행위"란 상대방의 의사에 반(反)하여 정당한 이유 없이 상대방 또는 그의 동거인, 가족에 대하여 다음 각 목의 어느 하나에 해당하는 행위를 하여 상대방에게 불안감 또는 공포심을 일으키는 것을 말한다.
　　다. 우편·전화·팩스 또는 「정보통신망 이용촉진 및 정보보호 등에 관한 법률」 제2조제1항제1호의 정보통신망을 이용하여 물건이나 글·말·부호·음향·그림·영상·화상(이하 "물건등"이라 한다)을 도달하게 하는 행위

한 스토킹행위에 해당한다고 판단하였다(전주지방법원 남원지원 2022. 12. 6. 선고 2022고단174 판결, 전주지방법원 2023. 3. 30. 선고 2022노1673 판결, 현재 2023도4707호 사건으로 대법원 계류중).

전주지방법원 남원지원은 "실제로 피해자 휴대전화 화면 사진에서 알 수 있듯이 부재중전화라 하더라도 발신인(피고인)과의 통화내역 보기 등을 통해 발신인이 전화를 건 시각과 횟수 등이 수신인(피해자)의 전화에 표시된다. 또한 피고인의 번호를 차단하더라도 휴대전화 기능에 의해 '차단된 전화'가 아닌 '부재중전화'로 표시되는 경우도 존재한다. ㉠ 피해자가 전화를 받았는데 피고인이 아무 말도 하지 않는 경우나, ㉡ 피해자가 휴대전화 화면을 열어 보았는데 피고인이 전화를 건 내역이 바로 확인되는 경우나, ㉢ 피고인이 피해자가 이해할 수 없는 의미 없는 부호를 문자메시지로 보낸 경우 모두 수신인으로서는 원치 않는 연락이 오고 있음을 인지하게 되는 셈인데, 이들 사이에 질적으로 유의미한 차이가 있다고 보기 어렵다."고 하며, "피해자 입장에서는 자신의 휴대전화에 피고인이 건 부재중전화 표시가 나타나는 결과는 피고인이 보낸 문자를 확인하는 것만큼이나 불안감·공포심이 유발되는 행위임이 분명하다."고 하여 이를 스토킹행위로 보지 않는 것은 스토킹처벌법의 입법취지에도 반한다고 판단하였다(전주지방법원 남원지원 2022. 12. 6. 선고 2022고단174 판결).

현재 벨소리만으로 공포를 유발한다고 볼 수 있는지, 다수의 부재중 통화만으로 '스토킹행위'에 해당한다고 할 수 있는지에 대하여 하급심 판결들은 전화가 실제 수신되지 않은 부재중 통화의 경우에도 지속적으로 전화를 건 경우에 스토킹행위를 인정하고 있는 것으로 보인다(서울남부지방법원 2023. 4. 5. 선고 2022고단1302 판결, 부산지방법원 2022. 7. 13. 선고 2022고단354 판결, 부산지방법원 2023. 1. 13. 선고 2022노2009 판결 등). 하급심 법원들의 판결과 같이 스토킹처벌법 제정 목적 및 입법 취지에 비추어 볼 때 스토킹행위 인정 여부는 법의 목적을 실현하는 방향으로 다소 유연하게 해석하는 것이 타당하다고 본다.

> **Case 4-1** 신상털기, 현장 적발 못해도 인터넷에 유포하면 엄벌에 처해질 수 있다!
> 대구지방법원 2017. 9. 26. 선고 2017고단3866 판결

아이돌 가수의 팬들이 인터넷을 통해 멤버들의 주민등록번호를 공유하는 일이 심심치 않게 벌어지고 있다. 아이돌의 주민등록번호를 이용해 대포폰을 제작하고, 카드사용 내역을 살펴보기도 한다. 고화질 사진에 찍힌 지문으로 개인정보를 알아낸 사례도 있다. 특히 공항에서 여권을 펼치는 순간을 노려 고가의 카메라로 여권사진과 개인정보를 찍기도 한다. 이러한 수법으로 아이돌을 포함한 수많은 연예인들이 피해를 입었다. 더욱 심각한 것은 아이돌의 경우 인터넷을 통해 개인정보가 유출되면 대중의 뜨거운 관심과 함께 더욱 널리 유포되어 치명적인 고통을 받게 된다는 점이다.

이렇게 인터넷을 통해 개인정보를 유출하거나 거래하는 사람은 어떤 처벌을 받을까?

1. 사실관계

A는 2016년 1월 11일경 자신의 주거지에서, 해킹되거나 불법 유출된 사정을 알면서도 불상의 판매상으로부터 타인의 성명, 전화번호, 생년월일 등 개인정보 35건이 포함된 "naver 35.txt" 파일을 스카이프 메신저를 통해 제공받은 것을 비롯하여 그 때부터 2017년 2월 17일까지 개인정보를 판매할 목적으로 불상의 판매상으로부터 파일당 2만원에서 4만원을 주고 총 61회에 걸쳐 87,366건의 개인정보 파일을 제공받았다.

2. 법원의 판단

법원은 A에게 징역 1년, 집행유예 2년, 사회봉사 120시간을 선고하였다. 누구든지 그 개인정보가 누설된 사정을 알면서도 영리 또는 부정한 목적으로 개인정보를 제공받아서는 안 되는데, A는 개인정보가 누설된 사정을 알면서도 영리를 목적으로 개인정보를 제공받았다는 이유였다.

3. 해설

해당 사건에서 A가 얻은 이득액(범죄로 얻은 수익)은 약 1,700만원 정도였다. 이를 토대로 법원은 '정보통신망법위반(개인정보누설등)죄'가 인정된다고 판단한 것이다. 그 외에도 400여 건의 여권파일을 팔아 넘긴 자에게 개인정보보호법 위반죄를 인정하고 징역 10월을 선고한 사례(서울동부지방법원 2021. 3. 19. 선고 2020고단3692 판결), 개인정보를 건당

30원 정도에 팔아 넘겨 총 730여 만원의 이득을 얻은 자에게 개인정보보호법 위반죄를 인정하고 징역 1년 6월, 집행유예 3년을 선고한 사례(의정부지방법원 2020. 11. 18. 선고 2020고단4540 판결) 등 최근에도 개인정보 판매 문제가 계속되고 있다.

유명 연예인의 휴대전화번호는 7천원 정도에 거래된 사례가 있으며[13], 계좌로 입금하거나 문화상품권을 사용할 수 있도록 온라인 식별번호를 판매자에게 제공하기도 한다. 이처럼 연예인의 개인정보가 버젓이 불법 유통되고 있는 것이 현실이다. 참고로, 법원은 주로 거래횟수, 총 이득액을 고려하여 형량을 정하므로, 피해자가 누구인지보다 오히려 얼마나 조직적, 반복적으로 범죄를 하였는지가 양형에 있어서 더 중요한 요소일 수 있다.

---

13) 노컷뉴스, https://www.nocutnews.co.kr/news/4863404, 2021. 6. 30.

> **Case 4-2** 개인정보의 일부 유출이어도, 다른 정보와 조합하여 동일인임을 알 수 있으면 처벌된다!
> 대전지방법원 논산지원 2013. 8. 9. 선고 2013고단17 판결

1. 사실관계

경찰공무원 A는 2012년 4월경 충남 부여군 부여읍 O 술집에서, 그 무렵 C로부터 도박신고자의 전화번호를 알려 달라는 부탁을 받고 미리 지구대 '업무취급 인수인계부'에 기재되어 있던 B의 전화번호를 암기한 다음, C에게 개인정보인 피해자의 전화번호 뒷자리 4자를 알려 주었다. 이로써 개인정보를 처리하였던 피고인 A는 업무상 알게 된 개인정보를 누설하였다.

2. 법원의 판단

법원은 휴대전화 사용이 보편화되면서 휴대전화번호 뒷자리 4자에 전화번호 사용자의 정체성이 담기는 현상이 심화되고 있어 휴대전화번호 뒷자리 4자만으로도 전화번호 사용자가 누구인지 식별할 수 있는 점 등을 종합할 때, A가 C에게 제공한 B의 휴대전화번호 뒷자리 4자는 살아 있는 개인인 B에 관한 정보로서 B임을 알아볼 수 있는 정보이거나, 적어도 다른 정보와 쉽게 결합하여 B임을 알아볼 수 있는 정보여서 개인정보보호법 제2조 제1호에 규정된 '개인정보'에 해당한다는 이유로 개인정보보호법 제71조 제5호 및 제59조 제2호 위반행위를 인정하였으며, 경찰

공무원인 A에게는 징역 6월, 집행유예 1년을, 휴대전화번호 뒷자리를 전달받은 C에 대하여도 징역 4월, 집행유예 1년을 각 선고하였다.

3. 양형 이유

경찰관이 범죄신고자의 개인정보를 누설하는 것은 어떠한 이유로도 용납될 수 없으며, 이는 누설된 것이 해당 정보의 일부분에 불과하다 하더라도 마찬가지이다. (생략) 특히 범죄신고자의 개인정보를 다른 사람도 아닌 그 범죄자에게 알려주는 것은 곧바로 보복범죄로 이어질 가능성이 있는 위험천만한 행위이다.

4. 해설

위 사례는 경찰관이 범죄신고자의 정보를 그 범죄자에게 알려주어 엄벌에 처한 선례이다. 최근 스토킹 범죄에서 경찰이 자의적으로 합의를 종용하거나 가해자와 피해자를 같은 장소에서 동시에 훈계하여 이로 인한 보복사건까지 발생하고 있다. 연예인이 고소하는 경우에는 특히 **경찰에 절대 개인정보를 누설하지 말 것을 요청하여야** 한다. 일례로 고소장을 작성할 때 '가해자의 정보공개청구가 있더라도 공개하지 말고, 공개하더라도 고소인의 인적사항을 모두 삭제하여 주시기 바랍니다'라는 문구를 포함시키는 방법도 있다.

Case 5-1 연예인의 비행기 좌석을 어떻게 알았을까? 개인정보 침해!

1. 사실관계

'공내'라는 용어가 있다. '공항 내부'에서 사진을 찍었다는 뜻인데, 일반적으로 항공편을 이용하기 위하여 출국심사장을 통과하지 아니하면 들어갈 수 없는 곳까지 연예인을 따라가서 사진을 찍는 행위를 의미한다. 남들에게 허락되지 않은 공간까지 따라가서 사진을 찍고, 비행기와 같이 좁고 가까운 공간에서 함께 있었다는 우월감과 만족감을 느끼려는 극성 사생팬들의 이야기이다.

2018년 12월 15일 오후 홍콩발 인천행 대한항공기 기내에서, 20대 승객 4명이 이륙 직전에 내리겠다는 소동을 부렸다. 이들은 아이돌 W의 극성팬으로, 홍콩에서 열린 2018 MAMA에 참여한 아이돌을 직접 만나기 위해 비행기표까지 예매했던 것이다. 아이돌 W의 사생팬은 해외팬이었는데, 큰 소동을 일으키고도 환불 수수료로 각자 9만원을 지불하였을 뿐이다. 이후 대한항공은 예약부도 위약금에 탑승취소 위약금 20만원을 추가하여 부과하는 것으로 규정을 바꾸었다. 그런데 이들은 항공편 정보를 대체 어디서 얻는 것일까?

특정 연예인이 언제 어떤 비행편을 이용하는지 등 연예인의 항공 정보를 사고 파는 행위가 빈번하게 이루어 지고 있다. 사생팬은 해당 연예인의 항공 정보를 취득하여 옆 자리 좌석을 예매하거나, 비행기 탑승 수속 과정에서 해당 연예인을 촬영하는 등 다양한 방식으로 연예인의 사적인 영역을 침범하고 있다. 항공사 또는 익명의 트위터 계정이 주요한 개인정보 유출 및 유통경로로 지목되기도 하였다.

한국철도공사(코레일) 직원 A씨가 인기 아이돌 그룹 'B' 멤버 'R'의 승차권 발권 내역 등의 개인정보를 무단으로 열람한 사실이 감사를 통해 밝혀지기도 했다. A씨는 2019년부터 3년간 18차례에 걸쳐 'R'의 코레일 회원가입 정보와 탑승기록 등을 열람한 것으로 드러났다. 열람된 개인정보에는 'R'이 회원가입 시 기재한 주소와 휴대전화 번호 등이 포함됐다. 코레일 측은 "A씨는 아이돌그룹 'B'의 팬으로 'R'이 맞는지 단순 호기심에 확인했으며, 외부 유출은 확인되지 않았다"며 "해당 직원을 개인정보 관련 업무에서 배제, 직위해제·징계절차 등 엄중 조치할 예정"이라고 밝혔다.[14]

2. 처벌 가능성

연예인 항공 정보의 유출 및 입수 행위를 법적으로 처벌할 수 있는지 여부는 연예인의 항공편, 비행기 내 좌석 위치 정보 등이 개인정보의 범주에 해당하는지 여부에 따라 그 판단이 달라질 것으로 보인다. 현행 개인정보 보호법 제2조 제1호는 개인정보를 '살아 있는 개인에 관한 정보'

---

14) 개인정보 무단 열람 보도에…RM 반응은?, 뉴시스, 2023.03.02,
https://newsis.com/view/?id=NISX20230302_0002210865&cid=

로 규정하고 있으며, 성명, 주민등록번호 및 영상 등을 통해 개인을 식별할 수 있거나, 다른 정보와 결합해 개인을 식별할 수 있는 정보도 개인정보에 해당하는 것으로 보고 있다.

위치정보법 제2조 제2호는 개인위치정보를 특정 개인의 위치정보(위치정보만으로는 특정 개인의 위치를 알 수 없는 경우에도 다른 정보와 용이하게 결합하여 특정 개인의 위치를 알 수 있는 것을 포함한다)라고 규정하고 있으며, 내부에서 활용할 목적으로 획득한 정보뿐만 아니라 부수적으로 파악될 수 있는 정보라고 하더라도 제3자에 대한 서비스 제공 등 위치정보 활용 목적이 있는 정보도 개정위치정보법상 '위치정보'에 해당하는 것으로 보고 있다[15].

즉, 항공편이나 비행기 내 좌석 위치 정보 만으로 연예인 개인이 특정되었다고 단정하기는 어렵지만, 연예인의 성명, 사진, 휴대전화 번호 등 다른 정보와의 결합으로 그 개인을 식별할 수 있는 단계에 이르렀는지 등 그 구체적인 사실관계에 따라 처벌가능성이 달라질 것이다.

기획사 J는 아티스트의 안전과 생활 보호를 위하여 항공 정보를 유출하거나 타인에게 판매, 유포하는 행위를 근본적으로 방지하기 위하여, 항공정보 판매책을 확인 중이고 법적조치 가능성을 검토하겠다고 밝혀 '개인정보 침해 행위'에 대한 경고를 하였다.

---

15) 위치정보의 보호 및 이용 등에 관한 법률 해설서, 방송통신위원회, 한국인터넷진흥원, 2022. 6., 22쪽

나아가, 위치정보법 제17조는 "위치정보사업자등과 그 종업원이거나 종업원이었던 자는 직무상 알게 된 위치정보를 누설·변조·훼손 또는 공개하여서는 아니된다"고 규정하고, 같은 법 제41조는 "제17조의 규정을 위반하여 개인위치정보를 누설·변조·훼손 또는 공개한 경우 5년 이하의 징역 또는 5천만원 이하의 벌금에 처한다"고 규정하고 있다. 또한, 위치정보를 누설한 자의 사용자 또한 위치정보법 제42조(양벌규정)에 의해 처벌될 수 있다. 따라서, 연예인의 항공이나 열차의 좌석 정보를 위치정보에 해당한다고 한다면, 직무상 알게 된 위치정보를 누설한 직원 및 그 사용자까지도 처벌될 가능성이 있는 것이다.

아이돌 그룹 멤버들은 종종 일반 비행기를 타고 싶어도 옆자리나 앞자리에 앉는 팬들 때문에 편히 쉬지 못하여 불편하고, 솔직히 무섭다는 심정을 토로하기도 한다. 개인정보 보호법 및 위치정보법 위반과 별론으로, 허술한 항공 보안은 테러행위까지 이어질 수 있는 중요한 문제이므로 강력한 대책마련이 시급한 것으로 보인다.

SW's comment (이것만은 알아두자)

◎ 개인정보에 대한 안전 장치 = **비밀유지약정을 체결**하자!

⋯▶ 연예인의 개인정보 등이 유출된 이후의 법적 조치도 중요하지만, 개인정보 유출 경로를 사전에 차단하는 것이 더욱 관건이다. 기획사는 연예인의 활동에 관여하는 계약상대방, 스태프, 용역 관계자, 매니저를 포함한 기획사 직원과 '**비밀유지약정**'**을 체결**하여 둘 필요가 있다.

⋯▶ **대개의 경우 연예인의 개인정보를 알고 있는 관계자로부터 정보유출이 일어나므로**, 비밀유지를 항상 당부할 필요가 있다. 또한 계약서를 작성하여 두면 추후 문제가 발생하였을 경우 계약서에 근거하여 바로 손해배상청구가 가능하다. 나아가 계약서에는 계약기간 종료 내지 퇴사 시 연예인에 관하여 지득한 모든 정보를 파기할 의무를 부과하여 둘 필요도 있을 것이다.

◎ 현장에서 사생팬들에게 유형력을 행사해서 접근을 막아도 되는 걸까? : X

⋯▶ 개인이 사생팬을 물리적인 힘을 사용해서 쫓아내거나, 밀어내는 경우 다른 사람의 신체에 직접 유형력을 행사한 것이 되어 형법상 폭행죄(형법 제260조)가 성립할 수 있다.

⋯▶ 예를 들어, 사생팬들이 무단으로 연예인의 집 안으로 침입해 들어오는 경우, 상황이 매우 급박하고 당황스럽게 느껴질 것이다. 그러나 우리나라 법원은 이러한 경우에도 정당방위를 좁게 인정하는 편이다. 즉, 침입자에 대하여 방어를 넘어선 공격행위를 하는 것(상당한 정도를 초과하는 행위를 한다고 한다)은 그 자체로 새로운 범죄가 될 수 있다.

⋯ 한편 형법상 제21조(정당방위)와 제23조(자구행위) 규정이 있고, 민법에는 제209조(자력구제)를 명문으로 규정하고 있다. 이에 따르면, 사생팬이 속옷을 훔쳐 달아난 경우 사생팬에게 직접 유형력을 가하지 않는 정도에서 자기 물건을 되찾아오는 것은 가능하고, 만약 도둑으로 신고한 경우 경찰이 도착할 때까지 제압하여 두는 것은 정당방위로 인정될 가능성이 있다.

⋯ 대중들은 사생팬이 심한 범죄행위를 저지른다는 것을 알면서도, 그러한 행위에 대응하는 연예인에게 '팬을 욕하다니', '팬을 고소하다니'라면서 엄한 잣대를 들이대기도 한다. 현재로서는 범죄를 미연에 예방하기 위한 조치를 취하는 것이 가장 중요하다 할 것이다.

◎ 사생팬에 대한 '접근금지' 신청

⋯ 우선 민사집행법 제300조 제2항에 근거하여 민사상 '접근금지 가처분'을 신청하는 방법을 고려해 볼 필요가 있다. 가처분은 계속한 권리관계에 끼칠 현저한 손해를 피하거나 급박한 위험을 막기위하여 할 수 있는데, 이 때 연예인의 사생활의 자유(인격권)를 피보전권리(지키고 싶은 권리)로, 사생활의 평온 내지 범죄행위를 당할 우려를 보전의 필요성으로 하여 법원에 신청할 수 있다. 반복된 메시지 기록이나 통화시도 기록, 주거지 CCTV 영상 등 자료를 첨부하면 좋다.

⋯ 그런데 이러한 민사상 가처분은 해당 사생팬 한 명 한 명을 특정해야 하므로 신원을 모르는 경우 진행이 어렵고, 법원을 통한 절차이므로 멀게만 느껴지는 것이 현실이다. 그래서 2021년 10월

21일부터 시행된 스토킹처벌법은 제4조에서 긴급응급조치로서 경찰관이 '**상대방이나 주거로부터 100미터 이내**'의 접근금지 조치를 취할 수 있도록 규정하였다.

⋯▶ 따라서 스토킹처벌법을 활용하여 경찰에 신고하는 것도 좋은 방안으로 보인다. 계속적으로 따라다니는 행위, 진로를 막는 행위, 주거 등 또는 부근에서 기다리거나 지켜보는 행위 등을 하는 사생팬을 신고하면, 경찰은 스토킹처벌법에 따라 접근 금지 조치를 할 수 있다.

⋯▶ 한편, 서울경찰청은 2021년 12월 스토킹범죄의 위험도에 따른 3단계 조기 경보 시스템을 도입하여 스토킹에 대한 긴급응급조치를 정비 및 강화하였다. 스토킹처벌법의 후속법으로서 '스토킹방지 및 피해자보호 등에 관한 법률'이 2023년 1월 17일 제정되어 2023년 7월 18일 시행된 만큼, 본격적인 피해자의 보호 및 지원이 이루어지길 기대해본다.

◎ 어긋난 팬심은 형사처벌 대상이 된다.

⋯▶ 각 기획사들은 사생활을 침범하는 극성팬들을 관리하기 위해 블랙리스트 제도를 운영하는 등 각고의 노력을 기울이지만, 갑작스러운 돌발행위나 계획적인 범행까지 모두 예방하는 것은 어려운 일이다. 경찰에 고소하거나 피해사실을 호소하는 것을 오히려 연예인의 품위를 손상시키는 행위로 보기도 하고, 사생팬의 돌출행동에 대한 증거를 매번 확보하는 것도 쉽지 않기 때문이다.

⋯▶ 그러나, 각 개인에게 범죄 처벌의 예외가 있을 수 없고, '팬'이라는 이름이 면죄부가 될 수도 없다. 선을 넘는 어긋난 팬심이 문제

일 뿐, 피해자는 잘못이 없다.

협박과 강요

가 ▶ 문제점

앞서 '악플 문제'와 '사생팬 문제'는 주로 팬에 의하여 이뤄지는 범죄유형이라는 공통점이 있었다. 또한 '공포심이나 불안감'을 유발하는 경우 처벌된다는 점은 언급하였으나, 구체적으로 어느 정도의 행위가 사람에게 공포심이나 불안감을 유발하게 되는 것인지는 다루지 않았다.

개인마다 다르겠지만 연예인들 중 대다수는 사회경험이 부족한 젊은 나이에 활동을 시작하고, 아티스트로서 섬세하고 여린 감성을 가지고 있는 경우가 많다. 그런데, 연예인들은 그 유명세 때문에 정보통신망 외의 '현실세계'에서도 비교적 범죄에 노출되기 쉬운 환경에 놓여있다. 연예 매니지먼트란 이러한 환경으로부터 연예인을 보호하고, 연예인들의 재능을 극대화할 수 있도록 물적·심적 도움을 주는 역할을 통칭한다고 보아야 할 것이다. 그렇다면 연예인이라서 더욱 취약해지는 '협박' 등 범죄를 방지하기 위하여 어떻게 해야 하는가?

지금부터는 연예인에 대하여 팬 이외의 주체들이 가하는 범죄를 살펴보고, '공포심 또는 불안감'을 구성요건으로 하는 협박죄와 협박을 기반으로 한 다른 범죄유형 중 과거 큰 반향을 불러일으킨 사례를 위주로 살펴보기로 한다.

나 ▶ 법적 쟁점 (Legal Issue)

1. '협박'은 어느 경우 성립하는가?
2. 협박을 기반으로 한 범죄는 어떤 것이 있는가?

다 ▶ 용어 해설

▶ **외포심(畏怖心)**

사전적 정의로는 '무엇을 두려워하는 마음'이며, 판례에서 많이 쓰이는 생소한 표현일 수 있는데, '공포심'과 같은 뜻이다.

라 ▶ 기본 법리

- **협박 = 공포심을 일으킬 만한 해악의 고지**

협박죄에 있어서의 '협박'이라 함은 사람으로 하여금 공포심을 일으킬 수 있을 정도의 해악을 고지하는 것을 말하고 협박죄가 성립하기 위하여는 적어도 발생 가능한 것으로 생각될 수 있는 정도의 구체적인 해악의 고지가 있어야 하며, 해악의 고지가 있다 하더라도 그것이 사회의 관습이나 윤리관념 등에 비추어 사회통념상 용인될 정도의 것이라면 협박죄는 성립하지 않으나, 이러한 의미의 협박행위 내지 협박의 고의가 있었는지 여부는 행위의 외형뿐 아니라 그러한 행위에 이르게 된 경위, 피해자와의 관계 등 전후 상황을 종합하여 판단해야 한다(대법원 2011. 5. 26. 선고 2011도2412 판결).

- **강요죄에서의 협박 = 사람의 자유의사를 제한하거나 방해할 정도**

    강요죄의 구성요건인 협박은 객관적으로 사람의 의사결정의 자유를 제한하거나 의사실행의 자유를 방해할 정도로 겁을 먹게 할 만한 해악을 고지하는 것으로서 상대방으로 하여금 외포심을 일으키게 할 정도는 되어야 하며, 그러한 해악의 고지에 해당하는지 여부는 고지된 해악의 구체적 내용, 행위자와 상대방의 성향, 고지 당시의 주변 상황, 행위자와 상대방 사이의 관계·지위, 그 친숙의 정도, 강요된 권리와 의무와 관련된 상호관계 등 행위 전후의 여러 사정을 종합하여 판단되어야 한다(대법원 2013. 9. 27. 선고 2011도8838 판결).

- **협박은 '위력'보다 더 엄격하고 좁은 개념**

    대법원은, "위력이라 함은 피해자의 자유의사를 제압하기에 충분한 세력을 말하고, 유형적이든 무형적이든 묻지 않으므로 폭행·협박뿐 아니라 사회적·경제적·정치적인 지위나 권세를 이용하는 것도 가능하며, 위력행위 자체가 추행행위라고 인정되는 경우도 포함되고, 이때의 위력은 현실적으로 피해자의 자유의사가 제압될 것임을 요하는 것은 아니라 할 것이다."라고 판시하여(대법원 2020. 5. 14. 선고 2019도9872 판결), 위력에 의한 추행행위는 구체적인 폭행이나 협박 행위가 없어도 성립한다고 판단한 바 있다.

마 관련 법령

「형법」

제283조(협박, 존속협박)
① 사람을 협박한 자는 3년 이하의 징역, 500만원 이하의 벌금, 구류 또는 과료에 처한다.
② 자기 또는 배우자의 직계존속에 대하여 제1항의 죄를 범한 때에는 5년 이하의 징역 또는 700만원 이하의 벌금에 처한다.
③ 제1항 및 제2항의 죄는 피해자의 명시한 의사에 반하여 공소를 제기할 수 없다.

제324조(강요)
① 폭행 또는 협박으로 사람의 권리행사를 방해하거나 의무없는 일을 하게 한 자는 5년 이하의 징역 또는 3천만원 이하의 벌금에 처한다.
② 단체 또는 다중의 위력을 보이거나 위험한 물건을 휴대하여 제1항의 죄를 범한 자는 10년 이하의 징역 또는 5천만원 이하의 벌금에 처한다.

제298조(강제추행)
폭행 또는 협박으로 사람에 대하여 추행을 한 자는 10년 이하의 징역 또는 1천500만원 이하의 벌금에 처한다.

「특정범죄 가중처벌 등에 관한 법률」
제5조의9(보복범죄의 가중처벌 등)
① 자기 또는 타인의 형사사건의 수사 또는 재판과 관련하여 고소·고발 등 수사단서의 제공, 진술, 증언 또는 자료제출에 대한 보복의 목적으로 「형법」 제250조제1항의 죄를 범한 사람은 사형, 무기 또는 10년 이상의 징역에 처한다. 고소·고발 등 수사단서의 제공, 진술, 증언 또는 자료제출을 하지 못하게 하거나 고소·고발을 취소하게 하거나 거짓으로 진술·증언·자료제출을 하게 할 목적인 경우에도 또한 같다.
② 제1항과 같은 목적으로 「형법」(생략) 또는 제283조제1항의 죄를 범한 사람은 1년 이상의 유기징역에 처한다.

「성매매알선 등 행위의 처벌에 관한 법률」
제18조(벌칙)
① 다음 각 호의 어느 하나에 해당하는 사람은 10년 이하의 징역 또는 1억원 이하의 벌금에 처한다.
1. 폭행이나 협박으로 성을 파는 행위를 하게 한 사람
제19조(벌칙)
① 다음 각 호의 어느 하나에 해당하는 사람은 3년 이하의 징역 또

는 3천만원 이하의 벌금에 처한다.

1. 성매매알선 등 행위를 한 사람

제21조(벌칙)

① 성매매를 한 사람은 1년 이하의 징역이나 300만원 이하의 벌금·구류 또는 과료(科料)에 처한다.

바 ▶ 관련 사례

> **Case 1-1** 자기를 고소한 연예인에게 보복한다고 협박하면 가중처벌 된다!
> 부산지방법원 2019. 10. 25. 선고 2019고합369 판결
> 부산고등법원 2020. 4. 16. 선고 2019노569 판결
> 대법원 2020. 7. 23. 선고 2020도4797 판결

1. 사실 관계

피고인 A는 연예인인 피해자의 관심을 끌기 위하여 5개월 동안 총 31회에 걸쳐 성적 수치심이나 혐오감을 일으키는 문자메시지를 전송하여 오다가 이에 대한 수사가 개시되어 경찰들이 피고인의 집을 찾아오자 피해자가 고소를 취소하게 할 목적으로 피해자의 D 블로그에 협박성 댓글을 게시하거나 피해자에게 협박성 문자메시지를 보냈다.

2. 법원의 판단

1심 법원은 A에게 징역 8개월, 집행유예 2년에 40시간의 성폭력 치료강의 수강명령, 80시간의 사회봉사명령, 2년간의 취업제한명령을 선고하였다. 항소심과 상고심에서도 위 형량은 그대로 유지되었다.

법원은 A가 피해자의 D 블로그에 게시한 댓글은 위와 같은 경위에서 비롯되어 감정적으로 흥분된 상태에서 작성된 것이기는 하나, 그 내용은 A가 피해자가 A에게 욕을 했던 화면을 캡처하였다거나, 고소를 당장 취하하지 않으면 피해자가 출연하는 드라마의 인터넷 커뮤니티 등을 이용하여 바로 하차시키겠다거나, 앞으로의 연예활동이 힘들어질 것이라고 예고하는 내용이라서, 위와 같은 내용의 댓글을 게시한 경위 등을 참작하더라도 피해자에게 불이익을 가한다는 내용이 단순한 감정적 욕설이나 일시적 분노의 표시에 불과하다고 보기는 어렵다고 보았다.

또한, 법원은 위와 같은 사정 및 피해자의 직업적 특수성, 인터넷 커뮤니티의 사회적 파급력 등에 비추어 보면, A가 한 발언이 현실적으로 실현이 불가능하다고 단정할 수는 없는 것이어서 설령 A가 내심으로 그 내용을 실현할 의도가 없었더라도 위와 같은 발언에 나아간 이상, A가 가해 의사가 없음이 객관적으로 명백하다고 보기 어렵다고 판단하였다.

더불어 보복협박 범죄는 개인에 대한 법익침해를 넘어 형사사법절차의 근간을 무너뜨릴 수 있는 범죄인 점과 이 사건 음란성 메시지 전송범행의 경위와 수법, 그 횟수 등에 비추어 죄질이 매우 좋지 않다고 보았다.

3. 해설

연예인들이 가해자에 대한 고소를 망설이는 것은, 구설에 휘말려 연예인의 성망(聲望)이 떨어지는 문제 외에 보복범죄에 대한 우려 때문이기도 하다. 그러나 가해자가 연예인의 고소를 취하시킬 목적으로 협박을 일삼는다면, 위와 같이 특정범죄 가중처벌 등에 관한 법률(이하 '특정범죄가중법') 위반죄(보복협박) 혐의까지 더해져서 실형을 선고받을 수 있다.

반면, 자신의 정당한 권리로서 가해자를 고소하겠다고 말하는 것, '보복협박은 가중처벌 된다'는 것을 고지하는 것은, 권리실현의 수단·방법이 사회통념상 허용되는 정도나 범위를 넘어서지 않는 한, 협박에 해당하지 않는다. 즉, 연예인이 가해자에 대해 정당한 법적 권리의 행사로써 고소하겠다는 취지의 문자를 보내도 협박죄에 해당하지 않을 것이다.

> **Case 2-1** 연예인을 불러낸 술자리에서 강제추행이 있었는지 어떻게 판단할까?
> 서울중앙지방법원 2019. 8. 22. 선고 2018고단3905 판결
> 서울중앙지방법원 2020. 2. 7. 선고 2019노2699 판결
> 대법원 2020. 5. 28. 선고 2020도3258 판결

1. 사실 관계

A는 2008년 8월 5일 22:30경부터 23:30경까지 사이에 서울 강남구에 있는 가라오케 VIP룸에서 연예기획사인 'D'의 대표 E의 생일 축하 자리에 참석한 위 기획사 소속 배우인 피해자 F(여, 당시 29세, 2009년 3월 7일 사망)가 테이블 위에서 춤을 추는 것을 보고 갑자기 손으로 피해자의 손목을 잡아당겨 피고인의 무릎 위에 앉힌 다음 손으로 피해자의 가슴을 만지고 피해자의 짧은 치마 속으로 손을 집어넣어 허벅지를 쓰다듬는 방법으로 피해자를 추행하였다.

그런데 피해자가 2009년 3월 7일경 사망하자 언론을 통하여 소위 ○○○리스트가 떠돌아 다녔고, 그 내용은 신인배우인 피해자가 악덕 연예기획사 사장에게 금전적으로 약점이 잡혀 강요에 의해 사회지도층 인사들에 대한 술접대와 성접대를 하다가 우울증에 걸려 자신이 접대한 사람들에 대한 리스트를 유서로 남기고 자살하였다는 것이었고, 이에 따라 그 무렵 ○○○리스트에 언급된 사람들에 대한 수사가 본격적으로 시작되었다.

2. 법원의 판단

A는 무죄를 선고받은 바, 1심은 다음과 같이 판단하였다.

"이 사건 추행사건 전후에 가라오케 VIP룸에 있었던 사람은 피고인 A와 기획사대표 E, 피해자 F, 목격자 G등 총 6명으로 밝혀졌다.

목격자 G의 진술에 의하면, 피해자가 테이블 위에 올라가 춤을 춘 것은 E의 생일날이 처음이고 자신이 추행장면을 면전에서 똑똑히 목격하였다는 것이므로, 만약 피고인이 E의 생일날 공소사실 기재와 같이 테이블에서 춤을 추던 피해자를 강제로 끌어내린 다음 가슴과 허벅지를 만졌다면 G로서는 그 장면을 선명하게 기억할 수 있어 그때로부터 수개월 내에 이루어진 경찰 제1회 조사 당시 추행범이 누구인지 정확하게 진술할 수 있었을 것이다. (생략)

그런데 G는 약 7개월 10일 후인 2009년 3월 15일경 경찰에서 제1회 참고인 진술을 하면서, 손님 중에 50대 초반의 남성으로서 일본어를 유창하게 하는 신문사 사장님이 피해자를 추행하였다고 진술하였고, (생략) 이와 같이 G가 추행범으로 지목한 사람의 인상착의(나이 50대 초반 내지 40대 중반, 키 약 168cm)가 피고인 A의 인상착의(나이 38세, 키 177cm)와는 상당한 차이가 나는 점, 비록 G가 제5회 진술시점에 이르러서야 피고인을 추행범으로 지목하였지만 아래에서 보는 바와 같이 G가 피고인을 범인으로 지목하는 과정에도 상당한 의문이 있는 점 등에 비추어, E의 생일날 피해자가 누군가로부터 추행을 당하였는지 여부뿐만 아니라 G가 추행장면을 목격하였는지 여부 자체에 강한 의문이 든다.

① 당시 술자리는 피해자가 손님들을 접대하는 자리가 아니라 E의 생일을 축하하기 위하여 E의 요청으로 만들어진 자리였다. A는 S에서 사직한 후 총선에 출마하였다가 낙선한 사람으로서 소규모 금융기관의 상무로 재직하였던 반면에 H는 6,500억원 정도를 운용하던 Q 공동대표이고, 또한 A는 당시 H로부터 Q를 함께 이끌어가던 R를 처음으로 소개받는 자리였기 때문에 행동에 각별히 주의를 기울였을 것으로 보이는 점, ② E는 유명한 연예기획사인 D의 대표자로서 소속 연기자인 피해자 F와 G로 하여금 다른 사람에게 술도 따르지 못하도록 하는 등 엄격하게 관리하고 나아가 자신이 동성애자로 의심받는 것을 두려워하여 피해자 F와는 애인 사이인 것처럼 행세하고 있던 터이므로, A가 공소사실 기재와 같이 피해자를 추행하였다면 A에게 매우 강하게 항의하고 생일파티를 종결하였을 것임에도, G의 진술에 의하더라도 E가 피고인에게 별다른 항의를 한 바 없고 나아가 E의 생일파티도 중단되지 않고 이후 1시간 이상 더 지속되었던 점, ③ 당시 가라오케 룸 안에는 피고인 일행뿐만 아니라 노래할 곡을 선곡해 주던 직원이 있었고 종업원들도 수시로 드나들고 있어 어느 정도 공개된 장소로 볼 수 있는 점 등에 비추어 당시 공소사실 기재와 같은 추행행위 자체가 있었는지에 강한 의문이 든다.

(생략) G의 진술만으로 피고인에게 형사처벌을 가할 수 있을 정도로 공소사실이 합리적인 의심의 여지없이 증명되었다고 볼 수 없다."

나아가 항소심과 대법원에서도 모두 무죄판결을 유지하였다.

3. 해설

이 사건은 한 때 연예계뿐 아니라 한국 사회 전체를 발칵 뒤집어 놓았던 ○○○리스트 사건으로서, 직접적인 성접대에 관한 증거는 없었고, 관련 술접대 사건 중 강제추행으로 기소된 건에서 ○○○리스트에 대한 판단까지 이루어졌다.

이 사건 수사에 의하여, ○○○리스트는 유서가 아니라 피해자와 전 매니저팀장 등이 기획사 대표인 E를 고소하기 위하여 진술서의 형태로 작성된 문건으로 밝혀졌고, 리스트에서 언급된 사람들 중 기획사 대표 E를 제외한 나머지 사람들에 대하여는 모두 무혐의 처분이 내려졌다.

'술접대'는 이 사건의 가라오케와 같이 은밀한 장소에서 이루어지고, 객관적인 입증자료가 많지 않으므로 강제추행이 있었는지 여부 등은 관련자들의 진술이나 정황에 크게 의존하게 된다. 이 때 관련자의 진술이 엇갈릴 경우, 합리적인 의심의 여지가 없는 정도의 범죄 혐의 증명이 없는 한, 다시 말해 다른 증거를 통해 법원이 확신을 가지지 못하는 한, 무죄추정의 원칙에 의하여 피고인에게 무죄가 선고될 수 있다.

> **Case 2-2** OOO리스트 사건에서, OOO의 유족들은 손해배상을 받을 수 있을까?
> 서울중앙지방법원 2014. 1. 17. 선고 2010가합107984 판결
> 서울고등법원 2014. 10. 8. 선고 2014나10252 판결

1. 사실 관계

위 Case 2-1의 피해자 F는, 2009년 2월 28일 J를 만나 기획사 사장인 피고와의 불편한 관계를 말하였고, 전 매니저팀장 J는 전속계약 위반 문제 등으로 기획사대표 E와 민형사상 분쟁을 겪고 있던 K 등을 도와 다양한 방법으로 E를 압박하는데 사용할 목적으로 F를 이적시키거나 도와줄 것처럼 말하면서, K 등에 대한 E의 비리사실이 적힌 문서를 보여주고, F도 E로부터 불이익을 당한 내용을 문서로 작성해 줄 것을 요구하였다. 이에 F는 그 자리에서 J에게 'F가 피고로부터 술 접대 자리의 참석을 강요받고 폭행·협박을 당하는 등 여러 가지 피해를 입어 왔다.'라는 내용이 담긴 문서(이하 'OOO리스트'라 한다)를 작성해 주었다.

그로부터 1주일 정도 지난 2009년 3월 7일 F는 자살하였고, J는 같은 날 그녀의 자살을 취재하는 노컷 뉴스 기자에게 'F가 피고로부터 당했던 괴로움을 쓴 문건이 있다.'라고 말하며 OOO리스트의 존재를 알렸고, 2009년 3월 8일 노컷 뉴스 기자와 조선일보 기자에게 OOO리스트 중 '저는 나약하고 힘없는 배우입니다. 이 고통에서 벗어나고 싶습니다.'라는 부분을 일부 공개함으로써 F의 자살 원인과 관련하여 대중의 관심이 고조되었다.

2. 쟁점

F의 유족들은 F의 진술서인 OOO리스트를 증거로 하여 E에게 손해배상을 청구할 수 있었을까?

3. 법원의 판단

1심 법원은, 기획사 대표 E의 피해자 F에 대한 1회적 폭행사실을 인정하고, 자살의 직접적 원인은 아니었던 것으로 판단한 후, 위자료로 500만 원을 인정하였다.

구체적으로 법원은, "E가 F에게 수시로 술접대 및 성접대를 강요하였고, F가 이를 거절하였다는 이유로 이 사건 폭행 외에도 상습적인 폭행과 협박을 가하였는지에 관하여, OOO리스트에 원고들의 위 주장 내용이 기재되어 있는 사실, 2007년부터 2008년까지 연예인으로 활동하면서 E의 연락을 받고 저녁 식사나 술자리 모임에 주로 F과 함께 참석하였던 목격자 P가 수사 기관에서 '회사나 술자리에서 E가 다른 사람을 폭행하는 것을 본 적이 있어 E가 무서웠다. 신인 배우의 입장에서는 방송출연 기회를 잡기 위해 대표에게 잘 보여야 하므로 식사자리건 술자리건 E의 참석하라는 지시를 따를 수밖에 없었다. 강압은 아니었으나 심리적으로 가야 한다는 압박감이 존재하였다.'라는 취지로 진술한 사실은 인정할 수 있다. 한편, OOO리스트는 J가 E와의 법적 분쟁 등에 유리한 자료로 사용할 목적으로 그 내용작성에 지시나 개입을 하였을 가능성을 배제할 수 없는 점(OOO리스트는 서명날인과 간인 등이 갖추어진 진술서 형식인데, F가 이러한 문서의 작성을 주도할 능력이나 의사가 있었다고 보이지 않는다), 목격자 P는 법정에서 'E가 부른 모임에 연예 관계자들이 많이 있는 편이었고, 참석할 때 신인 배우로서 얼굴을 알리기 위한 목적이 있었다. 노래와 춤을 출 때도 있었지만 강압적으로 한 것은 아니고, E가 술을 따르게 하거나 술을 마시게 하는 등 술 접대를 요구한 적이 없고, 성접대를 하라고 강요한 사실이 없다.'라고 증언한 점, 담당 검사가 E의 강요 및 성매매알선 혐의에 대해 전부 혐의 없음 불기소 처분을 한 점에 비추어, 원고들의 위 주장 사실을 인정하기에 부족하고 달리 이를 인정할 만한 증거가 없으므로, 원고들의 주장은 이유 없다.

(중략)

이 사건 폭행은 일회적이었고, F가 자살하기 약 9개월 전에 발생한 점, 이 사건 폭행의 방법이나 정도에 비추어 E가 그로 인한 F의 자살을 예견하기 어려웠던 점, F는 상세 불명의 우울병 에피소드 내지 기분부전증 등으로 정신과 치료를 받고 있었던 점, 그녀는 자살 당시 유일한 연예 활동이던 'S'의 출연이 종료되어 추가 수입이 없어졌고, 마침 남자친구와도 헤어진 데다 헤어진 남자친구의 어머니로부터 1,000만원의 반환 독촉을 받는 등 경제적인 어려움이 심각하였으며, 또래 연예인들에 비해 연예활동에 있어 전망이 불투명한 문제, 이 사건 문서의 유출 우려 등의 상황에 처해 있었던 점 등에 비추어, E의 이 사건 폭행과 F의 자살 사이에 상당 인과관계가 있다고 보기는 어렵다. 따라서 원고들의 이 부분 청구는 이유 없다."고 판시하였다.

한편, 항소심 법원은 폭행사실과 자살과의 인과관계는 1심과 같이 부정하였으나, 부당한 대우가 있었던 점은 인정하여 위자료를 1,600만원으로 증액하여 인정하였다.

구체적으로 항소심 법원은, "비록 형사사건에서는 피고에 대하여 술접대 강요나 협박 등에 관하여 증거가 부족하다는 이유로 혐의가 인정되지 않았으나, E의 요구나 지시로 F가 피고와 연예관계자들의 저녁식사나 술자리 모임에 자주 참석하여 노래와 춤을 추었고, 태국 등지에서의 골프 모임에도 참석하였던 바, 위와 같은 F의 술자리 모임 등 참석이 스스로의 자유로운 의사로만 이루어진 것으로는 보기 어려운 점, 또한 F가 자살에 이르게 된 일련의 경과 등에 비추어 이 사건 폭행 및 기타 E의 부당한 대우와 F의 자살 사이에 아무런 관련이 없다고 보기 어려운 점, F의 부는 2002년경, 모는 2005년경 각 사망하여 조모인 원고 A과 외조모인 원고 B이 그녀의 유일한 직계혈족이고, 원고 C, D는 G의 언니, 오빠로서 그녀와 함께 살고 있었던 점, 원고들이 이 사건 폭행 및 G의 자살 이후 언론보도 등으로 인하여 겪었을 심적 고통 등을 종합하여 보면, 피해자 G에 대한 위자료는 1,600만원, 원고들 고유의 위자료는 각 200만원으로 산정함이 타당하다."고 판시하였다.

4. 해설

F의 친족들인 원고들은 각 3천만원에서 5천만원의 위자료를 지급할 것을 청구하였으나, 법원은 피해자 본인에 대해 1,600만원, 유족들 1인

당 200만원의 위자료를 인정하였다.

위자료 액수에 대하여 그 액수가 크지 아니하여 국민들의 법감정에 반한다는 견해도 있는 반면, 주요 행위인 강요, 성매매알선에 대해 형사처벌이 없었고 직접적으로 피해자를 사망케 하였다고 인정한 것이 아님에도 1,600만원의 위자료를 인정한 것은, 오히려 여론과 사회의 관심도를 고려한 판단이라고 보는 견해도 있다.

> **Case 3-1** 처음 보는 전직 조폭이 팬미팅에 참가하라고 협박한 것은 강요죄일까?
> 창원지방법원 진주지원 2007. 9. 28. 선고 2006고합150 판결
> 부산고등법원 2008. 1. 23. 선고 2007노730 판결
> 대법원 2008. 5. 15. 선고 2008도1097 판결

1. 사실 관계

피고인 A는 평소 알고 지내던 일본인 지인으로부터 피해자 K가 일본에서 'K 팬미팅 행사'를 해주기로 하고도 약속을 지키지 않고 있다는 말을 듣게 되자, K를 위협하여 팬미팅 행사를 하게 하기로 마음먹고, K에게 전화하여 "나, A인데"라고 수회 힘주어 말하고, 이에 K가 바로 전화를 끊어버리자 재차 K에게 전화하여 K의 전화를 대신 받은 C에게 "나, A인데"라고 수회 힘주어 A의 이름을 내세우고, K가 일본에서 시계를 받고도 팬미팅 공연을 해주지 않겠다고 한다며 K에게 만날 것을 요구하면서 "K 집이 (명칭 생략) 빌라 비동 402호 맞지? 그럼 내일부터 피바다가 돼도 상관

없다 이거지."라고 말하는 등 만약 K가 A를 만나주지 아니하고, 팬미팅 공연을 해주지 않을 경우 K의 생명, 신체 등에 어떠한 위해를 가할 듯한 태도를 보여 이에 겁을 먹은 K로 하여금 A를 만나고, 팬미팅 공연을 하게 하는 등 의무 없는 일을 하게 하려고 하였으나 K가 이를 거부하는 바람에 그 뜻을 이루지 못하고 미수에 그쳤다.

K는 "A의 전화를 받기 전까지 일본 팬미팅공연과 관련하여 A의 일본인 지인 또는 소속회사와 어떠한 내용으로도 계약을 체결하거나 합의한 사실이 없다."고 진술하였다.

2. 쟁점

강요죄는 폭행 또는 협박으로 사람의 권리행사를 방해하거나 의무없는 일을 하게 함으로써 성립하는 범죄인바, 여기서 '의무 없는 일'의 의무는 법령, 계약 등에 기해 발생하는 법률상의 의무를 말하는 것이고 단순히 도덕상 의무는 포함되지 않는다.

따라서, K가 팬미팅 공연을 할 의무가 있었던 경우에는 강요죄는 성립하지 않으며, A의 입장에서 K가 실제로는 팬미팅 공연을 할 의무가 없다는 점을 모르고, 공연할 의무가 있는데도, 안 하는 것이라고 착각하여 협박을 하였다면, 강요죄의 고의는 없었던 것이므로, 다른 죄는 별론으로 하고 강요죄는 성립하지 않는다고 볼 것이다.

3. 법원의 판단

A는 1심에서 강요미수에 대한 유죄 등 징역 3년을 선고받았으나, 항소심에서 강요미수 부분은 무죄로 판단되었고, 상고가 기각되어 형이 확정되었다.

1심 법원은, "팬미팅에 대하여 아무런 사전 협의도 없는 상태에서 처음 만난 사람과 계약금액이 20억원에 달하는 공연을 계약서도 없이 구두로 합의한다는 것은 극히 이례적인 일로 보이는 점, 소속 연예인의 공연계약은 소속회사가 하는 것이 일반적인데 대표이사도 없는 자리에서 그와 같은 합의가 이루어졌다고 보기는 어려운 점, 여러 진술을 종합하면 A가 팬미팅 공연을 해주는 대가로 시계를 받은 것이 아니라고 보이는 점 등을 종합하면, K 또는 기획사가 A의 일본인 지인과 일본 팬미팅 공연과 관련된 계약을 체결하지 않았음은 물론 계약을 체결하기 위한 구체적인 합의조차 하지 않은 상태라고 할 것이므로, K에게 일본에서 팬미팅 공연을 할 어떠한 계약상의 의무가 있다고 할 수 없다.

또한 A는 팬미팅 공연에 관하여 아직 어떤 구체적인 계약이 체결되지 못한 상태임을 알았다고 할 것이고, 그렇지 않더라도 적어도 아직 계약 체결이 안 되었을 수 있다는 정도의 미필적 인식은 있었다고 보지 않을 수 없다.

살피건대, A가 '피바다가 될 것이다' 또는 '피바람이 불 것이다.'라는 내용의 이야기를 한 것은 협박으로 보인다. A의 주장대로 '피곤한'이라는 말을 한 것으로 보더라도, 국내 최대 폭력조직 중 하나의 보스였던 사람으로 널리 알려져 있는 A가 일반인에게 공개되지 않은 연예인 개인의 휴대전화로 전화를 하여 자신의 이름을 힘주어 말한 다음 'K가 일본에서 여자와 함께 있는 비디오테이프가 있다.'라는 취지의 말과 함께 팬미팅 공연에 대한 이야기를 하고, K의 정확한 집 주소를 들먹거리며 피곤해질 수도 있다고 말하였다면, 그러한 언사만으로도 피해자 K를 위협하기 충분하다고 보이므로 이러한 피고인의 행위가 K에 대한 협박이라고 보는 데에 아무런 지장이 없다."고 판시하여, 강요미수에 대한 유죄를 인정하였다.

그러나, 항소심인 부산고등법원은, "A에게 K가 공연을 할 의무가 없었음을 알았거나 그에 대한 미필적 인식이 있었다고 보기에 부족하므로, 강요죄의 고의를 인정한 것은 사실오인의 위법이 있다. 따라서 강요미수는 무죄이다."라고 판시하여 1심과 결론을 달리하였다.

4. 해설

A가 K에게 협박행위를 한 것은 법원에서 공히 인정된 사실이다. 그러나 협박죄는 반의사불벌죄로서 K가 명시적으로 처벌불원의 의사를 밝힌 이상, A를 협박죄로는 처벌할 수 없었다. 반면 협박을 통하여 의무없는 일을 하게 하는 강요죄는 피해자의 의사와 관계없이 처벌이 가능하므로, 강요미수죄를 적용하여 판단한 사건이다. 그러나 가해자가 피해자로 하여금 '의무없는 일'을 하게 한다는 인식이 없다면 강요죄의 고의가 없

는 것이므로, 결국 강요죄에 대해서는 무죄가 선고되었다. 위 내용에서는 판결문의 상당부분이 생략되었지만, 항소심인 부산고등법원은 약 6페이지에 걸쳐 A가 팬미팅 공연계약이 있었다고 믿을 수도 있었던 사정을 서술하고 있다. 결국 A는 '고의 없음(= 몰랐음)'을 적극적으로 주장하여 방어에 성공하였다고 볼 수 있다.

> **Case 4-1** 성관계 동영상으로 협박하면 어떤 처벌을 받을까?
> 서울중앙지방법원 2019. 8. 29. 선고 2019고단547 판결
> 서울중앙지방법원 2020. 7. 2. 선고 2019노2877 판결
> 대법원 2020. 10. 15. 선고 2020도9660 판결

1. 사실 관계

피고인 C는 2018년 8월 초순 피해자 K의 주거지에서, K와 말다툼하던 중 화가 나 안방 문을 주먹으로 쳐 K 소유인 문의 상단 일부분을 수리비 220만원 상당이 들도록 부수어 손괴함으로써 그 효용을 해하였다.

C는 2018년 9월 13일 00:47경 위 K의 주거지에서 잠을 자고 있는 K의 허벅지를 발로 차 깨웠다. 계속하여 C는 K에게 "미친 년, 더러운 년, 걸레같은 년아, 네가 어떻게 나한테 거짓말을 할 수 있어"라는 등의 욕설을 하며 드레스룸으로 가 C를 따라온 K가 C의 뒤에서 "이야기 좀 들어달라"고 하자 몸을 뒤로 돌려 K의 가슴을 손으로 밀쳤다. 계속하여 C는 K에게 욕설을 하며 말다툼하던 중 화가 나 K와 몸싸움하며 위 드레스룸

밖 화장실 앞에서 양손으로 K의 머리채를 잡아끌고 K의 방으로 이동하여 K를 침대 쪽으로 밀치고 공기청정기를 던지고, 다시 위 드레스룸으로 가 K를 손으로 밀치고 발로 K의 배 부위를 차 K에게 약 14일간의 치료를 요하는 경추 염좌 등의 상해를 가하였다.

C는 위와 같이 몸싸움하며 K를 폭행하던 과정에서 K가 C의 얼굴을 손으로 할퀴어 상처가 난 것에 화가 나 K에게 "너 인생 좆 돼 봐라. 연예인 인생 끝내주겠다. 언론사 'E'에 제보하겠다"라고 하고 같은 날 01:26경 K가 있는 자리에서 휴대전화로 언론사 'E'에 "제보 드릴 테니 전화 좀 주세요. 늦으시면 다른데 넘겨요"라는 내용으로 이메일을 보냈다.

계속하여 C는 같은 날 지하 주차장에서 겁을 먹은 K에게 "연예인 인생 끝나게 해 주겠다. 동영상을 제보할 것이다"라고 말하고 '카카오톡' 메신저로 8초 분량의 K와의 성관계 동영상을 K에게 전송하였다. 이로써 C는 K가 C 얼굴에 낸 상처 사진 및 K와의 성관계 동영상을 언론에 제보하겠다고 겁을 주어 K를 협박하였다.

C는 K를 협박하며 2018년 9월 13일경 엘리베이터 앞 및 주차장에서 K에게 "너를 관리하지 못한 죄로 너의 기획사 대표에게 자초지종을 다 설명하고 지금 당장 불러 내 앞에 무릎을 꿇게 해라."라고 말하고, 겁을 먹은 K로 하여금 동료에게 지금 바로 와 달라고 부탁하게 하여 동료가 위 K의 주거지에 도착하였다. 이로써 C는 K를 협박하여 의무 없는 일을 하게 하였다.

2. 법원의 판단

1심 법원은 C에게 징역 1년 6월, 집행유예 3년을 선고하였다.

구체적으로 법원은, 협박죄와 관련하여, "C가 언론사 E에 제보하려고 한 것은 자신의 얼굴에 난 상처 사진이 아니라 K와의 성관계 동영상으로 판단되며, 여기에 급박했던 당시 상황을 종합하면, 결국 C가 K로부터 입은 얼굴 상처 등을 보고 화가나 K에게 연예계 생활을 못하게 하도록 E에 성관계 동영상을 제보하겠다는 취지의 협박을 한 것으로 판단되며, 위와 같은 C의 협박은 아래에서 보는 바와 같이 K로 하여금 기획사 대표와 연예계 지인을 불러 무릎을 꿇도록 강요한 행위와는 별개의 협박으로 판단된다"고 하였으며, 강요죄와 관련하여서는 "C가 K에게 '연예인 생활을 못하게 하겠다. E에게 제보하겠다"고 말하면서 피해자가 있는 자리에서 E에게 1차로 이메일을 보내고 K에게 2차례 성관계 동영상을 전송한 점, K가 겁을 먹고 C에게 무릎을 꿇고 빌거나 당황하여 C로부터 전송받은 성관계 동영상을 남성인 기획사 대표에게 보내면서까지 도움을 요청하는 등 극도로 겁에 질린 상태였던 점, C가 K에게 기획사 대표에게 자초지종을 설명하고 불러내 앞에 무릎을 꿇게 하라고 말하면서 위 두 사람을 오게 할 것을 요구한 점, K가 기획사 대표에게 전화하였다가 받지 않자 동료 연예인에게 2차례 걸쳐 급히 와줄 것을 요청하여 실제 동료 연예인이 15분여 후에 도착한 점, C의 강요가 없었다면 K가 밤늦은 시간에 동료를 급하게 부를 이유가 없었던 점' 등을 고려하여 강요죄도 인정하였다.

한편, "C가 연인이던 K와 헤어지는 과정에서 K를 폭행하여 상해를 입히고, 자신이 K로부터 얼굴 등에 상처를 입게 되자 화가 나 K와 사이의 성관계 동영상을 언론사 E에 제보하여 피해자의 연예인 생명을 끊어 놓겠다고 협박하고, K의 기획사 대표와 K의 연예계 지인을 불러 자신에게 무릎을 꿇고 K가 전날 그와 점심을 함께 먹고서도 제대로 이야기하지 아니한 경위 등을 설명하게 하라고 강요한 것으로, 이 사건 범행의 동기, 경위, 수법, 태양 등이 매우 좋지 않고 비난가능성이 높은 점, 이 사건 범행으로 인하여 여성연예인 K는 극심한 정신적 고통을 받았을 것으로 보이는 점은 불리한 정상이다.

그러나 C는 형사 처벌을 받은 전력이 없는 점, C가 일부 범행을 시인하고 반성하고 있는 점, 이 사건은 C가 연인이었던 K와 헤어지는 과정에서 서로의 이성 문제와 처신에 대한 잘못을 지적하다가 상호 욕설을 하고 격렬한 몸싸움을 하는 과정에서 K로부터 손톱으로 얼굴과 목, 팔 등을 심하게 할퀴어지게 되자 화가 나 우발적으로 K를 협박하고 의무 없는 행위를 강요하게 된 것으로 범행 경위에 일부 참작할 바가 있는 점, C와 K 사이의 성관계 동영상은 C가 몰래 촬영한 것이 아니고 K가 스스로 촬영한 것이고 C가 이 사건 전후에 이를 외부에 유출하거나 언론기관에 제보하지는 않은 점, C가 성관계 동영상을 빌미로 피해자에게 금품을 요구하거나 성적 수치심을 자극하는 행위를 요구하지는 않은 점, K가 입은 상해 정도가 중하지는 않은 것으로 보이는 점은 다소간 C에게 유리한 정상이다."라고 판시하여 집행유예를 선고하기에 이르렀다.

그런데 항소심 법원은 원심과 달리 징역 1년의 실형을 선고하였다.

구체적으로 항소심 법원은, "**성관계는 사생활 중 가장 내밀한 영역으로 이를 촬영한 영상을 유포한다고 협박하는 것은 K에게 돌이킬 수 없는 정신적인 상처를 주거나 K의 명예를 심각하게 훼손하는 것이다. 이는 C와 K가 연인 관계에 있었다고 해도 양해될 수 없다.** 더구나 C는 K가 유명 연예인으로서 성관계 동영상 유포 시 예상되는 피해정도가 매우 심각할 것임을 인식하고, 오히려 그 점을 악용하여 기자에게 메일을 보내는 등 언론을 통해 동영상을 유포하겠다고 협박한 것으로 죄질이 매우 좋지 않다. 또한 이 사건과 같이 사생활 유포를 빌미로 한 협박 범죄는 이를 계기로 K에게 2차, 3차 피해를 야기할 수 있는 범죄로 비난가능성이 높다. C는 1심에서 대부분의 범행을 부인하였고, K에게 사과하거나 합의하려고 시도한 정황이 보이지 않는 등 반성하는 것으로 보기 어려운 점, K의 피해회복을 위한 진지한 노력을 엿볼 수 있는 사정이 없는 점, K는 유명 여성 연예인으로 동영상이 실제로 유포되지는 않았지만 그 후의 일련의 과정을 통해 그 존재 자체가 알려지는 것만으로도 극심한 정신적 고통을 받았을 것으로 보이는 점, C는 K로부터 용서를 받지 못하였고, K의 가족들이 C에 대한 엄벌을 탄원하고 있는 점, 그 밖에 C의 연령, 건강상태, 가족관계, 성행, 범행의 경위 및 이 사건에 나타난 여러 양형조건들을 종합하여 보면, 원심이 C에 대하여 선고한 형은 너무 가벼워서 부당하다."고 판단하였다.

그리고 대법원은 상고를 기각하여, 결국 징역 1년의 실형이 확정되었다.

3. 해설

이 사건 1심 선고(집행유예)는 2019년 8월 29일에 이루어졌다. 피해자 K는 이로부터 약 3달 후 스스로 목숨을 끊는 선택을 하였다. 이후 이루어진 항소심에서 실형이 선고된 것은 피해자의 사망이라는 사정이 영향을 준 것으로 보인다.

C가 성관계 동영상을 직접 유포하지는 아니하였으므로 협박죄, 강요죄, 상해죄로 기소된 채 재판이 이루어진 것이었다. 한편, 피해자 K의 사망 이후인 2020년 5월 19일, 성폭력처벌법에 성관계 동영상을 이용한 협박·강요죄가 신설되었다.[16] 비록 C는 '행위시법주의'에 따라 위 죄로 처벌받지는 아니하였지만, 앞으로 동일한 범죄를 저지른 자는 3년 이상의 유기징역에 처해지게 된다.

---

16) **성폭력처벌법 제14조의3(촬영물 등을 이용한 협박·강요)**
① 성적 욕망 또는 수치심을 유발할 수 있는 촬영물 또는 복제물(복제물의 복제물을 포함한다)을 이용하여 사람을 협박한 자는 1년 이상의 유기징역에 처한다.
② 제1항에 따른 협박으로 사람의 권리행사를 방해하거나 의무 없는 일을 하게 한 자는 3년 이상의 유기징역에 처한다.
③ 상습으로 제1항 및 제2항의 죄를 범한 경우에는 그 죄에 정한 형의 2분의 1까지 가중한다.

> **Case 5-1** 이별하면서 지금까지 준 선물을 돌려 달라고 협박하면 어떻게 될까?
> 서울중앙지방법원 2018. 7. 18. 선고 2017고단4660 판결

1. 사실 관계

　D 커피체인점을 운영하는 S씨는 2013년 7월부터 방송인 K와 사귀고 있었다. 그런데 K가 이별을 통보하자 격분하여, '깨끗이 헤어지고 싶으면 너에게 쓴 돈과 선물한 것들을 내놓아라. 1억 보내. 돈을 내놓지 않으면 네가 결혼을 빙자해서 돈을 뜯은 꽃뱀이라고 언론과 기획사에 알려 더 이상 방송출연을 못하게 만들겠다.'라는 취지의 메시지를 보냈다. 이에 겁을 먹은 K는 2015년 1월 8일 S의 기업은행 계좌로 1억원을 송금하였다. 그리고 선물 받은 시계 2점, 귀금속 3점, 가전제품 3점, 의류·구두·가방 49점 등 물품을 모두 돌려주었다. 마지막으로, S는 '잘 살아봐 개쪽당하면서. 너 죽고 나 죽자. 눈물 흘리게 해주마. 영상푼다 열받음. 넌 죽었어.'라는 취지의 메시지를 보냈고, 이에 겁을 먹은 K는 2015년 1월 15일 S의 농협 계좌로 6천만원을 송금하였다.

2. 법원의 판단

　'S가 K에게 보낸 협박 문자메시지를 받게 된다면 그 내용에 비추어 공포감을 가지게 되었을 것으로 보이고, 특히 연예인 활동을 하고 있었던 피해자 입장에서 느끼는 공포감이 상당하였을 것이다.'라고 판단하면서,

S에게 징역 1년, 집행유예 2년을 선고하고 120시간의 사회봉사를 명령하였다.

3. 해설

가해자인 S가 합의금으로 3억5천만원을 지급하였다는 점이 참작되어 집행유예로 종결된 사안으로 보인다. 한편, 판시 내용 중 '수많은 협박문자를 받고 돈이나 물건까지 갈취당하였던 피해자가 피고인에게 보였던 태도는 일반인의 상식으로는 잘 납득할 수 없는 면이 있는 것은 사실이다'라는 내용이 있다. 법원은 피해자가 수차례 협박을 당하면서 한 번도 직접적으로 이의를 제기하지 않았었다는 점에서 의문을 가졌던 것이다. 이 사안에서 실제로 '동영상'은 존재하지 않은 것으로 판단되었지만, 그러한 내용으로 협박을 받고 있다면 정상적인 판단력을 갖기 어려운 상태일 것은 충분히 공감할 수 있다. 그러나, 만약 협박을 당하고 있다면, 부당한 요구에 응하지 말고 단호히 거절하는 한편 변호사 또는 수사기관의 조력을 받는 것이 좋다.

> **Case 5-2** 우연히 주운 휴대폰에 연예인 정보가 있다면?
> 서울중앙지방법원 2014. 6. 10. 선고 2014고단1352 판결
> 서울중앙지방법원 2014. 8. 13. 선고 2014노2247 판결

1. 사실 관계

F는 2014년 2월 25일 새벽 서울 강남구 청담동 한 거리에서 유명 연예인 P의 지인 E가 분실한 삼성 갤럭시노트3 휴대전화를 습득하였다. F는 휴대전화에 저장되어 있던 사진과 문자내용을 보고 연예인의 정보를 알게 되었고, 이를 외부에 공개하지 않는 대가로 연예인이나 그 기획사로부터 사례금을 받기로 마음먹었다. F는 다음날 아침 10시 서울 광진구 광장동 워커힐 호텔 1층에서 기획사 매니저에게 접촉하여 자신을 정계 인물이라고 사칭하면서 1억원의 사례금을 줄 것을 제시하였고, 다음날 아침 10시 서울 강남구에서 현금 1억원을 교부 받았다.

2. 체포 경과

F는 현장에서 미리 대기하고 있던 경찰에 의하여 현행범으로 체포되었고, 구속기소 되었다.

3. 법원의 판단

항소심 법원은, '재물을 교부하던 당시에 외포 상태에서 벗어나 있었

다면 공갈죄는 미수에 그친다'고 하여 공갈죄의 기수가 아니라 미수죄를 인정하고 F에게 징역 10월, 집행유예 2년을 선고하였다.

4. 해설

F의 범행방법이 어설프기는 했지만, 기획사 매니저의 대처는 훌륭했다고 평가할 수 있다. 즉, 협박당한 즉시 돈을 지급한 것이 아니라, 일정한 장소로 범인을 유인하고, 사전에 경찰에 신고하여 잠복한 경찰로 하여금 범인을 현행범으로 체포할 수 있도록 한 기지 덕분에 금전적인 피해를 막을 수 있었고, 범인도 잡을 수 있었다.

Case 5-3 연예인의 약점을 잡아 합의금을 요구하면?

서울중앙지방법원 2017. 1. 17. 선고 2016고단6370 판결
서울중앙지방법원 2017. 7. 14. 선고 2017노454 판결
대법원 2017. 10. 26. 선고 2017도12006 판결

---

1. 사실 관계

강남구 유흥주점에 근무하던 G는 동거하던 H에게, 2016년 6월 4일 손님으로 온 연예인 P로부터 VIP룸 화장실에서 성폭행을 당했다고 말하였고, H는 이를 이용하여 P와 그 기획사 대표를 협박하여 합의금을 받아내기로 마음먹었다. 그리고 조직폭력배 I가 H의 범행에 가담하기로 공모하였다. H는 이틀 후 P의 매니저와 서울 강남구 커피숍에서 만나, 거액

을 주지 않으면 P를 고소할 것이라고 협박하였다. 이후 2016년 6월 8일까지 H 등은 P의 기획사 이사, 매니저, 실장 등에게 협박을 가하였고, 5억원을 요구하였다. 그런데 P는 G와 합의하여 성관계 하였을 뿐, 폭행 또는 협박으로 억지로 강간한 바 없었다. G는 2016년 6월 10일 서울강남경찰서에 허위 고소장을 제출하였다.

2. 법원의 판단

G는 공갈미수죄와 무고죄로, H는 공갈미수죄로, I는 공갈미수죄와 사기죄로 1심에서 각 징역 2년, 징역 1년 6월, 징역 2년 6월을 선고받았고, 항소심에서 G는 징역 1년 8월로, I는 2년으로 각 감형된 후, 대법원에서 형이 확정되었다.

3. 해설

연예인 P는 당시 공익근무요원으로 근무하며 연예활동 복귀를 예정하고 있었다. 이를 바탕으로 '혐의를 형사 사건화하거나 언론에 보도할 경우 연예인의 중대한 이미지 실추와 연예활동의 심대한 타격'이 있을 것이라는 위협을 실질적인 '해악의 고지'로 판단한 것이 이 사안에서 중요한 부분이다. 또한, 피고인들은 지속적으로 화를 내고 위협을 가할 뿐 마지막까지 구체적인 협상금액을 제시하지는 않고 있었는데, 이러한 점에도 불구하고 법원은 '재물을 갈취하려 하였다'는 점을 그대로 인정하였다.

SW's comment (이것만은 알아두자)

◎ 누군가로부터 협박을 당하는 경우 어떻게 해야 하는가?

⋯▸ 협박죄는 해악의 고지가 도달하여 객관적으로 인식할 수 있는 상태에 놓이면 곧바로 성립한다. 따라서 상습적 협박을 당하고 있다면 모든 협박 자료를 열어볼 필요는 없다.

⋯▸ 또한 협박이 있었던 경우 증거를 확보한 후 곧바로 경찰에 신고하거나 법률전문가의 조력을 받을 필요가 있다. 특히 연예인을 상대로 하는 협박은 돈을 요구하는 공갈죄(형법 제350조)나 의무 없는 일을 하게 하는 강요죄(형법 제324조) 등 보다 무거운 범죄로 이어질 가능성도 높으므로 이를 방지하기 위하여는 신속히 대처하여야 한다.

⋯▸ 협박, 공갈, 강요와 같은 범죄는 '사람의 자유의사가 방해받거나 완전히 제압된 정도'라는 구성요건을 충족하는 때 성립한다. 다시 말해 위와 같은 범죄를 당하는 중에는 정상적인 판단력이 흐려질 정도로 자유로운 의사가 방해받고 있는 상태일 것이다. 따라서 신속히 대처하는 방법을 사전에 생각해 둘 필요가 있다.

⋯▸ 위 Case 4-1의 경우, '복도 및 지하주차장 CCTV'가 없었다면 강요죄를 인정하기 어려웠을 수 있다. 연예인에 대한 협박, 강요는 은밀하게 이루어지므로, 위급상황 시 증거확보를 위해서 평상시 핸드폰에 녹음어플을 쉽게 이용할 수 있도록 잘 찾을 수 있는 곳에 깔아두거나, 자신이 자주 이동하는 동선 어디에 CCTV가 설치되어 있는지를 살펴봐 두는 것이 필요하다.

◎ 계약관계에 있는 기획사에서 의무 없는 일을 하게 하면 강요죄인가?
- ⋯⋅ 기본적으로 연예인이 전속계약에 의하여 통상적인 연예활동을 하는 경우라면 계약상 의무가 있다고 할 수 있다. 그러나 기획사로부터 요구받는 활동이 계약내용에 비추어 적정한 것인지 항상 명확하지는 않다. 예를 들어, 기획사 대표의 친구 생일에 무료 공연을 하는 것이 연예활동에 해당할 수 있을까? 가수의 이름을 알리기 위해서 어쩔 수 없이 백화점 행사에서 무료 공연을 하는 경우는 또 어떠할까?
- ⋯⋅ 이러한 연예활동 의무의 범위에 대해서는 분쟁이 발생할 수 있으며, 구체적인 사안을 살펴 보아야만 계약상 응할 의무가 있는 출연요구인지, 더 나아가 강요에 해당할 것인지 등을 알 수 있다. 이에 관하여는 '전속계약 분쟁'에 관한 파트를 참고하기 바란다.
- ⋯⋅ 한편, 강요죄는 가해자에게 권리가 있는 경우라도 '사회통념상 상당한 수단·방법을 초과하는 권리실현'인 경우 성립하며, 기획사를 연예인에 대한 일종의 채권자인 권리자로 보더라도 성매매 등 불법적인 일을 시키거나, 연예활동 외의 의무를 요구하면서 폭행·협박 등이 수반된다면 강요죄에 해당할 수 있다.

성범죄

가 ▶ 뜨거운 감자 (Hot Issue)

   2012년, 기획사 대표자가 소속 연습생 10여명을 상대로 저지른 다수의 성범죄가 세상에 알려지며 세간의 주목을 끌었다. 이에 정부는 '연예매니지먼트산업 선진화 방안'의 발표를 통해, 매니지먼트사업의 투명성을 제고하고 운영 체계를 확립하는 등 기획사 내에서 발생하는 범죄를 근절하기 위한 움직임을 보였다. 그러나 그로부터 10여년이 지난 지금까지도, 기획사 대표자의 소속 연예인, 연습생 또는 연예인 지망생에 대한 성범죄 소식은 여전히 매스컴에 보도되고 있다.

   대표적으로, 대법원이 2017년 15세의 연습생에게 성폭력을 가해 임신 및 출산하게 한 40대의 기획사 대표자에게 '두 사람의 관계가 서로 사랑하는 관계'였음을 이유로 무죄 확정 판결을 내려 여론과 각종 시민단체의 거센 비판을 받은 바 있다. 그 과정에서 전국 340개 단체가 모여 '연예기획사 대표에 의한 청소년 성폭력사건 공동대책위원회'를 결성하고 수 차례의 기자회견을 열었으며, 이후에도 토론회 등을 통해 이러한 미성년자를 상대로 하는 업무상 위력 등에 따른 성범죄 논의를 이어나가기도 했다.

그러나, 2020년, 90년대 댄스그룹 출신의 40대 기획사 대표자가 회사의 전 직원을 상대로 성폭행한 사실, 2022년, 기획사 대표자가 체중감량 점검을 이유로 연습생들에게 알몸 사진 촬영을 강요한 사실 등이 밝혀졌고, 나아가 2023년 7월에는 국내 최대 그라비아[17] 모델 회사가 미성년자와 20대 초반의 소속 모델들에게 오랜 기간 성추행, 성폭력 등의 성범죄를 가해왔다는 연이은 폭로가 이어지며 기획사의 소속 연예인에 대한 성범죄 문제의 심각성이 재점화 되었다.

이처럼 소속 연예인 또는 연습생에게 기획사 대표는 자신의 성공 또는 데뷔의 열쇠를 쥐고 있는 자로, 기획사 대표는 연예인 또는 연습생에게 심리적으로 막강한 위력을 행사할 수 있는 우월한 지위에 놓여있다. 기획사 대표자는 이러한 권력과 지위를 이용하여 성범죄를 저지르고, 피해를 당한 연예인 또는 연습생은 당시 거부 의사를 직접 표현하지 못할 뿐만 아니라 미래의 불이익이 두려워 신고 등 사후 조치까지 주저하게 되는 것이다.

---

17) '그라비아'는 어린 미소녀의 비키니나 세미 누드를 찍은 영상물 또는 사진집을 가리킨다.

나 ▶ 법적 쟁점 (Legal Issue)

1. 기획사 대표자가 그 지위와 권력을 이용하여 저지른 소속 연습생 또는 연예인에 대한 성범죄는 어떻게 처벌되는가?

다 ▶ 용어 해설

▶ **업무상 위력 등에 의한 성범죄**

가해자가 업무, 고용 기타 관계로 인하여 자신의 보호 또는 감독을 받는 피해자에 대하여 위계 또는 위력을 이용하여 가하는 성범죄이다. 즉, 가해자가 피해자에 대하여 가지는 우월한 지위를 이용하여 저지르는 성범죄이다. 여기서 말하는 '위력'은 명시적인 폭행이나 협박뿐만 아니라 정치적·사회적·경제적 지위 등 무형의 압력을 행사하는 것까지 포함하는 개념이다(대법원 1998. 1. 23. 선고 97도2506 판결 참조). 사건 이후에도 피해자에 대한 가해자의 막강한 영향력(위력)이 행사되고, 그로 인해 피해자는 성범죄 피해 사실의 신고 이후 더 어려운 상황에 처해질 것이라는 두려움을 느끼게 되어 침묵하는 경우가 많다. 이러한 권력형 성범죄는 성폭력의 경우 형법을, 성추행의 경우 성폭력범죄의처벌등에관한특례법에 의해 처벌된다.

▶ **그루밍[18] 성범죄**

가해자가 자신의 지위를 이용하여 피해자에게 호감을 얻거나 돈독한

---

18) '그루밍'은 '다듬다, 길들이다'의 의미를 지닌 영단어 'grooming'에서 유래한 것으로, '그루밍 성범죄'에서는 친밀감, 신뢰도를 쌓고 지배 관계를 형성하는 것을 의미한다.

관계를 만드는 등 피해자를 심리적으로 지배한 뒤 저지르는 성범죄이다. 일반적인 성범죄와는 달리 폭행이나 협박이 수반되는 경우가 드물어 피해자는 장기간에 걸쳐 가해자로부터 성폭력이나 성착취를 당했음에도 그것이 범죄에 해당하는지조차 알지 못하거나, 외부에 알릴 생각을 하지 못하는 경우가 대다수이다. 그루밍 성범죄의 피해자는 대부분 판단력이 완전히 성숙해지지 않은 아동 또는 미성년자이다. 한편, 2021년 9월부터 온라인에서 대화로 아동·청소년을 유인하는 온라인 그루밍 행위는 처벌 대상이 되었으나(아동·청소년의 성보호에 관한 법률 제15조의2), 오프라인에서 발생하는 그루밍 범죄를 처벌하는 법은 아직 존재하지 않는다.

라 ▶ 관련 법령

「형법」

제245조(공연음란)

공연히 음란한 행위를 한 자는 1년 이하의 징역, 500만원 이하의 벌금, 구류 또는 과료에 처한다.

제303조(업무상위력 등에 의한 간음)

① 업무, 고용 기타 관계로 인하여 자기의 보호 또는 감독을 받는 사람에 대하여 위계 또는 위력으로써 간음한 자는 7년 이하의 징역 또는 3천만원 이하의 벌금에 처한다.

② 법률에 의하여 구금된 사람을 감호하는 자가 그 사람을 간음한 때에는 10년 이하의 징역에 처한다.

「성폭력범죄의처벌등에관한특례법」

제10조(업무상 위력 등에 의한 추행)

① 업무, 고용이나 그 밖의 관계로 인하여 자기의 보호, 감독을 받는 사람에 대하여 위계 또는 위력으로 추행한 사람은 3년 이하의 징역 또는 1천500만원 이하의 벌금에 처한다.

② 법률에 따라 구금된 사람을 감호하는 사람이 그 사람을 추행한 때에는 5년 이하의 징역 또는 2천만원 이하의 벌금에 처한다.

「아동청소년의 성보호에 관한 법률」

제15조의2(아동·청소년에 대한 성착취 목적 대화 등)

① 19세 이상의 사람이 성적 착취를 목적으로 정보통신망을 통하여 아동·청소년에게 다음 각 호의 어느 하나에 해당하는 행위를 한 경우에는 3년 이하의 징역 또는 3천만원 이하의 벌금에 처한다.

1. 성적 욕망이나 수치심 또는 혐오감을 유발할 수 있는 대화를 지속적 또는 반복적으로 하거나 그러한 대화에 지속적 또는 반복적으로 참여시키는 행위

2. 제2조제4호 각 목의 어느 하나에 해당하는 행위를 하도록 유인·권유하는 행위

② 19세 이상의 사람이 정보통신망을 통하여 16세 미만인 아동·청소년에게 제1항 각 호의 어느 하나에 해당하는 행위를 한 경우 제1항과 동일한 형으로 처벌한다.

마 관련 사례

> **Case 1-1** 오디션 면접을 빌미로 한 성범죄 사례
>
> 서울서부지방법원 2018. 5. 18. 선고 2017고단3298 판결
> 서울서부지방법원 2018. 10. 4. 선고 2018노716 판결
> 대법원 2018. 12. 27. 선고 2018도16806 판결

1. 사실관계

A는 무등록 연예기획사를 운영하면서 인터넷 구인구직 사이트에 B드라마 조연 출연자를 구한다는 글을 게시하고, 연예인 지망생들이 이메일로 프로필을 보내면 이들에게 오디션 면접을 보라고 한 뒤, 연예인으로 키워주겠다고 약속하며 추행·간음하고 성형수술비를 편취할 것을 마음먹었다.

A는 2017년 6월 14일 밤, 사무실로 오디션 면접을 보러 온 C(23세, 여)에게 '그 역할 너랑 잘 어울리겠다'라고 말하며 조연 배역을 줄 것처럼 행세하고, '너 오늘 같이 있자, 조연 안 하고 싶어?'라며 붙잡아 두다가 갑자기 불을 끄고 피해자의 팔을 잡아 끌며 바닥에 눕히고 간음하였다.

A는 2017년 7월경 오디션 면접을 보게 해주겠다며 유혹한 D(20세, 여)를 자신의 차에 태워 가던 중, 신호로 정차하자 반바지를 입고 있던 D의 허벅지를 양손으로 만지고, 집 앞에 도착하자 피해자의 어깨와 팔을 주

물러 추행하였다.

A는 2017년 9월 13일 11:00경 사무실로 오디션 면접을 보러 온 E(21세, 여)에게 '연기를 하려면 나랑 자야 한다'면서 성관계하지 않으면 계약체결을 하지 않을 것처럼 위력을 행사하여 계속 피하려 하는 E를 눕힌 후 간음하였다.

A는 2017년 9월 28일경 사무실로 오디션 면접을 보러 온 F(22세, 여)에게 '드라마 막내역할을 주겠다'고 유혹하여, 함께 술을 마시던 중, '한번 줘'라고 말하면서 위력으로 겁을 먹은 F의 옷을 벗기고 1회 간음하였다.

2. 법원의 판단

법원은 위 범죄사실을 모두 인정한 후, 피감독자간음죄[19], 성폭력처벌법위반(업무상위력에의한추행)죄, 사기죄 등에 해당한다고 판단하여 A에게 징역 5년, 신상정보공개 7년, 성폭력치료프로그램 80시간, 아동청소년 관련 기관 취업제한 10년을 선고하였다.

3. 해설

성폭력처벌법 제10조에서 정한 '업무상위력에 의한 추행'이란 '업무, 고용이나 그 밖의 관계로 인하여 자기의 보호, 감독을 받는 사람에 대하

---

19) '피감독자간음'이란 업무, 고용 기타 관계로 인하여 자기의 보호 또는 감독을 받는 사람에 대하여 위계 또는 위력으로 간음하는 것을 말하고, 이 경우 7년 이하의 징역 또는 3,000만원 이하의 벌금에 처한다.

여 위계 또는 위력으로 추행'한 경우를 의미하고, 이에 해당하는 자는 3년 이하의 징역 또는 1,500만원 이하의 벌금에 처한다.

이 사건에서 A는 '전속계약이 아직 체결되지 않았으므로 업무상 감독하는 지위에 있지 않다'고 주장했는데, 1심 법원은 "피해자들을 간음하는 시점에 전속계약이 체결되지는 않았다 하더라도 이미 피해자들은 드라마 제작 등 연예활동과 관련하여 피고인으로부터 적어도 사실상의 감독을 받는 지위에 있었다고 봄이 타당하다"고 판시하였으며, 이와 같은 판단은 대법원까지 유지되었다.

이 사안은 '실제로 전속계약을 아직 체결하지 아니한 연예인 지망생에 대하여도 업무상 감독자의 지위를 인정하였다는 점'에서 법리상 의미가 있다.

한편, 법원은 편의점 아르바이트 구인광고를 보고 연락한 피해자를 술집으로 불러내어 술을 마시게 하고, '자신의 집에 와서 자고 가라', '집에 오지 않으면 채용하지 않겠다'는 취지의 문자 메시지를 보내고, 집으로 온 피해자에게 '알바하고 싶나?', '그러면 성기를 만져라.'라고 하면서 추행한 경우(대법원 2020. 7. 9 선고 2020도5646 판결)도 '업무상위력에 의한 추행'으로 판단한 바 있다.

이와 같은 사례를 참조하여, 연예지망생들은 연예인이 되고 싶은 간절한 마음이 있더라도 보호자 없이 찾아오라는 상식에 어긋나는 요청이나,

연예인이 되게 해 주겠다는 감언이설들을 함부로 믿어서는 안되고, 방문 전에 대중문화예술기획업 등록을 한 업체인지[20], 어떤 업력을 갖고 있는 회사인지에 대해 충분히 조사해 보아야 할 것이다.

> **Case 2-1** 연예기획사 대표가 소속 가수지망생을 추행한 사례
>
> 의정부지방법원 고양지원 2016. 10. 21. 선고 2015고단857 판결
> 의정부지방법원 2017. 1. 24. 선고 2016노3012 판결

1. 사실관계

C는 연예기획사 대표이고, 피해자 S(32세, 여)는 연예기획사에 소속된 가수지망생이다. C는 2014년 3월 29일 S와 술을 마신 후 대리기사를 불러 자신의 승용차를 타고 가던 중, 뒷좌석에서 '너랑 사귀고 싶다.'라고 말하며 S의 가슴을 만지는 등 추행하였다. 또한 C는 2014년 8월 27일 노래방에서 '방송 전 끼를 테스트해봐야 하니 엉덩이를 흔들어 보라'고 말하며 S의 뒤로 다가가 가슴을 만지고 성기를 엉덩이에 문지르는 등 추행하였다.

2. 법원의 판단

1심 법원은 '피해자가 전속계약을 해지할 목적으로 피고인을 고소한 것

---

[20] 한국콘텐츠진흥원 대중문화예술종합정보시스템(kocca.kr)을 통해 등록기업 조회가 가능하다.

이 아닌가 하는 의심이 든다'는 이유로 C에게 무죄를 선고하였다. 그러나 항소심 법원은 피해자의 진술이 설득력이 있다고 보아 C에게 징역 10월을 선고하고, 40시간의 성폭력 치료강의 수강을 명령하였다.

3. 해설

항소심 법원은 양형이유에서 "C는 연예기획사 대표의 지위를 이용하여 피해자를 집요하게 성적으로 착취하는 등 죄질이 매우 좋지 아니하고, 연예기획사 운영자에 대한 연예인 내지 연예지망생에 대한 성적착취가 자주 발생하여 사회적 공분을 일으키고 있어 이러한 범죄의 재발 방지를 위해서도 엄하게 책임을 물어야 하는 사회적 공감대가 형성되어 있다"라고 설시하였다.

대한민국의 문화 산업이 세계를 선도하고 있는 지금 이 시점까지도 연예인 지망생에 대한 추행 사건이 끊이지 않는다는 사실은 비극이 아닐 수 없다. 위와 같은 연예인이 되고자 하는 간절한 꿈과 희망을 악용하는 성추행·성폭행 등은 단순히 개인의 일탈에 그치는 것이 아니라 연예매니지먼트 산업의 격을 실추시키는 일이라 할 것이다.

> **Case 3-1** 성폭행과 전자발찌
>
> 서울서부지방법원 2013. 4. 10. 선고 2013고합10, 2013전고3(병합) 판결
> 서울고등법원 2013. 9. 27. 선고 2013노1469, 2013전노168(병합) 판결
> 대법원 2013. 12. 26. 선고 2013도12229, 2013전도249(병합) 판결

1. 사실 관계

혼성그룹 D 출신 가수 K는 2008년 이후 예능프로그램에 출연하여 인지도를 쌓았다. 그런데 K는 2010년 여름 피해자 A(여, 13세)를 K의 오피스텔에 데려와 술을 먹인 뒤 침대에 눕혀 잡아 누르면서 위력으로써 청소년인 피해자를 간음하였다. 약 일주일 뒤, 나이가 어려 사리분별력이 모자란 A를 집으로 데려가 다시 간음하였다. 그리고 2010년 가을, A가 더 이상 K를 만나지 않겠다는 태도를 보이자 다시 집으로 데려가 화장실에서 구강 내부에 성기를 넣는 행위를 하였다. 또한 K는, 2010년 여름 평소 알고 지내던 피해자 B(여, 17세)를 K의 오피스텔에 데려와 술을 먹이고 허벅지에 손을 올리고 키스하는 등 추행하였다. 마지막으로 K는, 2012년 겨울 길을 걸어가던 피해자 C(여, 13세)에게 '나는 음악 프로듀서 일을 한다'고 전화번호를 받아낸 뒤 차에 태우고, 허벅지, 가슴, 배를 만지고 목덜미를 끌어안아 입술을 맞추는 등 위력으로써 C를 추행하였다.

2. 법원의 판단

제1심 법원은 피고인의 습벽을 인정하고, 19세 미만 피해자에게 성폭

력범죄를 저지른 점, 재범의 위험성을 모두 인정하면서, 특히 검찰 수사 중 또 다시 범죄를 저질렀다는 점에서 성에 대한 인식 및 태도 자체가 왜곡되어 있고 자제력이 부족해 보인다고 판단한 후, '한국 성범죄자 재범 위험성 평가척도(K-SORAS)'가 12점으로 높은 수준이고, 아동·청소년을 성범죄로부터 보호할 법원의 책무가 있다는 점을 강조하면서 K에게 징역 5년을 선고하고, 신상정보공개 7년, 전자장치부착 10년을 명하였다.

항소심 법원은 피해자 A에 대한 2, 3차 범죄는, 피해자 A가 사리분별력이 떨어져 보이지 않는 점, 1차 범행 후에도 순순히 K를 따라가고 연락을 주고받은 점, 원치 않으면 2, 3차 범행을 막을 수 있었던 점을 들어 무죄라고 판단하였고, 피해자 A에 대한 1차 범죄 및 피해자 B, C에 대한 범죄사실을 모두 인정하여 징역 2년 6개월의 실형을 선고하고, 신상정보공개 5년, 전자장치부착 3년을 명하였다. K가 상고하였으나, 상고 기각되어 확정되었다.

3. 해설

K는 2015년 7월 출소했고, 2018년 7월경에는 전자장치부착도 종료되었다. 또한 2020년 7월에는 신상정보공개기간이 종료되었고, 이에 2020년 11월경 SNS에서 활동을 시작하였지만, 여론은 매우 차가웠다. 이 사건은 '연예인 1호 전자발찌'로 알려지면서 관심을 받고, 대중들이 범죄의 내용에 큰 충격을 받았던 사건이다. K에 대한 법적 처벌은 모두 종료되었지만, 연예활동 재개는 어려워 보인다는 점에서 되새겨 볼 사례이다.

특히 제1심 판결의 문구는 인상적이다.

"피고인은 대중, 특히 청소년들의 선망과 관심을 받아온 유명 연예인으로, 연예인을 이른바 '공인'으로 볼 수 있는지, 나아가 어느 정도의 사회적 책무를 부담시킬 수 있는지에 관하여는 논란의 여지가 있고, 좀 더 깊이 있는 논의가 필요하다고 보이며, 피고인이 유명 연예인이라는 이유로 특혜를 받을 수 없듯이, 같은 이유로 차별 받아서도 아니 될 것이다."

> **◐ 전자발찌**
>
> 정확한 명칭은 "위치추적 전자장치(약칭: 전자장치)"이다. 이는 '전자파를 발산하고 추적하는 원리를 통해 위치를 확인하거나 이동경로를 탐지하는 기계적 설비'를 의미하며, 발에 부착하기 때문에 속칭 '전자발찌'로 불린다.
>
> 「전자장치 부착 등에 관한 법률」은 2008년 9월 1일 시행되었는데, 위 법은 제정이유에서 '성폭력범죄는 재범의 개연성이 높은 범죄이므로 징역형을 선고받는 성폭력범죄자 중에서 다시 성폭력범죄를 범할 위험성이 있다고 인정되는 자에 대하여 위치를 확인할 수 있는 전자장치를 부착하게 하여 그 행적을 추적할 수 있도록 함으로써 성폭력범죄의 재발을 예방할 수 있도록 함'이라는 점을 명백히 밝히고 있다.

> **Case 3-2** 술에 취한 여성에 대한 집단성폭행 및 성관계 영상의 유포
> 서울중앙지방법원 2019. 11. 29. 선고 2019고합306 판결
> 서울고등법원 2020. 5. 13. 선고 2019노2718 판결
> 대법원 2020. 9. 24. 선고 2020도6369 판결

1. 사실 관계

인기 연예인 J와 C는 2015년 말경부터 약 8개월 간 연예인들이 참여한 카카오톡 대화방에서 여성들과 성관계한 사실을 밝히거나 불법 촬영한 성관계 영상을 수차례 공유하였다. 급기야 J와 C는 2016년 1월경 강원도 홍천에서, 같은 해 3월 대구에서 각 만취한 여성을 집단으로 성폭행하였다.

2. 법원의 판단

제1심은 J에게 징역 6년, C에게 징역 5년을 선고하고 80시간의 성폭력 치료 프로그램 이수 및 5년간 아동·청소년 관련 시설 취업제한을 명령하였다. 공범인 두 피고인이 상호 범죄를 증언한 경우 서로의 범죄에 대해 유죄의 증거로 삼을 수 있고 카카오톡 대화 내용도 존재한다는 점을 근거로 하였다. 특히 법원은 "피고인들은 유명 연예인 및 친구들로 여러 명의 여성들을 상대로 합동 준강간 및 준강간, 강제추행 등 성범죄를 저지르고 카톡 대화방에 내용을 공유하며 여성들을 단순한 성적 쾌락 도구로 여겼다"며 "피고인들의 나이가 많지는 않지만 이를 호기심 혹은 장난으

로 보기엔 범행이 너무 중대하고 심각해 엄중한 처벌이 불가피하다. 게다가 피해 회복이 제대로 되지 않았고, 피해자들이 엄한 처벌을 바라고 있다"고 양형 이유를 밝혔다.

한편 항소심은, 피고인들의 범죄사실은 충분히 입증되었고, 합의서가 제출되지 않았거나 공소사실을 부인하고 있다는 점(무죄주장) 등 양형 사유를 고려하여 J에게 징역 5년, C에게 징역 2년 6월을 각 선고하였다(상고기각 확정).

3. 해설

앞서 살펴본 J 등은 불법 촬영한 성관계 영상을 유포하였고, 위 판결에는 불법 촬영에 대한 내용도 포함되어 있다. 피고인들은 성실한 이미지로 상당한 인기를 구가하고 있었는데, 특히 '연예인'들이 매우 저속한 표현을 사용하며 성관계 영상을 불법으로 촬영하거나 공유하고 있었다는 점에 대해 대중은 크나큰 충격을 받았다. 특히 이후 '박사방 사건[21]'과 더불어 성폭력처벌법이 몰카범죄를 더욱 강력하게 처벌하도록 개정되는데 큰 영향을 끼친 사안이다.

2020년 5월 19일 개정 이전에는 5년 이하의 징역이었던 몰카 범죄는 7년 이하의 징역으로, 영리목적 촬영은 7년 이하 징역에서 3년 이상 징역

---

21) 조주빈이 '박사'라는 닉네임으로 2019년부터 2020년 초까지 텔레그램에서 개설 및 운영했던 불법 음란물 생성 및 유포 목적의 단체 채팅방을 '박사방'이라고 하며, '박사방' 회원 수는 유료, 무료 포함 1만 5,000여 명이고, 피해 여성은 총 74명이며, 16명의 미성년자가 포함된 것으로 알려져 있다.

으로 법정형이 크게 늘었다[22].

한편, 이 사안에서 J는 '카카오톡 대화방'에서 말한 내용이 '진정성립[23] 되지 않았음을 다투었고, 자신의 동의 없이 제출된 대화방 내용은 유죄의 증거로 삼을 수 없다는 주장을 하였다. 재판부는 카카오톡 대화방의 내용이 위법하게 수집된 증거는 아니지만(즉, 동의를 구하지 아니하고 제출된 증거라도 상관이 없다는 뜻이다), 진정성립이 되지 않아 증거능력이 없다고 보고(즉, 포렌식이 불가능할 뿐 아니라 달리 원본이 없다는 뜻이다), 성폭행의 처벌과 별도로 불법 촬영 부분은 인정할 증거가 없어 무죄로 판단하였다.

---

22) 「성폭력범죄의 처벌 등에 관한 특례법」 제14조(카메라 등을 이용한 촬영)
  ① 카메라나 그 밖에 이와 유사한 기능을 갖춘 기계장치를 이용하여 성적 욕망 또는 수치심을 유발할 수 있는 사람의 신체를 촬영대상자의 의사에 반하여 촬영한 자는 7년 이하의 징역 또는 5천만원 이하의 벌금에 처한다.
  ② 제1항에 따른 촬영물 또는 복제물(복제물의 복제물을 포함한다. 이하 이 조에서 같다)을 반포·판매·임대·제공 또는 공공연하게 전시·상영(이하 "반포등"이라 한다)한 자 또는 제1항의 촬영이 촬영 당시에는 촬영대상자의 의사에 반하지 아니한 경우(자신의 신체를 직접 촬영한 경우를 포함한다)에도 사후에 그 촬영물 또는 복제물을 촬영대상자의 의사에 반하여 반포등을 한 자는 7년 이하의 징역 또는 5천만원 이하의 벌금에 처한다.
  ③ 영리를 목적으로 촬영대상자의 의사에 반하여 「정보통신망 이용촉진 및 정보보호 등에 관한 법률」 제2조제1항제1호의 정보통신망(이하 "정보통신망"이라 한다)을 이용하여 제2항의 죄를 범한 자는 3년 이상의 유기징역에 처한다.
  ④ 제1항 또는 제2항의 촬영물 또는 복제물을 소지·구입·저장 또는 시청한 자는 3년 이하의 징역 또는 3천만원 이하의 벌금에 처한다.
  ⑤ 상습으로 제1항부터 제3항까지의 죄를 범한 때에는 그 죄에 정한 형의 2분의 1까지 가중한다.
23) 문서가 작성한 자의 진정한 의사에 의해 작성된 것을 말한다.

> **Case 4-1** 연예인의 성적인 발언이나 행위가 공연음란죄로 처벌될 수 있을까?

1. 사실관계

가수 W는 2023년 5월 12일 모 대학 축제에서 공연 중 다리를 벌리고 앉아 특정 부위를 손으로 쓸어 올리는 안무를 취하여 공연음란 혐의로 입건되었다. W를 고발한 학생학부모인권보호연대는 'W의 행위가 변태적 성관계를 연상케 해 이를 목격한 대중에게 수치심을 불러일으키기 충분하다. 안무의 맥락과 맞지 않아 예술 행위로 해석될 수 없다'는 이유를 들었다.

한편, 코미디언 P는 2021년 3월 24일 웹 예능에서 인형의 특정 신체 부위를 묘사하며 수위 높은 발언을 하였다는 이유로 공연음란죄, 아동·청소년의 성보호에 관한 법률 위반 및 정보통신망법상 불법정보의 유통금지 등 위반 등의 혐의로 경찰 수사를 받았고, 결국 혐의없음으로 불송치결정을 받았다.

2. 해설

형법 제245조는 공연히 음란한 행위를 하여 공연음란죄를 범한 자는 1년 이하의 징역, 500만원 이하의 벌금, 구류 또는 과료에 처한다고 규정하고 있다. 가수인 연예인의 공연 행위는 공연성이 인정될 것이므로 '음란'한지가 문제되는데, 법원은 인간존엄 내지 인간성을 왜곡하는 노골적이고 적나라한 성표현으로서 오직 성적 흥미에만 호소할 뿐 전체적으로 보아 하등의 문학적·예술적·사상적·과학적·의학적·교육적 가치를 지니지 않은 것을 '음란'하다고 보고 있다.

연예인이 공연음란죄로 기소되고 처벌된 대표적인 사례는 2005년 7월 30일 MBC 생방송 음악캠프에서 모 밴드와 함께 무대에 오른 인디 가수 S와 O가 생방송 도중 하의를 탈의하여 성기가 송출된 사안이다. 이들은 업무방해 및 공연음란 등 혐의로 기소되었으며 2005년 9월 27일 각 징역 10월, 8월에 집행유예 2년을 선고받았다.

이처럼 성기 등 신체를 노출함으로써 성적 도의관념에 반하는 행위는 공연음란죄에 해당함이 명백하나, 연예인의 공연 중 안무나 예능에서의 발언이 선정적이라는 이유로 공연음란죄로 처벌될 가능성은 높지 않다. '음란'은 사회와 시대적 변화에 따라 변동하는 유동적이고 추상적인 개념이기 때문에 연예인의 퍼포먼스나 발언을 하등의 가치 없는 음란한 행위로 보기는 어렵기 때문이다. 또한, 공연히 음란한 행위를 한다는 인식이 있어야 공연음란죄의 고의가 인정되므로, 연예인에게 고의가 인정되지 않을 가능성도 상당할 것이다.

II.
형사2

미투
빚투
학폭
음주운전
오디션프로그램 조작
기타 사회적 물의

미투

가 ▶ 뜨거운 감자 (Hot Issue)

연예계에서 미투 운동은 2018년에 가장 활발하게 이루어졌는데, 그 후에도 폭로된 배우, 연출가, 방송인, 영화감독 등은 연예계를 은퇴하거나, 활동을 중단하였고, 일부는 극단적 선택을 하기도 하였다. 한편 형사처벌을 받은 사람도 있고, 무혐의 처분을 받고 연예계에 복귀한 경우도 있었다. 불기소된 사례들은 다음과 같다.

폭로 대상	처벌 여부
故김기덕	• 강요, 강제추행치상, 명예훼손 혐의 증거 불충분 혐의 없음. • 모욕 혐의 고소기간 도과 공소권 없음. • 폭행 혐의 약식명령 (벌금 500만원)
김흥국	혐의 없음 처분
오달수	혐의 없음 처분
故조민기	사망으로 공소권 없음 처분
조재현	• 내사 종결 • 피해 대부분이 공소시효 도과, 피해자 협조 미비로 수사전환 난항

연예인에 대한 미투 폭로는 상당수가 오래 전에 일어난 일에 관한 것이어서 법적 처벌까지 이어지는 경우가 많지 않다. 그러나 미투 폭로를 당한 연예인들은 이미지에 심한 타격을 입었고 예외 없이 방송에서 하차하였으며, 앞으로 재기도 요원하다. 해당 연예인이 처벌을 받지 않았다는 이유로 '무죄'라고 생각할 수 있지만 수사 단계에서 공소권이 없어 종결된 사건은 재판 절차를 통해 엄격한 사실 인정을 거친 것도 아니므로, '성폭행 사실이 전혀 없음'이 확인된 것은 아니다. 대중들도 수사 자체를 진행하지 못하였다는 내막을 알고 있기 때문에 '아니 땐 굴뚝에 연기 나랴'는 식의 의심으로 미투 가해자로 지목된 연예인들을 바라보는 것도 사실이다.

나 ▶ 법적 쟁점 (Legal Issue)

1. 미투 가해자는 어떠한 민형사상 책임을 부담하는가?
2. 허위 미투에 대해 어떻게 대응할 수 있는가?

다 ▶ 용어 해설

▶ 미투(#Me-too) 운동 개념 및 전개

SNS에 #MeToo라는 해시태그를 달아 자신이 겪었던 성범죄를 고백함으로써 그 심각성을 알리는 캠페인이다. 미국 할리우드의 유명 영화제작자 하비 와인스타인의 성추문 사건 이후 영화배우 알리사 밀라노가 2017년 10월 15일 처음 제안하면서 시작됐다. 성범죄를 당한 당사자들이 '나도 피해자(Me Too)'라며 글을 쓴다면 주변에 얼마나 많은 피해자가 있는지

경각심을 불러일으킬 수 있다는 것이다. 이처럼 알리사 밀라노가 미투 캠페인을 제안한 지 24시간 만에 약 50만 명이 넘는 사람이 리트윗하며 지지를 표했고, 8만여 명이 넘는 사람들이 #MeToo 해시태그를 달아 자신의 성폭행, 성추행 경험담을 폭로했다.

국내에서는 2018년 1월 서모 검사가 상사의 성추행을 폭로한 것을 계기로 미투운동이 본격적으로 시작됐다. 그리고 법조계에서 시작된 미투운동은 문단계, 연극계 등 문화·예술계, 정치계로까지 번지면서 큰 파문을 일으켰다. 특히 미투 캠페인은 성폭력 피해자들의 아픔에 공감하며 그들을 지지하고 함께한다는 의미로 SNS에 '위드유(#WithYou·당신과 함께하겠다)' 해시태그를 다는 '위드유(With you) 운동'으로도 확산됐다.

▶ 공소권 없음

수사기관이 피의사건에 대하여 법원에 재판을 청구하지 않겠다는 불기소 처분의 일종이다. 검찰사건사무규칙 제115조(불기소결정) 제3항 제4호 및 경찰수사규칙 제108조(불송치결정) 제1항 제3호를 근거로 하며, 소위 미투 사건에서는 주로 공소시효가 완성된 경우나 피의자가 사망하는 경우에 '공소권 없음' 결정이 이루어진다.

▶ 혐의 없음

수사단계에서 신고·인지된 사실이 범죄를 구성하지 않거나 피의사실이 인정되지 않는 경우, 또는 증거가 불충분한 경우 내려지는 불송치결정·불기소 처분의 일종이다(검찰사건사무규칙 제115조 제3항 제2호, 경찰수사규칙 제108조 제1항 제1호). '혐의 없음'의 의미를 제대로 이해하기 위해서는 형사소송법 제325조 '무죄의 판결'의 내용과 비교하여 볼 필요가 있다. 형사소송법 제325조는 '피고사건이 범죄로 되지 아니하는 경우' 또는 '범죄사실의 증명이 없는 경우'를 무죄선고의 사유로 규정한다. 법률가들은 전자를 '전단무죄', 후자를 '후단무죄'로 칭한다. 전단무죄의 경우 범죄사실이 형사처벌규정의 구성요건을 만족하지 못하는 경우, 즉 처벌 자체를 할 근거 규정이 없거나 규정을 잘못 적용한 경우 선고되는 것이어서 공판단계에서 전단무죄가 선고되는 비율은 높지 않다. 대부분의 무죄 선고는 '범죄 사실의 증명이 없는 경우'인 후단무죄를 통해 이루어진다. 이는 수사단계에서도 마찬가지이다.

한편, 혐의없음은 수사단계에서 무죄판결에 대응하는 결정을 내리는 것이지만, 엄격한 증거조사나 공판절차를 거친 형사법원의 판결과 달리 수사기관인 경찰이나 검찰이 판단하는 것이므로 '기판력[24]'이 있는 것은 아니다. 즉, 새로운 증거가 확보되면 동일한 범죄혐의로 가해자를 다시 고소할 수도 있으므로, 아직 무죄가 확정되었다고 할 수는 없는 것이다. 다만 시간이 많이 지난 사건에서 객관적인 증거를 새롭게 발견하는 것은 쉽지 않다. 결국 혐의 없음으로 경찰에서 불송치결정을 받거나, 검찰에서 불기소 처분을 받은 경우, 법적으로 엄격하게 '무죄'로 판명된 것은 아니나, '사실상의 무죄'를 받은 것과 같이 이해되기도 한다. 한편, 피해자로서는 경찰의 불송치결정에 대해 이의신청을 할 수 있고, 검사의 불기소 처분에 대하여, 항고, 재항고, 재정신청 등을 통해 다툴 수 있다.

---

[24] '기판력'이란 유·무죄라는 실체재판 및 면소의 판결이 상소할 수 없도록 확정된 상태를 말하며, 내용적으로는 동일 사건에 관하여 다시 공소를 제기할 수 없는 것을 의미한다.

라 관련 법령

「형법」

제297조(강간)

폭행 또는 협박으로 사람을 강간한 자는 3년 이상의 유기징역에 처한다.

제298조(강제추행)

폭행 또는 협박으로 사람에 대하여 추행을 한 자는 10년 이하의 징역 또는 1천500만원 이하의 벌금에 처한다.

제299조(준강간, 준강제추행)

사람의 심신상실 또는 항거불능의 상태를 이용하여 간음 또는 추행을 한 자는 제297조, 제297조의2 및 제298조의 예에 의한다.

제300조(미수범)

제297조, 제297조의2, 제298조 및 제299조의 미수범은 처벌한다.

「성폭력범죄의처벌등에관한특례법」

제21조(공소시효에 관한 특례)

① 미성년자에 대한 성폭력범죄의 공소시효는 「형사소송법」 제252조제1항 및 「군사법원법」 제294조제1항에도 불구하고 해당 성폭력범죄로 피해를 당한 미성년자가 **성년에 달한 날부터** 진행한다.

② 제2조제3호 및 제4호의 죄와 제3조부터 제9조까지의 죄는 디엔에이(DNA)증거 등 그 죄를 증명할 수 있는 과학적인 증거가 있는 때에는 공소시효가 10년 연장된다.

③ 13세 미만의 사람 및 신체적인 또는 정신적인 장애가 있는 사람에 대하여 다음 각 호의 죄를 범한 경우에는 제1항과 제2항에도 불구하고 「형사소송법」 제249조부터 제253조까지 및 「군사법원법」 제291조부터 제295조까지에 규정된 공소시효를 적용하지 아니한다.

1. 「형법」 제297조(강간), 제298조(강제추행), 제299조(준강간, 준강제추행), 제301조(강간등 상해·치상) 또는 제301조의2(강간등 살인·치사)의 죄
2. 제6조제2항, 제7조제2항 및 제5항, 제8조, 제9조의 죄
3. 「아동·청소년의 성보호에 관한 법률」 제9조 또는 제10조의 죄

부칙

제2조(공소시효 특례에 관한 적용례)

제21조 제3항 제2호의 개정규정은 이 법 시행 전에 행하여진 성폭력범죄로서 아직 공소시효가 완성되지 아니한 것에 대하여도 적용한다.

「형사소송법」

제230조(고소기간)

① 친고죄에 대하여는 범인을 알게 된 날로부터 6월을 경과하면 고소하지 못한다. 단, 고소할 수 없는 불가항력의 사유가 있는 때에는 그 사유가 없어진 날로부터 기산한다.

제232조(고소의 취소)

① 고소는 제1심 판결선고 전까지 취소할 수 있다.

② 고소를 취소한 자는 다시 고소하지 못한다.

③ 피해자의 명시한 의사에 반하여 죄를 논할 수 없는 사건에 있어서 처벌을 희망하는 의사표시의 철회에 관하여도 전2항의 규정을 준용한다.

제249조(공소시효의 기간)

① 공소시효는 다음 기간의 경과로 완성한다.

1. 사형에 해당하는 범죄에는 25년

2. 무기징역 또는 무기금고에 해당하는 범죄에는 15년

3. 장기 10년 이상의 징역 또는 금고에 해당하는 범죄에는 10년

4. 장기 10년 미만의 징역 또는 금고에 해당하는 범죄에는 7년

5. 장기 5년 미만의 징역 또는 금고, 장기10년 이상의 자격정지 또는 벌금에 해당하는 범죄에는 5년

6. 장기 5년 이상의 자격정지에 해당하는 범죄에는 3년

7. 장기 5년 미만의 자격정지, 구류, 과료 또는 몰수에 해당하는 범죄에는 1년

마 관련 사례

> **Case 1-1** 연예인에게 14년 전 성폭행을 당한 사실로 손해배상을 청구할 수 있을까?
> 서울중앙지방법원 2021. 1. 8. 선고 2018가합552504 판결

1. 사실관계

피해자 A는 미성년자였던 2004년, 한 노래주점에서 배우 J와 술을 마신 후 강제로 성폭행을 당했다고 주장했다. 피해자 A는 2018년 배우 J를 고소하였으나 공소시효가 만료되어 처벌이 어렵게 되었다. 그러자 피해자 A는 배우 J에게 민사상 불법행위책임에 기하여, 위자료 5천만원을 지급하라는 손해배상청구 소송을 제기하였다.

한편, 이보다 앞선 2018년 2월경 배우 J에 대한 여배우 B와 C, 방송국 직원 D, 제자 E 등의 미투 폭로가 잇따라 일어나, 배우 J는 방송 활동을 전면 중단했던 상태였다.

2. 당사자의 주장 및 법원의 판단

서울중앙지방법원은 화해권고결정을 내렸으나, 피해자 A가 이의신청하여 변론이 재개되었고, 피해자 A와 그의 대리인은 실제로 합의금을 받아내는 것이 목적이 아니라 사과를 받고 싶은 것뿐이라며 오히려 청구취지를 3억원으로 확장하였다.

한편, 배우 J는 그 무렵 피해자 A를 만난 사실을 인정하면서도, ① 피해자 A가 성인이었던 점, ② 강제적인 성관계가 없었으므로 불법행위가 아닌 점, ③ 불법행위의 소멸시효기간인 10년이 넘었으므로 손해배상청구권은 소멸시효가 완성되어 모두 소멸하였다는 점을 주장하였다.

서울중앙지방법원은 "불법행위에 있어서 고의, 과실에 기한 가해행위의 존재 및 그 행위와 손해발생 사이의 인과관계에 관한 증명책임은 이를 주장하는 원고에게 있다."라는 전제 하에, 피고 배우 J의 항변을 대부분 받아들여 "원고의 진술서 기재를 믿기 어렵고, 달리 원고의 피해사실을 인정할 만한 증거가 없다"고 판단하여 원고의 청구를 기각하였다.

> Case 1-2 **만약 성폭행 사실이 객관적인 증거자료에 의하여 명백하게 인정되었다면 어떨까?**
> 의정부지방법원 2018. 10. 17 선고 2018가단1680 판결
> 의정부지방법원 2019. 11. 7 선고 2018나16688 판결
> 대법원 2021. 8. 19. 선고 2019다97137 판결

민사상 불법행위로 인한 손해배상의 청구권은 피해자나 그 법정대리인이 그 손해 및 가해자를 안 날로부터 3년간 이를 행사하지 아니하거나 불법행위를 한 날로부터 10년을 경과한 때에 시효로 소멸한다(민법 제766조 제1항 및 제2항). 손해 및 가해자를 안 날로부터 3년을 주관적 기산점 및 단기소멸시효, 불법행위를 한 날로부터 10년을 객관적 기산점 및 장기소멸시효라고 부르기도 한다. 위 두 소멸시효 중 어느 하나라도 도과

하였다면 소멸시효가 완성된 것이다.

그런데 민사재판에서 '소멸시효가 완성되었다'는 주장은 피고가 하는 항변이다. 따라서 소를 제기하는 원고로서는 소송 제기 시부터 소멸시효가 완성되었는지 여부를 미리 판단할 필요는 없다. 실제 소송에서 피고가 소멸시효가 완성되었다는 것을 항변하지 않는 경우, 원고의 청구가 그대로 인용되는 경우도 존재한다. 그러나 미투 운동의 경우 성폭행 등 발생일로부터 소제기 하는 현시점까지 이미 10년이 도과하였을 가능성이 매우 높으므로, 이 경우 피고(가해자)가 소멸시효가 완성되었다는 취지의 주장을 하면 항변이 그대로 받아들여질 가능성이 높다. 이 사건에서도 법원이 판결을 선고한 2021년 1월 8일 이전까지 보도된 기사를 살펴보면, 이미 시효기간이 도과하였다는 점에 초점을 맞춘 내용이 대부분이었다.

그런데 이 사건에서는 과거의 불법행위에 대한 손해배상청구에서 과거의 불법행위(성폭행 등 가해행위) 사실을 입증할만한 객관적인 증거자료가 없으면 '소멸시효가 완성이 되었는지 나아가 살펴볼 필요도 없이' 원고의 청구가 기각되었다. 위 소송은 약 3년간 진행되었으며, 양측이 모두 항소하지 않아 제1심판결은 그대로 확정되었다. 따라서 과거의 불법행위에 대한 손해배상을 청구하고자 하거나, 혹은 피소된 경우 가해사실을 인정할 만한 증거자료가 존재하는지 여부를 먼저 면밀히 살펴 소를 제기하거나 대응해야 할 것이다. 이 사건에서는 원고의 진술서와 법정 진술 외 원고와 함께 노래 주점에 갔던 원고의 친구들 2명이 제출한 진술서가 증거로 제출되었는데, 법원은 이 정도의 증거만으로는 피해사실을 인정하기 부족하다고 본 것이다.

만약 위 Case 1-1에서 배우 J의 성폭행이 사실로 인정되었다면 어떨까? 법원은 배우 J의 3번째 주장인 '소멸시효'에 대하여 판단하였을 것이다. 그런데 아래에서 보듯이, 최근 하급심 판결 중에는 13세 미만 아동 시절에 겪은 성폭행 범죄에 대해 형사사건에서 유죄판결이 선고되었던 사례의 민사사건에서, 성폭행에 따른 외상 후 스트레스(PTSD)진단을 받은 시점을 불법행위로 인한 손해배상청구권의 기산점으로 해석해 가해자의 소멸시효 항변을 배척한 사례가 있다.

1. 사실관계

A씨는 2001년 7월부터 2002년 8월까지 B씨로부터 테니스 지도를 받으면서 학교와 합숙소 등에서 4회에 걸쳐 성폭행을 당해 정신적 장애에 시달렸다. 성인이 된 A씨는 2016년 테니스 대회에서 우연히 B씨와 마주쳤고, 성폭력 피해의 기억이 되살아나면서 3일간 기억을 잃고, 악몽과 위장장애, 두통, 수면장애 등 이상증세를 겪었으며, 그해 6월 A씨는 외상 후 스트레스 장애(PTSD) 진단을 받았다. 이에 A씨는 B씨를 고소했고, B씨는 강간치상 혐의로 기소돼 2018년 7월 대법원에서 징역 10년형이 확정됐다. B씨에 대한 항소심 판결 선고 직후인 A씨는 민사소송을 제기했다. B씨가 강간치상죄로 복역중이어서 1심에서 무변론으로 승소 판결을 받았는데, B씨가 항소하여 다투었다.

2. 항소심 법원의 판단

법원은 "민법 제766조 1항의 '손해 및 가해자를 안 날'이란 불법행위의 요건사실을 현실적이고도 구체적으로 인식했을 때를 의미하고, 2항의 '불법행위를 한 날'은 객관적·구체적으로 손해가 발생한 때, 즉 손해의 발생이 현실적인 것으로 돼 있다고 할 수 있는 때를 의미한다"고 밝혔다. 이어 "A씨는 B씨에 대한 유죄 판결이 선고된 때에야 비로소 불법행위의 요건사실에 대해 현실적이고도 구체적으로 인식하게 돼 손해배상청구가 가능했다"고 설명했다. 또 "A씨가 겪고 있던 PTSD도 최초 진단을 받은 2016년 6월에 관념적이고 부동적 상태에서 잠재하고 있던 손해가 현실화됐다고 봐야 한다"고 지적했다. 그러면서 **"A씨가 '손해 및 가해자를 안 날'은 형사재판의 1심 판결 선고일인 2017년 10월 13일이고, '불법행위를 한 날'은 PTSD 진단을 받은 2016년 6월**이라고 봐야 한다"면서 "A씨는 3년, 10년의 소멸시효가 각 도과하기 전인 지난해 6월 소를 제기했으므로 B씨의 손해배상책임이 인정된다"고 판시하여 손해배상금 1억원을 인정했다.

3. 대법원의 판단

대법원은 원심법원의 판단과 같은 취지로 "원고가 **전문가로부터 성범죄로 인한 외상 후 스트레스 장애가 발현되었다는 진단을 받은 때** 비로소 이 사건 불법행위로 인한 외상 후 스트레스 장애라는 **손해 발생이 현실적인 것이 되었고**, 이때부터 민법 제766조 제2항에 의한 소멸시효가 진행된다고 보는 것이 타당하다."라고 판시하여 피고의 상고를 기각하여 원심과 같은 결론을 내렸다.

4. 해설

위 대법원 판결은 매우 전향적인 판결이나, 해당 사건은 가해자가 징역 10년을 선고받을 정도로 중대한 범죄사실이 인정되었던 경우이므로 그보다 경미한 피해를 입었다고 인정되는 경우까지 위 법리가 적용될 수 있을 것인지는 아직 단정할 수 없고, 선례가 축적되어야 할 것으로 보인다.

그렇다면, 미투 운동에 위 법리가 적용될 수 있을까? '손해 및 가해자를 안 날'이 '미투 폭로를 한 날'과 같이 최근의 날짜로 인정되기는 어려울 것이다. 결국 가해자가 '형사처벌'을 받은 경우여야 민사상 손해배상청구권의 소멸시효 기산점이 '형사재판의 1심 선고일'로 인정되어 피고의 소멸시효 항변이 배척될 것이다. 따라서 이미 공소시효가 완성되어 형사처벌 가능성이 낮은 사건에서는 여전히 피해자의 민사상 손해배상청구가 인용되기 어려울 것으로 보인다.

[Case 1-1] 관련 법리

▶ 미성년자에 대한 성범죄의 공소시효는 훨씬 길다!

지금까지 있었던 미투 운동의 경우 대부분 과거에 벌어진 범죄를 대상으로 하기 때문에, 이미 공소시효가 완성된 경우가 대부분이어서, 실제 처벌로 이어지는 경우가 많지 않았던 것으로 보인다.

형법상 강간죄(형법 제297조)는 범죄자를 3년 이상의 유기징역에 처하고 있으므로, **그 공소시효는 범죄행위를 한 날로부터 10년**이다(형사소송법 제249조 제1항 제3호). 강제로 추행한 경우도 공소시효는 같다(형법 제298조). 범죄자가 도피 목적으로 해외에 체류하는 등의 이유로 공소시효가 정지될 가능성도 있으나(형사소송법 제253조), 성년자에 대한 성범죄는 공소시효가 10년이라고 대략적으로 생각할 수 있다[25]. 그러나 미성년자에 대해서는 성범죄로부터 더욱 특별히 보호할 필요가 있어서 우리 법제는 공소시효를 연장하는 특례규정을 마련해두고 있는데, 여기서는 피해자가 미성년자였을 경우를 살펴본다.

미성년자는 법체계상 다시 ① **13세 미만의 자**와 ② **13세 이상 19세 미만의 자**로 구분된다. 전자에 대해서는 성범죄에는 '성폭력처벌법' 제7조가 적용되고, 후자에 대한 성범죄에는 「아동·청소년의 성

---

[25] 다만 피해자가 장애인인 경우, 가해자가 2인 이상인 경우 혹은 흉기를 들고 강간한 경우는 공소시효가 15년이다.

보호에 관한 법률」(이하 '청소년성보호법'이라 한다) 제7조가 적용된다. 성폭력처벌법상 전자에 대한 강간죄는 '무기징역 또는 10년 이상의 징역', 유사강간죄는 '7년 이상의 징역', 강제추행죄는 '5년 이상의 징역'이 각 규정되어 있다. 한편, 청소년성보호법상 강간죄는 '무기징역 또는 5년 이상의 징역', 유사강간죄는 '5년 이상의 징역', 강제추행죄는 '2년 이상의 징역'이 각 규정되어 있다. 즉, 13세 미만의 자에 대한 성범죄는 13세 이상인 미성년자에 대한 범죄보다도 더욱 가중처벌한다.

한편, 성폭력처벌법 제21조와 청소년성보호법 제20조는 '공소시효에 관한 특례'를 두어 거의 유사한 내용을 규정하고 있다. 제1항은 '성폭력 범죄로 피해를 당한 미성년자가 성년에 달한 날부터 공소시효가 진행한다'고 규정하였고, 제2항은 'DNA증거 등 과학적인 증거가 발견되는 경우 공소시효가 10년 연장된다'라고 규정하였으며, 제3항은 **13세 미만의 자에 대한 강간, 강제추행, 미성년자 간음 및 추행 범죄(및 살인, 치사, 상해, 치상 등 가중적 구성요건인 범죄를 포함)** 에 대하여 **'공소시효를 적용하지 아니한다'**라고 규정한다. 한편, 청소년성보호법 제20조 제4항에 의하여 '아동청소년 대상 성착취물을 제작한 자에 대하여도 공소시효가 적용되지 않는다.'

요약하면, **피해자가 미성년자인 경우 공소시효가 연장되고, 특히 13세 미만의 자를 대상으로 한 범죄는 아예 공소시효의 제한을 받지 않고**

> 언제든지 공소를 제기하여 처벌을 받게 할 수 있다.

Case 2-1 미투 폭로자를 무고 및 명예훼손으로 고소 한다면?

1. 사실관계

① 2017년경 여배우 A씨는 영화 'M'촬영 당시 영화감독이었던 K씨가 연기지도 명목으로 뺨을 때리고 시나리오에 없던 상대 배우(남)의 성기를 잡게 했으며, 자신을 추행하였다고 주장하며 강요죄, 폭행죄, 강제추행치상 등 혐의로 K씨를 고소하였다. 그러나 그 중 폭행 혐의만 인정되어, K씨에게 벌금 500만원의 약식명령이 선고되었다(다른 혐의에 대하여는 검찰단계에서 '증거 불충분'을 이유로 한 '혐의 없음' 등 처분이 이루어졌다).

② B 방송국은 2018년 3월 6일 영화감독 K에 대한 미투 의혹을 보도하였다.

③ 영화감독 K는 2018년 6월경 위 ①의 내용 중 강제추행치상 사실이 무혐의로 판단되었다고 주장하며, 여배우 A를 무고 혐의로 고소하였다.

④ 영화감독 K는 2018년 6월경 위 ②의 내용으로 인해 자신의 명예가 훼손되었다고 주장하며, B 방송국 및 출연진 등을 출판물에 의한 명예훼손 혐의로 고소하였다.

⑤ 영화감독 K는 2019년 3월경 여배우 A와 B 방송국을 상대로 명예

훼손에 대한 위자료 10억원을 지급하라는 손해배상청구 소송을 제기하였다. 이후 B 방송국 제작진 2명을 상대로 다시 1억원의 손해배상청구 소송을 제기하였다.

⑥ 영화감독 K는 2019년 3월경 피해자인 여배우 등을 지원한 여성단체를 상대로, 이 단체가 '영화제는 감독 K에 대한 초청을 취소하라'는 공문을 보내 실제로 영화 개봉이 취소되는 피해를 입었고, 명예가 훼손되었으므로 3억원을 지급하라는 손해배상청구 소송을 제기하였다.

2. 사건의 경과

(1) 검찰은 2020년 12월 위 ③의 고소에 대하여 '혐의 없음' 처분을 하였다. 배우 A의 고소에 대해 무혐의 처분이 내려진 이유는 관련 증거가 충분하지 않은 것일 뿐, 배우 A가 무고죄에 이를 만큼 허위사실을 고의적으로 신고한 것으로 보기 어렵다고 본 것이다.

(2) 검찰은 2020년 12월 위 ④의 고소에 대하여도 '혐의 없음' 처분을 하였다. 이에 대하여 검찰은, 방송 보도는 취재 과정을 살펴볼 때 출연진인 피해 여배우들의 진술을 허위로 단정하기 어렵고, 그 보도목적도 공공의 이익을 위한 것으로서 B 방송국 측에 '진실이라고 믿을 만한 상당한 이유'가 존재하며, 이 경우 이와 상반되는 '비방할 목적'이 인정되지 아니하므로, 출판물에 의한 명예훼손이 성립한다고 볼 수 없다고 설명하였다. 영화감독 K는 서울고등검찰청에 항고하였다.

(3) 서울서부지방법원에서 진행된 B 방송국 등에 대한 위 ⑤의 민사소송재판에서, 영화감독 K의 성폭행을 입증할 만한 증거가 있는지 여부, 단지 소문을 방송한 것에 불과한지 여부, 허위 사실이 어디까지인지 여부 등이 첨예하게 다투어졌다. 서울서부지방법원은 2020년 10월 28일 영화감독 K의 청구를 모두 기각하였고 영화감독 K는 항소하였다. 그러나 항소심 법원 또한 2021년 11월 5일 영화감독 K의 항소를 기각하였다.

(4) 서울서부지방법원에서 진행된 여성단체에 대한 위 ⑥의 민사소송재판에서, 공익 차원에서 개막작 취소요청이 이루어졌는지 여부, 명예훼손에 대한 위자료를 청구하는 것인지 혹은 영화 개봉에 대한 손해를 청구하는 것인지 여부 등이 쟁점이 되었다. 그러나 영화감독 K가 2020년 12월 11일 사망하였고, 유가족은 2021년 4월 25일 위 소송을 취하하여 종료되었다.

3. 해설

일단 연예인 혹은 공인에 대한 미투 폭로가 일어나면 해당 인물은 성범죄자로 낙인 찍히고 불리한 여론이 형성되는 경우가 많다. 이러한 여론을 유리하게 바꾸기 위하여 또는 억울함을 항변하기 위해서 폭로자를 무고죄로 고소하기도 한다. 실제로 억울한 미투 피해를 당한 경우라면 폭로자에 대한 여러가지 법적 대응 방안을 고려해 볼 수 있을 것이다. 다만, 이에 대한 여론의 역풍을 충분히 고려하여야 할 뿐 아니라, 영화감독 K의 사례와 같이 '무고죄' 혹은 '명예훼손죄'로 고소한다 하더라도 그 실익이 크지 않을 수 있다.

무고죄(형법 제156조)는 미투 운동의 확장과 가장 첨예한 대척점에 있는 것으로 보인다. 무고죄가 성립하는지 여부에 대한 판단기준은 다음과 같이 확립되어 있다. 대표적으로 대법원은 "무고죄는 타인으로 하여금 형사처분 또는 징계처분을 받게 할 목적으로 공무소 또는 공무원에 대하여 허위의 사실을 신고하는 때에 성립하는 것으로, 여기에서 허위사실의 신고라 함은 신고사실이 객관적 사실에 반한다는 것을 확정적이거나 미필적으로 인식하고 신고하는 것을 말한다. 따라서 **신고사실의 일부에 허위의 사실이 포함되어 있다고 하더라도 그 허위부분이 범죄의 성부에 영향을 미치는 중요한 부분이 아니고, 단지 신고한 사실을 과장한 것에 불과한 경우에는 무고죄에 해당하지 아니**하지만, 그 일부 허위인 사실이 국가의 심판 작용을 그르치거나 부당하게 처벌을 받지 아니할 개인의 법적 안정성을 침해할 우려가 있을 정도로 **고소사실 전체의 성질을 변경시키는 때**에는 **무고죄가 성립**한다."라고 판시하였다(대법원 2009. 1. 30. 선고 2008도8573 판결). 따라서 증거가 불충분한 사실에 대하여 일부 허위 또는 과장하여 피해사실을 신고하는 경우, 그 부분 피해에 대한 입증이 불가능하여 가해자에 대한 무혐의 처분이 내려지더라도 가해자가 곧바로 무고죄로 고소인(피해자)을 고소할 수 있는 것은 아니다. 즉, 피해자가 사실과 다르게 신고한 부분이 국가의 심판 작용을 그르치게 하거나, 개인을 부당하게 처벌받도록 하는 정도에 이르렀는지 여부를 판단해야 한다. 이 사례에서 여배우 A의 피해신고는 영화감독 K에 대한 '강제추행치상' 혐의를 포함하는데, **허위사실을 신고한다는 인식 하에 오로지 영화감독 K를 처벌받게 할 목적만으로 신고한 것으로 보기는 어려우므로, 무고죄에 해당하지 는 <u>않는다</u>고 본 것이다.

한편, 형사상 명예훼손이 성립하는지 여부는 앞서 '악플과 명예훼손' 에서 살펴본 것과 같다. 특히 '출판물에 의한 명예훼손죄(형법 제309조)' 는 정보통신망법 위반죄(동법 제70조)와 마찬가지로 '비방할 목적'을 그 구성요건으로 하고 있다. 만약 언론보도가 '공익 목적'으로 이루어졌다 면, '비방할 목적'이 인정되기 어려울 것이다.

나아가 민사상 명예훼손에 대한 손해배상청구가 가능한지 여부는, 다 음과 같은 기준을 살펴보아야 한다. 대법원은, "민사상으로 타인의 명예 를 훼손하는 행위를 한 경우에도 그것이 공공의 이해에 관한 사항으로서 그 목적이 오로지 **공공의 이익을 위한 것**인 때에는 **진실한 사실**이라는 증 명이 있으면 그 행위에 위법성이 없고, 또한 그 증명이 없더라도 행위자 가 그것을 **진실이라고 믿을 만한 상당한 이유가 있는 경우**에는 위법성이 없 다고 보아야 할 것이나, 언론매체의 보도를 통한 명예훼손에 있어서 행위 자가 보도 내용이 진실이라고 믿을 만한 상당한 이유가 있는지의 여부는 적시된 사실의 내용, 진실이라고 믿게 된 근거나 자료의 확실성과 신빙성, 사실 확인의 용이성, 보도로 인한 피해자의 피해 정도 등 여러 사정을 종 합하여 행위자가 보도 내용의 진위 여부를 확인하기 위하여 적절하고도 충분한 조사를 다하였는가, 그 진실성이 객관적이고도 합리적인 자료나 근거에 의하여 뒷받침되는가 하는 점에 비추어 판단하여야 한다."고 판시 한 바 있다(대법원 2002. 5. 10. 선고 2000다50213 판결). 따라서, 언론

매체의 보도가 허위사실이라고 하더라도, 적절하고도 충분한 조사를 통해서 진실이라고 믿은 합당한 이유가 있는 경우 언론매체의 손해배상책임이 인정되지 않을 수 있다. 그리고, 설령 손해배상책임이 인정된다고 하더라도, 위자료 액수는 구체적인 사안마다 달리 정해진다. 언론 보도가 허위로 인정되는 경우라 하더라도 대개 500만원 내지 1,000만원 정도의 배상을 명하는 수준에서 그치는 경우가 많은 것으로 보이고, 영화감독 K의 명성이 매우 높았던 점을 고려하더라도 애초에 영화감독 K가 여배우 A와 B 방송국에 대해 청구한 10억원 청구가 모두 인용될 가능성은 높지 않았을 것으로 보인다. 지금까지 단일 명예훼손 사건에서 법원이 인정한 손해배상 최고액은 4억원인 것으로 알려져 있다.

Case 3-1 연예인이 무혐의 결정을 받으면 곧바로 연예계에 복귀할 수 있을까?

1. 사실관계

익명의 여성 A씨는 2018년경, 1990년대 초반 유명 배우 O씨로부터 성추행과 성폭행을 당했다고 폭로하였다. 이후 또 다른 피해자 B씨가 뉴스에 출연하여 피해사실을 재차 폭로하여 논란이 확산되었다.

O씨는 사실이 아니라고 부인한 후, 연애감정으로 교제한 것일 뿐, 성범죄를 저지른 것이 아니라고 주장하였으나, 미투 운동의 여파로 출연 예정 드라마 등에서 모두 하차하였고, 출연한 영화 개봉도 연기되었다.

2. 사건의 경과

부산지방경찰청은 2019년경 공소시효만료를 이유로 해당 사건을 내사종결 하였다. 부산지방경찰청 관계자는 언론 인터뷰를 통하여, 사건은 언론 보도를 통하여 인지하였으나, 당시 친고죄에 해당하는 강간사건에 대한 신고가 전혀 없었고, 공소시효가 만료되었으며, 피해자가 방송 이후 별도로 피해 사실을 소명한 바 없으므로 내사 종결되었다고 발표하였다.

이후 배우 O는 2020년 8월경 약 2년만에 스크린을 통해 복귀하였고, 현재 활동을 이어가고 있다. 이에 대하여 무혐의로 판명된 것이 아닌데도 활동을 이어 나가는 것은 피해자에게 큰 고통을 준다는 입장과 이미 수사 종결한 사건인 이상 문제될 것이 없다는 입장이 대립하고 있다.

3. 해설

미투에 대한 수사기관이나 법원의 법적 판단이 내려지기 전에는 일단 여론이 형성되는 추이를 지켜보자는 것이 미투의 초기 국면에서 연예계가 일반적으로 취하는 태도인 것으로 보인다. 사회적 물의를 일으킨 연예인에 대한 의혹이 완전히 해소되지 아니하였는데도 해당 연예인이 방송과 스크린에 복귀할 수 있는지에 대해서 법률로 정해진 것은 없고, 여론의 추이를 지켜보면서 결정하게 되는 것이다. 한편 수사기관이나 법원의 유리한 결정이 반드시 연예활동을 재개하기 위한 면죄부가 되는 것도 아니다. 연예인이 무죄판결을 받고도 사생활이 좋지 않다거나, 범죄를 저지른 의심이 있다는 낙인이 찍혀 이미지에 큰 손상을 입는 경우도 볼 수 있기 때문이다.

앞서 살펴본 것처럼, 우리 법제에는 공소시효나 소멸시효 등, 법적 안정성을 지키기 위한 장치들이 있는데, 미투운동의 피해자들로서는 법적으로는 세월이 많이 흘러 처벌이나 배상이 불가능할 것을 알지만, 이른바 '여론 재판'을 통해 대중들에게 본인의 피해를 호소하고자 하는 것이다. 반면, 미투운동을 통해 오히려 결백한 연예인이 피해를 입은 경우도 분명히 있을 것이다. 이를 판단하는 것은 대중의 몫인데, 실체적 진실이 무엇인지는 당사자들만이 아는 경우가 많다.

SW's comment (이것만은 알아두자)

◎ 미투 가해자로 지목당한 경우 어떠한 조치를 취해야 하는가?

⋯▸ 우선 본인의 기억이나 기록들, 당시 관계자들의 진술을 통해 사실관계를 확인해야 한다. 만일, 피해자가 주장하는 것처럼 과거 성폭행, 성추행 등의 사실이 있었던 것이라면, 당사자에게 진실되게 사죄하고 피해 회복에 힘쓰며 용서를 받아 합의를 함이 바람직하다. 형법상 공소시효 및 민법상 소멸시효가 완성되었다는 점을 고려하여 강경하게 대응하는 경우도 있으나, 미투 가해가 사실인 경우라면 그러한 대응이 피해자에 대한 명예훼손 등 또 다른 범죄가 될 수 있으므로 바람직하지 않으며, 미투 가해자로 지목당하는 것 자체가 연예인에게는 치명적인 이미지 실추를 초

래하는 것임을 주지하여야 한다.

◎ 허위 미투에 대해 어떻게 대응할 수 있는가?
⋯➤ 미투 내용이 허위 사실이라면, 강경하게 대응하는 방법을 고려할 수 있다. 즉, 미투 가해자로 지목된 자는 폭로한 자를 상대로 형사 고소 및 민사상 손해배상청구를 할 수 있다. 즉, 미투로 고소까지 당한 경우에는 폭로자를 무고죄로 고소하는 방법을 고려할 수 있고, 허위사실을 유포하는 경우 명예훼손죄로 고소 및 손해배상청구를 할 수도 있을 것이다.
⋯➤ 이와 별개로 온라인에 미투 관련 게시글이 확산되고 있는 중이라면, 정보통신망법 제44조의 2에 따라 글이 게시된 인터넷 사이트 운영 회사에 피해 사실을 소명하고 삭제 또는 임시조치(블라인드 처리)를 요청을 하는 것이 신속히 피해를 최소화할 수 있는 방법이다. 이미 게시글이 널리 퍼진 경우에는 사후적으로 이를 바로잡기 위해 유포자에 대한 민형사상 조치나 언론사에 대한 정정, 반론보도 등을 요구해야 함은 물론이다.

빚투

가 ▶ 뜨거운 감자 (Hot Issue)

미투 운동 이후, SNS상에 유명 연예인들의 가족의 채무에 관한 사항 또는 사기 혐의를 폭로하는 사례가 잇따라 일어났다.

① 2018년 11월경 온라인 커뮤니티에 가수 겸 연기자 A의 부모가 '과거 지인에게 돈을 빌린 뒤 갚지 않았다'는 의혹이 제기됐다.

② 가수 B는 부모가 과거 사기 범행을 저지르고 뉴질랜드로 도주했다는 온라인 글이 확산되자 방송에서 전부 하차하기도 하였다.

③ 코미디언 C의 부모는 1996년 친구에게 6,600만원을 빌리고 잠적했다는 의혹을 받았다. C도 초반에 "절대 사실이 아니다"라는 입장을 밝혔다가 대중의 비판을 받고서 활동을 중단했다. 이후 C는 부모 대신 채무를 변제하기로 피해자와 합의하였다.

④ 배우 D의 어머니로부터 곗돈 사기를 당했다는 빚투 폭로에 대하여, D측은 "5살 즈음부터 부모님의 이혼으로 할머니 손에 자랐고, 어머니와 왕래가 없었으나 빚을 대신 갚아왔다."며 앞으로는 "딸이 유명인임

을 악용해 돈을 받아내려고 하는 일련의 행위를 원천 차단"할 것임을 분명히 한 바 있다.

나 ▶ 법적 쟁점 (Legal Issue)

1. 자녀인 유명 연예인에게 부모의 채무에 대한 변제의무가 있는가?
2. 허위의 빚투를 유포한 경우 어떤 형사책임을 지는가?

다 ▶ 용어 해설

▶ **빚투(빚+Too)**

유명인 본인 또는 그 가족에게 빌려준 돈을 받지 못한 이들이 채권채무 관계를 폭로하는 사회 현상으로서, 성폭력 고발 운동인 '미투(Me, too)'를 패러디한 신조어이다. 법원은 빚투를 "유명 연예인의 가족에게 돈을 빌려주고 변제받지 못한 채권자들이 그 사실을 언론 등에 공개하며 채무의 변제를 요구하는 행위"로 정의하기도 하였다(서울고등법원 2020. 7. 17. 선고 2019나2052592 판결 참조).

참고로, 이와 달리 '빚내서 투자한다'의 줄임말로 '빚투'가 사용되는 경우도 있다.

▶ **한정승인**

상속인의 상속으로 인하여 취득할 피상속인의 재산의 한도에서 피상속인의 채무와 유증을 변제할 것을 조건으로 상속을 승인하는 것을 말한다(민법 제1028조).

▶ **상속포기**

상속인이 상속재산(적극재산 및 채무)의 승계를 거부하는 의사표시를 말한다(민법 제1041조). 상속받을 재산이 없거나 오히려 빚이 있는 경우는 물론이고 상속받을 재산이 있는 경우에도 상속을 포기할 수 있다. 재산상속에 관하여는 상속포기의 자유가 인정되기 때문이다.

▶ **채무승인**

소멸시효제도는 권리자가 권리를 행사할 수 있는데도 행사하지 않는 경우, 일정 시간 지나면 권리가 사라진 것으로 인정하는 제도로서, 민사상 일반 채권의 소멸시효 기간은 원칙적으로 10년이다(민법 제162조). 그런데 채무자가 채무를 승인하는 경우, 소멸시효가 중단된다(민법 제168조 제3호). 소멸시효가 중단되면, 그 시점으로부터 다시 시효가 진행하게 되므로, 소멸시효가 연장되는 것이라고 이해하면 된다.

▶ **제3자의 변제**

채무의 변제는 제3자도 할 수 있다. 그러나 채무의 성질 또는 당사자의 의사표시로 제3자의 변제를 허용하지 아니하는 때에는 그러하지 아니하다. 한편, 이해관계 없는 제3자는 채무자의 의사에 반하여 변제하지 못한다(민법 제469조).

라 기본 법리

• **자기책임의 원리**

헌법 제10조가 정하고 있는 행복추구권에서 파생되는 자기결정권 내지 일반적 행동자유권은 이성적이고 책임감 있는 사람의 자기 운명에 대한 결정·선택을 존중하되 그에 대한 책임은 스스로 부담함을 전제로 한다. 자기책임의 원리는 이와 같이 자기결정권의 한계논리로서 책임부담의 근거로 기능하는 동시에 자기가 결정하지 않은 것이나 결정할 수 없는 것에 대하여는 책임을 지지 않고 책임부담의 범위도 스스로 결정한 결과 내지 그와 상관관계가 있는 부분에 국한됨을 의미하는 책임의 한정원리로 기능한다. 이러한 자기책임의 원리는 인간의 자유와 유책성, 그리고 인간의 존엄성을 진지하게 반영한 원리로서 그것이 비단 민사법이나 형사법에 국한된 원리라기보다는 근대법의 기본이념으로서 법치주의에 당연히 내재하는 원리로 볼 것이다(헌법재판소 2004. 6. 24. 자 2002 헌가27 결정). 이와 같이 '자기책임의 원리'란 근대 법치주의의 기본원리로, **자기가 결정하지 않은 다른 사람의 행위에 대해 책임을 지지 않는다는 것을 의미한다.** 따라서 특별한 사정이 없는 한, 부모의 빚을 자식이 대신 갚을 법적 의무는 없다. 이는 유명 연예인이라고 하더라도 마찬가지이다.

• **연좌제 금지의 원칙**

헌법 제13조 제3항은 "모든 국민은 자기의 행위가 아닌 친족의 행위로 인하여 불이익한 처우를 받지 아니한다."라고 규정하여 연좌제를 엄격히 금지하고 있다. 따라서 부모가 사기죄 등 범죄에 연루된다고 하더라도 이로 인해 범죄와 무관한 자식까지 당연히 처벌받게 되는 것은 아니다.

- **부모가 연예인인 자녀의 명의를 도용하여 채무를 지는 경우**

  유명 연예인의 부모가 소위 '연예인의 이름을 팔아' 채무를 지는 경우는 어떠한가? 구체적 법률관계는 사안마다 다를 것이다. 대체로, ① 유명 연예인이 부모에게 대리권을 부여하였는지, ② 부모가 연예인의 이름으로 상행위를 한 경우 연예인의 성명 또는 브랜드 등을 대여한 사정이 있는지, ③ 연대보증 형식으로 채무를 지게 되는 경우, 서면에 의하여 보증을 서게 된 것인지, 날인행위를 누가 하였는지 여부 등이 쟁점이 될 수 있을 것으로 보인다. 자세한 내용은 아래 관련 사례를 통해 자세히 살펴보기로 한다.

- **부모의 채무를 상속한 경우**

  나아가, 부모의 채무는 그들의 사망과 동시에 상속인들에게 승계되므로, 자식이 일정부분 책임을 지게 될 가능성이 있다. 그러나 부모의 사망으로부터 3개월 내에 가정법원에 한정승인 또는 상속포기를 신고함으로써 채무에서 벗어날 수 있다. 만약 채무액을 알지 못하여 단순 상속을 받아 채무를 부담하게 되었다면, 이를 안 날로부터 3개월 이내에 '특별한정승인'을 신청할 수도 있다.

- **소멸시효 완성**

  만약 유명 연예인에게 가족들의 채무에 대한 이행책임이 있는 경우라도, 이미 오래 전 발생한 채무라면 법적으로는 소멸시효가 완성되었는지 여부가 쟁점이 될 수 있다.

마 관련 사례

> **Case 1-1** 이미 오래전 시효완성으로 소멸한 채무라면, 방송에서 부모님 대신 변제하겠다고 공언하더라도 민사적 책임이 없다.

1. 사실관계

가수 M의 부모는 1998년경 충북 제천에서 친인척 및 지인 10명에게 총 4억여 원을 빌린 뒤 이를 갚지 않고 뉴질랜드로 이민을 떠났다. 가수 M의 부모는 해외도피로 인하여 공소시효가 정지되어 있었고, 청주지방법원 제천지원은 2019년 10월 14일 이들의 사기혐의를 모두 인정하고 각 3년, 1년의 실형을 선고하였다. 이후 M의 부모는 상고를 포기하여 형이 확정되었다.

가수 M은 2018년 11월 21일 공식 입장문을 통해 "아들로서, 제가 책임져야 할 부분이 있다고 생각했습니다. 먼저 한 분 한 분 만나 뵙고 말씀을 듣겠습니다."라고 발표하였다. 그리고 실제로 2억6천만원의 피해액을 변제한 것으로 알려졌다.

2. 해설

　가수 M의 부모의 빚투 논란이 있었던 2018년경은 이미 부모의 사기 시점으로부터 20년 이상 경과하였고, 피해자들이 가수 M의 부모의 재산에 대하여 재판상 청구 또는 압류 등 조치를 하지 아니하였다면, 사기 피해자들의 민사상 대여금반환청구권 또는 손해배상청구권은 이미 소멸시효가 완성되어 소멸한 것으로 판단된다.

　한편, 가수 M이 공적 발언을 통하여 막연하게 변제할 것을 약속했다고 하여도, 위 내용만으로는 구체적인 당사자나 금액이 확정되어 있지 않아, 새로운 채권채무관계를 발생시킬 만한 구두약정으로 보기 어렵고, 피해자들에게 정당한 기대나 신뢰를 부여할 만한 약속의 내용으로 보이지도 않는다. 마지막으로 '소멸시효 이익의 포기 의사표시'가 존재하는지 살펴보면, 시효이익의 포기는 의사표시의 내용과 동기 및 경위, 의사표시를 통해 당사자가 달성하려고 하는 목적과 진정한 의도 등을 아울러 고려하여 판단하게 되는데, 가수 M이 시효완성된 채무의 채무자도 아닐 뿐더러 가수 M이 발표한 내용은 '한 분 한 분 만나뵙고 말씀을 들어보겠다'는 것에 불과하여 어느 모로 보아도 시효이익의 포기 사유 중 하나인 채무의 승인으로 보기도 어려울 것으로 보인다(대법원 2008. 7. 24. 선고 2008다25299 판결 등 참조). 따라서 가수 M의 발언 자체를 통해 가수 M에게 민사상 책임이 인정된다고 보기는 어렵다.

　가수 M이 변제 관련 언급을 하였던 시점은 2018년 11월경으로, 그의 부모가 입국하여 곧바로 체포된 2019년 4월 8일보다 이른 시점이기는 하다. 당시 빚투 논란이 거세어져 그의 부모가 대한민국 법원에서 사기혐의로 재판을 받게 될 것이 예상되었으며, 실제로 제천경찰서에서 인터폴에 적색수배 협조를 요청하는 등 국제공조수사가 진행되었다. 가수 M의 변제 발언은 본인으로서는 도의적 책임을 인정하겠다는 의미이나, 부모로서는 사기 피해액 변제 및 합의를 통하여 형량을 줄이려는 시도로 해석될 수 있었다.

> Case 2-1 연예인의 변제능력을 믿고 그 부모에게 돈을 빌려주었더라도, 연예인에게 변제 책임이 없다!

1. 사실 관계

유명 배우 K의 어머니는 지인들로부터 13억원이 넘는 돈을 빌리고 수년 동안 갚지 않았다. 피해를 입은 지인들은 뉴스 인터뷰에서 '유명 배우 K의 어머니인 만큼 돈을 떼일 일은 없겠구나', '일이 잘 안되면 K가 갚겠지 생각했다', 'K에게도 일부 책임이 있다'라는 취지의 주장을 하였다. 배우 K가 2012년경 거의 모든 재산을 어머니의 채무 변제에 사용한 적도 있다는 지인의 증언이 나오기도 하였다.

2. 사건의 경과

K는 법무법인을 통하여, '8년 가까이 연락이 끊긴 어머니가 혼자 행한 일들을 K가 알 수는 없었습니다. 문제의 책임은 당사자인 어머니에게 있고, K가 어머니를 대신하여 법적 책임을 질 근거는 없다고 확인됩니다.'라는 취지의 입장문을 발표하였다.

3. 해설

K의 어머니로부터 돈을 빌린 지인들은 K에게 연대채무가 있다고 주장하였다. 민사상 '연대채무'란 수인의 채무자가 채무전부를 각자 이행할 의무가 있고 채무자 1인의 이행으로 다른 채무자도 그 채무를 면하게 되는 다수당사자의 채무(민법 제413조)를 의미하는 바, 법률의 규정이나 계약과 같은 법률행위에 의하여 발생한다. 그러나 단순히 유명인과의 가족관계를 내세우거나 이를 믿고 돈을 빌려주었다고 하여 연대채무를 부담한다고 볼 법적 근거가 없으며, 계약을 통해 연대채무를 지겠다는 의사를 표현했다는 점에 대한 입증책임은 이를 주장하는 사람에게 있다.

즉, K의 어머니의 지인들은 K와 K의 어머니의 기명날인 등이 되어있는 계약서 등 연대채무를 부담할 의사를 표시한 문서나 녹취를 제시하는 경우 K에게 책임을 물을 수 있을 것이다. 그러나 사실관계를 살펴보아도 이들은 단순히 'K의 어머니'임을 믿고 돈을 빌려준 데 그치므로, K의 어머니에 대하여 대여금반환을 청구할 수 있는 것은 별론으로 하고, K에게 변제할 것을 청구할 권원은 없는 것으로 보인다.

> Case 3-1 허위 빚투 폭로자들에 대한 형사고소 가능성

1. 사실관계

배우 N의 아버지는 1991년경 10명의 지인들에게 무허가 주택 지분을 판매한 사기 혐의로 실형을 선고받았다.

2. 사건의 경과

위 피해자 중 1인의 유족임을 주장하는 자는 2019년 2월경 배우 N에게 아버지가 부담하고 있는 빚을 갚을 것을 독촉하였다. 배우 N과 기획사는 '연예인 빚투를 모방한 협박범으로 보이므로, 명예훼손과 공갈미수 혐의로 고소할 것을 검토하고 있다'는 보도자료를 발표하였다.

3. 해설

빚투 폭로자가 발설한 내용이 허위인 경우뿐만 아니라 진실한 사실이더라도 명예훼손죄(형법 제307조)는 성립할 수 있다. 또한, 연예인의 부모가 진 빚을 받기 위해 변제할 법적인 의무가 없는 연예인을 협박하거나, 기획사로 직접 찾아와 소란을 일으키는 경우 형법상 협박죄(형법 제283

조 제1항)나 업무방해죄(형법 제314조 제1항)에 해당할 가능성도 있다.

 이 사례는 정확한 사실관계(실제로 고소를 진행하였는지 여부 등)가 드러나지 않았고, 채무액이 650만원 정도로 비교적 소액이었던 점, 연예인 빚투 논란에 대하여 여론이 반드시 피해자의 입장에 전적으로 공감하는 것은 아닌 점, 오히려 가족사가 공개된 연예인들에게 동정여론이 있기도 하였던 점 등으로 인하여 법적 책임을 논하지 않고 일단락되었던 것으로 보인다. 이후에도 가족의 책임을 유명 연예인에게 묻고자 하는 폭로가 뒤따랐지만, 현재 대중의 관심도는 낮아진 상태이다.

SW's comment (이것만은 알아두자)

◎ 자녀인 유명 연예인에게 부모의 채무에 대한 변제의무가 있는가?

⋯▶ 앞서 설명한 '자기책임 원칙'에 의하여 연대보증, 상속 기타 특별한 사정이 없는 한 부모의 채무에 대해 자녀가 대신 변제할 법적 의무는 없다. 다만, 통상 언론, 인터넷 커뮤니티에 빚투를 폭로하기 이전에 연예인 본인 또는 기획사에 연락을 취하는 경우가 많은데, 빚투로 인해 구설수에 오르는 것 자체가 연예인에게는 이미지 실추로 이어질 수 있으므로 부득이 폭로 전 합의를 통해 일부 또는 전부를 변제하고 비밀유지 확약을 받는 방법을 취하기도 한다. 이 경우에는 반드시 비밀유지의무(언론에 제보, SNS에 게시, 홈페이지에 게재 기타 일체의 제3자에게 누설을 금지하는 내용)를 명시하고 이를 위반하는 경우에는 위약벌을 청구할 수 있다는 내용으로 합의서를 작성해야 한다.

학폭

가 ▶ 뜨거운 감자 (Hot Issue)

2018년 미투운동 이후, 연예계의 각종 폭로전은 과거 '학교 폭력 가해자'라는 의미의 '학폭' 논란으로 옮겨갔다. 학폭 가해 의혹에 휘말린 이들은 주로 젊은 아이돌 또는 배우들로서 앞서 살펴본 미투나 빚투에 비하여 숫자가 매우 많을 뿐 아니라 몇몇 의혹은 현재 진행형이다. 이들에 대한 의혹 중 완전히 터무니없는 루머로 밝혀진 경우도 있고 아직까지 뚜렷한 결론이 나오지 않은 경우도 있다. 그러나 대부분의 학폭 가해자로 지목된 연예인들은 이미지에 큰 타격을 입고 출연 중이던 방송, 뮤지컬, 영화, 광고 등에서 중도 하차하게 되었다.

이에 한국대중문화예술산업총연합 회원단체, 한국연예매니지먼트협회, 한국연예제작자협회, 한국드라마제작사협회 등 4개 단체는 2021년 3월 18일 입장문을 발표하여 "가해 연예인이 도중 하차할 경우 이미 제작된 많은 분량이 취소되면서 작업에 함께 참여했던 수많은 종사자와 다른 연예인들이 엄청난 손해를 입는 등 큰 고통을 받고 있으므로, 사실이 확인되지 않은 상태에서 여론의 의혹만 가지고 관련 연예인을 프로그램에서 성급하게 하차시키거나 방송 편성을 중단하는 결정을 최대한 자제해 달라"고 요청하였다. 특히 언론에 대하여 정확한 취재를 통하여 가해사실이 확인된 경우만 기사를 다뤄줄 것을 당부하면서도, 피해자들에 대하여 고개 숙여 사과한다고 표현하며 자성(自省) 노력과 더불어 연예인들의 사회적 책임과 의무를 강조하는 교육을 확대할 것을 약속하였다.

그러나 최근에도 유명 연예인들에 대한 학폭 이슈가 새로이 제기되는 등 아직 학폭 논쟁은 끝나지 않고 있다. 뇌섹남·모범생 이미지가 강했던 남자 아이돌 멤버 P, 인기 트로트 경연 대회의 여성 참가자 J는 학교 폭력 가해 사실이 폭로되자 이를 인정하고 활동을 전면 중단한 한편, 여러 차례 학교 폭력 의혹이 제기된 신인 남자배우의 경우 "아닌 걸 대체 어떻게 증명해야 하느냐"고 직접 반박하며 "모든 걸 내려놓고 끝까지 가겠다"고 강하게 부인한 뒤 활동을 이어나가고 있기도 하다. 여자 아이돌 멤버 N은 같은 그룹 소속 멤버를 따돌리고 괴롭혔다는 논란에 이어 학교 폭력 이슈까지 불거지자, 강경한 법적 대응의 의사를 보였지만, 거센 비판 여론으로 인해 활동을 중단할 수밖에 없었다. 또한, 2022년 5월 데뷔하여 돌풍을 일으킨 신인 여자 아이돌 그룹의 멤버 K는 데뷔 직후 학교폭력대책 자치위원회에서 처분을 받은 사실이 폭로되어 결국 데뷔 3주만에 기획사와 전속계약을 해지하고 그룹에서 탈퇴하게 되었다.

나 ▶ 법적 쟁점 (Legal Issue)

1. 학교폭력에 대한 책임은 누구에게 있는가?
2. 소속 연예인이 학교폭력 가해자로 지목된 경우 대응은 어떻게 해야 하는가?

다 ▶ 기본 법리

- **가해자를 익명으로 폭로하더라도 명예훼손에서의 피해자에 대한 특정성을 충족한 것으로 볼 수 있을까?**

대부분 학교폭력의 폭로자는 졸업장이나 졸업앨범 등의 증거를 함께 제시하며 가해자를 특정하여 폭로행위를 한다. 그러나 일부 폭로자들은 가해자에 대한 명예훼손을 우려하여 가해자를 익명화하여 글을 게시하거나 언론에 제보하기도 하는데, 이 경우에도 당사자를 특정할 만한 **별칭 또는 예명**을 함께 기재하거나, **연예인의 활동으로 공개된 사진(음악방송, TV 프로그램), 관련 기사의 링크** 등을 함께 게시한 경우, 위와 같은 사정을 종합적으로 고려하여 '특정성'(누가 피해자인지 알 수 있다면, 피해자가 누구인지 특정되었다고 한다)이 충족되었음을 인정할 수 있을 것이다.

특히 대법원은, "명예훼손에 의한 불법행위가 성립하려면 피해자가 특정되어야 하는데, 반드시 사람의 성명이나 단체의 명칭을 명시하는 정도로 특정되어야 하는 것은 아니다. 사람의 성명을 명시하지 않거나 머리글자나 이니셜만 사용한 경우라도, 표현 내용을 주위 사정과 종합하여 볼 때 피해자를 아는 사람이나 주변 사람이 그 표시가 피해자를 지목하는 것을 알아차릴 수 있을 정도라면 피해자가 특정되었다고 할 수 있다."고 판시한 바 있다(대법원 2018. 4. 12. 선고 2015다45857 판결).

- **과거 학교폭력행위가 실제로 있었던 경우 처벌받을 가능성이 있을까?**

학교폭력의 행위 유형은 「학교폭력예방 및 대책에 관한 법률」에 구체적으로 예시되어 있다. 그런데 그 중 '범죄'에 해당할 만한 폭행, 상해, 감금, 약취, 협박, 강요, 명예훼손·모욕, 공갈 등에 대하여는 공소시효 이내라면 형법이 그대로 적용되므로, 처벌받을 가능성이 있다(소년법 제48조). 나아가, 실제로 재판이 이루어지는 시점(= 사실심 판결 선고 시)에 성년에 이른 경우, 소년법 제60조 제2항에 따른 감경을 할 수 없으므로, 결국 소년 시절 저지른 범죄라 하더라도 감경 없는 처벌을 받게 될 것이다(대법원 1997. 2. 14. 선고 96도1241 판결, 대법원 2000. 8. 18. 선고 2000도2704 판결).

- **기획사가 역으로 폭로자를 명예훼손으로 고소하거나 손해배상청구를 하는 경우 실익이 있을까?**

기획사가 학교폭력 피해 폭로자를 명예훼손으로 고소하거나, 손해배상을 청구하는 경우, 불송치결정·불기소처분이 내려지거나 소송에서 패소하는 경우가 많은 것으로 보인다. 학교폭력에 대한 폭로는 단순히 연예인의 명예를 훼손하기 위한 '비방할 목적'에 의한 것이라기보다는 '공공의 이익'을 목적으로 한다는 점이 인정되기 때문이다.

다만 폭로 대상자가 활동을 모두 중단해야 하는 등 막대한 손해를 입는 반면, 폭로한 내용 자체만으로도 경미한 피해만을 주장하고 있거나 불확실한 증거 또는 추측에 기대어 폭로하고 있는 경우에는, 기획사로서는 '폭로자가 사적 복수를 위하여 폭로한 것이며, 공공의 이익을 목적으로 하지 않고 있다'는 점을 입증하기가 보다 용이할 것이다.

한편, 피해자의 가족들이 피해자를 대신하여 폭로행위를 한 경우, 특별한 사정이 없다면 피해자 본인에게 책임을 묻기는 어려울 것으로 보인다.

- **'촉법소년'은 무엇인가?**

최근 소년범죄가 언론에 자주 보도되며, 형사처벌을 받지 않는 소년의 연령기준을 하향조정하자는 견해가 대두되고 있다. 소위 '촉법소년'이란 「형법」 제9조에 따라 형사책임이 없는 것으로 보는 14세 미만의 자를 의미한다. 이를 '형사미성년자'라고도 한다(헌법재판소 2003. 9. 25. 자 2002헌마533 결정).

경찰청은 죄를 범한 소년(19세 미만인 자)을 '범죄소년'으로 정의하는데, 그 중 10세 이상 14세 미만인 소년은 '촉법소년'으로 보호처분만 가능하다. 따라서 형사처벌이 가능한 '범죄소년'은 14세 이상 19세 미만에 한하며, 이들에게 보호처분을 내리는 것도 가능하다(소년업무처리규칙 제2조 제2호).

한편, 국가인권위원회는 2018년 11월 26일 '형사미성년자 기준 연령 등에 관한 의견표명' 결정에서 '최근 10년간 소년범죄 연령별 현황을 보면 14세 미만 소년범은 전체 소년범죄의 0.1% 수준이어서 저연령 소년범죄가 증가하고 있다고 보기 어렵고, 소년범 엄벌 조치가 소년범죄를 감소시킨다고 평가할 수 없다'고 밝혔다. 이는 촉법소년 연령 상한을 낮추자는 입장에 반대하는 견해이다.

반면, 법무부는 2022년 6월 14일 '촉법소년 연령 기준 현실화 TF'를 구성하고 촉법소년의 연령 기준을 조정하는 형법 등 개정안을 마련할 것이라고 밝혔고, 법무부는 2022년 11월경 형사 미성년자의 연령을 14세에서 13세로 낮추는 형법, 소년법 개정안을 입법예고하였으며, 현재 각 개정안은 국회 계류 중이다.

- '소년보호처분'이란 무엇인가?

'소년보호처분'이란 「소년법」 제32조에 따른 처분을 의미하며, 19세 미만인 자를 대상으로 한다. 나아가 소년 보호 처분 중 제10호 '장기 소년원 송치' 처분은 12세 이상에게만 할 수 있다. 단, 전과기록은 따로 남지 않는다.

라 관련 법령

「형법」
제9조(형사미성년자)

14세되지 아니한 자의 행위는 벌하지 아니한다.

「소년법」
제2조(소년 및 보호자)
이 법에서 "소년"이란 19세 미만인 자를 말하며, "보호자"란 법률상 감호교육(監護教育)을 할 의무가 있는 자 또는 현재 감호하는 자를 말한다.
제32조(보호처분의 결정)
① 소년부 판사는 심리 결과 보호처분을 할 필요가 있다고 인정하면 결정으로써 다음 각 호의 어느 하나에 해당하는 처분을 하여야 한다.
1. 보호자 또는 보호자를 대신하여 소년을 보호할 수 있는 자에게 감호 위탁
2. 수강명령
3. 사회봉사명령
4. 보호관찰관의 단기(短期) 보호관찰
5. 보호관찰관의 장기(長期) 보호관찰
6. 「아동복지법」에 따른 아동복지시설이나 그 밖의 소년보호시설에 감호 위탁
7. 병원, 요양소 또는 「보호소년 등의 처우에 관한 법률」에 따른 의료재활소년원에 위탁

8. 1개월 이내의 소년원 송치
9. 단기 소년원 송치
10. 장기 소년원 송치

② 다음 각 호 안의 처분 상호 간에는 그 전부 또는 일부를 병합할 수 있다.

(생략)

③ 제1항제3호의 처분은 14세 이상의 소년에게만 할 수 있다.
④ 제1항제2호 및 제10호의 처분은 12세 이상의 소년에게만 할 수 있다.
⑤ 제1항 각 호의 어느 하나에 해당하는 처분을 한 경우 소년부는 소년을 인도하면서 소년의 교정에 필요한 참고자료를 위탁받는 자나 처분을 집행하는 자에게 넘겨야 한다.
⑥ 소년의 보호처분은 그 소년의 장래 신상에 어떠한 영향도 미치지 아니한다.

「학교폭력예방 및 대책에 관한 법률」
제2조(정의)
이 법에서 사용하는 용어의 정의는 다음 각 호와 같다.
1. "학교폭력"이란 학교 내외에서 학생을 대상으로 발생한 상해, 폭행, 감금, 협박, 약취·유인, 명예훼손·모욕, 공갈, 강요·강제적인 심부름 및 성폭력, 따돌림, 사이버 따돌림, 정보통신망을 이

용한 음란·폭력 정보 등에 의하여 신체·정신 또는 재산상의 피해를 수반하는 행위를 말한다.

1의2. "따돌림"이란 학교 내외에서 2명 이상의 학생들이 특정인이나 특정집단의 학생들을 대상으로 지속적이거나 반복적으로 신체적 또는 심리적 공격을 가하여 상대방이 고통을 느끼도록 하는 모든 행위를 말한다.

1의3. "사이버 따돌림"이란 인터넷, 휴대전화 등 정보통신기기를 이용하여 학생들이 특정 학생들을 대상으로 지속적, 반복적으로 심리적 공격을 가하거나, 특정 학생과 관련된 개인정보 또는 허위사실을 유포하여 상대방이 고통을 느끼도록 하는 모든 행위를 말한다.

(중략)

3. "가해학생"이란 가해자 중에서 학교폭력을 행사하거나 그 행위에 가담한 학생을 말한다.

4. "피해학생"이란 학교폭력으로 인하여 피해를 입은 학생을 말한다.

제16조(피해학생의 보호)

① 심의위원회는 피해학생의 보호를 위하여 필요하다고 인정하는 때에는 피해학생에 대하여 다음 각 호의 어느 하나에 해당하는 조치(수 개의 조치를 동시에 부과하는 경우를 포함한다)를 할 것을 교육장(교육장이 없는 경우 제12조제1항에 따라 조례로 정한 기관의 장으로 한다. 이하 같다)에게 요청할 수 있다.

다만, 학교의 장은 학교폭력사건을 인지한 경우 피해학생의 반대의사 등 대통령령으로 정하는 특별한 사정이 없으면 지체 없이 가해자(교사를 포함한다)와 피해학생을 분리하여야 하며, 피해학생이 긴급보호를 요청하는 경우에는 제1호, 제2호 및 제6호의 조치를 할 수 있다. 이 경우 학교의 장은 심의위원회에 즉시 보고하여야 한다.
1. 학내외 전문가에 의한 심리상담 및 조언
2. 일시보호
3. 치료 및 치료를 위한 요양
4. 학급교체
5. 삭제
6. 그 밖에 피해학생의 보호를 위하여 필요한 조치
(이하 생략)

제17조(가해학생에 대한 조치)
① 심의위원회는 피해학생의 보호와 가해학생의 선도·교육을 위하여 가해학생에 대하여 다음 각 호의 어느 하나에 해당하는 조치(수 개의 조치를 동시에 부과하는 경우를 포함한다)를 할 것을 교육장에게 요청하여야 하며, 각 조치별 적용 기준은 대통령령으로 정한다. 다만, 퇴학처분은 의무교육과정에 있는 가해학생에 대하여는 적용하지 아니한다.
1. 피해학생에 대한 서면사과
2. 피해학생 및 신고·고발 학생에 대한 접촉, 협박 및 보복행위의

금지

3. 학교에서의 봉사

4. 사회봉사

5. 학내외 전문가에 의한 특별 교육이수 또는 심리치료

6. 출석정지

7. 학급교체

8. 전학

9. 퇴학처분

② 제1항에 따라 심의위원회가 교육장에게 가해학생에 대한 조치를 요청할 때 그 이유가 피해학생이나 신고·고발 학생에 대한 협박 또는 보복 행위일 경우에는 같은 항 각 호의 조치를 동시에 부과하거나 조치 내용을 가중할 수 있다.

(중략)

⑨ 심의위원회는 가해학생이 특별교육을 이수할 경우 **해당 학생의 보호자도 함께 교육**을 받게 하여야 한다.

⑩ 가해학생이 다른 학교로 전학을 간 이후에는 전학 전의 피해학생 소속 학교로 다시 전학올 수 없도록 하여야 한다.

(이하 생략)

제20조의3(정보통신망에 의한 학교폭력 등)

제2조제1호에 따른 정보통신망을 이용한 음란·폭력 정보 등에 의한 신체상·정신상 피해에 관하여 필요한 사항은 따로 법률로 정한다.

제21조(비밀누설금지 등)

① 이 법에 따라 학교폭력의 예방 및 대책과 관련된 업무를 수행하거나 수행하였던 사람은 그 직무로 인하여 알게 된 비밀 또는 가해학생·피해학생 및 제20조에 따른 신고자·고발자와 관련된 자료를 누설하여서는 아니 된다.
② 제1항에 따른 비밀의 구체적인 범위는 대통령령으로 정한다.

제22조(벌칙)
제21조제1항을 위반한 자는 1년 이하의 징역 또는 1천만원 이하의 벌금에 처한다.

마 ▶ 관련 사례

> Case 1-1 가해 사실이 없더라도, 섣부른 법적 대응은 여론의 오해를 불러일으킬 수 있다.

1. 사실관계

익명의 폭로자 A는 2021년경 자신이 유명 걸그룹 멤버 B의 동창생이라고 주장하며, B가 자신의 친구들의 돈을 갚지 않거나, 왕따를 시켰다고 폭로하여, B에 대한 학폭 논란이 일어났다.

B의 기획사는 이례적으로 '허위 사실에 해당하며, 강력한 법적 대응 하겠다'는 취지로 반박하였고, 실제로 허위사실적시로 인한 명예훼손 혐의로 고소를 진행하였다.

2. 사건의 경과

인천 연수경찰서는 2021년 6월 피소된 20대 여성 A씨에 대하여 '자신이 겪은 일을 표현하였을 뿐, 달리 고소인을 비방할 목적이 인정되지 않는다'고 판단하여 혐의 없음으로 불송치결정을 하였다. 나아가 경찰은 명예를 훼손하였다고 볼 증거가 없으므로 불송치결정을 한 것일 뿐, 폭로 내용이 진실인지 여부는 수사 대상이 아니었다는 점을 명확히 하였다.

3. 여론의 반응

언론들은 일제히 위 경찰이 'A가 허위로 꾸며서 글을 썼다고 볼 증거가 충분하지 않다'는 입장을 밝혔다고 보도하였다. 많은 네티즌들은 '경찰의 발언에 의하면 B는 학폭 가해자다.'라고 오인하기 시작하였다.

4. 해설

수사단계에서는 역사적인 사실의 존재여부를 확정하는 것이 아니라, 범죄의 구성요건을 충족하였는지 여부와 공소를 유지할 만한 적절한 증거자료가 존재하는지 여부를 조사하여 형사처벌을 할 수 있는지를 판단한다. 따라서 이 사안과 같이 허위사실적시에 의한 명예훼손으로 고소하였으나 **검찰이 혐의 없음 결정을 내리더라도 곧바로 해당 내용이 객관적 진실로 판명된 것은 아니다.** 그러나 일반인들은 수사기관의 무혐의 결정의 의미에 대해 종종 오인하는 경우가 있고, 오히려 폭로 내용이 진실한 것이라는 여론이 형성되기도 한다. 이는 기획사가 당초 강력한 법적 대응을 취하면서 의도한 바와는 상반되는 결과이므로, 역풍을 맞았다고 할 수 있다. 소속 연예인 이미지를 관리하기 위하여 '허위사실'에 대해 고소하는 경우 실제 허위사실인지 또는 범죄에 해당할 수 있는지 여부에 관계없이, 여론이 일방적으로 형성될 가능성이 있다는 것을 염두에 두어야 한다. 즉, 기획사로서는 단순히 강력한 법적 대응의사를 표현하는 것을 넘어서 실제로 상대방이 송치 또는 기소됨으로써 유리한 여론을 형성해 나갈 수 있는 기대이익과, 반대로 불송치·불기소사실이 보도되어 대중의 오해를 불러일으킬 때의 불이익도 면밀히 형량 해 본 후 법적 대응 방침을 정해야 할 것이다.

후일담으로, 이 사안에서는 기획사가 적극적으로 해명 자료를 배포하는 여론 대응 전략을 취하면서 이틀만에 여론을 반전시키고 오해를 불식시킬 수 있었다.

> **Case 2-1** 폭로내용이 명백히 허위사실에 해당하는 경우 법적 대응이 필요하다!

1. 사실 관계

인기 드라마에 출연 중이던 K는 2021년 3월 2일 '네이트판'에 최초로 게시된 글에 의하여 이미지에 큰 타격을 입고, 자필 사과문까지 올렸지만 불과 이틀만에 해당 드라마에서 하차하였다. 이는 기획사가 대응할 충분한 시간도 없이 벌어진 일로 보인다. 드라마 제작사는 2021년 4월 1일 기획사를 상대로 재촬영 비용을 손해배상으로 청구하는 소를 제기하였고, 기획사는 '당사자가 사실관계를 확인, 파악하지 않았음에도 불구하고 단지 드라마에 더 이상 피해를 주지 않기 위하여 사과한 것이다'라는 취지의 입장문을 발표하였다.

2. 사건의 경과

K의 기획사 T는 2021년 5월 27일 K와 상호 합의 하에 전속계약이 종료되었음을 알렸다. K의 법률대리인은 2021년 7월 6일, K에 대한 학교폭력 폭로는 수사 결과 상당부분 사실이 아닌 것으로 판단되었다고 발표하였다. 특히 '성범죄' 부분에 대한 추가 폭로자는 IP주소를 압수·수색한 결과 K와 전혀 관련 없는 사람으로 확인이 되었고, 폭로자가 스스로 허위사실임을 인정하기까지 하였다는 것이다. 한편, K 측에서는 최초 폭로자 및 댓글 작성자들을 허위사실 적시에 의한 명예훼손 혐의로 고소하

였으나, 혐의없음으로 불송치결정이 내려졌다. K 측은 이의신청하여 검찰에서도 혐의없음 처분을 하였으나, 다시 항고, 재정신청까지 진행했다.

3. 해설

이 사안은 학교폭력 폭로에 의하여 연예인이 이미지에 돌이킬 수 없는 타격을 입고, 실제 커리어 및 금전적 손해를 입은 대표적 사안이다. 여론을 고려하여 주연배우를 폭로 이틀만에 하차시킨 드라마 제작사의 판단의 적절성을 떠나, 기획사와 배우가 어떻게 대응하여야 추가 피해를 줄일 수 있었을지 짚어 보게 된다.

이 사안은 배우 K가 가해사실을 곧바로 인정하였다는 점을 특기할 만하다. K의 '자필 사과문'은 형사소송법상 진술서(형사소송법 제313조)에 해당할 수 있으며, 가해사실을 인정한 것은 '자백'한 것으로 볼 수 있다. 형사재판에서 자백은 보강증거가 있는 경우 유죄인정의 유력한 증거가 되며, 양형단계에서는 유리한 정상사유로 참작되는 등 여러가지 법적인 의미를 가지게 된다. 그런데, 이 사안에서 자세한 내막을 알 수는 없으나, 배우 K와 기획사는 다소간의 엇박자를 냈던 것으로 보인다. 기획사가 '정확한 사실관계 확인을 위한 제보를 받는다'는 글을 올린 바로 다음 날 배우 K의 자필 사과문이 게재되었던 것이다. 그 이후 배우 K와 기획사는 전속계약을 해지하였고 배우 K가 단독으로 법적 대응을 하였는 바, 연예인과 기획사가 합심하여 위기를 극복했던 사례들과는 사뭇 다른 전개라 할 것이다.

SW's comment (이것만은 알아두자)

◎ 학교폭력 폭로에 어떻게 발빠르게 대처해야 하는가?

⋯▶ 우선 폭로 내용의 진위여부를 확인하는 것이 가장 중요하다. 만약 연예인이 과거 학교폭력을 저지른 사실이 있고, 당사자도 인정한다면 진심을 다한 사과가 반드시 선행되어야 함은 물론이고 피해자와 합의절차에도 착수하는 것이 바람직할 것이다. 다만 이 경우에도 섣불리 공개적으로 사과하거나 손해배상을 약속하기에 앞서 법률전문가로부터 보도자료나 인터뷰의 내용과 수위에 대해 자문을 받을 필요가 있다. 또한 피해자와 합의를 했다면, 피해자의 추가 폭로 등 재발 방지를 위한 약속을 받고, 피해자가 게시한 글을 삭제하거나 원만한 합의 또는 해명을 위한 추가 게시글을 작성하도록 하며, 비밀유지에 대한 내용을 담은 합의서를 작성해 두어야 할 것이다.

⋯▶ 반면, 폭로 내용이 완전히 거짓이고 당사자가 적극 부인하고 있다면, 기획사와 연예인이 발맞추어 허위 사실에 대하여 보도자료를 배포하여 적극 해명하는 등 일관된 대응을 유지할 필요가 있을 것이다. 더 나아가 '명예훼손' 또는 (형사 고소까지 당한 경우) '무고' 혐의로 폭로한 상대방을 고소할 수도 있는데, 이 경우에도 섣불리 대응하는 것이 오히려 '역풍'을 불러 자승자박의 결과를 낳을 수 있다는 점도 고려하여야 한다. 결국 조급한 대응보다는 진위 확인, 폭로의 내용·강도, 증거자료의 객관성 및 대응 시 법적 리스크를 모두 고려하여 신중하게 접근하는 태도가 필요하다.

음주운전

가 ▶ 뜨거운 감자 (Hot Issue)

2022년 음주운전 사고 건수는 15,059건으로 집계되었다. 이는 2021년 14,894건에 비하여 소폭 늘어난 수치이다. COVID-19로 인한 유동인구 감소, '윤창호법' 시행으로 인한 강력 처벌에도 불구하고 음주운전은 줄어들 기미가 보이지 않고 있다. 이 때문에 일각에서는 음주운전 측정 장치를 통해 시동이 걸리지 않게 하는 제도를 의무화해야 한다고 주장하거나, 함정 단속 또는 수시음주단속을 강화할 필요성이 있다고 지적하기도 한다.

한편, 연예인들의 음주운전 문제도 여전히 심각하다. 특히 2022년 5월, 아역배우 출신 S는 혈중 알코올 농도가 면허 취소 수치인 0.08%을 초과하는 상태에서 음주운전으로 가드레일, 가로수, 변압기 등을 3번 들이받고 도주하였으며, 이로 인해 인근에 약 4시간 가량 정전이 발생하기도 하였다. 변압기 폭발 사고나 보행자 사상 사고 등 대형참사로 이어질 수 있는 위험천만한 상황이었으며, 2022년 12월, S는 도로교통법 위반(

음주운전, 사고후미조치) 혐의로 불구속 기소되었다.

그로부터 얼마 지나지 않은 같은 해 10월, 가수 H의 음주운전으로 또 한번 사회적 파장이 일어났다. H는 주취 상태로 직접 차량을 운전하다가 도로 위, 정차한 차 안에서 잠이 들었고, 신고를 받고 출동한 경찰의 음주측정을 거부하여 체포되었다. 심지어 H는 음주 상태에서 타인의 차량을 운전하여 자동차등불법사용 혐의까지 적용되었다. 과거 2007년 이미 음주운전 전력이 있었고, 2023년 4월 20일 징역 6월, 집행유예 1년을 선고받았으며, 검찰이 항소하여 현재 항소심 계속 중이다.

이처럼 연예인들의 음주운전은 법적 문제뿐만 아니라 연예활동의 중단을 초래하며, 적절한 자숙기간이 언제까지인지 하는 의문을 제기하기도 한다. 최근 음주운전이 적발된 가수들의 복귀 기간은 약 1년 내외로 추산된다. 배우들의 경우 그 기간이 더 짧은 사례들도 있다. 특히 방송법이나 방송심의규정에는 물의를 일으킨 연예인이 비판을 감수하고 복귀하는 것을 막을 수 있는 장치는 없는 것으로 보인다. 방송사들은 자체적으로 출연이 어려울 것으로 예상되는 연예인들에 대한 가이드라인을 마련하고 있는 것으로 알려져 있으나, 이 또한 강제성이 있는 것은 아니다.

그러나, 음주운전을 한 연예인에 대한 대중의 잣대는 점점 엄격해지고 있고, 해당 연예인이 음주운전한 전력이 있는지에 관한 자료 또는 보도를 손쉽게 접할 수 있으며, 최근 과거 음주운전 전력이 있는 방송인들에 대한 보이콧 움직임까지 있는 등, 음주운전 전력자라는 이미지 또는 그

흑역사를 완전히 벗어나는 것은 힘들어 보인다. 즉, 연예인들의 음주운전은 단순히 개인의 일탈 뿐 아니라 사회적 문제로 취급되는 것이다. 이러한 여파를 생각한다면 (연예인이 아닌 경우에도 당연히 마찬가지이지만) 연예인들은 단 한잔만 마셨더라도, 그리고 운전거리가 아무리 짧더라도 음주운전을 결코 해서는 안 될 것이다. 한편 2021년에 기사화된 연예인의 음주운전 사건사고만 총 6건이며, 2022년은 총 8건, 2023년 상반기에 총 2건에 이른다. 사건 사고는 음주(숙취) 운전 적발부터 뺑소니 사고까지 다양한 모습을 보이고 있다. 아래에서는 최근의 사례를 통하여 음주운전의 처벌 수위 등을 살펴본다.

나 ▶ 법적 쟁점 (Legal Issue)

1. 음주운전으로 인한 처벌수위는 어느 정도인가?

다 ▶ 용어 해설

▶ **혈중알코올농도**

도로교통법상의 개념이지만, 명확한 정의규정은 없다. 다만 판례는 호흡측정을 원칙으로, 혈액측정을 예외로 하여 혈중알코올농도를 측정한다고 하고(대법원 2008. 5. 8. 선고 2008도2170 판결), 운전 직후에 호흡 또는 혈액 등 표본을 검사하여 측정할 수 있는 경우가 아니라면 '위드마크 공식[26]'을 사용할 수 있다고 하여(대법원 2003. 4. 25. 선고 2002도6762 판결) 개념을 보충하고 있다. 일반적으로는 '객관적·과학적으로 혈중에 어느 정도의 알코올이 있는지 여부'를 의미하며, 단순히 취기가 어느 정도인지를 의미하는 것은 아니라고 이해할 수 있다. 현행 도로교통법은 혈중알코올농도가 0.03% 이상인 경우를 음주운전으로 규정하고 있다(법 제148조의2 제3항).

라 기본 법리

- **현재 음주운전의 처벌 기준은 어떨까?**

음주운전자는 최대 6년 이하 징역이나 3,000만원 이하 벌금에 처한다(도로교통법 제148조의2 제1항), 구체적인 처벌의 수위는 아래와 같다.

내용	혈중알콜농도	징역형 또는 벌금형 (선택)	비고
1회 적발	0.2% 이상	2년 이상 5년 이하 징역	1,000만원 이상 2,000만원 이하 벌금	
	0.08% 이상 0.2% 미만	1년 이상 2년 이하 징역	500만원 이상 1,000만원 이하 벌금	
	0.03% 이상 0.08% 미만	1년 이하 징역	500만원 이하 벌금	

---

26) 스웨덴의 생리의학자 위드마크(Widmark)가 1931년 인체 내 알코올의 흡수 및 분해과정을 연구하여 만들어낸 알코올농도 추산 공식이다. 우리나라에는 1985년경 음주측정기가 도입되었으며, 대법원은 2000년에 최초로 위드마크공식을 적용하여 유죄 판결을 하였다(대법원 2000. 11. 10. 선고 99도5541 판결).
구체적인 위드마크 공식은 다음과 같다.
제1공식 : $C=a/(p \times r)$
여기서 C는 혈중알코올농도, a는 섭취한 알코올의 양, p는 체중, r은 위드마크 상수이고, 위드마크 상수는 남자의 경우 0.52부터 0.86까지 분포되어 그 평균치가 0.68이고 여자의 경우 0.47부터 0.64까지 분포되어 그 평균치가 0.55이다.
제2공식(시간 경과에 따른 알코올농도) : $Ct=\{a/(p \times r)\}-b \times t$
여기서 b는 시간당 알코올분해량을 표시하고 t는 음주 후 경과된 시간을 표시하는데 b의 값 또한 개인에 따라 시간당 0.008%부터 0.030%까지 분포되어 있고 그 평균치는 0.015%인 것으로 알려져 있다.

내용	혈중알콜농도	징역형 또는 벌금형 (선택)		비고
벌금 이상 선고 받고 형 확정부터 10년 내 측정거부		1년 이상 6년 이하 징역	500만원 이상 3,000만원 이하 벌금	
벌금 이상 선고 받고 형 확정부터 10년 내 추가 적발	0.2% 이상	2년 이상 6년 이하 징역	1,000만원 이상 3,000만원 이하 벌금	
	0.03% 이상 0.2% 미만	1년 이상 5년 이하 징역	500만원 이상 2,000만원 이하 벌금	
측정 거부		1년 이상 5년 이하 징역	500만원 이상 2,000만원 이하 벌금	
상해		1년 이상 15년 이하 징역	1,000만원 이상 3,000만원 이하 벌금	특정범죄가중처벌등에 관한법률위반 (위험운전치상)
사망		3년 이상 징역 또는 무기징역		특정범죄가중처벌등에 관한법률위반 (위험운전치사)

또한, 최근 3회 이상 적발된 음주운전자에 대해 '실형'을 선고하는 비율이 늘어나고 있다. 위와 같은 형사처벌과 별도로, 행정적으로는 야구의 '삼진아웃'과 유사한 개념으로서 2회 음주운전 적발 시 운전면허를 취소하고 2년간 운전면허 시험 응시 자격을 박탈하는 '음주운전 이진아웃제'가 2019년 6월 25일부터 시행 중이다.

한편, 2018년 12월 시행된 '윤창호법'은 도로교통법 제148조의2(벌칙) 규정과 특정범죄 가중처벌 등에 관한 법률 제5조의11(위험운전 등 치사상)의 처벌수위를 대폭 강화한 개정안을 의미한다. 그 중 도로교통법 제148조의2 제1항은 헌법재판소에서 '제44조 제1항 또는 제2항을 2회 이상 위반한 사람'에 관한 부분이 단순위헌 결정을 받게 되었다(2021. 11. 25. 자 2019헌바446 결정, 2022. 8. 31. 자 2022헌가18 결정, 2022. 8. 31. 자 2022헌가14 결정, 2022. 5. 26. 자 2021헌가32 결정, 2022. 5. 26. 2021헌가30결정 등). 위 단순위헌 결정들의 요지는 '과거에 법을 위반한 이후 상당히 오랜 시간이 지난 사람에 대해서도 동일한 형을 적용하고 있어 책임과 형벌 간 비례원칙을 위배하였다'는 것이었다. 2023년 1월 3일 일부 개정되어 2023년 7월 4일부터 시행된 도로교통법은 전범과 후범 사이 시간적 제한을 정하고, 재범의 기산점을 명시하는 등 위헌 사유를 보완하였다. 구체적으로, '과거 음주운전이나 음주 측정 거부로 벌금 이상의 형을 선고받고 그 형이 확정된 날로부터 10년 내에 다시 위반하는 경우'로 개정하고, 혈중알코올농도에 따라 형량에 차등을 두었다.

다만, 윤창호법 조항이 일부 위헌으로 결정되었더라도 혈중알코올농도가 0.2% 이상인 상태에서 운전한 자는 2년 이상 5년 이하의 징역 또는 1천만 원 이상 2천만원 이하 벌금에 처해진다는 규정(제148조의2 제3항 제1호)을 비롯하여 위 표에 따른 처벌기준은 그대로 유지되고 있다.

마 관련 사례

> **Case 1-1** 음주운전 교통사고를 내고 운전자를 바꿔치기 하면?
> 서울서부지방법원 2020. 6. 2. 선고 2020고단43 판결

1. 사실관계

래퍼 N은 2019년 9월 7일 혈중알코올농도 0.12%의 주취상태로 서울 마포구 창전동 도로에서 승용차를 약 1.4km 운전하였다. 래퍼 N은 위와 같이 술에 취한 상태로 창전사거리 교차의 편도3차로 중 1차로를 시속 약 118km의 속도로 진행하였는데, 2차로를 주행 중이던 피해자 A가 운전하는 오토바이를 추돌하여 넘어지게 하였고, 피해자 A는 전치 2주의 부상을 입었다. 사고 직후, 래퍼 N은 지인인 B에게 전화를 걸어 '형이 나 대신 운전을 한 것으로 해 달라'고 부탁하였고, B는 현장에 나타나 출동한 경찰에게 자신이 교통사고를 일으켰다고 허위로 진술하였다.

2. 사건 경과

래퍼 N은 2019년 9월 10일경 피해자 A와 합의금 3,500만원에 합의하였다. 검찰은 2020년 1월경 특정경제범죄 가중처벌 등에 관한 법률 위반(위험운전치사상), 도로교통법 위반(음주운전), 범인도피교사, 보험사기방지특별법 위반 혐의 등으로 불구속 기소하였고, 2020년 5월

7일 위 혐의에 대하여 래퍼 N에게 징역 1년 6개월을 구형하였다.

3. 법원의 판단

법원은 교통사고의 주의의무 위반의 정도가 무겁고, 책임을 회피하려 하는 등 죄책이 가볍지는 않으나, 피해자가 입은 상해의 정도가 다행히 중하지 않은 점, 합의금 3,500만원을 지급하여 피해자와 합의한 점, 피해자가 래퍼 N을 선처하여 줄 것을 탄원하는 점, 래퍼 N이 당일 수사기관에 자수하였으며, 이전에 처벌받은 전력이 없고 나이가 어린 점 등을 종합적으로 고려하여, 징역 1년 6개월, 집행유예 2년을 선고하고, 40시간의 준법운전강의 수강을 명령하였다.

4. 해설

위 사건에서 경찰은 래퍼 N의 '뺑소니' 혐의는 무혐의로 보았다. 래퍼 N이 사고 직후 피해자 구호조치를 다하였다고 본 것이다. 그럼에도, 법원이 징역 1년 6개월을 선고한 것은 자칫하면 더욱 큰 사상사고로 이어질 수 있었다는 점에서 비난 가능성이 매우 높다고 판단한 것으로 보인다.

한편, 래퍼 N은 집행유예기간 중인 2021년 10월 18일 다시 무면허 운전, 음주측정 거부, 경찰관 폭행을 저질렀고, 이에 2021년 10월 27일 도로교통법위반, 공무집행방해, 상해 혐의로 구속기소 되었다.

> **Case 2-1** 숙취운전으로 인해 벌금형을 선고받은 사례
> 서울동부지방법원 2021. 5. 20. 선고 2021고단644 판결

1. 사실관계

배우 P는 2021년 1월 17일 11:24경 혈중알코올농도 0.099%의 주취 상태로 벤츠 승용차를 몰고 서울 송파구 잠실동 도로에서 신호대기를 위해 정차하던 중, 전방주시의무를 게을리하여, 가족 3인이 승차하고 있던 아반떼 승용차를 추돌하여, 위 가족에게 가벼운 염좌와 뇌진탕 등 2주간 치료를 요하는 상해를 입혔다.

한편, 배우 P는 2006년 7월 11일 이미 음주운전으로 벌금 250만원의 약식명령을 받은 전력이 있었다.

2. 법원의 판단

법원은 배우 P가 2회째 음주운전을 하여 죄질이 불량하다는 점을 인정하면서도, 범행을 인정하고 반성하는 점, 피해자들의 상해가 중하지 않은 점, 피해자들과 합의한 점 등을 참작하여 배우 P에게 벌금 1,200만원을 선고하였다.

3. 해설

교통사고처리특례법위반(치상) 및 도로교통법위반(음주운전)죄는 별개로 성립하는 범죄로, '경합범'에 해당하여 가중처벌 된다. 한편, 직접적인 음주단속에 적발되지 아니하는 경우라도 가벼운 접촉사고 후 경찰관이 현장조사를 하는 과정에서 음주운전 사실이 적발되는 경우가 있다. 이 사안은 사실관계를 살펴보면 배우 P가 오전 11시경에 운전을 하던 중임을 알 수 있는데, 이른바 '숙취운전'에 해당하는 것으로 보인다. 한편, 유사한 사례에서 특정범죄가중처벌등에관한법률위반(위험운전치상)죄[27]로 의율하여 구속수사에까지 이른 사건도 있다(다만, 그 사건에서는 가해자의 혈중알코올농도는 0.137%로 이 사안보다는 다소 높았다). 숙취운전자는 자신의 혈중알코올농도를 알 수 없으므로, 전날 과음 후에는 아예 운전을 하지 않는 것이 가장 안전하다.

---

27) 특정범죄가중처벌 등에 관한 법률 제5조의11 제1항은 '음주 또는 약물의 영향으로 정상적인 운전이 곤란한 상태에서 자동차를 운전하여 사람을 상해 또는 사망에 이르게 한 사람'을 무겁게 처벌하고 있다. 이를 '위험운전'이라고 하는데, 위험운전을 통해 사람을 상해한 경우를 '위험운전치상'이라고 한다.
　여기에서 '정상적인 운전이 곤란한 상태'란 운전자가 술에 취하여 전방주시를 하는 것이 곤란 하다거나 자신이 의도한대로 조작의 시기 내지 정도를 조절하여 핸들 또는 브레이크를 조작하는 것이 곤란하다는 등의 심신 상태를 의미하는데, 피고인의 주취 정도, 사고의 발생 경위와 사고 위치, 피해 정도, 사고 전후 피고인의 태도(사고 전에 비정상적인 주행을 하였는지, 사고 전후 비틀거렸는지, 혀가 꼬여 제대로 말을 하지 못하였는지, 횡설수설하였는지, 사고 상황을 제대로 기억하지 못하고 있는지 여부 등)를 종합적으로 고려하여 판단하게 된다(창원지방법원 2009. 5. 21. 선고 2009고정2 판결 참조).

SW's comment (이것만은 알아두자)

◎ 음주운전 사실이 적발되면 돌이키기 어렵다.

⋯▶ 연예인들은 신원 노출을 우려하여 버스·지하철 등 대중교통을 이용하거나 대리기사를 부르는 등의 행위를 꺼리기도 한다. 그러나 연예인이라는 이유로 음주운전에 따른 형사처벌을 피할 수는 없으며, 오히려 사회적 비난과 이로 인한 활동 중단으로 인해 발생할 손실을 고려한다면, 더욱 음주운전에 대하여 경각심을 가져야 할 것이다. 연예인이 여론의 영향을 직접적으로 받는 직업임을 고려하여 볼 때, 평소 습관을 잘 들이고, 한번 더 생각하여 음주운전을 단념하는 마음가짐이 필요할 것이다. 또한 기획사도 연예인의 음주사실을 확인하면, 음주 당일은 물론 숙취가 완전히 해소될 때까지 음주 다음날이라도 연예인이 운전대를 잡지 않도록 당부할 필요가 있다.

오디션프로그램 조작

가 ▶ 법적 쟁점 (Legal Issue)

1. 오디션 프로그램 시청자 투표를 조작한 PD는 어떤 처벌을 받았을까?

나 ▶ 관련 사례

> **Case 1-1** '당신의 아이돌에게 투표하세요!'
> 서울중앙지방법원 2020. 5. 29. 선고 2019고합1019 판결
> 서울고등법원 2020. 11. 18. 선고 2020노1069 판결
> 대법원 2021. 3. 11. 선고 2020도17078 판결

1. 사실관계

X시리즈는 여러 연예기획사 소속 연습생 및 아이돌 지망생들이 출연하여, 시청자들이 온라인 또는 문자투표를 통하여 최종 데뷔 멤버를 정하는 방식의 프로그램으로, 최종 데뷔 멤버가 누구인지가 프로그램의

최대 관심사이며, 투표는 '100원의 유료문자'를 보내는 방식으로 이루어졌다.

한편, 위 프로그램의 프로듀서인 O는 2018년 8월 31일 X-48 프로그램의 생방송 투표를 진행하면서, 투표를 통해 시청자들이 원하는 연습생을 직접 아이돌 멤버로 선정·데뷔시킬 수 있다고 하며 '100원의 유료문자' 투표를 유도하였다. 그러나 사실 피고인 O는 사전에 최종 데뷔 멤버 12명을 미리 선정하고 순위까지 정해 놓았으므로, 피해자들이 대금을 지불하며 원하는 연습생에 문자투표를 하더라도 피해자들이 투표한 내용에 따라 연습생들의 순위를 결정하고 데뷔 멤버를 정할 의사가 없었다. 이로써 O는 프로그램 방송사로 하여금 5,600만원의 유료문자대금 중 정산 수익금으로 3,600만원 상당을 편취하게 하였다.

위와 마찬가지로, O는 2019년 7월 19일 X-101 프로그램의 생방송 투표를 진행하면서 투표를 독려하였고, 사전에 최종 멤버 11명을 미리 선정하고 순위까지 정해 놓았다. O는 위와 같은 수법으로 프로그램 방송사로 하여금 8,800만원을 편취하게 하였다.

2. 법원의 판단

법원은, "O는 최종 생방송 이틀 전 이미 최종 선발할 멤버를 정해 놓은 상태에서 이를 알리지 않고 생방송을 실시하였는 바, 시청자들을 기망한 사실은 충분히 인정된다.", "스스로 문자투표 대금을 취득하지 않았더라도, 시청자들이 방송국에 문자대금을 지급하는 즉시 사기죄는 성립한다."라고 판시한 후, 징역 1년 8월의 실형을 선고하였다(유죄 확정).

3. 해설

위 사실관계에서는 언급하지 않았으나 프로듀서 O뿐 아니라 연습생 순위를 유리하게 해달라는 취지로 부정한 청탁을 한 기획사 관계자들도 함께 처벌받았다. 또한 법원은 "일부 멤버는 문자투표 조작을 통해 최종 합격권에 들어온 경우가 있었다"라고 판단하였고, 양형 이유에서 "**이 사건 범행으로 인해 방송 프로그램의 공정성이 현저하게 훼손되었고, 출연하였던 연습생들과 시청자들을 농락하는 결과가 야기되었을 뿐만 아니라, 일부 연습생들은 방송에 출연하여 인지도를 높이거나 정식으로 데뷔하여 가수가 될 수 있는 기회를 부당하게 박탈당하였다**"고 설시하였다. 나아가 판결문에서는 "**유리하게 순위가 조작된 연습생들은 상당수 자신의 순위가 조작되었다는 사실을 모르고 있었고, 피해자로 볼 수 있는 측면이 있어 공개하지 않는다**"라면서도 부당하게 탈락하게 된 연습생은 실명을 공개하였다.

이 사안은, 문자투표에 참여한 시청자들을 우롱하는 결과를 초래하였고, 오디션 프로그램의 공정성, 신뢰도를 심각하게 훼손하여 방송 산업 전반에 미친 타격이 매우 큰 사건이었다.

Case 1-2 시청자들은 문자투표 비용을 배상 받을 수 있을까?

1. 관련 규정

> 「소송촉진 등에 관한 특례법」
> 제25조(배상명령)
> ① 제1심 또는 제2심의 형사공판 절차에서 다음 각 호의 죄 중 어느 하나에 관하여 유죄판결을 선고할 경우, 법원은 직권에 의하여 또는 피해자나 그 상속인(이하 "피해자"라 한다)의 신청에 의하여 피고사건의 범죄행위로 인하여 발생한 직접적인 물적(物的) 피해, 치료비 손해 및 위자료의 배상을 명할 수 있다.

2. 결과

앞 사건에서 배상명령을 신청한 피해자들은, 문자투표 비용 100원을 지급받게 되었다.

3. 해설

배상명령신청제도는 별도의 민사소송을 거치지 않고 형사절차에서 피해자의 손해를 간편하게 배상하여 주기 위한 제도이며, 이 절차에서 위자료까지 청구할 수는 없다.

더 나아가, 출연한 연습생 또는 문자투표조작의 결과 탈락하게 된 연습생들이 프로듀서 및 방송국에게 불법행위책임 내지 사용자책임을 묻는 경우는 어떨까? 투표를 조작하여 연습생을 탈락시킨 것이 '위법한 행위'인지 여부, 사무집행관련성 내지 방송국의 면책사유가 존재하는지 여부, 인과관계 있는 손해액이 얼마인지 여부 등이 주요 쟁점이 될 것으로 보인다. 출연계약상 방송국의 '손해배상액의 예정' 규정이 있다면 피해 연습생이 보다 쉽게 배상을 받을 수 있을 것이나, 각 프로그램에 사용된 출연계약서에 이와 같은 규정은 없었던 것으로 보인다. 다만, 이번 사태 이후 방송국 측에서 피해자들과 보상 협의를 진행하여 12명 중 11명에게 피해 보상을 완료하였고(2021년 8월 2일 기준), 오디션 프로그램을 통해 얻은 과거 수익과 향후 예상 수익 300억원을 음악 생태계 지원을 위한 펀드기금으로 조성하기도 하였다.

기타 사회적 물의

가 ▶ 뜨거운 감자 (Hot Issue)

서울중앙지방법원은 2021년 6월 10일 아이돌 그룹 B의 전 멤버 J에 대한 161차례의 대마흡입 및 구매 혐의를 모두 유죄로 인정하면서, 징역 2년을 선고하고 1억3천만원의 추징금을 부과하였다.

이외에도 군사법원은 2021년 8월 '버닝썬' 사태로 큰 사회적 물의를 일으킨 인기 아이돌 그룹 B의 멤버 L에게 적용된 원정도박, 성매매 알선 등 9개 혐의를 모두 유죄로 판단하고 징역 3년 및 추징금 11억5천만원을 선고한 후 법정구속하였다. 위 판결문에서는 유명 연예인의 사회적 파급력을 인정하고, 그러한 위치에서 범죄를 저지른 사실을 강하게 질타하였다.

인기를 얻은 유명 연예인들은 '공인(公人)' 또는 '아이돌(IDOL)'이라는 용어에서 잘 알 수 있듯이 사회와 그들을 지켜보는 팬들에게 큰 영향을 주는 존재이다. 아래에서는 유명 연예인들이 여러가지 범죄에 연루되었던 사례를 짚어보고, 이들이 끼친 사회적 영향에 대해 살펴보기로 한다.

나 ▶ 관련 사례

> **Case 1-1** 운전 중 화를 참지 못했다면…
> 서울남부지방법원 2019. 9. 4. 선고 2019고단397 판결
> 서울남부지방법원 2019. 12. 20. 선고 2019노1957 판결

1. 사실관계

배우 C는 2018년 9월 17일 12:53경 서울 영등포구 도로를 주행하던 중, 마침 같은 방향으로 진행하던 D의 승용차가 갑자기 차선을 넘어와 서행을 하면서 같이 급정거하게 되었고, 이로 인해 C의 동승자가 음료수를 쏟는 상황에서 화가 나, 승용차를 이용하여 D에게 겁을 주기로 마음먹었다. C는 D가 교차로에 이르러 우회전을 하려하자 D의 차량을 추월한 다음 2차로로 차선을 변경하면서 급제동하여 D의 진로를 방해하는 방법으로 위협하였다. 이에 D는 미처 정차하지 못하고 접촉사고를 내게 되었다. C는 운전석에서 내려 D에게 다가가, 불특정 다수인이 지켜보는 가운데 손가락을 들어 보이고 '지랄하네, 씨발, 미친년'이라고 말하여 D를 모욕하였다.

2. 법원의 판단

C는 '접촉사고가 난 것 같아 쫓아가서 길을 막은 것'이라고 주장했지만, 1심 법원은 받아들이지 않고 특수협박·특수재물손괴·모욕죄 혐의를 모두 유죄로 인정하고 C에게 징역 6월, 집행유예 2년을 선고하였으며, C의 항소는 기각되었다.

3. 해설

이 사안은 C가 법원에 출석하는 모습이 대대적으로 언론에 보도되며 대중의 관심을 받게 되었다. C는 최종 변론에서 "차를 멈췄을 때는 사람의 빠른 걸음 속도 수준이었고, 이것을 보복운전이라고 하는 것은 이해하기 어렵다. 상대방은 나의 얼굴을 알아본 후 연예인 생활을 못하게 하겠다는 등 부적절한 언행을 하였는데, 이것은 운전과는 상관없는 일 아닌가?"라는 취지로 말하였다. 위 내용은 사건에서 직접적인 쟁점이 되지는 않지만, 되새겨 볼만하다. C의 말대로 매스컴에 항상 노출되는 연예인은 작은 실수에도 더욱 큰 주목을 받는다. 이 사안처럼 얼굴을 알아본 상대방은 연예인이라는 것을 약점 삼아 공격하기도 한다. 그러나 상대방의 공격에 한 순간의 화를 참지 못하고 욕설을 하거나 보복을 하는 경우, 결국 법에 따라 처벌될 수도 있다는 것을 명심해야 한다. 특히 이 사안은, 형법상 '위험한 물건'으로 해석되는 자동차를 이용하여 상대방을 협박하고, 상대 차량을 손괴하는 바람에 징역형의 집행유예가 선고되었다.

Case 2-1 돈을 빌리고 갚지 않은 경우 사기죄가 성립하는지?

1. 사실관계

보컬 그룹 B 출신 L이 2020년 3월 9일 사기혐의로 피소되었다는 보도가 나왔다. 사업자금으로 A에게 2억3천만원을 빌렸으나, 약속일까지 갚지 못하였다는 것이다.

2. 해설

이 사안은 후속 보도가 없어 사건의 경과를 정확히 확인할 수는 없었다. 그렇지만 돈을 갚지 못하면 사기죄가 곧바로 성립할 수 있는지 또는 돈을 나중에라도 갚으면 사기죄가 성립하지 않는 것인지 궁금증을 가질 수 있다.

답은 간단하다. '실제로 돈을 갚을 의사나 능력이 있었다면 사기죄가 아니다.' 즉, 돈을 빌릴 당시 변제할 의사와 능력이 없음에도 불구하고 적극적으로 이를 속여 돈을 빌린 경우라면 사기죄가 성립할 수 있으나, 돈을 빌릴 당시에는 변제할 의사와 능력이 있었지만 **그 후 경제 사정 악화 등으로 인해 갚지 못한 경우 이는 형사적인 문제가 아니라 단순히 민사적인 채무불이행에 불과하다.**

<u>이와 같이 돈을 빌릴 당시에 갚을 의사나 능력 없이 갚을 것처럼 상대방을 기망하여 돈을 빌린 경우 사기죄가 성립하고, 이를 소위 '차용금 사기'라고 부른다.</u>

실제로는 채무자가 갚을 생각은 있었으나, 사정이 안 좋아져서 못 갚은 것이더라도 채권자 입장에서는 돈을 회수하는 것이 목적이므로, 변제를 압박하기 위한 수단으로 형사고소가 이루어지기도 한다. 채무자의 변제 의사나 능력은 채권자인 고소인으로서는 제대로 알기 어렵고, 법원에 가서 다투어 보아야 비로소 판단할 수 있는 내용이기 때문이다. 이러한 사례에서 무고죄가 성립할 가능성이 낮다는 점도 채권자가 형사고소에 많이 의존하게 되는 이유 중 하나이다.

연예인이 어떤 명목이든 돈을 빌린 후 갚지 않는 경우에는, 실제 사기죄가 성립하지 않더라도, 이와 같은 내용이 언론에 보도가 되면, 그 자체로 이미지 손상을 가져올 수 있음을 유의하여야 한다.

> **Case 2-2** 도박은 불법이니 도박자금으로 빌린 돈은 갚지 않아도 될까?
> 서울중앙지방법원 2020. 5. 27. 선고 2019가합530235 판결

1. 사실 관계

과거 유명 걸그룹 출신 가수 Y는 2019년 2월 18일 약 8억원 규모의 상습 도박 혐의로 징역 6월, 집행유예 2년을 선고받은 바 있었다. 그런데 위 도박 행위를 하는데 자금을 빌려주었다는 채권자가 나타났다. 채권자 A는 2018년 6월 2일부터 같은 달 6일까지 라스베가스에서 Y에게 총 4억8,000만원을 대여하여 주었으나, 아직까지 3억4,600만원을 받지 못하고 있다고 주장하였다. 이에 Y는 A가 Y에게 수억원에 달하는 도박자금을 빌려주어 도박을 방조하였고 도박은 사회에 미치는 해악이 크다 할 것이어서, 위 대여금은 민법상 '불법원인급여[28]'에 해당하므로 반환할 의무가 없다고 주장하였다.

2. 법원의 판단

법원은, "Y는 일본에서 출생한 특별영주권자이어서 관광진흥법에 따른 강원랜드(카지노)에서 도박을 한 행위는 형사처벌대상이 되지 않는다. 따라서 이에 대하여 자금을 대여한 행위는 도박행위를 조장한 측면

---
[28] **민법 제746조**
불법의 원인으로 인하여 재산을 급여하거나 노무를 제공한 때에는 그 이익의 반환을 청구하지 못한다. 그러나 그 불법원인이 수익자에게만 있는 때에는 그러하지 아니하다.

이 있다고 하더라도 선량한 풍속 기타 사회질서에 위반된다고 보기는 어렵다."는 취지로 판시한 후, Y의 주장과 달리 '불법원인급여'에 해당하지 않으므로, 전액을 갚아야 한다는 취지에서 채권자 A의 청구를 전부 인용하였다.

3. 해설

도박자금의 용도로 수수(授受)한 돈은 불법의 원인으로 재산을 급여한 것이므로 민법 제746조에 의하여 그 돈의 반환을 구할 수 없고, 나아가 그 돈을 반환하여 주기로 한 약정 역시 불법원인급여물의 반환을 구하는 범주에 속하는 것으로서 무효이다(대법원 1995. 7. 14. 선고 94다51994 판결). 위 판례에 따르면 **일반적인 경우 도박자금을 빌려주더라도 빌려준 사람(대주)은 반환을 청구할 수 없게 되므로, 돈을 빌린 사람(차주)도 법적으로는 갚을 의무가 없게 된다. 반면 강원랜드 카지노는 특별법에 따라 운영하는 카지노로 내국인도 출입이 허용되는 점에 비추어**, 강원랜드에서 도박을 하기 위해 돈을 대여하는 금전거래는 선량한 풍속 기타 사회 질서에 위반한 사항을 내용으로 하는 **불법원인급여에 해당한다고 볼 수 없다**(창원지방법원 2012. 10. 12. 선고 2011나16145 판결). 즉, **강원랜드 카지노에서의 도박을 위한 금전 거래에서 차주는 여전히 돈을 갚을 의무가 있다**고 보아야 한다.

연예인들이 원정 도박으로 물의를 일으키는 경우가 많은데, 이 사건은 도박자금을 갚지 않았다고 피소되기까지 하여 추문이 계속된 사건이다.

한편, 이 사건 또는 기존에 확립된 법리와 달리, 강원랜드에서 도박자금을 대여하는 경우 불법원인급여가 성립할 수 있다는 예외적인 하급심 판결이 있어 소개한다.

> **[서울중앙지방법원 2014. 3. 28. 선고 2013가소398979 판결]**
>
> 도박이 허용된 강원랜드에서 사용할 도박 자금이 대여라고 하더라도 도박죄의 보호법익을 침해하는 행위를 조장하는 행위가 된다고 볼 수 없고, 이 사건과 같이 **도박자금의 대여행위가 자기 통제를 할 능력을 상실한 도박중독자에 대하여 이루어지고 있어** 그로 인하여 더욱더 깊이 도박중독에 빠지게 하고 결과적으로 재산의 탕진과 가정의 파괴 등으로 노숙인으로 몰리거나 심지어 다른 범죄에까지 이를 수도 있으며, 사채업자들이 이러한 도박중독 현상에 편승하여 **10일에 10%라는 비정상적인 이자**를 받고 있어 그 악성의 정도가 크다고 보이는 바, 위와 같은 사정으로 미루어 보면 이 사건에서와 같은 도박 자금의 대여행위는 우리의 윤리적 기준이나 도덕률에 위반된 것으로 법적 보호를 거절함이 상당할 것이다.

> **Case 3-1** 필로폰을 투약한 경우 처벌의 수준은?
> 수원지방법원 2019. 7. 2. 선고 2019고단2372 판결

1. 사실 관계

가수 P는 연인 B와 함께 필로폰을 매수하여 투약하기로 공모하고, 2019년 2월 17일부터 2019년 3월 12일까지 필로폰 1.5g을 3회에 걸쳐 매수하였다.

한편, P는 B와 함께 2018년 9월경 P의 주거 화장실에서 필로폰 불상량을 알루미늄 호일에 올려놓고, 라이터로 호일 밑 부분을 가열하여 발생하는 연기를 들이마시는 방법으로 필로폰을 투약하였고, 2019년 3월 13일까지 총 6회에 걸쳐 위와 같은 방법으로 필로폰을 투약하였다.

2. 법원의 판단

법원은 마약류 범죄는 중독성과 그에 따른 개인적·사회적 폐해가 심각하여 엄히 처벌할 필요가 있다면서도 전과 없는 초범인 점, 반성하고 있는 점 등을 고려하여 P에게 징역 10월, 집행유예 2년을 선고하고 보호관찰 및 추징금 140만원을 명령하였다.

3. 해설

마약류 관리에 관한 법률(이하 '마약류관리법'이라 한다) 제2조는 '마약', '향정신성의약품', '대마'를 구분하여 정의하고 있다. '마약'은 양귀비, 아편, 코카잎, 이를 추출한 합성물만을 의미한다. 흔히 필로폰으로 알려져 있는 '메스암페타민(Methamphetamine)'은 향정신성의약품으로 규정되어 있다. 한편, 같은 법 제4조에 의하여 마약류취급자가 아니면서 향정신성의약품을 소지·소유·사용·운반·관리·수입·수출(향정신성의약품에 한한다)·제조·조제·투약·매매·매매의 알선·수수 또는 교부하는 것은 금지된다.

제20대 국회 보건복지위원회 김광수 의원이 발표한 바에 따르면, 2016년부터 2018년까지 마약사범은 1만 3276명이었고, 구체적으로 마약사범은 △벌금 462명(2.5%) △집행유예 5109명(38.5%) △1년 미만 1938명(14.6%) △3년 미만 4713명(35.5%) △7년 미만 591명(4.5%) △10년 미만 75명(0.6%) △10년 이상 20명(0.2%)의 선고를 받은 것으로 나타났다. 그런데 향정신성의약품의 경우 재범률은 40.8%에 달하였다. 이는 마약(8%)이나 대마(35.4%)보다 훨씬 높은 수치이다.

마약 범죄의 초범인 경우 사회적 폐해를 고려한다고 하면서도 처벌 수위 자체가 높지 않다는 점을 지적하는 견해도 있다. 이 사안의 경우, 연예인 P가 투약을 부인하며 온 몸의 털을 제거하기도 하였는데, 체포 당시 채취한 다리털에서도 필로폰 양성반응이 나왔고, 다리털에서 양성반응이 나왔다는 것은 심각한 중독상태를 의미한다는 점이 판결문의 양형사유에도 잘 나와있다. 그럼에도 불구하고 P가 재범하지 않을 것을 다짐하여 집행유예가 선고되었던 것이다. P는 약 1년 6개월 정도 이후에 연예계 복귀를 시도하였으나, 이어진 전 기획사와의 전속계약 분쟁으로 복귀가 쉽지 않은 상황이다.

Case 3-2 프로포폴은 마약일까?

서울중앙지방법원 2013. 11. 25. 선고 2013고단1076 판결
서울중앙지방법원 2014. 6. 26. 선고 2013노4230 판결
대법원 2016. 6. 23. 선고 2014도8514 판결

---

1. 사실관계

피고인 탤런트 J는 2011년 2월 8일 의사 A(프로포폴에 중독되어 2012년 9월 17일 사망함)가 운영하는 서울 강남구 소재 병원에서 수면마취 상태로 카복시 시술 등을 받으며 프로포폴 28㎖를 투약하였다. 그러나 카복시 시술에는 원칙적으로 전신마취제인 프로포폴을 사용할 필요가 없었다. J는 이와 같이 카복시 시술을 빙자하여 프로포폴을 투약한 것을 비롯하여 2018년 8월 31일경까지 총 80회에 걸쳐 프로포폴을 투약하였다.

J는 프로포폴 투약행위는 의사의 전문적 판단 하에 의료행위 목적으로 이루어진 정당한 것이었고, 자신은 불법여부를 전혀 인식하지 못하였

다고 주장하였다.

2. 법원의 판단

법원은 J에게 징역 8월, 집행유예 2년을 선고하였다.

법원은 특히, 투약 회수가 2006년 8월 18일부터 2012년 11월 30일까지 약 6여년 간 총 410회에 달하고, 이는 1주일에 약 1.7회 혹은 1달 평균 약 5.6회 정도의 빈도에 이르는 것인 점, 횟수나 시술 간격이 비정상적인 점, 프로포폴이 향정신성의약품으로 지정된 취지가 그 오남용에 의한 부작용 우려 때문인 점을 감안하면 약물 의존성이 발생하였거나 유발할 가능성이 있는 남용에 해당할 정도의 투약인 점, 같은 날 2회 이상 시술을 반복한 날도 적지 않은 점, 같은 날 투약하며 이미 많은 프로포폴을 투약받았다는 사실을 숨겼다는 점, 특히 카복시 시술 중 프로포폴 추가 시술 요구가 빈번하였다는 점, 온 몸에 카복시 시술로 인한 멍 자국이 심하게 많이 있었다는 점을 고려하여 '오남용'이라고 판단하였다.

나아가 '수면 마취동의서'에 '수면마취 시 주의사항' 항목에 의존성을 주의하라는 항목이 있고 의료진이 이를 설명하였으며, 서명까지 하였으므로 고의도 충분하다고 보았다.

3. 해설

프로포폴은 마약류관리법상 '인간의 중추신경계에 작용하는 것으로서 오남용할경우 인체에 심각한 위해가 있다고 인정되어 지정된 향정신성의약품[29]'에 해당하지만, 미용 시술 목적으로 '의사'가 판단하여 처방할 수 있다는 점에서 오남용 사실을 판단하기 어렵고, 이를 노려 의사를 통하여 프로포폴을 과도하게 처방받아 투여하는 사례가 끊이지 않고 있다.

> Case 3-3 프로포폴 투약, 형량은 어느 정도일까?
> 서울중앙지방법원 2021. 9. 14. 선고 2021고단3608 판결

1. 사실관계

영화배우 K씨는 2019년 1월부터 같은 해 9월까지 서울 강남의 병원에서 19차례에 걸쳐 수면마취가 필요 없는 미용 시술을 받으며 19회에 걸쳐 프로포폴을 투약하였다.

---

[29] **마약류관리법 제2조 제3호**
라. 목 다목에 규정된 것보다 오용하거나 남용할 우려가 상대적으로 적고 의료용으로 쓰이는 것으로서 이를 오용하거나 남용할 경우 다목에 규정된 것보다 신체적 또는 정신적 의존성을 일으킬 우려가 적은 약물 또는 이를 함유하는 물질

2. 사건의 경과

검찰은 벌금 1,000만원을 약식 기소하였으나, 법원이 정식재판에 회부하였고, 검찰은 다시 벌금 1,000만원을 구형하였다. 법원은 2021년 9월 14일 K씨에게 벌금 3,000만원을 선고하였다.

3. 해설

앞서 살펴본 것처럼, 프로포폴은 ① 수면마취시 투여할 것이 권장되고 간단한 미용시술 등에는 사용할 필요가 없는 약물로서 ② 특정인에게 반복 투여하면 의존성 내지 중독증상 및 중추신경계 손상 등 부작용이 생길 수 있다는 점에서 ③ 마약류취급의료업자만 관리, 투여할 수 있도록 규정되어 있다.

법원은 이례적으로 검찰이 구형한 벌금 1,000만원의 3배에 해당하는 벌금 3,000만원을 선고하였는데, 프로포폴 투약 및 진료기록부를 거짓으로 작성하도록 공모한 행위는 죄질이 가볍지 않고 대중의 큰 사랑을 받는 배우로서 공인의 지위에서 범행을 저질러 그 죄책이 무겁다는 점을 그 양형 이유로 밝히고 있다.

다만, ① 피부미용시술 목적은 있었던 것으로 보이고, ② 진료기록부가 정확하지 않아 정확한 투약량을 알 수 없는 점, ③ 프로포폴 투약 횟수와 빈도 등에 비추어 '의존성'이 있다고 단정할 수 없다는 점 등이 유리한 사정으로 참작되었다.

> Case 4-1 연예인들의 탈세 논란

1. 사실관계

국민 MC인 K씨는 2011년 9월경 한 사업가 A로부터 고발을 당하였고, 세무조사를 받기에 이르렀다. 국세청은 탈세혐의로 약 7억원의 추징금을 부과하였다.

2. 사건의 경과

국세청은 세무사에 의한 착오일 뿐 고의성은 없다고 보고 K를 고발하지 않았다. 이에 따라 검찰은 2011년 12월 17일 사업가 A의 고발 사건을 각하하였다.

3. 해설

탈세는 크게 '수입을 누락하는 것' 또는 '비용을 과다계상하는 것'으로 나뉘는데, 엔터테인먼트 산업은 인건비 지출이 많고 원재료가 들지 않는 산업이므로 '비용처리' 여부가 항상 문제된다. 연예인과 매니저가 식사하거나 스케줄에 이동하기 위해 지출한 유류비는 연예활동에 필요한 비용

지출인가? 시상식이 끝나고 뒤풀이에서 지출한 식사비는 연예활동에 필요한 비용지출인가? 나아가 식당에서 연예인을 알아본 팬들과 즉석에서 팬미팅을 하면서 식사를 대접했다면 필요비로 지출한 것인가? 이런 사례들은 업계에서 자주 발생하는 문제이지만, 기준이 모호하다. 따라서 세법상 공제가 가능한 필요 비용을 정확히 확인하고 각 항목을 정확히 신고하는 것이 필요하다. 특히 대부분 기획사, 기획사의 비용 처리는 세무사가 전담하게 되는데, 세무사들은 이 사안과 같이 단순 실수가 있더라도 연예인의 이미지에 치명타가 될 수 있다는 점을 기억해야 한다. 기획사 관계자들도 탈세 혐의에 연루되지 않도록 비용 처리에 각별히 신경을 써야 한다.

그리고 국세청의 자체 세무조사 및 추징금 부과는 '조세범처벌법위반죄'라는 범죄행위와는 구분된다. 검사는 국세청장, 지방국세청장 또는 세무서장의 고발이 있어야만 공소제기를 할 수 있는데(조세범처벌법 제21조[30]), 이 사안에서 사업가 A의 고발이 있더라도 국세청장이 K를 고발하지는 않았으므로 검찰은 K를 기소할 수는 없었다.

---

30) **「조세범 처벌법」 제21조(고발)**
이 법에 따른 범칙행위에 대해서는 국세청장, 지방국세청장 또는 세무서장의 고발이 없으면 검사는 공소를 제기할 수 없다.

SW's comment (이것만은 알아두자)

◎ 연예인들의 범죄와 자숙기간
  ⋯▸ 각종 범죄에 연루된 연예인들은 일정한 자숙기간을 거쳐 복귀하는데, 한 통계자료에 의하면 '도박'은 평균 16.7개월, '마약'은 16개월, '음주운전'은 19.2개월이었다고 한다[31].

◎ 범죄와 연예인의 이미지
  ⋯▸ 연예인에 대해 각종 범죄 의혹이 제기될 경우, 단순 의혹에 불과할지라도 심각한 이미지 훼손에 이를 수밖에 없다. 그 결과 출연하고 있던 방송에서 퇴출되거나 광고계약이 해지되거나 개봉 예정인 영화 등의 상영시점이 연기되는 등 막대한 피해가 발생한다. 실제로 해당 범죄 의혹에 대하여 무죄 판결이 선고되거나 불기소처분(또는 불송치결정)이 있다고 하더라도, 한 번 훼손된 연예인의 이미지는 회복되기 매우 어렵다. 이에 연예인 및 연예인 지망생의 경우 범죄에 연루되지 않도록 각별히 유의해야 할 필요가 있다.

---

31) [최재원의 빅데이터] 도박-마약 연예인 16개월 뒤 복귀 괜찮나ㅣ동아일보 (donga.com)

III.
초상권, 퍼블리시티권, 저작권

광고모델의 권리, 초상권과 퍼블리시티권
연예인 위인전
저작권의 제문제
공연실황 중계
연예인 유튜브와 SNS
팬아트와 굿즈

광고모델의 권리, 초상권과 퍼블리시티권

가 ▶ 뜨거운 감자 (Hot Issue)

1. 저작권법을 전반적으로 손보기 위한 저작권법 전부개정안이 2021년 1월 15일 국회에 발의되었다. 2006년 개정 이후 14년만에 이루어진 저작권법 전부개정안에서는 '초상 등이 특정하는 사람은 자신의 초상 등을 상업적 목적을 위하여 일반 공중에게 널리 인식되도록 하는 방법으로 이용할 수 있는 권리를 가진다.'고 규정하여 이른바 '퍼블리시티권'을 도입하였다(저작권법 개정안 제126조). 그리고, '초상 등'은 '사람의 성명·초상·목소리 또는 그 밖에 이와 유사한 것으로 그 사람을 특정할 수 있는 것'으로 정의하였다(저작권법 개정안 제2조 제22호).

뿐만 아니라, 2022년 12월 26일 입법 예고된 민법 일부개정안에도 '초상·성명·음성 등 자신을 특징짓는 요소인 인격표지를 영리적으로 이용할 권리'를 '인격표지영리권'으로 명명하여 신설하였고, 사람이면 누구든지 보유하는 권리로 규정하였다(민법 개정안 제3조의3).

2. 2020년경 모 출판사가 프로게이머인 페이커와 그의 소속팀 SKT1의 동의 없이 책을 출간하면서 논란이 일었다. 출판사 측에서는 "페이커의 사진이 한 장도 포함되지 않았고, 모두 손으로 그린 그림으로, 어떠한 판권이나 초상권 등과는 아무런 상관이 없다는 점을 사전에 검토 받았다"고 반박하였다. 이와 관련하여 출판사가 페이커라는 이름과 그의 얼굴, 소속팀 유니폼 등을 허락없이 그림으로 그려서 부록으로 게재한 것이 퍼블리시티권 침해인지 여부에 대한 논쟁이 있었다.

3. 2016년 3월경 유명 배우인 송혜교는 보석 브랜드 J사가 모델 계약이 종료되었음에도 불구하고 초상권 사용에 대한 동의를 구하지 않은 채 송혜교의 이미지를 활용한 광고를 하여 초상권을 침해당했다며 J사를 상대로 3억원의 부당이득반환을 청구하는 소송을 제기했다.

송혜교의 기획사가 밝힌 공식 입장에 따르면, J사는 드라마 '태양의 후예' 제작사와 송혜교가 J사 제품을 착용하고 등장하는 장면을 방송하는 내용의 PPL 광고계약(제작협찬지원계약)을 체결하였다. 그러나, 이후 J사는 송혜교와 체결한 모델계약이 종료되었음에도 송혜교에게 초상권 사용에 대한 동의를 구하지 않은 채 해당 장면을 이미지와 동영상으로 변형해 각 매장에서 상영하고 J사 홈페이지에 송혜교가 자사의 귀걸이를 착용한 사진을 게재하여 해당 제품을 홍보하기도 하였다.

이에 대하여 J사는 드라마 '태양의 후예' 제작사와 체결한 계약서 원문까지 공개하며 계약서 규정에 근거하여 정당하게 드라마 장면을 사용한 것이지 송혜교의 초상권을 침해한 게 아니라고 주장했다. 또한 J사는, 2014년부터 2015년까지 광고 모델료를 송혜교에게 지급하였으나 송혜교의 탈세 문제로 막대한 피해를 입은 바, 이는 계약 위반으로서 법적으로 문제 삼을 수 있었음에도 불구하고 참고 기다렸으나, 송혜교 측에서 일방적 언론플레이를 벌여 유감이라는 입장을 밝혔다.

한편, 드라마 '태양의 후예' 제작사는 J사가 일방적으로 계약 내용을 공개한 것은 비밀유지 조항 위반에 해당하며, J사에 초상권 사용까지 허용한 것은 아니라고 밝혔다.

위 사건에서 송혜교는 법원의 조정을 거쳐 J사로부터 1억5천만원을 배상 받았고, 배상금 전액을 기부하였다.

이하에서는 저작권과는 구별되는 권리로서 연예인의 초상권, 퍼블리시티권 등에 대하여 살펴보도록 한다.

나 ▶ 법적 쟁점 (Legal Issue)

1. 퍼블리시티권과 초상권의 차이는 무엇인가?
2. 연예인이 성명, 초상, 이미지를 무단 도용 당한 경우 대응 방안은?
3. 광고 계약 범위를 벗어난 초상, 성명 등의 사용은 위법한 행위인가?
4. 광고 계약에서 품위유지의무 위반으로 인한 채무불이행 책임이 성립할 수 있는가?

다 ▶ 용어 해설

▶ 인격권

'인격권'은 권리자와 분리할 수 없는 인격적 이익 즉, 신체·자유·명예 등을 목적으로 하는 권리를 의미한다[32]. '언론중재 및 피해자 보호 등에 관한 법률' 제5조 제1항은 "인격권"을 '타인의 생명, 자유, 신체, 건강, 명예, 사생활의 비밀과 자유, 초상(肖像), 성명, 음성, 대화, 저작물 및 사적(私的) 문서, 그 밖의 인격적 가치 등에 관한 권리'라고 규정하고 있다. 이러한 인격권에는 생명권, 초상권, 명예권, 성명권, 프라이버시권 등이 포함되어 있다.

▶ 초상권

'초상권'은 자신의 얼굴 기타 사회통념상 특정인임을 식별할 수 있는 신체적 특징에 관하여 함부로 촬영 또는 그림으로 묘사되거나 공표되지 않으며 영리적으로 이용당하지 않을 권리를 말한다(대법원 2006. 10. 13. 선고 2004다16380 판결). 대법원은 초상권이 헌법 제10조 제1문에 따라 헌법적으로 보장되는 권리라고 판시하고 있다.

▶ 성명권

권리자가 자신의 성명에 대하여 가지는 독점적 권리로서, 자신의 성명이 타인에 의하여 함부로 모용·사용되지 않고 자신의 성명을 타인의 방해 없이 사용할 수 있는 권리를 말한다.

---

32) 국가법령정보센터 법령용어사전

▶ **퍼블리시티권(Right of Publicity)**

'퍼블리시티권'이란 사람의 초상, 성명 등 그 사람 자체를 가리키는 것(identity)을 광고, 상품 등에 상업적으로 이용하여 경제적 이익을 얻을 수 있는 권리를 의미한다[33].

▶ **키워드 검색광고**

'키워드 검색광고'란 특정 키워드에 대하여 포털사업자가 광고주로부터 일정한 대가를 받고 해당 특정 키워드와 연동하여 검색이용자의 검색결과화면에 광고주의 웹페이지를 보여주는 광고를 말한다.

라 ▶ 기본 법리

- **초상권 침해의 근거? 헌법상 권리, 인격권[34]**

'초상권'이라 함은 사람이 자신의 초상에 대하여 갖는 인격적, 재산적 이익, 즉 사람이 자기의 얼굴 기타 사회 통념상 특정인임을 식별할 수 있는 신체적 특징에 관하여 함부로 촬영되어 공표되지 아니하며 광고 등에 영리적으로 이용되지 아니하는 법적 권리라고 할 수 있다.

이러한 초상권에 대하여 현행 법령상 명문의 규정은 없으나, '모든 국민은 인간으로서의 존엄과 가치를 가지며 행복을 추구할 권리를 가진다. 국가는 개인이 가지는 불가침의 기본적 인권을 확인하고 이를 보장할 의무를 진다.'고 규정하는 헌법 제10조에서 그 근거를 찾을 수 있다.

---

33 한국저작권위원회 저작권기술 관련 법률용어사전
34) 서울지방법원 남부지원 1997. 8. 7. 선고 97가합8022 판결

> 대한민국 헌법 제10조
> 모든 국민은 인간으로서의 존엄과 가치를 가지며, 행복을 추구할 권리를 가진다. 국가는 개인이 가지는 불가침의 기본적 인권을 확인하고 이를 보장할 의무를 진다.

즉, 헌법 제10조에서 말하는 국가가 보장하여야 할 '인간으로서의 존엄과 가치'는 생명권, 명예권, 성명권 등을 포괄하는 일반적 인격권을 의미하고, 이 일반적 인격권에는 개별적인 인격권으로서의 **초상권이 포함된다**고 보아야 할 것이다. 나아가 민법 제750조 제1항이 "타인의 신체, 자유 또는 명예를 해하거나 기타 정신상의 고통을 가한 자는 재산 이외의 손해에 대하여도 배상할 책임이 있다."고 규정하고 있으므로 이러한 규정들이 결합하여 초상권 및 초상권 침해로 인한 위자료 청구의 근거가 될 수 있는 것이다.

한편, '초상권'은 첫째, 얼굴 기타 사회 통념상 특정인임을 알 수 있는 신체적 특징을 함부로 촬영 또는 그림묘사 되지 아니할 권리(**촬영·작성 거절권**), 둘째, 촬영된 초상이 함부로 공표, 복제되지 아니할 권리(**공표거절권**), 셋째, 초상이 함부로 영리목적에 이용되지 아니할 권리(**초상영리권**)를 포함한다고 할 것인데, 초상권의 한 내용인 위 공표거절권과 관련하여 보면 승낙에 의하여 촬영된 사진이라도 이를 함부로 공표하는 행위나 일단 공표된 사진이라도 다른 목적에 사용하는 행위는 모두 초상권의 침해에 해당한다.

나아가 권리자의 허락 없이 초상을 비롯하여 성명을 영리적으로 사용하는 경우에는 원칙적으로 초상권, 성명권 등의 침해 문제가 발생하게 된다. 하지만 사회로부터 정당한 관심의 대상이 되는 공적 인물은 일반인에 비하여 초상, 성명이 공적으로 사용되는 범위가 더 넓다고 보는 것이 일반적이다. 이에 따라 다소 영리 목적이 있더라도 공적 인물의 활동에 대한 소개, 보도, 논평, 예술 작품 등을 위해 필요한 범위 내에서 공적 인물의 초상, 성명을 사용한 경우에는 초상권, 성명권 침해에 해당하기 어려울 것이다.

그러나, 광고 계약이 종료된 이후 또는 광고 계약에 따른 이용 허락 범위를 벗어나서 공적 인물의 동의 없이 초상, 성명을 광고 등 상업적으로 이용한 경우에는 초상권, 성명권 등 인격권 침해에 해당할 수 있다. 법원은 성명권, 초상권 등 인격권 침해로 불법행위가 성립하는지 여부에 관하여 침해자가 달성하려는 이익의 내용과 중대성, 침해행위의 필요성과 효과성, 피해법익의 중대성 및 침해의 정도, 피해이익의 보호가치 등을 종합적으로 고려해 판단해야 한다는 입장이다[35].

한편, 타인이 자신의 동의 없이 무단으로 초상, 성명을 사용하여 인격권을 침해한 경우 권리자는 해당 타인을 상대로 인격권 침해로 인한 재산상·정신상 손해에 대하여 민사상 손해배상을 청구할 수 있고(민법 제750조, 제751조), 초상, 성명 사용금지가처분 신청도 제기할 수 있다.

---

35) 서울고등법원 2015. 1. 30. 선고 2014나2006129 판결

- **초상 등을 재산적으로 사용할 권리, 퍼블리시티권**

'퍼블리시티권'이란 이름이나 초상, 목소리 등 특정 개인이 가진 요소들이 만들어내는 재산적 가치를 제3자가 허락 없이 상업적으로 이용하지 못하게 통제할 수 있는 권리를 말한다.

우리나라에는 그 동안 명시적으로 퍼블리시티권을 인정하는 법률 규정 또는 대법원 판례는 없었으나, 퍼블리시권을 인정[36] [37]또는 부정[38]한 하급심 판례들이 존재하며, 입법론상 퍼블리시티권을 도입해야 한다는 주장은 실무 및 학계에서 지속적으로 제기되고 있었다.

국내에서 최초로 퍼블리시티권의 개념이 인정된 것은 물리학자 고(故) 이휘소의 유족들이 고인의 이름, 사진이 소설 '무궁화 꽃이 피었습니다'에 허락 없이 쓰인 것을 이유로 작가를 상대로 출판금지 가처분 신청을 낸 사건(이른바 '이휘소 사건')이다. 당시 법원은 **"퍼블리시티권이라 함은 재산적 가치가 있는 유명인의 성명, 초상 등 프라이버시에 속하는 사항을 상업적으로 이용한 권리(right of commercial appropriation)"** 라고 하여 최초로 그 개념을 인정하였다. 다만, "문학작품인 위 소설에서 위 이휘소의 성명, 사진 등을 사용하였다고 하더라도 이를 상업적으로 이용했다고 볼 수는 없다"고 판단하여 퍼블리시티권 침해는 부정하였다[39].

---

36) 서울동부지방법원 2006. 12. 21. 선고 2006가합6780 판결
37) 서울중앙지법 2006. 4. 19. 선고 2005가합80450 판결
38) 서울고등법원 2002. 4. 16. 선고 2000나42061 판결 등
39) 서울지방법원 1995. 6. 23. 선고 94카합9230 판결

이휘소 사건 이후, 우리나라에서 퍼블리시티권과 관련하여 가장 많이 언급되는 사건인 '제임스 딘 사건'(서울고등법원 2002. 4. 16. 선고 2000나 42061판결)에서도 법원은 "필요성은 인정하지만 우리나라 법률, 조약 등 실정법이나 확립된 관습법 등의 근거가 없어 이를 적용하기 어렵다"고 판시하였다. 이와 같은 태도는 퍼블리시티권을 부정하는 최근 하급심 판례들의 입장이기도 하다.

- **아직 판례가 퍼블리시티권을 완전히 인정한 것은 아니다**[40]

2012년 10월 9일부터 2014년 7월 10일까지 선고된 퍼블리시티권 침해 여부가 문제된 33건의 하급심 판결을 대상으로 판결문을 분석한 바에 따르면, 퍼블리시티권 자체를 인정한 판결은 16건, 부정한 판결은 17건인 것으로 파악된다[41]. 이처럼 **우리나라 법원은 퍼블리시티권에 대하여 일관된 경향을 보이지 않았던 것**을 알 수 있다.

최근에는 퍼블리시티권을 인정하지 않고 성명권, 초상권 등 인격권 침해로 판단하는 판례가 더 많이 나타나고 있다. 예를 들어, 2014년 이후 최근 5년간 서울고등법원에서 선고된 사건 중 당사자가 퍼블리시티권 침해를 주장한 사건은 6건이고, 그 중 5건의 판결[42]은 퍼블리시티권 개념을 부정하였다.

---

40) 판례를 통해 본 퍼블리시티권, 정책리포트, 지식재산정책 22호, 2015
41) 이용민, "퍼블리시티권의 보호와 제한 2015-지식재산과 퍼블리시티권 토론문", 한국지식재산연구원 주관 「2015 지식재산 정책포럼」, 2015. 3. 10., 1면.
42) 서울중앙지방법원 2014. 5. 14. 선고 2013나46305 판결, 서울서부지방법원 2014. 7. 24. 선고 2013가합32048 판결, 서울고등법원 2015. 1. 30. 선고 2014나2006129 판결, 서울고등법원 2015. 6. 19. 선고 2014나2028495 판결, 서울고등법원 2017. 6. 9. 선고 2016나2057657 판결

다만, 최근 하급심 판결(서울고등법원 2018. 11. 8. 선고 2018나 2003098 판결)은 "제3자가 무단으로 연예인의 성명이나 초상을 상업적으로 이용했다면 그 연예인의 '성명·초상을 상업적으로 이용할 권리'로서의 성명권·초상권을 침해하였으므로, 그 침해로 인하여 연예인이 입은 재산상 손해에 대하여 배상할 책임이 있다"고 판시한 바 있다. 이 판결은 '퍼블리시티권'이라는 표현을 사용하지는 않았으나, 유명 연예인에게 성명·초상을 상업적으로 이용할 권리가 있음을 인정하고, 재산상 손해배상을 인정하였다[43].

나아가 최근 저작권법 개정안과 민법 개정안 그리고, 부정경쟁방지 및 영업비밀보호에 관한 법률은 퍼블리시티권의 도입을 시도하고 있다. 저작권법 전부개정안은 퍼블리시티권을 '초상등재산권'이라고 하여 사람의 성명, 초상, 목소리 또는 그 밖에 이와 유사한 것으로 규정하고 있다(저작권법 개정안 제2조 제22호). 또한, 입법예고된 민법 일부개정안은 퍼블리시티권을 '인격표지영리권'으로 명명하였고, 사람의 성명, 초상, 음성 그 밖의 인격표지를 영리적으로 이용할 권리라고 규정하고 있다(민법 개정안 제3조의3 제1항). 한편, 2021년 12월 7일 일부 개정, 2022년 6월 8일부터 시행된 부정경쟁방지법은 종전 퍼블리시티권 도입 논의를 일부 반영하였다. 본 법률은 부정경쟁행위 유형(제2조 제1호)에 '타'목을 신설하여 "국내에 널리 인식되고 경제적 가치를 가지는 타인의 성명, 초상, 음성, 서명 등 그 타인을 식별할 수 있는 표지를 공정한 상거래 관행이나 경쟁질서에 반하는 방법으로 자신의 영업을 위하여 무단으로 사용함으로

---

[43] 인격적 표지를 상업적으로 이용할 권리, '퍼블리시티권'에 관한 비교법적 고찰, 김연수, 서울대학교 대학원 법학석사 학위논문, 2019. 8.

써 타인의 경제적 이익을 침해하는 행위"를 규정하고 있다.

'타인의 성명, 초상, 음성, 서명 등 그 타인을 식별할 수 있는 표지'를 무단이용하는 것은 부정경쟁행위의 일종으로 규율되어 있으므로 명시적으로 퍼블리시티권이 재산권의 일종으로 편입된 것은 아니다. 다만, 부정경쟁방지법에 따라 부정경쟁행위에 대한 금지 또는 예방을 청구할 수 있고(같은 법 제4조), 손해배상청구를 할 수 있으며(같은 법 제5조), 신용회복을 위한 조치를 청구할 수 있게 되어(같은 법 제6조), 다양한 법적 구제수단을 강구해 볼 수 있게 된다. 결국 퍼블리시티권을 재산권으로 인정하는 것과 유사한 효과를 기대할 수 있을 것으로 보인다.

- **타인의 초상으로 돈을 벌기까지 하면 위법 = 부정경쟁방지법 위반!**

「부정경쟁방지 및 영업비밀보호에 관한 법률」(이하 '부정경쟁방지법'이라 한다)
제2조(정의)
이 법에서 사용하는 용어의 뜻은 다음과 같다.
  1. "부정경쟁행위"란 다음 각 목의 어느 하나에 해당하는 행위를 말한다.
    나. 국내에 널리 인식된 타인의 성명, 상호, 표장(標章), 그 밖에 타인의 영업임을 표시하는 표지(상품 판매·서비스 제공방법 또는 간판·외관·실내장식 등 영업제공 장소의 전체적인 외관을 포함한다)와 동일하거나 유사한 것을 사용하여 타

> 인의 영업상의 시설 또는 활동과 혼동하게 하는 행위
> 파. 그 밖에 타인의 상당한 투자나 노력으로 만들어진 성과 등을 공정한 상거래 관행이나 경쟁질서에 반하는 방법으로 자신의 영업을 위하여 무단으로 사용함으로써 타인의 경제적 이익을 침해하는 행위

부정경쟁방지법 제2조 제1호 나목은 "국내에 널리 인식된 타인의 성명, 상호, 표장, 기타 타인의 영업임을 표시하는 표지와 동일하거나 이와 유사한 것을 사용하여 타인의 영업상의 시설 또는 활동과 혼동하게 하는 행위"를 부정경쟁행위의 하나로 규정하고 있다.

여기서 국내에 널리 인식된 **'타인의 영업임을 표시하는 표지'**는 국내의 전역 또는 일정한 범위 내에서 거래자 또는 수요자들이 그것을 통하여 특정의 영업을 다른 영업으로부터 구별하여 널리 인식하는 경우를 말한다. 그러므로 특정의 영업이 오랫동안 사용됨으로써 거래자 또는 수요자들이 어떤 특정의 영업을 표시하는 것으로 널리 인식하게 된 경우에는 위 법이 보호하는 영업상의 표지에 해당한다고 할 것이다(대법원 1997. 12. 12. 선고 96도2650 판결 참조).

또한, **'국내에 널리 인식된'** 영업표지라는 것은 국내 전역에 걸쳐 모든 사람들에게 주지되어 있음을 요하는 것이 아니고, 국내의 일정한 지역적 범위 안에서 거래자 또는 수요자들 사이에 알려진 정도로써 족하다고 할

것이며(대법원 2002. 6. 14. 선고 2002도1613 판결), 타인의 영업임을 표시한 표지가 국내에 널리 인식되었는지 여부는 그 사용기간, 방법, 태양, 사용량, 거래범위 등과 거래의 실정 및 사회통념상 객관적으로 널리 알려졌느냐의 여부가 일응의 기준이 된다고 할 것이다(대법원 2001. 9. 14. 선고 99도691 판결).

한편, **'영업주체의 혼동행위'**라는 것은 등록 여부와 관계없이 사실상 국내에 널리 인식된 타인의 성명, 상호, 상표, 기타 타인의 영업임을 표시하는 표지와 동일 또는 유사한 것을 사용하여 타인의 영업상의 시설 또는 활동과 혼동을 일으키게 하는 일체의 행위를 의미한다(대법원 1999. 4. 23. 선고 97도322 판결 참조).

여기에서의 '혼동'이라는 것은 어떤 영업자의 영업상의 시설 또는 활동을 타인의 영업상의 시설 또는 활동이라고 오인하는 것을 말하며, 타인의 영업과 혼동을 하게 하는 행위에 해당하는지 여부는 영업표지의 주지성과 식별력의 정도, 표지의 유사 정도, 사용 태양, 영업의 유사 및 고객층의 중복 등으로 인한 경업·경합관계의 존부, 그리고 모방자의 악의(사용의도) 유무 등을 종합하여 판단하여야 한다(대법원 2007. 4. 27. 선고 2006도8459 판결 등 참조).

이는 대법원이 2010년, "경쟁자가 상당한 노력과 투자에 의하여 구축한 성과물을 상도덕이나 공정한 경쟁질서에 반하여 자신의 영업을 위하여 무단으로 이용함으로써 경쟁자의 노력과 투자에 편승하여 부당하게 이익을 얻고 경쟁자의 법률상 보호할 가치가 있는 이익을 침해하는 행위"를 **'부정한 경쟁행위'**라고 판시하며, 이는 **민법상 불법행위**에 해당한다고 하고, "위와 같은 무단이용 상태가 계속되어 금전배상을 명하는 것만으로는 피해자 구제의 실효성을 기대하기 어렵고 무단이용의 금지로 인하여 보호되는 피해자의 이익과 그로 인한 가해자의 불이익을 비교·교량할 때 피해자의 이익이 더 큰 경우에는 그 효과로서 그 행위의 금지 또는 예방을 청구할 수 있다"고 결정한 것(대법원 2010. 8. 25. 자 2008마1541 결정)을 입법화한 것으로 평가된다[44].

위와 같이 부정경쟁행위를 한 자에 대하여 법원에 그 금지 또는 예방을 청구할 수 있고, 손해배상을 청구할 수도 있으나(부정경쟁방지법 제4조,제5조), 법원은 포털사이트가 성명 사용에 대한 동의 없이 연예인의 성명을 이용하여 광고주들로부터 일정한 대가를 받고 키워드 검색광고 서비스를 제공한 사건에서, 키워드 검색광고는 인터넷 검색 포털사이트에서 일반적으로 사용되는 사업방식으로, 키워드 검색광고의 알고리즘 자체는 '공정한 상거래 관행이나 경쟁질서에 반하는 방법'에 해당하지 않는다고 판단하여 부정경쟁방지법 위반을 인정하지 않았다[45].

그러나 최근, 법원은 방탄소년단(BTS)의 초상, 성명 등을 이용하여 잡지를 발행한 잡지사를 상대로 BTS와 전속계약을 체결한 빅히트엔터테인먼트가 제기한 도서출판금지 등 가처분 사건에서, BTS의 명칭, 그 구

---

44) 이기리, 권창환, "로앤비 온주 부정경쟁방지및영업비밀보호에관한법률", 제2조 제1호 카목(현행 파목) 부분 발췌.
45) 서울고등법원 2015. 1. 30. 선고 2014나2006129 판결

성원의 이름, 초상 등이 상품의 판매, 광고계약 등과 관련하여 가지는 고객흡인력은 상당한 투자나 노력으로 만들어진 성과에 해당한다는 점을 인정하였다. 또한, 법원은 해당 잡지사가 연예잡지의 통상적인 보도 범위를 넘어 권리자의 동의 없이 BTS의 명칭, 구성원의 이름, 초상, 사진 등이 대량으로 게재된 잡지를 발행·판매한 것은 "공정한 상거래 관행이나 경쟁질서에 반하는 방법으로 무단으로 사용함으로써 타인의 경제적 이익을 침해하는 행위"에 해당한다고 판단하여 잡지사의 부정경쟁방지법 위반을 인정하였다[46].

즉, 공적 기표로서의 사용범위 내에서 초상, 성명 사용 및 통상적으로 사용되는 사업방식을 통한 초상, 성명 사용은 권리자의 동의를 받지 않았다고 하더라도 공정한 상거래관행이나 경쟁질서에 반하는 방법으로 초상, 성명을 사용한 것으로 인정되기 어려울 것이다. 그러나, **공적 인물의 성명, 초상 등을 상품이나 광고 등 상업적으로 사용하기 위해서는 권리자의 허락을 받거나 일정한 대가를 지급하는 것이 엔터테인먼트 산업분야의 상거래 관행인 점을 고려**하면, 공적 인물의 성명, 초상 등에 의한 고객흡인력이 상당한 투자나 노력에 따른 것으로서 그 상업적 이용에 관하여 법률상 보호할 가치가 있는 경제적 이익이 존재하고, 공적 기표로서의 사용범위를 넘어서 공적 인물의 초상, 성명이 가지는 고객흡인력에 기대어 매출을 올리는 것을 주된 목적으로 하여 공적 인물의 성명, 초상을 과다하거나 부적절하게 이용한 경우라면 부정경쟁행위에 해당 할 수 있을 것이다.

---

46) 대법원 2020. 3. 26. 자 2019마6525 결정, 서울고등법원 2019. 5. 30. 자 2019라20078 결정

- **연예인을 비롯한 광고모델은 사회적 물의를 일으키지 않고 품위를 유지할 의무가 있다.**

공적 인물이 자신의 사회적, 도덕적 명예를 훼손하지 않기로 하는 품위유지약정을 포함한 광고모델계약을 체결한 경우, 공적 인물은 위 품위유지약정에 따라 계약기간 동안 광고에 적합한 자신의 긍정적인 이미지를 유지함으로써 그것으로부터 발생하는 구매 유인 효과 등 경제적 가치를 유지하여야 할 계약상 의무를 부담한다[47].

따라서, 고의나 과실로 광고모델계약에 따른 품위유지의무를 위반한 경우 채무불이행으로 인한 손해배상책임을 부담할 수 있고(민법 제390조), 만약 광고모델계약상 계약 위반에 따른 손해배상액의 예정으로서 위약금 약정이 포함되어 있다면 해당 규정에 따라 광고주의 손해를 배상해야 할 것이다. 다만, 손해배상 예정액이 부당하게 과다하다면 법원은 당사자의 주장이 없더라도 직권으로 이를 감액할 수 있다(민법 제398조 제2항). 또한, 광고모델계약상 손해배상과는 별도로 마치 벌금과 같은 금원을 지급하도록 하는 위약벌 약정이 포함되어 있는 경우 광고주에게 손해배상과는 별도로 그 위약벌까지 지급해야 한다. 위약벌 약정의 경우 법원이 감액할 수 없으나, 의무의 강제로 얻어지는 채권자의 이익에 비하여 약정된 벌이 과도하게 무거운 경우에는 일부 또는 전부가 선량한 풍속 기타 사회질서에 반하여 무효에 해당할 수 있다[48].

---

47) 대법원 2009. 5. 28. 선고 2006다32354 판결
48) 대법원 2015. 12. 10. 선고 2014다14511 판결

마 ▶ 관련 사례

Case 1 (6건)	연예인의 사진과 성명 등을 무단으로 사용하여 영업한 사례
Case 2 (3건)	연예인의 사진과 성명 등을 무단으로 사용하여 제품을 판매한 사례
Case 3 (8건)	계약을 위반하여 연예인의 사진과 성명 등을 무단으로 사용한 사례
Case 4 (2건)	품위유지의무 위반에 따른 책임에 대한 사례
Case 5 (3건)	부정경쟁행위 사례

Case 1-1 무단으로 연예인 사진을 사용하여 광고하면 손해배상 책임이 있다!
서울중앙지방법원 2014. 6. 27. 선고 2013가합503743 판결
서울고등법원 2015. 6. 19. 선고 2014나2028495 판결

1. 사실관계

성형외과 원장이 온라인 마케팅 업체를 통해 블로그 등에 다음과 같은 병원 홍보 광고를 게시했다.

> 배우 A님과는 2011년부터 좋은 관계라고 하시죠~
> 이번 ○○점 개원 때는 일정 때문에 못 뵈었지만 조만간 찾아주실거라는 연락주셨구요~
> A님이 직접 추천하는 ○○ 성형외과랍니다.
> 연예인들이 대놓고 찾기 힘든 곳이 성형외과이지만
> 저희 ○○ 성형외과는 많은 분들이 찾아주고 계신답니다.

> 최고가 만나는 ○○ 성형외과.
>
> 여러분들의 기대에 부응하기 위해 더욱 노력하겠습니다.
>
> 연예인 추천병원, ○○ 성형외과

이에 배우 A는 해당 성형외과가 자신의 동의나 허락 없이 사진과 이름을 쓰고 마치 성형을 자주한다는 취지의 허위의 사실을 암시하는 글을 작성하여 퍼블리시티권 또는 성명권, 초상권을 포함한 인격권을 침해했다며 손해배상청구를 하였다.

2. 법원의 판단

가. 1심: 퍼블리시티권 침해 긍정

1심은 성형외과의 광고로 인해 배우 A가 재산상 손해와 정신적 손해를 입었음을 인정하였다. 특히 재판부는 "A는 유명 연예인으로서 고객흡인력을 갖는 경제적 이익을 상업적으로 사용·통제하고 배타적으로 지배할 수 있다"며 퍼블리시티권을 인정하였다.

나. 2심: 퍼블리시티권 침해 부정, 인격권(초상권, 성명권)침해 긍정

항소심 법원은 "퍼블리시티권(the Right of Publicity)은 우리나라 성문법과 관습법 어디에도 그 근거를 찾아볼 수 없다. 결국, 성문법 국가로서 물권법정주의를 채택하고 있는 우리나라에서 법률, 조약 등 실정법이나 확립된 관습법 등의 근거 없이 그 필요성이 있다는 사정만으로 물권과 유사한 독점·배타적 재산권인 퍼블리시티권이라는 개념을 인정하기는 어렵다"고 판단하여 퍼블리시티권을 인정하지 않아, 그에 따른 침해 또한 부정하였다.

하지만 법원은 "사람은 누구나 자신의 얼굴 기타 사회 통념상 특정인임을 식별할 수 있는 신체적 특징에 관하여 함부로 촬영 또는 그림 묘사되거나 공표되지 아니하며 영리적으로 이용당하지 않을 권리를 가지는데, 이러한 **초상권**은 우리 헌법 제10조 제1문에 의하여 헌법적으로 보장되는 권리이다(대법원 2006. 10. 13. 선고 2004다16280 판결 참조). 따라서 초상권에 대한 부당한 침해는 불법행위를 구성한다"고 판단하였다.

나아가, "성명은 특정한 개인을 다른 사람으로부터 식별하는 표지가 됨과 동시에 이를 기초로 사회적 관계와 신뢰가 형성되는 등 고도의 사회성을 가지는 한편, 인격의 주체인 개인의 입장에서는 자기 스스로를 표현하는 인격의 상징으로서의 의미를 가지는 바, 이에 기초한 **성명권**은 헌법상의 행복추구권과 인격권의 한 내용을 이루는 권리이다(대법원 2005. 11. 16. 자 2005스26 결정 등 참조). 이러한 성명권에는 자신의 성명을 상업적으로 이용하고 통제할 수 있는 권리를 당연히 포함한다고 할 것"이라고 하여 성명권에 대한 침해도 인정하였다.

위와 같은 사정에 비추어, 법원은 이 사건 게시글에 원고가 이 사건 성형외과에서 성형 수술을 받았다는 등의 명시적인 기재가 없다고 하더라도, 이 사건 게시물과 게시글의 게재행위는 초상권과 성명권을 포함한 원고의 인격권을 침해한 것으로 인정하기 충분하다고 판단하여, 피고로서는 원고의 정신적 손해를 배상할 의무가 존재한다고 판시하였다.

3. 해설

퍼블리시티권이 법적으로 인정되는 개념인지 여부를 떠나서 연예인의 성명과 초상을 무단으로 사용할 경우 인격권 침해를 피할 수 없다는 사실을 주지해야 할 것이다. 따라서, 연예인 사진을 개인 소장하는 것을 넘어서 연예인 사진을 활용해 경제적 이익을 추구하기 위한 활동을 하는 것은 각별히 주의해야 한다.

Case 1-2 연예인과 계약 없이 바이럴 마케팅을 했는데, 손해배상을 하지 않아도 될까?
서울중앙지방법원 2013. 8. 23. 선고 2012가단337294 판결
서울중앙지방법원 2014. 5. 14. 선고 2013나46305 판결

---

1. 사실관계

성형외과·피부과 의사 A는 자신의 홈페이지에 배우 M과 가수 U의 사진과 예명을 동의 없이 사용하면서 'M', 'U'라는 예명을 태그로 설정하고 게시물 본문에도 의도적으로 자주 사용하는 등 소위 '바이럴 마케팅'의 방법으로 소비자를 유인하고 광고효과를 누렸다.

해당 광고글은 ① 배우 M에 대한 부분은 성형외과 전문의 입장에서

봤을 때 그 얼굴 부위가 주는 인상, 특징 등을 언급하면서 'M의 코가 서구적인 오뚝한 코로서 타고난 것이고, 사실은 비정상적인 것이어서 이를 교정하기 위해 수술받는 경우도 있는데, 굳이 그 코처럼 성형수술하기 위해 노력할 필요는 없다'는 내용이고, ② U에 대한 부분은 '쌍꺼풀 수술을 했다고 당당하게 밝힌 U씨. 초등학교 때 모습을 보면 눈은 컸지만 쌍꺼풀이 없어서 뭔가 어색해 보이죠? 쌍꺼풀이 자연스럽게 잘 돼서 너무 예쁘네요~~'라는 내용을 담고 있었다.

이에 M과 U는 A병원이 자신들의 예명과 사진 이미지를 광고에 무단으로 활용하여 상업적으로 이용하였으므로, 퍼블리시티권을 침해하였다면서, A에 대해 재산상 손해 및 위자료의 배상을 청구하였다.

2. 법원의 판단

가. 1심: 퍼블리시티권 침해 인정[49]

1심 법원은, "우리 법이 퍼블리시티권에 관해 아직 명문의 규정이 없으나 해석상 독립된 재산권으로 인정할 수 있다"며 "A가 퍼블리시티권 침해에 따른 위자료를 지급해야 한다"고 판시했다.

나. 2심: 퍼블리시티권 침해 부정[50]

항소심 법원은, A가 M과 같은 코를 성형수술로 만들어주겠다고 광고

---

49) 서울중앙지방법원 2013. 8. 23 선고 2012가단337294 판결
50) 서울중앙지방법원 2014. 5. 14 선고 2013나46305 판결

하였다는 주장을 뒷받침할 아무런 증거가 없으며, M, U를 비롯한 연예인들의 사진 및 이름을 사용하여 병원 홈페이지 및 블로그에 게시글을 작성하여 검색에 노출될 가능성을 높이는 등 많은 사람들을 유인할 수 있었을지라도, **퍼블리시티권이 아직 그 의미나 범위, 한계 등이 명확하게 정해졌다고 볼 수 없고, 위와 같은 사정만으로 바로 피고가 원고들의 퍼블리시티권을 침해하였다고 볼 수는 없다**고 판단하였다.

특히 재판부는, A가 올린 게시글은 성형수술 전문의로서의 의견에 불과하고, 그 내용이 A가 운영하는 병원이나 치료와 직접 관계되거나 원고들을 치료하였다고 광고한다고 볼 수도 없으며, A가 M과 U의 예명이나 사진을 사용하여 직접 어떠한 수익을 얻었다고 볼 아무런 자료도 없으므로, 위와 같은 내용만으로는 A가 M과 U의 예명이나 사진을 상업적으로 이용하였다고 인정하기에 부족하고, M, U의 퍼블리시티권을 침해하였다고 보기 어렵다고 판시하였다.

3. 해설

사회로부터 정당한 관심의 대상이 되는 공적 인물의 초상은 사용할 수 있는 범위가 더 넓고, 특히 공적 인물을 소개하면서 의사가 전문가로서 의견을 제시하였다는 점은 공적 인물의 초상권이 일반인보다는 제한된다는 법리에는 부합한다고 볼 수 있다.

그러나, 연예인의 입장에서 어떤 광고를 통해 자신의 외모가 평가 대상이 된다는 것은 그 자체로 인격을 침해당한다고 느낄 여지가 있을 것으로 보인다. 특히 이 사안에서는 연예인의 성명(예명)을 그대로 이용하였으므로, 성명권도 문제가 될 수 있었다. 만약 초상권과 성명권 등 인격권의 침해로 청구원인을 구성하고, 공적 관심사안이 되지 않는 본질적이고 내밀한 인격의 침해에 해당한다는 점을 더 강조하여 주장하였다면 위자료를 인정받을 수 있지 않았을까 하는 아쉬움이 남는다.

이어서 퍼블리시티권 침해 또는 인격권 침해를 주장하였던 관련 사건을 추가로 살펴본다.

> **Case 1-3** 연예인 성명과 신체사진을 마음대로 사용하였다면?
> 서울중앙지방법원 2013. 11. 1. 선고 2013가단30460 판결
> 서울중앙지방법원 2015. 2. 12. 선고 2013나64259 판결

1. 사실관계

한의원 블로그에 "부분비만 프로젝트 후 가수 U의 꿀벅지로 거듭나세요"라는 제목의 글과 함께 가수 U 측 동의 없이 신체 사진 4장이 게재된 것에 대하여 퍼블리시티권 침해를 원인으로 손해배상청구를 하였다.

2. 법원의 판단

1심은 퍼블리시티권 침해를 인하면서 500만원을 손해액으로 산정하

여 손해배상 판결을 하였으나, 항소심은 퍼블리시티권을 인정하지 않고 원고 패소 판결을 내렸다.

3. 해설

항소심 법원은 성문법국가인 우리나라에서 현재까지 퍼블리시티권을 인정하는 법률이 제정되지 않았으며, 이를 인정하는 관습법이 존재한다고 볼 수도 없으므로 퍼블리시티권이 독립적 권리임을 전제한 원고의 주장을 인용할 수 없다는 취지였다.

나아가, 법원은 블로그에 게시된 게시물 약 391건 가운데 1건에만 원고의 성명과 사진이 게재된 점, 블로그에 링크된 한의원 홈페이지에는 사진이 게재되지 않은 점, 사진 내용으로 U가 한의원과 관련 있다거나 부분비만 치료를 받은 것처럼 오인할만하지 않은 점을 고려하여 U의 성명 및 사진을 게재한 것은 인정했으나 초상권을 영리적으로 사용하는 등 부당하게 초상권을 침해한 것은 아니라고 판단하였다.

성문법주의 원칙에 따라 퍼블리시티권 침해를 인정하지 아니한 것은 납득할 수 있는 결론이나, 초상권 침해를 부정한 것은 연예인들에게 높은 수인의무를 부과한 것으로서 다소 부당한 것으로 보인다. 법원의 초상권 관련 판시 내용은 결국 연예인의 초상은 '영리적 이용 등 부당하게 사용'하지 않으면 초상권 침해에 해당하지 아니한다는 의미로 해석되기 때문이다. 그러나, 초상권은 인격권의 하나로서, 타인의 초상을 이용허락 없이 사용하였다면 그 자체로 일응 초상권을 침해한 것으로 보아야 할 것이다.

> **Case 1-4** 연예인의 성명을 검색하면 자동으로 상품이 검색되게 만드는 '키워드 검색광고', 문제 없을까?
> 수원지방법원 성남지원 2014. 1. 22. 선고 2013가합201390 판결
> 서울고등법원 2015. 1. 30. 선고 2014나2006129 판결

1. 사실관계

인터넷 검색 포털사이트를 운영하는 N사 등 포털사업자는 사람들이 해당 포털사이트 검색창에 특정 키워드를 입력하면 사전에 포털사업자에게 해당 키워드를 이용한 광고 서비스를 구매한 광고주의 웹페이지 주소와 광고문구가 검색결과 화면의 상단에 노출되도록 하는 키워드 검색광고 서비스를 제공하고 있다.

그런데, 연예인의 성명과 상품명을 조합한 키워드와 같이 키워드에 자신의 이름이 노출된 다수의 유명 연예인들은 이러한 키워드 검색광고 서비스가 자신들의 성명을 상업적으로 사용함으로써 자신들의 퍼블리시티권을 침해하는 행위에 해당하고 인격권으로서 성명권 침해 행위에도 해당한다며 N사 등 포털사업자를 상대로 손해배상청구 소송을 제기했다.

2. 법원의 판단

가. 1심 : 퍼블리시티권 및 성명권 침해 부정

1심 법원은 국내 법제상 물권 유사의 독점·배타적 재산권인 퍼블리시티권을 인정하기는 어렵고, 키워드 검색광고에 이용되었다는 점만으로 성명에 관한 인격적 법익이 침해되었다고 보기는 어렵다고 판단하여 포털사이트의 손해배상책임을 인정하지 않았다.

이에, 키워드에 자신의 이름이 노출된 다수의 유명 연예인들은 기존 청구원인에, 키워드 검색광고가 구 부정경쟁방지법 제2조 제1호 차목(현 부정경쟁방지법 제2조 제1호 파목)의 '타인의 상당한 투자나 노력으로 만들어진 성과를 공정한 상거래 관행이나 경쟁질서에 반하는 방법으로 자신의 영업을 위하여 사용함으로써 타인의 경제적 이익을 침해하는 행위'에도 해당한다는 주장을 추가하여 항소를 제기했다.

나. 2심 : 퍼블리시티권 및 성명권 침해 부정, 부정경쟁방지법 위반 부정

(1) 퍼블리시티권 침해 주장에 관한 판단

법원은 "성명권은 헌법상의 행복추구권과 인격권의 한 내용을 이룬다. 성명권은 일반적으로 자신의 성명을 타인의 방해를 받지 않고 사용할 수 있는 권리, 자신의 성명이 타인에 의하여 모용되거나 무단으로 사용되지 않을 권리를 내용으로 한다. 자신의 성명을 상업적으로 이용하고 통제할 수 있는 권리는 위에서 본 성명권에 당연히 포함되고, 별도로 퍼블리시티권이라는 개념을 인정할 필요가 없다."고 판단하면서 독립적 재산권으로서의 퍼블리시티권을 인정하는 법률은 존재하지 않고 현재 인정되고 있는 성명권만으로도 퍼블리시티권이 보호하고자 하는 유명인의 성명에 관한 권리의 보호가 가능하므로 퍼블리시티권을 독립적인 권리로 인정할 필요가 있다고 보기도 어렵다고 판단하여 퍼블리시티권을 인정하지 않았다.

그리고, 성명권에 관한 정식 계약을 체결하였을 때 받을 수 있었던 대가 상당액이 재산상 손해라는 주장에 관하여, 퍼블리시티권을 부정하는 전제 하에, "**소극적 손해란 피해자가 불법행위로 인하여 얻지 못한 이익의 상실액을 의미하는 것이므로, 성명권 침해의 경우 소극적 손해는 그 침해로 상실된 경제적 가치, 즉 유명인 성명의 경제적 가치인 저명성에 의한 신뢰와 희소성의 상실이다.** 성명권 침해로 유명인이 다른 사람과 성명 사용계약을 체결하지 못하였거나 계약이 해지되었다는 등의 사정이 인정되지 아니하는 한, 불법행위가 없었던 상태는 성명이 사용되지 아니한 상태이고, 유명인이 대가를 얻는 것은 타인과 성명에 관한 계약을 체결하였다는 별도의 법률행위 때문이지, 성명이 침해되지 않았기 때문이 아니다. 퍼블리시티권을 인정하면, 포털사업자가 공적 인물의 승낙을 받아서 성명을 사용할 경우에 지급하여야 할 대가 상당액이라는 권리를 침해한 것이 되어, 이를 공적 인물의 적극적 또는 소극적 손해로 인정할 수 있으나, 퍼블리시티권을 인정할 수 없다는 점은 앞서 살펴본 바와 같다."라고 판시하여 키워드 검색광고 서비스 제공으로 인한 공적 인물의 재산적 손해를 인정하지 않았다.

(2) 부정경쟁방지법 위반 주장에 관한 판단

법원은, 설사 포털사업자의 행위가 부정경쟁방지법에 위반되었다고 하더라도, 퍼블리시티권을 인정할 수 없는 이상 포털사업자가 공적 인물의 경제적 이익을 침해하였다고 할 수 없다고 보았다. 또한, 키워드 검색광고는 인터넷 검색 포털사이트에서 일반적으로 사용되는 사업방식으로, 키워드 검색광고의 알고리즘 자체가 공정한 상거래 관행이나 경쟁질서에 반하는 방법이라고 인정하기 어렵다고 보아 포털사업자의 부정경쟁방지법 위반을 인정하지 않았다.

(3) 인격권으로서의 성명권 침해 주장에 관한 판단

법원은 "**성명과 초상 주체의 동의가 없다는 점만으로 공적 기표로서의 사용을 금지할 수는 없다.**" 그러므로 검색 이용자가 검색어로서 원고들의 성명을 사용하는 것, 그에 대응하여 피고들이 검색서비스를 제공하는 것 자체는 금지될 수 없다"고 판단하였다.

또한, 공적 인물의 초상, 성명은 일반인에 비하여 공적 기표로서의 사용범위가 더 넓다고 보아야 한다는 점을 전제로 하여, "성명권의 침해로 불법행위가 성립하는지는 구체적 사안에서의 사정을 종합적으로 고려한 **이익형량을 통하여 침해행위의 최종적인 위법성이 가려져야 하고,** 이러한 이익형량 과정에서, 첫째 침해행위의 영역에 속하는 고려요소로는 침해행위로 달성하려는 이익의 내용 및 그 중대성, 침해행위의 필요성과 효과성, 침해행위의 보충성과 긴급성, 침해방법의 상당성 등이 있고, 둘째 피해이익의 영역에 속하는 고려요소로는 피해법익의 내용과 중대성 및 침해행위로 인하여 피해자가 입는 피해의 정도, 피해이익의 보호가치 등이 있다"고 판시하였다.

그러면서, ① 검색이용자들이 연예인이 착용하였던 상품 정보를 알고자 인터넷 포털 사이트의 검색창에 연예인들의 성명과 상품명 등을 조합한 키워드를 입력하고, 광고주는 특정 상품을 지칭하기 위하여 그 성능이나 특징을 압축하는 표현으로 연예인의 성명과 상품명 등을 조합한 키워드를 사용하는 것이므로, 이는 연예인의 성명을 공적 기표로서 사용하는 것이고, 키워드 검색광고 서비스는 이에 대응하는 것인 점, ② 연예인은 자기의 성명이 널리 일반 대중에게 공개되기를 희망하거나 추구하는 측면이 있으므로, 검색어로 자주 사용된다고 하여 연예인의 사회적 평가와 명성 등을 저하시킨다고 볼 수 없는 점, ③ 키워드 검색광고에 성명이 사용된다고 하여 연예인에게 손해가 발생한다고 할 수 없는 점, ④ 연예인의 이름이나 예명이 포함된 키워드를 관리하거나 금지하는 것이 기술적으로 어려울 수 있는 점, ⑤ 연예인의 성명이 고객흡인력을 획득한 것은 연예인의 노력과 투자 외에 인터넷 검색 포털사이트 및 일반 대중이 부여한 인지도와 저명성에서 비롯된 것이므로 성명으로 인한 이득을 해당 연예인만이 독점하여야 한다고 할 수 없는 점, ⑥ 신문이나 방송 광고의 경우 광고주가 성명권을 침해하였다고 하여 신문이나 방송 등 광고매체가 그 대가를 받는 것을 금지하거나, 그로 인한 대가를 연예인에게 분배하여야 하는 것은 아니고, 광고매체로서 키워드 검색광고도 이와 동일하게 판단되어야 하는 점, ⑦ 포털사업자가 키워드 검색광고 서비스를 제공하는 방식은 사회적 공공재로서의 검색서비스와 검색서비스 제공자 이익의 적절한 비교형량이라고 할 수 있는 점 등을 근거로 하여 포털사업자의 공적 인물에 대한 성명권 침해를 인정하지 않았다.

> **Case 1-5** 연예인의 초상권은 얼마나 보호받을 수 있을까?
> 서울중앙지방법원 2014. 2. 5. 선고 2013가단39146 판결
> 서울중앙지방법원 2015. 5. 22. 선고 2014나12095 판결

1. 사실관계

성형외과 원장 X가 자신의 블로그에 'L 탄탄복근, 복근 성형으로 가능하다?'라는 제목으로 배우 L의 사진과 함께 성명불상자의 복근 성형 수술 전 후 사진을 게시했다. 성형외과 측은 위 게시물에 L의 성명과 사진을 게재하는 데 있어서 별도의 동의를 구하지 않았다. 이에 L 측은 자신의 동의나 허락 없이 사진과 이름을 사용했다며 퍼블리시티권, 인격권 등 침해를 주장하며 X를 상대로 2,000만원의 손해배상을 청구하였다.

2. 법원의 판단

제1심은 퍼블리시티권은 인정하지 않으면서도 성명, 초상을 영리목적으로 사용해 인격권을 침해했다며 원고 L에게 300만원을 배상하라고 판결했다.

그러나 항소심에서는 "연예인은 직업 특성상 자신의 성명과 초상이 대

중 앞에 공개되는 것을 포괄적으로 허락한 것이므로 인격적 이익의 보호 범위가 일반인보다 제한된다"며 L에게 패소 판결을 내렸다.

3. 해설

법원은 앞서 소개한 사건과 거의 유사한 논리로 동일하게 초상권 침해를 부정하였다. 즉, 블로그에 게시된 게시물은 모두 47건인데 그 중 게시물 1건에만 원고 L의 성명과 사진이 게재된 점, 블로그에 링크된 병원의 홈페이지에는 이 같은 게재가 없는 점, L의 사진은 의류광고 사진이고 뉴스 기사에 실렸던 사진인 점, 게시물 내용에 병원 이름이 게재되지 아니하여 L이 병원과 관련 있거나 복부성형 치료를 받은 것처럼 오인할만하지 아니한 점 등을 고려하여 L의 성명과 사진을 게재한 것이 L의 인격권을 영리적으로 사용하는 등 L의 인격권을 부당하게 침해한 경우에 해당한다고 인정하기 부족하다고 하였다.

이 사건에서 법원은 "연예인 등이 자기의 성명과 초상이 권한 없이 사용됨으로써 정신적 고통을 입었다는 이유로 손해배상을 청구하기 위해서는 그 사용이 방법, 태양, 목적 등에 비추어 그 연예인 등에 대한 평가, 명성, 인상을 훼손·저하시키는 경우이거나, 그 밖에 자신의 성명과 초상이 상품선전 등에 이용됨으로써 정신적 고통을 입었다고 인정될 만한 특별한 사정이 존재하여야 한다."고 판시하였다.

만약 이와 같은 법리가 확립된다면, 이 사건과 같이 실질적으로는 대표자가 운영하는 사업체 홍보를 목적으로 연예인의 사진을 이용한 것임에도, 해당 대표자 개인이 운영하는 블로그에 뉴스 기사에 삽입된 연예인의 타 업종 광고 촬영물을 게재하고, 자신의 사업체 홈페이지를 링크 형식으로 기재하는 방식을 사용하여 교묘하게 초상권 침해를 피해갈 수 있게 되므로 부당하다 할 것이다.

> Case 1-6 광고계약을 체결하였더라면 받을 수 있었던 금액 상당액을 손해액으로 인정받을 수 있을까?
> 서울중앙지방법원 2015. 2. 5. 선고 2013가단333299 판결
> 서울중앙지방법원 2015. 9. 11. 자 2015나18700 화해권고결정 확정

1. 사실관계

한 인터넷 쇼핑몰이 2011년 9월부터 2014년 2월까지 포털 사이트에 'SZ 모자'라는 단어를 검색하면 자사 쇼핑몰 홈페이지 주소가 상단에 뜨도록 하는 키워드검색광고를 진행하였으며, 2013년에는 쇼핑몰 홈페이지에 '매체 인터뷰', '공항 패션' 등 문구와 함께 SZ의 사진 3장을 게시했다.

2. 법원의 판단

가. 1심: 퍼블리시티권 부정, 인격권 침해로 인한 손해 부정 (인격권 침해로 인한 정신적 손해배상은 청구하지 않음)

법원은 자신의 성명, 초상 등을 상업적으로 이용하고 통제할 수 있는

권리는 성명권, 초상권에 당연히 포함되고, 별도로 퍼블리시티권이라는 개념을 인정할 필요가 없다고 판단하면서, 현재 인정되고 있는 성명권, 초상권만으로도 퍼블리시티권이 보호하고자 하는 유명인의 초상 및 성명에 권리의 보호가 가능하므로 퍼블리시티권을 인정할 필요가 있다고 보기도 어렵다고 판단하였다.

나아가, 법원은 초상권, 성명권이 침해되었다는 사정만으로 원고가 초상권, 성명권에 관한 정식 계약을 체결하였을 때 받을 수 있었던 대가 상당액 내지 피고가 침해행위로 얻은 이익 상당액의 손해를 입었다고 단정할 수 없다고 판단하였다.

나. 2심 : 일부 침해 인정

2심에서 법원은 원고의 주장을 일부 받아들여, 원고가 청구한 5,000만원 중 1,000만원만 지급하는 것을 내용으로 하는 화해권고 결정을 내린 것으로 알려졌다(서울중앙지방법원 2015. 9. 11. 자 2015나18700 화해권고결정).

3. 해설

이 사건에서는 화해권고결정으로 사건이 종결되어 1,000만원의 산정근거는 확인할 수 없으나, 초상권 침해로 재산상 손해를 입었다면, 원고의 주장과 같이 '정식 계약을 체결하였을 때 받을 수 있었던 대가 상당액'을 손해액으로 주장할 수는 있을 것으로 보인다.

참고로, 퍼블리시티권을 인정하지 않은 주류적인 입장이 확립되기 이전 하급심 판결이기는 하나, 서울지방법원은 유명 연예인의 승낙 없이 그의 얼굴을 형상화하여 일반인들이 쉽게 알아볼 수 있는 캐릭터를 제작한 후 이를 상업적으로 이용한 것은 재산적 가치가 있는 자신의 초상과 성명 등을 상업적으로 이용할 수 있는 권리인 유명 연예인의 퍼블리시티권을 침해한 것으로 불법행위에 해당한다고 판단한 바 있다. 그리고, 퍼블리시티권의 침해로 인한 **재산상 손해액은 피해자 본인의 승낙을 받아서 그의 성명이나 초상 등을 정당하게 사용할 경우에 지급하여야 할 대가금액을 기준**으로 삼아야 한다고 손해액 산정 기준을 제시한 바 있다(서울중앙지방법원 2005. 9. 27. 선고 2004가단235324 판결).

Case 2-1 드라마에서 착용한 귀걸이를 카피해서 팔면서, 연예인의 성명, 초상을 사용하면 연예인에 대한 '정신적' 손해배상 책임이 있다!
서울중앙지방법원 2014. 4. 16. 선고 2013가소5417936 판결
서울중앙지방법원 2014. 10. 28. 선고 2014나22948 판결
대법원 2015. 2. 26. 선고 2014다231828 판결

---

1. 사실관계

인터넷 쇼핑몰 운영자인 A는 인터넷 액세서리 쇼핑몰을 운영하면서 2013년 인기리에 방영된 SBS 드라마 'C'의 주연으로 출연한 S가 귀걸이를 착용한 장면을 파일화한 사진들 중 S의 눈을 제외한 나머지 얼굴 아랫부분 사진을 게시하고 유사한 디자인의 귀걸이를 판매했다. 이에 S

는 자신의 퍼블리시티권과 인격권이 침해됐다며 A를 상대로 소송을 제기하였다.

2. 법원의 판단

1심과 2심 재판부는 "성문법주의를 취하고 있는 우리나라에서 법률, 조약 등 실정법이나 확립된 관습법 등의 근거 없이 필요성이 있다는 사정만으로 물권과 유사한 독점·배타적 재산권인 퍼블리시티권을 인정하기는 어렵다"며 퍼블리시티권 침해는 인정하지 않았다.

한편, 법원은 S의 초상권(인격권) 침해는 인정하였다. 피고 A는 귀걸이 부착상태를 알 수 있도록 최소한의 얼굴 부위의 사진만 게재했을 뿐이므로 S의 초상권을 침해한 바 없다고 다투었으나, 법원은 초상권은 얼굴 뿐만 아니라 기타 사회통념상 특정인을 식별할 수 있는 신체적 특징에 관하여 함부로 영리적으로 이용당하지 않을 권리인데, C 드라마를 본 사람이라면 A가 사용한 사진만으로도 이를 S로 식별할 수 있었고, A도 이러한 점을 이용하여 판매하는 귀걸이 상품을 홍보하려는 의도로 이를 게재한 것이므로 초상권 침해에 해당한다고 판단했다. **이에 따라 법원은 피고 A에게 S의 허락을 받지 않고 S의 성명과 사진을 무단으로 사용해 S가 받은 '정신적 고통'에 대한 위자료로 100만원을 지급하라고 판시했다.**

이후 대법원은 원고 S의 상고를 기각하고, 원고 일부 승소 판결을 내렸던 원심을 확정하였다.

> Case 2-2 연예인 인형을 만들어 팔았어도 닮지 않으면 초상권 침해가 아니다.
> 서울중앙지방법원 2015. 2. 12. 선고 2013가단5106133 판결
> 서울중앙지방법원 2015. 9. 9. 선고 2015나16636 판결

1. 사실관계

가수 싸이의 '강남 스타일'이 큰 인기를 얻자 한 완구 제작 업체가 '강남 스타일' 노래에 맞춰 춤을 추는 봉제인형을 만들어 판매했다. 이에 대하여 싸이의 기획사인 YG엔터테인먼트는 위 인형이 싸이의 초상권 및 퍼블리시티권을 침해하였다고 주장하였다.

2. 법원의 판단

법원은 해당 봉제인형의 외형이 싸이와 비슷하지 않다는 전제 하에서, "초상권 침해를 인정하기 위해서는 해당 제품이 연예인의 캐릭터와 같거나 유사해야 한다"고 판단하여 초상권 등의 침해를 인정하지 않았다. 나아가, 기획사가 소속 연예인들로부터 인격권의 재산권적인 측면뿐만 아니라 침해로 인한 정신적 손해배상청구권까지 양도받았음을 인정하기 어렵다고 판시하였다.

3. 해설

이 사건에서 원고 기획사는, 해당 봉제인형이 외형상 싸이와 유사하지 않다고 하더라도 '강남 스타일' 음악에 따라 춤을 추도록 되어 있고, 그 춤추는 동작으로 인하여 싸이의 캐릭터가 연상되므로, 연상작용에 의하여 싸이의 초상권이 침해되었다는 취지로도 주장하였으나, 법원은 연상작용이 일어나는지 여부 및 그 정도는 개개인의 주관적, 개인적 취향에 따라 다르다는 이유로 연상작용을 이유로 한 초상권 침해를 인정할 수 없다고 판단하였다.

한편, 법원은, 드라마 〈임꺽정〉의 주인공으로 분장한 배우의 특징적인 부분을 인물화로 그려 신문광고를 낸 제약회사에 대해 드라마 주인공인 배우가 소송을 제기했던 사건에서는, "이 사건 인물화는 유명배우의 실제 모습과 다르고 수염 등 세부묘사도 완전히 동일한 것은 아니지만, 드라마 주인공으로 분장한 유명배우의 특징적 부분들이 대부분 표현되어 있다. 뿐만 아니라 드라마를 보았거나 유명배우를 알고 있는 사람이라면 누구나 이 사건 인물화를 보고 드라마의 임꺽정으로 분장한 유명배우의 모습을 떠올리기에 충분하다. 따라서 적어도 드라마가 방영되는 동안에는 이 사건 인물화는 유명배우의 초상과 동일시된다고 봄이 상당하다"고 판시한 바 있다(서울고등법원 1998. 10 .13. 선고 97나43323 판결).

결국, 연상작용은 주관적이고 개개인마다 다를 수 있으나, 위 '임꺽정' 사례의 법원의 태도에 비추어 보면, 인형이나 캐리커처 등을 통해 어떠한 인물이 곧바로 연상된다면 초상권 또는 퍼블리시티권 침해가 인정될 여지가 있음은 분명해 보인다.

> **Case 2-3** 닮은 꼴 연예인을 찾아주는 앱은 연예인의 초상권과 성명권을 침해한다.
> 서울중앙지방법원 2013. 10. 1. 선고 2013가합509239 판결
> 서울고등법원 2014. 4. 3. 선고 2013나2022827 판결

1. 사실관계

스마트폰 앱 개발 회사 A는 이용자들이 얼굴을 촬영하여 입력하면 닮은꼴 연예인을 찾아주는 앱을 개발하여 이용자들에게 무료로 배포하면서 인터넷에 공개된 연예인들의 사진과 성명을 무단으로 사용하였다.

2. 법원의 판단

가. 1심 : 퍼블리시티권 부정, 성명권 및 초상권 침해는 인정

1심 법원은 **퍼블리시티권의 성립요건, 양도·상속성, 보호대상과 존속기간, 침해가 있는 경우 구제수단 등을 구체적으로 규정하는 법률적인 근거가 있어야 비로소 퍼블리시티권을 인정할 수 있을 것**인데, 현재 우리나라 법 체계 하에서는 퍼블리시티권에 대한 근거가 없다고 판단하였다.

한편, 법원은 "성명, 초상 등은 상품의 판매 등을 촉진하는 고객흡인력을 가질 수가 있고, 이처럼 고객흡인력을 배타적으로 이용하는 권리는 성명, 초상 등 그 자체의 상업적 가치에 기초를 두고 있기 때문에 위에서 언급한 인격권으로부터 유래하는 권리의 한 내용을 구성하는 것"이라고 판단하면서, **"성명, 초상 등을 무단으로 사용하는 행위는 성명, 초상 등 그 자체를 독립하여 감상의 대상이 되는 상품 등으로서 사용하거나, 상품 등을 차별화를 할 목적으로 성명, 초상 등을 상품에 붙이거나, 성명, 초상 등을 상품의 광고에 사용하는 등 성명, 초상 등이 가지고 있는 고객흡인력을 이용할 목적으로 한다고 말할 수 있는 경우에 인격권을 침해하는 것으로서 불법행위법상 위법하다"**고 판시하였다.

나. 2심 : 앱 개발 회사(피고)의 항소 기각

항소심 법원은 "피고가 사용한 원고들의 사진이 비록 원고들의 허락 하에 이미 인터넷에 공개된 사진이라고 하더라도, **이는 연예인들이 자신에 대한 홍보에 필요한 한도 내에서 인터넷 이용자들에게 공개하여 이용하도록 한 것일 뿐**, 피고와 같이 **다른 기업이 영리 목적으로 사진을 함부로 사용하는 것은 원고들이 예상하거나 허락한 범위를 넘는 것**으로서 원고들의 자기 정보에 대한 통제권 및 초상과 성명이 영리적으로 이용당하지 않은 권리를 정면으로 침해하는 위법한 행위에 해당"한다고 판시하여, 피고 A의 항소를 기각하고 원고인 연예인들에게 위자료를 지급해야 한다고 판단하였다.

3. 해설

이 사건에서 앱 개발 회사는 연예인들의 초상과 성명을 이용하여 앱을 개발하여 이용자에게 제공함으로써 자신의 사업을 영위한 것이므로, 초상권 침해가 인정된 것은 타당한 결론이다. 특히 연예인들의 초상은 사용할 수 있는 범위가 넓다고 보고, 영리적 이용 등 부당하게 사용한 경우에 초상권 침해를 인정하고 있는 법원의 기존 태도에 비추어 보더라도 수긍이 가는 결론으로 보인다.

Case 3-1 광고계약이 종료된 이후에는 광고주가 연예인의 초상과 성명을 쓸 수 없다!
서울중앙지방법원 2017. 12. 1. 선고 2017가합543695 판결
서울고등법원 2018. 11. 8. 2018나2003098 판결

---

1. 사실관계

배우 K가 사용하는 "의리"라는 표현이 유행어가 되면서, K는 2014년 7월 A 식품과 1년짜리 광고계약을 맺었다. A식품은 K의 이미지와 함께 '의리'라는 표현을 활용해 '의리의리한 집에 안창살', '의리의리한 떡갈비' 등의 제품을 출시했다. 그러나 A식품은 계약 기간이 종료된 2015년 7월 이후에도 K가 등장하는 광고를 중단하지 않았다. 이에 K는 부당이익금

반환 소송을 제기했고, A식품도 "보증금 1억원 가운데 로열티를 제외한 금액을 돌려달라"는 소송을 냈다.

2. 법원의 판단

가. 1심 : 부정경쟁행위 부정, 부당이득 인정

1심 법원은 A식품은 정상적인 계약이 있었을 경우 얻을 수 있었던 이익을 지급하여야 하므로, 광고 계약 종료 시점부터 제품을 판매해 올린 수입 가운데 약 6억8천만원을 K에게 지급하라고 판단하였고, 반대로 K는 A식품에게 선지급금에서 러닝 로열티 5%를 공제한 약 6천만원을 지급하라고 판단하였다. 또한 초상권과 목소리를 광고에 사용한 회사에 대한 청구가 모두 인용되었다(자백간주).

나. 2심 : 성명, 초상을 상업적으로 이용할 권리로서의 성명권 및 초상권의 침해 인정

항소심 법원은 "성명 (예명 포함)과 초상(본인으로서 동일성이 인식될 수 있는 그림, 이미지, 캐릭터 포함) 등 대중에게 널리 알려진 유명인의 개성은 고객흡입력이 있어 독립한 경제적 가치를 가지므로, 이러한 초상권 및 성명권에 대한 부당한 침해는 불법행위를 구성한다. 유명 연예인의 경우 자신의 성명과 초상을 상업적으로 이용할 권리가 있고, 실제로 제3자와 성명권·초상권 이용에 관한 계약을 체결하여 그 대가를 취득하고 있다. 따라서 **제3자가 무단으로 연예인의 성명이나 초상을 상업적으로 이용했다면 그 연예인의 '성명·초상을 상업적으로 이용할 권리'로서의 성명권·초상**

권을 침해하였다고 할 것이고, 그렇다면 연예인의 성명권·초상권을 침해한 자는 그 침해로 인하여 연예인이 입은 재산상 손해에 대하여 배상할 책임이 있다."고 판시하였다.

3. 해설

이 판결은 법원이 퍼블리시티권이라는 표현을 사용하지도 않고, 퍼블리시티권을 명시적으로 부정하지도 않았으나, 유명 연예인에게 성명·초상을 상업적으로 이용할 권리가 있음을 인정하고, 재산상 손해배상을 인정한 것으로 평가받고 있다[51].

Case 3-2 **드라마 출연 계약이 있었더라도, 그 범위를 벗어나 배우 초상을 MD상품에 사용하면 초상권 침해다!**
서울중앙지방법원 2015. 9. 9. 자 2015카합50290 결정
서울중앙지방법원 2016. 7. 14. 선고 2015가합565035 판결
서울고등법원 2017. 6. 9. 선고 2016나2057657 판결

---

1. 사실관계

배우 L은 2012년 4월 S문화산업전문회사와 드라마 "S"에 대한 출연계약을 체결하였는데, 이 계약에는 배우의 초상권과 캐릭터 등을 활용하는 사업을 할 경우에는 별도의 합의를 거쳐야 한다는 내용을 담고 있었

---

[51] 인격적 표지를 상업적으로 이용할 권리, '퍼블리시티권'에 관한 비교법적 고찰, 김연수, 서울대학교 대학원 법학석사 학위논문, 2019. 8.

다. 그러나 S문화산업전문회사는 L과의 별도 논의 없이 L이 드라마에 등장하는 모습을 마스크팩 제품 포장에 인쇄하여 판매하였다.

2. 법원의 판단

◎ 가처분 사건 : 초상권 침해 인정

법원은, "사람은 누구나 자신의 얼굴 그 밖에 사회통념상 특정인임을 식별할 수 있는 신체적 특징에 관해 함부로 촬영 또는 그림으로 묘사되거나 공표되지 아니하고 영리적으로 이용당하지 않을 권리를 가진다"고 판단하며, 이어 **"(업체들이) 제품을 제조하거나 판매함에 있어 L의 동의 없이 초상을 사용하고 있고, 이는 L의 초상권을 침해하는 행위에 해당한다"**고 판단했다.

◎ 손해배상청구 사건

가. 1심 : 초상권 침해 인정

1심 법원은, 피고들[52]은 공동하여 원고 L에게 위자료 2,000만원을 배상하라고 판시하였다.

나. 2심 : 퍼블리시티권 부정, 초상권 침해 인정

항소심 법원은 피고 S 문화산업전문회사가 L 및 그 기획사와 초상권 사용에 관한 별도 합의를 했음을 알 수 있는 아무런 입증이 없으므로, L의 초상권을 상업적으로 이용할 수 있는 권한이 없다고 판단하였다.

---

52) S 문화산업전문회사, 마스크팩 제조 및 판매자

따라서, 법원은 "피고들이 무단으로 원고의 초상을 상업적으로 이용하였다면 피고들은 원고의 **'초상을 상업적으로 이용할 권리'로서의 초상권을 침해**하였다고 할 것이고, 그렇다면 피고들은 초상권 침해로 인하여 원고가 입은 **정신적 손해 뿐 아니라 재산상 손해에 대하여도 배상할 책임이 있다.**"고 하며, "S문화산업전문회사 등은 무단으로 L의 초상을 상업적으로 이용했고 이로 인한 정신적 손해와 재산상 손해를 배상할 책임이 있다"고 판시하였다.

법원은 정신적 손해는 1심과 마찬가지로 2,000만원을 인정하였고, 재산상 손해액에 대하여서는, 구체적인 손해의 액수를 입증하는 것이 사안의 성질상 곤란한 경우로서, 증거조사의 결과와 변론 전체의 취지에 의하여 밝혀진 당사자들 사이의 관계, 불법행위와 그로 인한 재산적 손해가 발생하게 된 경위, 손해의 성격, 손해가 발생한 이후의 제반 정황 등의 관련된 모든 간접사실을 종합하여 8,000만원으로 산정하였다(대법원 2005. 11. 24. 선고 2004다48508 판결 등 참조).

다만, 항소심 법원은 '재산권의 내용은 법률로 정한다는 헌법 제23조 제1문에 따라 물권과 채권은 민법에 의하여, 지식재산권은 저작권법·상표법·특허법·디자인보호법 등에 의하여 각 인정되는 반면 독립적 재산권으로서의 퍼블리시티권이라는 개념을 인정하는 법률은 존재하지 않는다. (중략) 우리나라 성문법과 관습법 어디에도 그 근거를 찾아볼 수 없다'면서 원고의 퍼블리시티권 침해 주장을 배척하였다.

> **Case 3-3** 전속 계약이 종료되면 그 가수의 예명 또는 그룹명으로 음반 발매가 불가능할 수 있다.
> 서울중앙지방법원 2008. 1. 18. 선고 2007가합10059 판결

1. 사실관계

여성 3인조 그룹 '가비엔제이(gavy nj)'로 활동 중인 가수들인 원고들은, '가비엔제이' 또는 '가비'는 일반적으로 원고들을 지칭하는 명칭으로 인식되어 '가비엔제이' 또는 '가비'라는 성명권 및 퍼블리시티권은 원고들에게 귀속되므로, 전속 계약 해지 후 피고 매니지먼트사가 새로운 멤버로 구성된 여성 3인조 그룹을 조직하여 '가비퀸즈'라는 명칭을 사용하여 음반을 출시한 행위는 원고들의 '가비엔제이' 및 '가비'라는 성명권 및 퍼블리시티권을 침해하는 것이라고 주장하였다. 그리고, 원고들은 손해배상금 약 9억5천만원을 지급할 것과 '가비', '가비엔제이' 등의 문자를 사용하여 가수로 활동하거나, 음반을 취입하지 말 것을 청구하였다.

2. 법원의 판단

법원은, **"연예인의 경우 예명 또는 그룹명은 실명 못지않게 중요하고 대중들에게 예명 또는 그룹명으로 인식되고 다른 연예인과 식별하는 기능**을 가지고 있으므로, **이러한 연예인의 예명 또는 그룹명 역시 성명권의 대상이 된다"**고 판단하였다. 그리고 타인으로부터 자신의 성명권 또는 퍼블리시티권이 침해될 우려가 있는 자는 그 타인을 상대로 침해 행위의 금지 또는 예

방을 청구할 수 있다 할 것이고, 부정경쟁방지법을 근거로 하는 경우에도 동일하다고 보았다.

이에 따라 법원은 가비엔제이(gavy nj)의 n은 원고 노OO의 '노'를 뜻하는 이니셜이고, j는 원고 정OO의 '정'과 원고 장OO의 '장'을 뜻하는 이니셜인 점에 관하여는 당사자 사이에 다툼이 없고, 원고들이 가비엔제이라는 그룹명을 사용하여 가수 활동을 시작한 점, '가비엔제이'의 명칭으로 원고들이 이미 2장의 앨범을 발표하였고, 2006년 1월경 공중파 음악 프로그램에 출연하면서 '가비엔제이'라는 그룹이 일반인에게 널리 알려지기 시작하였던 점, 2006년 12월경에는 원고들이 골든디스크 신인상을 수상하기도 한 점 등에 따라 '가비엔제이'라는 명칭은 원고들로 구성된 여성 3인조 그룹을 지칭하는 것으로 '가비엔제이'라는 성명권은 원고들에게 귀속된다고 할 것이고, 성명을 상업적으로 이용할 재산상 권리인 소위 퍼블리시티권 역시 원고들에게 귀속된다고 판단하였다.

다만, 법원은 **"성명권은 일반 상표권과 달리 그 전체로서 대상을 특정하는 기능이 있다고 할 것이고, 이를 분리하여 관찰한다거나 그 분리된 각 부분이 성명권 또는 퍼블리시티권의 보호 객체가 된다고는 보기 어렵다"** 고 하여 원고들의 성명권은 그룹명 전체인 '가비엔제이'가 그 객체가 된다 할 것이고, 그룹명의 일부분인 '가비'는 성명권 또는 퍼블리시티권의 보호객체에 해당하지 않는다고 판단하였다.

결국 법원은 원고들의 손해배상청구는 일부 인정하면서, 가비엔제이가 아닌 가비퀸즈라는 그룹명 사용에 대한 성명권 사용 금지 청구 부분은 기각하였다.

3. 해설

당시 체결된 전속계약에는 그룹명, 예명 등의 귀속에 관한 정함이 없었던 것으로 보인다. 그러나, 최근에는 대다수의 기획사가 문화체육관광부에 의해 제정된 표준전속계약서(2018. 11. 28. 제정 제2018-0047호 문화체육관광부 고시)를 활용해 전속계약을 체결하고 있다. 그런데, 표준전속계약서 제8조는 기획사가 가수의 본명, 예명, 애칭을 포함하여 가수의 동일성(identity)을 나타내는 일체의 것을 사용해 상표 및 디자인을 개발할 수 있고, 기획사의 이름으로 상표등록 또는 디자인등록을 할 수 있으며, 계약기간 종료 이후에는 소속 가수에게 이전할 것을 원칙으로 하되, 개발에 상당한 비용을 투자하는 등 특별한 기여를 한 경우에 가수에게 정당한 대가를 요구할 수 있도록 규정하고 있다. 따라서, 최근에는 대다수의 기획사가 아이돌 가수의 그룹명, 예명 등에 대해 상표 등록을 하고 있는 추세이며, 부속합의 등을 통해 상표권의 귀속을 별도로 정하기도 한다.

> **Case 3-4** H.O.T.의 재결합 콘서트를 둘러싼 상표권 분쟁
> 특허법원 2020. 6. 25. 선고 2019허5515, 2019히5515 판결
> 대법원 2020. 9. 24. 2020후11097 판결
> 서울중앙지방법원 2021. 5. 21. 선고 2018가합593277 판결
> 특허법원 2022. 12. 14. 선고 2021나1534 판결
> 대법원 2023. 5. 18. 선고 2023다207957 판결

1. 사실관계

H.O.T.는 2018년 10월 해체 17년만에 재결합 콘서트를 진행하였는데, 전 SM엔터테인먼트의 대표였던 K는 H.O.T.의 상표권자로 등록되어 있었고, 콘서트 개최일까지 K와 상표사용에 협의가 이루어지지 않았다. 이에, 콘서트에서는 H.O.T.를 사용하지 않고, H.O.T.의 본래 의미인 'High-five Of Teenagers'를 공식적으로 표기하였다. 그럼에도 K는 콘서트 종료 직후 그룹 H.O.T.의 2018년 재결합 콘서트를 주최한 S사 및 H.O.T. 멤버 J를 형사 고소하였고, 이들을 상대로 2018년 12월 26일 상표권침해금지 등 청구 소송을 제기하였다. 한편, S사는 2018년 12월 20일 K의 H.O.T. 상표에 대한 등록무효심판을 특허심판원에 청구하였으나 기각되었으며, 이에 불복해 2019년 7월 24일 특허법원에 심결의 취소를 구하는 청구를 하였다(J에 대한 소는 2020년 2월 14일 취하하였다). 한편, 서울중앙지방검찰청은 상표법 및 저작권법 위반 고소 건에 관하여 2019년 9월 24일 혐의없음 처분을 하였다.

2. 법원의 판단

◎ 특허법원: 등록무효사유 인정

특허법원은 K의 상표가 상표등록을 받을 수 없는 상표인지에 대하여, ① 어떤 출원상표가 '수요자를 기만할 염려가 있는 상표'에 해당한다고 하기 위하여는 선사용상표의 권리자는 출원인 이외의 타인이어야 하며, 선사용상표의 사용자 외에 사용허락계약 등을 통하여 선사용상표 사용자의 상표사용을 통제하거나 선사용상표를 사용하는 상품의 성질이나 품질을 관리하여 온 자가 따로 있는 경우에는 그를 선사용상표의 권리자로 보아야 하므로, 선사용상표의 권리자는 K가 아니라 전속계약의 상대방인 SM엔터테인먼트이며, 구 상표법 제7조 제1항 제11호 후단(현행 상표법 제34조 제1항 제12호 후단)에 해당한다고 판단하였다. ② 또한 저명한 선사용상표를 모방하여 선사용상표가 가지는 양질의 이미지나 고객흡입력에 편승하여 부당한 이익을 얻기 위한 목적으로 출원한 등록상표에 해당하므로, 구 상표법 제7조 제1항 제12호(현행 상표법 제34조 제1항 제13호)에도 해당한다고도 판시하며 등록무효사유의 존재를 인정하였다. K는 2020년 7월 16일 대법원에 상고하였으나, 2020년 9월 24일 상고이유서부제출로 기각되었다.

◎ 대법원: 상표권 및 저작권 침해금지청구 기각

서울중앙지방법원은 ① 상표권 침해여부에 관하여, 타인의 등록상표권을 침해하였다는 행위가 그 등록을 무효로 한다는 심결이 확정되기 이전에 이루어졌다고 하더라도 그 후 상표등록을 무효로 한다는 심결이 확정되었다면 침해되었다는 상표권은 처음부터 존재하지 아니하였던 것이 되므로, 그와 같은 행위를 상표법 소정의 상표권 침해행위에 해당한다고 볼 수 없다고 판시하였다. 그리고, ② 저작권 침해여부에 관하여서도, 원고 제출 증거만으로 원고가 저작물의 원본이나 그 복제물에 저작자로서의 실명 또는 이명으로서 널리 알려진 것이 일반적인 방법으로 표시된 자라고 볼 수 없어 K가 저작자로 추정되지 아니하므로 침해를 인정할 수 없다는 입장을 밝혔다. 항소심과 상고심 역시 1심의 판단을 따르며 상표권 침해금지청구를 기각하였다.

3. 해설

앞의 사례와 마찬가지로 1세대 아이돌인 H.O.T.와의 전속계약에도 상표권에 관한 합의가 없었던 것으로 보인다. 상표권이 양도할 수 있는 성질의 권리이기는 하나, H.O.T. 멤버들이나 SM엔터테인먼트가 아닌 개인이 상표등록을 해두었다는 점은 다소 의아한 일이 아닐 수 없다.

한편, 아이돌 그룹이 전속계약기간 종료 이후 다른 기획사로 함께 이적하여 활동을 계속하는 경우(에이핑크, 비스트, 브레이브걸스 등)라든지 해체한 그룹이 각자 기획사를 달리하여 활동하지만 완전체로 특별 공연을 진행하는 경우(2018년 10월 H.O.T. 재결합 콘서트, 2022년 4월 2NE1 미국 코첼라페스티벌 참가 등)에 상표권 분쟁이 지속되고 있다. 인큐베이팅 시스템을 통해 기획사가 아이돌 그룹을 육성하는 국내 연예 매니지먼트업계에서 기획사가 상표권을 가지게 되는 것은 비교적 자연스러운 것으로 보인다. 다만, 기획사가 아이돌 그룹명으로 상표 출원을 하더라도 해당 상표권의 가치를 높이는 일은 아티스트의 수많은 노력이 뒷받침되어야만 한다는 것을 부정할 수 없다. 이와 같은 점을 고려하여 전속계약 종료 이후 아티스트에 대한 상표권 양도 내지 이용허락이 좀 더 활발히 협의되기를 바라본다.

> **Case 3-5** 전속계약은 초상권·성명영리권을 양도하는 계약일까?
> 서울중앙지방법원 2006. 9. 29. 선고 2006가합27913 판결

1. 사실관계

방송인 피고 Y는 2003년 4월 24일 기획사인 원고와 전속 계약을 체결하고 그 무렵부터 'H'라는 예명으로 TV 오락프로그램 등에 출연하여 왔으며, 위 전속 계약은 2006년 4월 23일경 기간만료로 종료되었다. 전속계약 내용에 따르면 ① 원고 기획사는 Y의 저작권·초상권을 사용한 사업을 포함하여 음반, 방송, 영화, 광고 및 연예활동 전반에 관한 대리권 및 결정권을 행사하고, ② Y의 연예활동으로 인한 수익은 원고 기획사와 Y 사이에서 소정의 비율로 배분하며, ③ 그 계약 기간은 3년으로 정하였다.

이에 원고 기획사는 자신이 전속 계약을 통해 Y로부터 초상·성명영리권을 양수 받았음을 전제로 하여 Y의 사진 등을 화장품 제조사 등에 양

도하여 'H의 염색약', 'H 다이어트 곤약' 등이 출시되었다.

2. 법원의 판단

　법원은, 원고 기획사와 피고 Y 사이의 전속계약서의 기재에 의하면, ① 기획사는 Y의 저작권·초상권을 사용한 사업을 포함하여 음반, 방송, 영화, 광고 및 연예활동 전반에 관한 대리권 및 결정권을 행사하고, ② Y의 연예활동으로 인한 수익은 기획사와 Y 사이에서 소정의 비율로 배분하며, ③ 그 계약 기간은 3년으로 정한 사실을 인정할 수 있으나, 이는 그 문언 자체에 의하더라도 Y가 일정 기간 동안 자신의 연예활동 전반에 대한 대리권 내지 대행권을 기획사에게 부여하고, 대리 내지 대행 행위의 효과는 Y 자신에게 귀속시키되 그로 인한 수익은 분배한다는 내용의 합의로서, 이를 가지고 Y가 자신의 초상·성명영리권 자체를 기획사에게 양도하는 내용의 합의라고 보기는 어렵고, 달리 Y가 기획사에게 초상·성명영리권을 양도하였다거나 이를 기획사에게 귀속시키기로 약정하였다는 점을 인정할 증거가 없다고 판단하였다.

> **Case 3-6** 광고계약이 종료되면 초상권을 사용하면 안 된다!
> 서울중앙지방법원 2007. 11. 28. 선고 2007가합2393 판결

1. 사실관계

유명 스포츠선수 P와 스포츠용품을 제조·판매하는 J회사는 P에게 일정 기간 활동비를 지급하고 그 기간 동안 J회사가 수행하여 오던 배드민턴 사업에 관한 영업 활동을 위하여 P의 초상, 성명을 무상으로 사용할 수 있도록 하는 내용의 계약을 체결하였다. 그러나, J회사는 활동비지급 기간이 만료된 후에도 자사 인터넷 홈페이지에 P의 성명과 초상을 사용하여 광고를 하였다. 이에 P는 약 4천만원의 손해배상 및 광고제품을 모두 폐기하고 앞으로 초상과 성명을 사용하지 말 것을 청구하는 소를 제기하였다.

2. 법원의 판단

법원은 "P의 성명, 초상 등에 대하여 형성된 경제적 가치가 이미 광고업 등 관련 업계에서 널리 인정되고 있는 이상 이를 침해하는 행위는 P 본인에 대한 관계에서는 명백히 민법상의 불법행위를 구성한다고 볼 것이고, 이와 같이 보호되는 한도 내에서 P가 자신의 성명, 초상 등의 상업적 이용에 대하여 배타적으로 지배할 수 있는 권리를 퍼블리시티권으로 파악하기에 충분하다고 할 것이며, 이는 P의 인격으로부터 파생된 것이기

는 하나 P의 인격권과는 독립된 별개의 재산권으로 보아야 할 것이다"라고 판단하여 퍼블리시티권을 인정하였다.

그러면서, J사가 활동비지급 기간이 경과한 이후에도 인터넷 홈페이지 상에 저명한 선수였던 P의 성명과 초상을 사용하여 광고를 한 행위는 P의 성명권, 초상권, 퍼블리시티권 침해에 해당한다고 판단하여 J사의 P에 대한 손해배상책임을 인정하였다.

손해배상의 범위에 관하여 법원은 J사의 퍼블리시티권 침해 행위로 인하여 P가 입게 된 재산상 손해는 J사가 P의 승낙을 받아서 P의 성명, 초상을 사용할 경우에 P에게 지급하여야 할 대가 상당액이라고 보았다. 그러나, P의 성명권, 초상권은 일반인과는 달리 재산권인 퍼블리시티권으로 특별히 보호받으므로 타인의 불법행위로 그 초상권 등이 침해된 경우에는 특별한 사정이 없는 한 그 재산상 손해 외에 정신적 손해가 발생한다고 보기 어렵고, J사의 행위로 인하여 P의 평가·명성·인상 등이 훼손 또는 저하되어 P가 정신적 고통을 받았다고 볼 수 없으며, 설사 P에게 정신적 손해가 발생하였다고 하더라도 재산상 손해의 배상에 의하여 정신적 손해 역시 회복된다고 보아야 한다고 판단하여 P의 정신적 손해에 대한 위자료는 인정하지 않았다.

3. 해설

이 판결이 이루어진 2007년경만 하더라도, 퍼블리시티권을 인정한 판례들과 인정하지 아니한 판례들이 모두 존재했는데, 최근 판결들을 보면, 실정법상 퍼블리시티권을 인정하는 근거가 없다는 사유로 '퍼블리시티권' 그 자체의 존재는 부정하고 있는 추세로 보인다. 다만, 광고출연계약의 계약 기간이 종료된 경우에도 무단으로 연예인의 초상 및 성명을 사용한다면 여전히 초상권 및 성명권 침해가 인정될 것이다.

> **Case 3-7** 광고계약서에서 허락한 범위를 넘어서 초상을 사용하면 손해배상 책임이 있다.
> 서울중앙지방법원 2017. 9. 20. 선고 2016가합569676 판결

1. 사실관계

광고·화보 촬영, 쇼핑몰 홍보 등의 업무에 종사하는 모델인 A와 B는 웹디자인이나 광고 등에 사용되는 디지털 이미지의 이용서비스를 제공하는 C회사와 'C회사는 디지털 이미지 판매 시에 명예를 훼손하거나 음란한 방법으로 사용하지 못한다는 내용을 판매하는 홈페이지에서 고지한다' 및 '모델의 사진이 음란물에 사용되었을 경우 모델은 C회사에게 통지하고, C회사는 이러한 통지를 받을 경우 음란물에 모델의 사진을 사용한 소비자에 대하여 이를 사용하지 못하도록 거래계에서 합리적으로 요구되는 조치를 취한다'는 내용이 포함된 초상권사용허락계약을 체결하고 디지털 이미지에 사용될 사진을 촬영하였다.

C회사는 자신들이 운영하는 웹페이지에 A와 B의 사진을 업로드하면

서 해당 웹페이지에 아래와 같은 규정이 포함된 서비스 이용약관을 게시하였다.

> 제19조(콘텐츠 이용 시 제한사항)
> 1. 사이트에서 제공되는 콘텐츠는 대상을 꾸미기 위한 단순 '이미지컷'으로만 사용하여야 하고, 콘텐츠 상의 오브젝트를 특정 회사 등의 상품으로 오인시키거나 또는 콘텐츠 상의 인물이 특정 상품의 효용이나 품질을 체험, 보증하는 것처럼 사용하는 것을 금합니다(예 : 성형외과의 Before & After에 국내 모델 사진 사용).
> 8. 인물 콘텐츠는 사회의 미풍양속을 저해하는 용도로 사용할 수 없고(예를 들어, 성인오락실, 성인대화방, 전화방, 음란물, 성인 관련 사이트 및 인쇄물, 성인제품, 유흥업소 및 숙박업소, 고리 대금업, 운세상담, 사주풀이, DVD방, 기타 풍속업 등에서의 콘텐츠 사용은 금지됩니다), 비뇨기과/성형외과/산부인과, 다이어트 제품 광고 등에서 모델의 명예나 품위, 인격권을 훼손하는 용도로 사용하는 것을 금합니다. 또한 특정제품을 모델이 보증하는 형식의 과대광고 등에 사용하거나, 모델의 신체 및 얼굴 등과 제3자의 사진 또는 이미지를 합성하여 재가공하는 행위 등을 금합니다. 특히 병원과 병원을 주고객으로 하는 웹에이전시 등의 업체의 경우 국내모델의 초상권 사용에 특별한 주의를 요합니다. 초상권의 잘못된 사용은 초상권 침해로 간주되어 법적 분쟁의 대상이 될 수 있습니다. 다만, 성형외과, 산부인과,

> 비뇨기과 등에서 인물 콘텐츠를 사용하고자 할 경우에는 '의료뷰티'(띄어쓰기 없음)로 검색하여 나오는 검색결과의 콘텐츠를 사용하실 수 있습니다. 그러나 이와 같은 경우에도 Before & After에의 사용은 제외됩니다.
> 9. 회원은 외설적인, 중상모략적인, 음성적인, 타인을 비방하는 용도 또는 기타 어떠한 비합법적인 용도로 사이트에서 제공한 콘텐츠를 사용하거나 또는 다른 이가 사용하게 할 수 없습니다.

그러나, A와 B의 디지털 이미지는 성형외과의 광고사진 및 소개팅 어플리케이션의 메인 이미지로 사용되었고, 이에 A와 B 자신들의 디지털 이미지는 성형외과의 광고사진 또는 성인관련 사이트의 광고사진으로 사용할 수 없음에도 광고주들이 위와 같은 목적으로 자신들의 디지털 이미지를 사용하여 초상권을 침해하였다고 주장하면서 손해배상청구 소송을 제기하였다.

2. 법원의 판단

법원은 "타인의 얼굴 기타 사회통념상 특정인임을 식별할 수 있는 신체적 특징이 나타나는 사진을 촬영하거나 공표하고자 하는 사람은 피촬영자로부터 촬영에 관한 동의를 받고 사진을 촬영하여야 하고, 사진촬영에 관한 동의를 받았다 하더라도 사진촬영에 동의하게 된 동기 및 경위,

사진의 공표에 의하여 달성하려는 목적, 거래관행, 당사자의 지식, 경험 및 경제적 지위, 수수된 급부가 균형을 유지하고 있는지, 사진촬영 당시 당해 공표방법이 예견 가능하였는지 및 그러한 공표방법을 알았더라면 당사자가 사진촬영에 관한 동의 당시 다른 내용의 약정을 하였을 것이라고 예상되는지 등 여러 사정을 종합하여 볼 때 사진촬영에 관한 동의 당시에 피촬영자가 사회 일반의 상식과 거래의 통념상 허용하였다고 보이는 범위를 벗어나 이를 공표하고자 하는 경우에는 그에 관하여도 피촬영자의 동의를 받아야 한다. 그리고 이 경우 <u>**피촬영자로부터 사진촬영에 관한 동의를 받았다는 점이나 촬영된 사진의 공표가 사진촬영에 관한 동의 당시에 피촬영자가 허용한 범위 내의 것이라는 점에 관한 증명책임은 그 촬영자나 공표자에게 있다**</u>"고 판시하였다.

그러면서, C회사의 서비스 약관에 따르면 'Before & After' 형식의 광고가 아닐지라도 C회사가 운영하는 웹페이지 내의 인물 콘텐츠(디지털 이미지)를 성형외과 등에서 사용하고자 할 경우에는 위 웹페이지에서 별도로 '의료뷰티'를 검색하여 나오는 검색결과만을 사용하도록 제한되어 있고 A와 B의 디지털 이미지는 '의료뷰티' 검색결과에 포함되지 않으므로, A와 B의 디지털 이미지를 성형외과 홍보를 위해 사용한 것은 A와 B가 촬영 당시에 허용한 공표의 범위를 벗어난 것으로서, A와 B의 초상권 침해에 해당한다고 보았다. 다만, 소개팅 어플리케이션은 음란물이나 성인대화방, 성인관련 사이트 등에 해당한다고 단정할 수 없다고 보아 해당 어플리케이션의 메인 이미지로 A와 B의 디지털 이미지를 사용한 행위는 A와 B의 초상권 침해에 해당하지 않는다고 판단하였다.

Case 3-8 　스포츠 선수가 동의한 범위를 넘어서 초상을 사용하면 손해배상책임이 있다.

1. 사실관계

2020년 7월경, 유명 스포츠선수 A는 KT 및 KTF가 자사 방송 광고에 A가 월드컵에서 골을 성공시키는 모습과 골을 넣은 후 환호하는 모습이 담긴 장면을 자신의 허락 없이 무단으로 사용하여 초상권이 침해되었다며 KT 및 KTF를 상대로 초상사용금지가처분 신청과 함께 20억원의 손해배상청구 소송을 제기하였다.

이에 KT측은 A가 H 장학회 기금 조성에 따른 초상권 사용을 승인한다는 내용의 자필서명이 담긴 확인서를 공개하였으나, A 측은 H 장학회 기금 조성을 위한 초상권 사용 승인이었을 뿐 기업광고에 사용하라는 것은 아니었다고 반박했다.

2. 사건의 경과

KT와 KTF는 문제가 된 광고에서 A가 등장하는 장면을 삭제하고 앞으로 한국 축구 발전을 위해 관심과 노력을 아끼지 않기로 하여 A와 합의에 도달하였으며, A는 소를 취하하였다.

> **Case 4-1** 광고 모델이 물의를 일으키거나 나쁜 이미지를 공개하면 품위유지위반으로 인해 손해배상책임이 있다.
> 서울중앙지방법원 2005. 9. 23. 선고 2004가합93114 판결
> 서울고등법원 2006. 5. 2. 선고 2005나89300 판결
> 대법원 2009. 5. 28. 선고 2006다32354 판결
> 서울고등법원 2010. 2. 9. 선고 2009나47458 판결 (파기환송심)

1. 사실관계

주택건설업을 영위하는 S사는 아파트 분양광고를 위하여 유명 배우인 C와 '계약기간 중 위 C의 귀책사유로 사회적, 도덕적 명예를 훼손함으로써 S사의 제품 및 기업이미지를 훼손하여서는 아니 된다'라는 품위유지 약정을 포함한 광고모델계약을 체결하고 C에게 모델료 2억5천만원을 지급했다. 그러나, C가 2004년 8월경 당시 남편이었던 J에게 폭행당했다며 붓고 멍든 얼굴 사진과 파손된 집안 내부를 언론에 공개했고, 이에 S사는 C가 광고모델계약상 품위유지의무를 위반하였음을 이유로 광고모델계약 해지를 통보하고 C 및 C의 기획사에게 위자료 등 약 30억5천만원을 손해배상금으로 지급할 것을 청구하는 소송을 제기하였다.

2. 법원의 판단

가. 1심 : 품위유지의무 위반에 따른 손해배상책임 인정

1심 법원은 C가 붓고 멍든 얼굴 사진과 파손된 집안 내부를 언론에 공

개한 행위는 광고모델계약상 품위유지의무 위반에 해당한다고 보아 C와 기획사는 연대하여 모델료 2억5천만원을 S사에 반환해야 한다고 판단하였다.

나. 2심 : 품위유지의무 위반에 따른 손해배상책임 부정

2심 법원은 ① C가 남편의 폭행을 적극적으로 유발하였다는 증거가 없는 이상 C는 신체적 완력이 월등한 남편으로부터 일방적으로 폭행을 당한 것으로 볼 수 있고, 이러한 사정만으로는 C가 스스로 자신의 사회적, 도덕적 명예를 훼손하는 행위를 한 것으로 볼 수 없는 점, ② C가 폭행 내용을 언론에 공개하기 전부터 이미 대부분 언론사에 널리 알려져 기사화되어 있었고, 쌍방폭행이라는 남편의 주장을 반박, 해명할 목적이었으며, 인간으로서의 존엄을 유지하고 행복을 추구할 권리가 있으므로 C가 폭행 내용을 언론에 공개한 행위가 자신의 사회적, 도덕적 명예를 훼손하는 행위에 해당한다고 단정하기 어려운 점 등을 근거로 하여 C의 품위유지의무 위반에 따른 손해배상책임을 인정하지 않았다.

다. 대법원 : 품위유지의무 위반에 따른 손해배상책임 인정

대법원은 "광고주가 모델이나 유명 연예인, 운동선수 등과 사이에 광고모델계약을 체결하면서 출연하는 유명 연예인 등에게 일정한 수준의 명예를 유지할 의무를 부과하는 품위유지약정을 한 경우, 위와 같은 광고모델계약은 유명 연예인 등을 광고에 출연시킴으로써 유명 연예인 등이 일반인들에 대하여 가지는 신뢰성, 가치, 명성 등 긍정적인 이미지를 이용하여, 광고되는 제품에 대한 일반인들의 구매 욕구를 불러 일으키기

위한 목적으로 체결되는 것이므로, 위 광고에 출연하기로 한 모델은 위와 같이 **일정한 수준의 명예를 유지하기로 한 품위유지약정에 따라 계약기간 동안 광고에 적합한 자신의 긍정적인 이미지를 유지함으로써 그것으로부터 발생하는 구매 유인 효과 등 경제적 가치를 유지하여야 할 계약상 의무, 이른바 품위유지의무가 있고**, 이를 이행하지 않는 경우에는 광고모델계약에 관한 채무불이행으로 인한 손해배상채무를 면하지 못한다."고 판시하였다.

그러면서, C는 S사와 광고모델계약을 체결함에 있어 고액의 모델료를 지급받기로 하고 한편으로는 자신의 사회적, 도덕적 명예를 훼손하지 않기로 하는 내용의 품위유지약정을 하였으므로 일반인들로 하여금 S사가 분양하는 광고 대상 아파트에 대하여 호감을 느끼게 함으로써 구매를 유인하는 데에 적합한 **긍정적인 이미지를 지속적으로 유지하여야 하며, C에게 책임 없는 사유로 인하여 그 이미지가 손상될 수 있는 사정이 발생한 경우라 하더라도 적절한 대응을 통하여 그 이미지의 손상을 최대한 줄여야 하는 계약상의 의무를 부담한다**고 보았다. 그리고, 기자들에게 그 폭행 경위를 상세히 진술하고 자신의 멍들고 부은 얼굴과 충돌이 일어난 현장을 촬영하도록 허락하여 그 진술 내용과 사진이 언론을 통하여 일반인들에게 널리 공개되도록 한 것은 적절한 대응의 정도를 넘는 것으로서, 이로 인하여 C가 가지고 있던 아파트 광고에 적합한 적합한 긍정적인 이미지는 크게 손상되었고 그 이미지를 통하여 발생하는 구매 유인 효과라는 경제적 가치 역시 상당한 정도로 훼손되었다고 봄이 상당하다고 판단하여 C의 품위유지약정 위반에 따른 손해배상책임을 인정하였다.

라. 파기환송심 : 품위유지의무 위반에 따른 손해배상책임 인정

파기환송심도 대법원의 판단과 동일하게, C가 기자들에게 그 폭행 경위를 상세히 진술하고 자신의 멍들고 부은 얼굴과 충돌이 일어난 현장을 촬영하도록 허락하여 그 진술 내용과 사진이 언론을 통하여 일반인들에게 널리 공개되도록 한 것은 적절한 대응의 정도를 넘는 것으로서, 이로 인하여 C가 가지고 있던 아파트 광고에 적합한 긍정적인 이미지는 크게 손상되었고 그 이미지를 통하여 발생하는 구매 유인 효과라는 경제적 가치 역시 상당한 정도로 훼손되었다고 봄이 상당하다고 판단하여 C의 품위유지약정 위반에 따른 손해배상책임을 인정하였다.

3. 해설

이 사건에서 항소심 법원은 C가 폭행의 피해자였던 점과 폭행 사실이 이미 기사화되었던 점에 비추어 품위유지의무 위반이 아니라고 판단했으나, 1심 법원과 대법원, 파기환송심 법원은 C가 피해자라고 하더라도 피해 사진과 파손된 집안 내부를 공개한 행위 자체는 품위유지의무 위반에 해당한다고 판단한 것으로 보인다. 결국, 자의이든 타의이든 연예인은 대중에게 보여지는 이미지가 훼손되면 광고주로부터 위약벌을 청구 당하는 상황에 처하게 된다.

대법원과 파기환송심에서 C가 피해 얼굴 사진과 파손된 집안 사진을 공개한 것이 피해자로서 '적절한 대응의 정도를 넘는다'고 판단하였으나, 과연 당시 C가 어느 정도 수준의 언론 대응을 했어야 적정한 대응으로서

위약벌 지급 책임을 면할 수 있었던 것인지 의문이 남는다.

> **Case 4-2** 광고중인 모델이 사회적 물의를 일으키면 얼마를 배상해야 할까?

1. 사실관계

1992년 데뷔한 방송인 K는 건실한 짠돌이라는 특유의 캐릭터와 '스튜핏', '그뤠잇' 등 유행어로 데뷔 25년만에 첫 전성기를 누린 바 있다. 대형 기획사의 러브콜을 받아 25년만에 기획사가 생겼으며, 출연 중인 프로그램은 10편이 넘고 20여편에 달하는 광고도 찍은 것으로 알려졌다.

그러나, 2018년 4월 2일경 K가 미투 운동의 가해자로 지목되면서 K는 모든 프로그램에서 하차하겠다는 뜻을 밝혔고, K가 모델로 활동한 광고 대부분도 폐기되었다. 이에 따라서, K가 광고주로부터 손해배상청구 소송을 당하거나 거액의 위약금을 물어야 할 가능성도 제기되었다.

2. 사건의 경과

언론 보도에 따르면, K는 광고 위약금으로 인한 금전적 타격을 받지 않은 것으로 드러났다. K가 체결한 광고모델계약은 단발성 위주 계약으로서 미투 논란이 발생하였을 때 이미 계약이 끝난 광고도 있었으며, 위약금 약정상 '법정 구속일 경우'라는 단서가 규정되어 있어서 사회적 물의를 일으킨 것만으로는 위약금 지급 의무가 인정되기 어려운 면이 있고, 해당 논란은 10년 전 발생한 일이며 형사상 징역형을 선고받거나 광고주 상품 및 기업 이미지에 손상을 가하는 수준에는 이르지 않은 것으로 보인다는 것이 연예계 관계자의 설명이었다.

3. 해설

위 사안과 달리 일반적인 광고모델계약에 따라서 광고주가 연예인의 품위유지의무 위반으로 손해배상 소송까지 진행하게 된다면, 그 금액의 규모는 얼마나 될까? 품위유지의무 위반으로 인한 위약금에 대해서는 보통 모델료의 2배 내지 3배로 정하는 것이 추세이다. 광고주는 이러한 계약조항을 근거로 연예인과 계약을 해지하고 손해배상을 청구할 수 있다. 다만, 소송이 제기된 경우 법원이 직권으로 '연예인의 행위', '잔여계약기간' 등을 판단해 손해배상 예정액(약정 위약금)보다 감액된 금액으로 판결을 내리거나, 현저히 감액시켜 강제조정 결정을 내리는 경우가 많다.

한편, 대부분의 광고모델계약에는 품위유지조항이 있는데, 예전에는 마약, 성범죄, 간통, 사기 등 연예인들의 중대한 범죄사실들을 위주로 하여, 그러한 범죄를 저지르는 경우에는 계약을 해지하고 손해배상을 청구할 수 있도록 하였으나, 2010년대에 들어서는 도박, 음주운전, 병역기피 등이 추가되고, 최근에는 학폭(학교폭력), 학창시절 음주 등에 대한 조항까지 추가되는 등 품위유지의무를 위반하는 것이 어떤 것인지에 대한 정의가 더욱 구체화되고 있다.

> **Case 5-1** 유명 아이돌 그룹의 성명과 초상을 사용하여 잡지를 발간하면 '부정경쟁 행위'에 해당할 수 있다.
> 서울남부지방법원 2019. 5. 2. 2019카합20050 결정
> 서울고등법원 2019. 9. 18. 선고 2019라20535 결정
> 결정대법원 2020. 3. 26. 자 2019마6525 결정

1. 사실관계

A 잡지사가 그룹 BTS의 화보집과 포토카드가 들어간 부록 등(이하 '특별 부록')을 발행하자, BTS와 전속계약을 체결한 기획사 H(이하 '채권자')가 A 잡지사(이하 '채무자')를 상대로 도서출판금지 등 가처분신청을 하였다.

2. 법원의 판단

대법원은 "① 채권자가 BTS라는 그룹을 결성하기로 하고, 구성원을 선발하여 전속계약을 체결한 후, 훈련을 통해 구성원들의 능력을 향상시켰다. 채권자는 음악, 공연 등을 기획하고, 음원·영상 등의 콘텐츠를 제작·유통시키는 등 BTS의 활동에 상당한 투자와 노력을 하였다. ② 그 결과, BTS와 관련하여 쌓인 명성·신용·고객흡인력이 상당한 수준에 이르렀다. 이는 '상당한 투자나 노력으로 만들어진 성과 등'으로 평가할 수 있고, 누구나 자유롭게 이용할 수 있는 공공영역에 속한다고 볼 수 없으므로, 타인이 무단으로 위의 표지를 사용하면 채권자의 경제적 이익을 침

해하게 된다. ③ 연예인의 이름과 사진 등을 상품이나 광고 등에 사용하기 위해서는 연예인이나 그 기획사의 허락을 받거나 일정한 대가를 지급하는 것이 엔터테인먼트 산업분야의 상거래 관행인 점을 감안하면, 잡지사의 특별 부록 발행은 상거래 관행이나 공정한 거래질서에 반한다. 또한, ④ 특별 부록은 채권자가 발행하는 해당 화보집에 비해 상대적으로 가격이 낮고 수요자도 일부 중복되어 BTS 화보집의 수요를 대체할 가능성이 충분하므로 채권자와의 관계에서 경쟁관계를 인정할 수 있다."면서 채무자가 특별 부록을 제작·판매하는 행위는 공정한 상거래 관행이나 경쟁질서에 반하는 방법으로 자신의 영업을 위하여 채권자의 성과 등을 무단으로 사용하는 부정경쟁행위에 해당한다고 인정하였다. 따라서, 채권자의 신청과 같이 BTS 구성원 관련 부분을 삭제하지 않은 상태로 특별 부록을 제작, 판매하는 행위 등의 금지를 명한 원심 결정이 정당하다고 판시하였다.

3. 해설

부정경쟁방지법 제2조 제1호 카목은 "그 밖에 타인의 상당한 투자나 노력으로 만들어진 성과 등을 공정한 상거래 관행이나 경쟁 질서에 반하는 방법으로 자신의 영업을 위하여 무단으로 사용함으로써 타인의 경제적 이익을 침해하는 행위"라고 규정하고 있다. 그리고, 이 사건은 BTS의 명성, 신용, 고객흡인력을 기업의 '상당한 투자나 노력으로 만들어진 성과 등'으로 평가하여 성과 도용의 부정경쟁행위로 인정한 점에서 유의미하다. 그 동안 연예인의 예명, 초상 등의 침해는 퍼블리시티권, 초상권, 성명권 등에 기초해 법적 대응을 해왔는데, 부정경쟁행위로도 주장할 수 있는 것이다.

> **Case 5-2** 가수의 성명을 사용한 상품 판매는 '부정경쟁행위'에 해당할 수 있다.
> 서울중앙지방법원 2023. 7. 14. 선고 2021가합565807 판결

1. 사실 관계

주류 회사 A는 2020년 1월 가수 Y의 이름을 따와 'Y 막걸리'에 대한 상표출원을 한 뒤, 2020년 4월 Y와 모델출연계약을 체결하고, 2020년 5월 'Y 막걸리'를 출시하였다. 그러나, A는 특허청으로부터 '출원상표는 가수 Y의 이름과 동일하므로 상표등록을 받을 수 없다'는 취지의 등록거절 결정을 받았고, 이에 Y측과 출원상표 등록에 대한 승낙 여부, 상표의 사용료, 막걸리 판매로 인한 수익분배에 관한 협의를 시도해보았으나 결렬되었다. 2021년 5월 모델출연계약이 종료되었음에도 A가 'Y 막걸리'를 판매하자, Y는 A를 상대로 상품표지 사용금지 등 청구 소송을 제기하였다.

2. 법원의 판단

법원은 A가 국내에 널리 인식된 이 사건 표지인 Y의 예명을 사용하여 피고의 영업상 활동을 원고와 밀접한 관계가 있다고 혼동하게 하는 행위

를 한 바 이는 부정경쟁방지법 제2조 제1호 (나)목의 부정경쟁행위에 해당한다고 보고, 'Y'로 표시된 막걸리 제품을 생산·양도·대여·수입하거나 이를 막걸리 제품 포장·광고에 표시해서는 안 되며 이미 제조한 제품에서도 제거하라고 판시하였다.

한편, A는 Y의 가수로서의 방송·공연업과 A사의 탁주 제조·판매업 사이에 관련성이 없고 고객층이 중복되지도 않아 혼동가능성이 없다고 주장하였으나, 법원은 연예인들이 자신의 이름을 걸고 방송·연예활동 이외의 사업에도 다양하게 진출하는 경향을 보인다고 하며 일반 수요자나 거래자들이 '광의의 혼동을 할 가능성이 있다'고 하여 A의 주장을 받아들이지 않았다.

3. 해설

위 사건에서 법원은 "연예인의 이름과 사진 등을 상품이나 광고 등에 사용하기 위해서는 연예인이나 소속사로부터 허락을 받거나 일정한 대가를 지급하는 것이 엔터테인먼트 산업분야의 상거래 관행"이라는 점을 인정하였고, 모델계약 종료 후에도 A가 'Y 막걸리'를 계속 제조·판매한 것이 일반수요자에게 혼동가능성이 있는 행위라고 판단하였다는 점에서 유의미하다. 다만, A 회사가 항소하여 항소심 법원의 판단을 지켜보아야 할 것이다.

한편, A와 Y의 사례와 같이 연예인의 성명 등을 이용해 공동사업을 추진하는 경우에는 구체적으로 공동사업에 관한 합의를 문서화해두는 것이 바람직하다. 계약서에 지식재산권의 귀속, 권리의 이용 범위, 수익 분배 등을 사업 추진 전에 미리 규정한다면 추후 분쟁 발생 가능성을 낮출 수 있을 것이다.

> **Case 5-3** 유명 가수를 사칭하는 가짜, '이미테이션' 가수는 처벌될까?
> 서울중앙지법 2007. 12. 21. 선고 2007고합970 판결
> 서울고등법원 2008. 6. 19. 선고 2008노108 판결
> 대법원 2009. 1. 30. 선고 2008도5897 판결

1. 사실관계

한 이미테이션 가수가 수염을 기르고 모자와 선글라스를 착용하는 등 유명 가수 P와 유사하게 외모를 꾸미고, 나이트클럽 등에서 'PP'라는 예명으로 P의 히트곡들을 립싱크 방식으로 공연하였다. 해당 가수는 나이트클럽 공연 후 관객들에게 가수 P의 서명과 거의 동일한 모양으로 서명을 해주기도 하였으며, 관객 중 한 명은 생방송으로 라디오를 진행하고 있던 가수 P에게 "어~~ 나 지금 분당 나이트(클럽)에서 오빠 보구 왔는데 뭐야 뭐야~ 뭐가 진짠가요~~"라는 문자메시지를 보내기도 하는 등 이미테이션 가수의 공연을 본 관객들은 이미테이션 가수를 가수 P로 오인하기도 하였다. 이에 P는 이미테이션 가수를 형사 고소하였다.

2. 법원의 판단

가. 1심 : 성명 사칭 및 외모를 유사하게 꾸민 행위 모두 부정경쟁행위 인정

1심 법원은 이미테이션 가수가 P와 동일한 모습으로 자신의 외양을 꾸민 다음, P의 행동 등을 그대로 흉내 내며 공연하였고, 관객에게서 P의 서명과 똑같은 모양의 서명을 한 점 등에 대하여 가수 P의 영업 표지와 같거나 유사한 것을 사용하여 '부정경쟁행위'에 해당한다고 판단하였다.

나. 2심 : 외모를 유사하게 꾸민 행위에 대해서는 부정경쟁행위 부정

항소심 법원은 "단순히 모자와 선글라스 등으로 치장하고, 독특한 모양의 수염을 기르는 등의 **타인의 외양과 타인의 독특한 행동 그 자체는 어떤 사물을 표시하기 위한 기록을 의미하는 '표지'로는 보기 어렵고**, 단지 무형적이고 가변적인 인상 내지 이미지에 가까운 것이어서, **어떠한 사물을 다른 사물로부터 구별되게 하는 고정적인 징표로서의 기능은 적다**"고 판단하여, 이미테이션 가수가 P의 **외양을 유사하게 꾸민 행위는 부정경쟁행위에 해당하지 않는다**고 판시하였다.

그러나, 가수 P의 **성명을 사용한 행위**에 대해서는 1심과 동일하게 **부정경쟁행위에 해당**한다는 점을 유지하였다(유죄 확정).

다. 대법원 : 상고기각

한편, 검사는 외양을 유사하게 꾸민 행위가 부정경쟁방지행위에 해당하지 않는다는 2심 법원의 일부 판단에 대해서 불복하여 상고하였다.

대법원은 '외양과 행동'을 부정경쟁의 영업표지로 보게 되면, 어떠한 사람이 특징적인 외양을 독점적으로 사용하는 것을 용인하는 결과가 될 뿐이며, 많은 노력 및 투자를 통해 일반인에 알려진 성과를 보호하여 무임승차자를 막고자 하는 부정경쟁방지법의 입법취지와는 거리가 있다고 하여 검사의 상고를 기각하였다.

3. 해설

이 사안에서 법원은 이미테이션 가수가 연예인의 성명을 사용한 것은 부정경쟁행위에 해당하나, 연예인의 외모를 유사하게 꾸며 영업한 행위만으로는 부정경쟁행위가 인정되지 아니한다고 판단하였다.

한편, 사안과 달리 연예인을 사칭하는 경우에는 처벌할 수 있을까? 최근에도 유명 배우를 사칭하여 SNS계정을 개설하고 사람들에게 DM(다이렉트 메시지)으로 금전 요구를 하여 유명 배우 측에서 법적 대응을 하겠다고 공표한 사례가 있었다. 유명 배우 D의 기획사 E는 "배우 D와 기획사 직원을 사칭한 SNS 계정을 개설하고 DM(다이렉트 메시지)을 보내는 사례에 대한 제보가 이어지고 있다. 어떠한 경우에도 배우 D와 기획사 E는 특정인에게 금전적인 제안이나 개인정보를 요구하지 않는다"고 강조했다. 그러나, 단순히 연예인을 사칭하거나 명의를 도용한 사람을 형사 처벌하는 규정은 존재하지 않는다. 만약 연예인을 사칭한 SNS 계정을 이용해 다른 사람을 기망하고 금전적 이득을 취했다면, 연예인을 사칭한 사람을 사기죄로 처벌할 수는 있을 것이다.

> **SW's comment (이것만은 알아두자)**
>
> ◎ 퍼블리시티권과 초상권의 차이는 무엇인가?
> ⋯▸ **초상권**이 단순히 자신의 얼굴 기타 사회통념상 특정인임을 식별할 수 있는 신체적 특징에 관하여 함부로 촬영 또는 묘사되거나 공표되지 않으며 영리적으로 이용당하지 않을 권리라면, **퍼블리시티권**은 초상, 성명 등 그 사람 자체를 가리키는 것(identity)을 상업적으로 이용하여 경제적 이익을 창출할 수 있는 권리를 의미한다. 즉, 초상권이 인격권 보호에 중점을 둔다면, 퍼블리시티권은 재산권적 특성이 강하다고 볼 수 있다.
> ⋯▸ 그러나 초상권과 달리 퍼블리시티권은 이를 뒷받침하는 법률이 존재하지 않으며, 아직 대법원에서도 퍼블리시티권을 인정한 판례가 존재하지 않는다. 하급심에서는 퍼블리시티권의 개념 및 그 침해를 인정하거나 부정한 사례들이 혼재하고 있는 상황이고, 최근 하급심 판례 중에서는 '퍼블리시티권'이란 단어를 사용하지는 않았으나, 유명 연예인에게 '성명과 초상을 상업적으로 이용할 권리'가 있음을 인정하기도 하였다.
> ⋯▸ 이처럼, 연예인의 성명, 초상(사진이나 그림 등)을 비롯하여 그 연예인을 표상하는 어떠한 이미지에 대해서는 초상권을 비롯하여 퍼블리시티권에 따른 보호를 주장할 수 있다.
> ⋯▸ 2021년 1월 국회에 발의된 저작권법 전부개정안에서는 퍼블리

시티권을 '초상등재산권'이라고 명명하여 도입하였고(저작권법 개정안 제2조 제22호), 2022년 12월 26일 입법예고된 민법 일부개정안에서도 퍼블리시티권을 '인격표지영리권'으로 규정하여 도입하였다(민법 개정안 제3조의3 제1항). 한편, 2022년 6월 8일부터 시행중인 부정경쟁방지법은 부정경쟁행위 유형(제2조 제1호)에 '타'목을 신설하여 "국내에 널리 인식되고 경제적 가치를 가지는 타인의 성명, 초상, 음성, 서명 등 그 타인을 식별할 수 있는 표지를 공정한 상거래 관행이나 경쟁질서에 반하는 방법으로 자신의 영업을 위하여 무단으로 사용함으로써 타인의 경제적 이익을 침해하는 행위"를 규정하고 있는데, 현재 대한민국은 퍼블리시티권의 법률적 근거를 마련하는 과도기에 있다고 볼 수 있다.

◎ 연예인이 성명, 초상, 이미지 등을 무단 도용 당한 경우 그의 대응방안은?

⋯▶ 연예인의 성명, 초상, 이미지 등은 원칙적으로 이용허락을 받고 사용해야 함에도 불구하고, 무단으로 도용하는 사례들이 빈번하게 발생하고 있다. 이에 대해서는 연예인이 직접 당사자로서 초상권이나 성명권, 그리고 퍼블리시티권 침해를 주장하며 그 침해에 따른 ① 재산적 손해배상, 그리고 ② 정신적 손해배상을 청구할 수 있다.

⋯▶ 한편, 연예인의 초상 등을 무단 도용함으로써 연예인 개인 혹은 기획사의 경제 활동을 위축시키는 경우에는 초상권이나 퍼블리시티권에 대한 침해 주장 외에도 부정경쟁행위를 주장해 볼

수 있다.
…▸ 부정경쟁방지법을 근거로 하여 유명 연예인의 영업표지를 도용함으로써 소비자들에게 혼동을 주는 것, 그리고 유명 연예인의 노력과 투자를 그대로 도용하는 행위에 대해 '부정경쟁행위'임을 주장하여 그와 같은 행위의 금지를 청구함은 물론, 손해배상 역시 청구할 수 있을 것이다.

◎ 광고 계약 범위를 벗어난 초상, 성명 사용이 위법한 행위인가?
…▸ 사회로부터 정당한 관심의 대상이 되는 '공적 인물'은 일반인에 비하여 초상, 성명의 공적 기표로서의 사용범위가 더 넓게 인정되므로 초상권, 성명권 등 인격권 및 퍼블리시티권 침해는 일반인에 비하여 엄격한 기준에 따라 인정된다. 따라서, 영리적 목적이 있는 경우라도 공적 인물의 활동에 대한 소개, 보도, 논평, 예술작품 등을 위하여 필요한 범위 내에서 공적 인물의 초상, 성명을 사용하는 행위는 초상권, 성명권을 침해하는 위법한 행위로 인정되기 어렵다.
…▸ 다만, 권리자의 허락 없이 초상, 성명을 공적 기표의 범위를 넘어서 영리적으로 사용하는 경우에는 초상권, 성명권 등 인격권 및 퍼블리시티권 침해에 해당할 수 있으므로, 광고 계약이 종료된 이후 또는 광고 계약에 따른 이용 허락 범위를 벗어나서 공적 인물의 동의 없이 초상, 성명을 광고 등 상업적으로 이용한 경우에는 초상권, 성명권 등 인격권 및 퍼블리시티권 침해에 해당할 수 있다. 이 경우, 권리자는 인격권 및 퍼블리시티권 침해에 대하여 민사상 손해배상청구 또는 성명, 초상에 대한 사용금지청구 등

⋯ 으로 대응할 수 있다.

⋯ 또한, 공적 인물의 성명, 초상 등을 상품이나 광고 등 상업적으로 사용하기 위해서는 권리자의 허락을 받거나 일정한 대가를 지급하여야 한다. 공적 기표로서의 사용범위를 넘어서 공적 인물의 초상, 성명이 가지는 고객흡인력에 기대어 매출을 올리는 것을 주된 목적으로 공적 인물의 성명, 초상을 무단으로 사용하거나 부적절하게 이용한 경우라면 부정경쟁행위 해당 여부가 문제될 수 있다. 이 경우, 권리자는 자신의 동의 없이 무단으로 초상, 성명을 사용한 자를 상대로 법원에 그 행위의 금지 또는 예방을 청구할 수 있고, 손해배상을 청구할 수 있다.

◎ 광고 계약에서 품위유지의무 위반으로 인한 채무불이행책임이 성립할 수 있는가?

⋯ 공적 인물이 품위유지약정을 포함한 광고모델계약을 체결하였다면 계약 기간 동안 광고에 적합한 자신의 긍정적인 이미지를 유지함으로써 그로부터 발생하는 구매 유인 효과 등 경제적 가치를 유지하여야 할 계약상 의무를 부담한다. 따라서, 고의나 과실로 품위유지의무를 위반한 경우 채무불이행으로 인한 손해배상책임을 부담할 수 있고, 만약 광고모델계약상 계약 위반에 따른 손해배상액의 예정으로서 위약금 약정이 포함되어 있다면 해당 규정에 따라 손해를 배상해야 할 수 있다. 또한, 광고모델계약상 손해배상과는 별도로 약정을 위반한 것에 대한 패널티를 부과하는 내용의 위약벌 약정이 포함되어 있는 경우 광고주에게 손해배상과는 별도로 위약벌까지 지급해야 할 수 있다.

연예인 위인전

가 ▶ 뜨거운 감자 (Hot Issue)

 2015년 6월경, 유명 개그맨이자 MC인 유재석에 대한 어린이용 평전이 출간되었다. 해당 평전을 출간하는 출판사는 김연아, 박지성, 류현진 등의 평전을 시리즈로 출판해 왔으며, 유재석을 평전 제작 대상으로 삼은 이유로 "철저한 자기관리와 선행 등 모범적인 삶과 자신의 분야에서 거둔 성공 등"을 들었다. 그런데 이 책은 유재석의 일생을 다루는 내용인데도 본인의 허락을 받지 않았다.

 한편, '페이커' 이상혁의 이야기가 담긴 도서가 본인과 소속팀 T1 동의 없이 출간되기도 했다. 많은 팬들이 초상권이나 저작권 침해 문제를 지적했는데, 출판사 측은 페이커 사진이 단 1장도 포함되지 않고 모두 손으로 그린 그림이기 때문에 판권이나 초상권 등과는 아무런 상관이 없다고 밝혀 팬들의 공분을 사기도 했다.

나 관련 사례

> **Case 1-1** 본인의 허락을 받지 않고 유명인의 평전을 출판해도 될까?
> 서울동부지방법원 1998. 1. 15. 자 97카합3478 결정
> 서울고등법원 1998. 9. 29. 자 98라35 결정

1. 사실 관계

메이저리그에서 활약한 야구선수인 P 선수가 국내에서 큰 인기를 끌면서, 1997년 여름 P 선수의 성장과정과 미국 생활, 메이저리그에 대한 소개, 야구에 대한 해설 등이 담긴 책이 출간되었다. 책의 앞뒤 표지에는 P 선수의 모습이 큼직하게 인쇄되었고, 책 속에도 투구하는 모습 등을 찍은 사진들이 여럿 게재되어 있었다. 또한 특별부록으로 포스터 형식의 브로마이드도 들어 있었다. 문제는 이러한 사진과 이름을 쓰면서 정작 P 선수 본인에게 허락을 받지 않았다는 데 있었다.

2. 법원의 판단

◐ 서적 자체에 대한 초상권, 성명권 및 퍼블리시티권 침해 부정, 브로마이드에 대한 초상권 및 퍼블리시티권 침해 가능성 인정

법원은 "무릇 공적 관심의 대상이 되는 저명한 인물 즉 공적인물(公的人物)에 대한 서술, 평가는 자유스러워야 하고, 그것은 헌법이 보장하고

있는 언론, 출판 및 표현의 자유의 내용이기도 하다. 다만 그것은 타인의 명예나 권리를 침해하여서는 아니된다는 제한을 받는다."면서, "공적인물의 생애에 관한 서술과 그에 관한 평가를 담는 서적인 평전에서는 그 저작물의 성질상 대상자의 성명을 사용하고 대상자의 사진(보도용으로 촬영된 사진을 이용하는 것도 포함한다)을 게재할 수 있을 뿐만 아니라 대상자의 생애에서의 주요사건이 다루어지고, 그에 대한 저자의 의견이 더하여 지는 것이 당연하다 할 것이며, 그러한 **평전의 저술은 그 대상자의 명예나 권리를 침해하지 않는 한 허용되어야 하고**, 그 대상자가 되는 **공적인물은 이를 수인하여야 할 것**"이라고 판시하였다.

특히 이 사건에서 법원은, 신청인인 P 선수는 미국 메이저리그에서 활약하는 야구선수로서 국내외에서 많은 인기를 얻게 되어 공적인물에 해당한다는 점을 인정한 후, 이 책은 야구선수로서 성장한 과정이나 활약상 등을 서술하고 있기는 하지만 전체적으로 보면 '평전'의 성격을 띠고 있다고 보았다.

나아가 법원은, "이 책에는 P 선수의 성명, 사진이 그대로 실려있기는 하나 이는 공적인물이 수인하여야 할 정도를 넘어선 것이 아니고, 퍼블리시티권을 침해할 정도라고 보기 어려워서 초상권, 성명권 및 퍼블리시티권이 침해되었다고 보기 어렵다"는 취지로 판시하였다. 그러면서도 법원은 P 선수의 대형사진인 '브로마이드'는 이 책의 필요불가결한 부분이 아니라, 책과 분리되어 별책 부록으로 제작된 것으로 그 자체만으로도 상업적으로 이용될 염려가 있으며, 이 경우 신청인인 P 선수의 초상권 또는 퍼블리시티권이 침해될 가능성이 남아 있다고 판단하였다.

◐ 명예훼손 부정

법원은 "이 책의 저자는 신청인과 직접 대화를 하거나 대화내용을 들은 바가 없음에도 따옴표를 사용하는 등 마치 자신이 신청인으로부터 직접 이야기를 들었거나 신청인과 인터뷰한 것처럼 신청인과 관련된 내용을 기술하고 있는 부분이 상당수 있다"면서, "이 책의 저술·출판의 동기, 그 집필자료와 사진 등의 수집경위, 이 책의 전체적 내용에서 나타나는 신청인에 대한 호의적 평가 등에 비추어 볼 때, 책의 내용이 사실과 거리가 멀다거나 피신청인인 저자가 진실확인을 의도적으로 묵살하였다거나 신청인에 대한 명예가 훼손되었다고 볼 수는 없다"고 판시하였다. 오히려 법원은 "신청인은 이 책에서 매우 긍정적으로 묘사되어 이 사건 서적을 읽는 독자들로 하여금 신청인이 훌륭한 야구선수라는 생각을 불러일으킴으로써 신청인의 명예가 더 높아졌다 할 것이다"라고 판시하기도 하였다.

3. 해설

본 사안에서 법원은 공적 인물에 대한 평전이 초상권, 성명권, 퍼블리시티권을 침해하는지, 외부적 명예를 침해하는지 여부를 판단하는 기준을 제시하였다.

법원은 '평전'으로 발행된 도서는 유명인의 성명이나 초상을 어느 정도 사용하더라도, 유명인은 그에 대해 '수인(受忍)의무'가 있다고 보았다.

'수인의무'란 법적 권리 간 갈등이 발생한 관계에서 어느 일방의 권리가 다소 침해되었다고 하더라도 그러한 상태를 '참아야 할' 의무를 말한다. 그러나, 수인의무가 있다고 하여도 일방적인 권리 침해를 모두 참아내야 하는 것은 아니다. 법원은 '수인한도'의 판단 기준을 함께 설시하였는데, 수인한도란 쉽게 말해 '어느 정도까지 참아야 하는지'를 고려하여야 한다는 것이다.

위 결정은 '언론, 출판 등 표현의 자유'와 '유명인의 초상권, 성명권, 퍼블리시티권'이 대립될 때, (i) '평전'의 성질상 내용에 유명인의 성명, 보도 사진, 생애의 주요사건이 포함되고 여기에 저자의 의견이 더해지는 것에 대해서는 일반적 수인의무가 있다고 인정하면서도, (ii) 성명, 초상이 사용된 정도와 분량과 사용 경위를 고려하여야 하고, 유명인의 명예나 권리를 침해하는 경우 수인한도를 벗어나는 것이라고 판시하는 한편, (iii) 초상 등을 그 자체로 독립적·영리적으로 이용하는 것은 퍼블리시티권 침해에 해당할 수 있다는 기준을 제시하였다는 점에서 의의가 있다.

만약 유명인의 초상, 성명, 퍼블리시티권 등을 침해하는 평전이 출간된 경우, 실무적으로는 (i) 유명인의 수인한도를 넘거나 명예훼손적 표현이 포함된 경우 인격권침해금지청구권을 이유(피보전권리)로, (ii) 독립적 이용이 가능하거나 영리적 목적이 존재하는 경우 부정경쟁방지법 제2조 제1호 타목[53] 부정경쟁행위 금지청구권을 이유(피보전권리)로, 평전의 발

---

[53] 부정경쟁방지법 제2조 제1호 타목이 정하는 '국내에 널리 인식되고 경제적 가치를 가지는 성명, 초상, 음성, 서명 등 그 타인을 식별할 수 있는 표지'를 일반적으로 '퍼블리시티권'으로 해석하고 있으며, 현행법상 퍼블리시티권 침해에 대해 금지청구(동법 제4조) 및 손해배상청구(동법 제5조)를 할 수 있다.

행, 배포 등을 중단할 것을 요청하는 가처분을 신청하는 대응방안을 고려해 볼 수 있을 것이다.

> ### SW's comment (이것만은 알아두자)
>
> ◎ 누군가 위인전을 낸다고 하면 무조건 수인해야 할까? : X
> ⋯▸ 일반적으로 '위인전'은 살아있는 사람에 대하여 출판되기는 어려운 성질의 것인 데도 살아있는 사람에 대해 위인전을 출간하였다면, 인물의 명성에 기대어 영리적 목적을 달성하고자 하는 경우가 많을 것이다. 따라서 연예인과 기획사는 **출판금지가처분 등을 신청하여 적극 다투어볼 필요가 있다.**
> ⋯▸ 특히 초상 등을 불필요하게 사용하여 고객흡인력을 대체할 정도로 수요가 창출되는지 여부를 검토하여 부정경쟁방지법 위반을 주장할 수 있을 것이다. 한편, 위 P 선수 평전 사건의 결정 이후 이미 20년이 흘렀고 그 사이 부정경쟁방지법 제2조 제1호 카목(현 부정경쟁방지법 파목)이 신설되는 등 변화가 있었다. 최근에는 '지면의 절반 이상을 연예인 사진으로 채운 화보집에 대해 부정경쟁행위에 해당한다'는 판결이 나오는 등 연예인의 성명·초상을 보호해야 한다는 인식이 높아지고 있다.
> ⋯▸ 한편, 위인전에 연예인의 그림만을 실은 경우라 할지라도, 타인이 창작한 원본 위에 새 종이를 대고 선을 그대로 따라 그리는 '트레이싱 기법'을 이용한 경우라면 법적 책임을 물을 수 있다. 다른 사람의 저작물을 트레이싱 한 경우 저작권 침해가 되는 것은 물론이고, 인물의 초상이 담긴 사진을 트레이싱 하여 해당 인물

의 인격적 권리를 훼손하거나 상업적 목적으로 활용한다면 초상권 침해를 이유로 그에 따른 손해배상 책임이 발생할 수도 있다.

저작권의 제문제

가 ▶ 뜨거운 감자 (Hot Issue)

최근 1인 미디어 시장의 발달을 비롯하여 방송계에서 각종 경연 프로그램이 활발해짐에 따라, 아티스트가 기존 곡을 리메이크하거나 공동으로 가창을 하고, 일반인들이 이른바 '커버 곡' 형태로 기존 곡을 자신들만의 개성에 맞춰 가창한 영상을 유튜브 등에 업로드 하는 경우가 상당히 많아졌다. 그리고 최근 안무가들이 출연한 방송 콘텐츠의 인기에 힘입어 안무 관련 콘텐츠들 역시 온라인상에서 큰 인기를 끌고 있다.

한편, 음악 콘텐츠의 경우 이를 둘러싼 다양한 권리자들이 있는 만큼, 이를 리메이크하는 경우 다양한 이해관계가 발생할 수 있으며, 콜라보 작업과 같은 공동 창작 작업에서도 여러 형태의 권리 관계 이슈가 발생할 수 있다. 그리고 이러한 쟁점들 중 저작권과 관련한 이슈들은 단순히 콘텐츠의 창작 과정에서만 문제되는 것이 아니라 완성된 콘텐츠의 유통 및 소비 과정에서도 다양한 분쟁을 야기할 수 있다. 그러한 만큼 콘텐츠의 창작 및 이용 등 과정에서 발생할 수 있는 저작권 관련 쟁점들을 살펴보기로 한다.

나 기본 법리

- **저작권 개요**

'저작권'이란 저작권법에 의하여 저작물을 창작한 저작자에게 부여하는 배타적인 권리를 말한다. 저작권은 저작재산권과 저작인격권으로 분류할 수 있는데, '저작재산권'에는 복제권, 공연권, 방송권, 전송권, 전시권, 배포권, 2차적저작물작성권이 있으며, '저작인격권'에는 공표권, 성명표시권 및 동일성유지권이 있다. 허락없이 타인의 저작물을 이용하는 경우에는 저작재산권이나 저작인격권의 침해에 해당하여 민형사상 책임을 부담할 수 있다.

- **저작재산권**

저작자 혹은 저작자로부터 권리를 양수한 저작권자가 저작물에 대해 갖는 재산적인 권리로서, 상속·양도가 가능하다. 이처럼 저작물을 창작한 저작자는 타인에게 자신의 저작물을 이용하도록 허락하거나 권리를 양도하여 그 대가를 받는 경우가 일반적이다. 저작권법은 저작재산권으로서 복제권, 배포권, 전시권, 공연권, 공중송신권, 대여권, 2차적저작물작성권을 규정하고 있다(저작권법 제16조~제22조).

- **저작인격권**

저작자가 자신의 저작물에 대해 갖는 정신적·인격적 이익을 법률로써 보호받을 수 있는 권리로서, 저작자의 일신(一身)에 전속(專屬)한다(저작권법 제14조). 즉, 저작인격권은 다른 사람에게 양도되거나 상속되지 않고, 저작자에게만 인정되는 권리이다. 저작인격권은 공표권, 성명표시권, 동일성유지권으로 구성된다(저작권법 제11조~제13조).

- 저작인접권

저작자가 창작한 저작물의 내용을 일반공중에게 전달하는 역할을 하는 실연·음반·방송에 대해서 원저작물에 준하는 일종의 정신적 가치를 인정·보호하기 위해 그 행위자인 실연자·음반제작자·방송사업자에게 주어지는 권리를 말한다(저작권법 제3장). 이러한 저작인접권은 저작권과의 관계에 있어서 별개의 독립한 권리이므로 저작권을 행사함에 있어서 저작인접권으로 인한 방해를 받지 않는다(저작권법 제65조).

- 저작권법의 보호대상이 되는 저작물의 요건

'저작물'은 인간의 사상 또는 감정을 표현한 창작물을 말하고, '창작물'이란 창작성이 있는 저작물을 말하는데, 여기서 '창작성'이란 완전한 의미의 독창성을 요구하는 것은 아니라고 하더라도 적어도 어떠한 작품이 단순히 남의 것을 모방한 것이어서는 안 되고 작자 자신의 독자적인 사상이나 감정의 표현을 담고 있어야 할 것이므로, 누가 하더라도 같거나 비슷할 수밖에 없는 표현, 즉 저작물 작성자의 창조적 개성이 드러나지 않는 표현을 담고 있는 것은 창작물이라고 할 수 없다.

- **리메이크**

  기존 음악의 제목과 전체적인 곡의 흐름을 그대로 유지하면서도 곡의 리듬이나 음정, 박자 등을 바꾸어서 새로운 느낌의 곡을 만들어내는 것을 '리메이크'라고 한다. 법원은 "리메이크란 원저작물을 재구성하는 것"이라고 본다(서울중앙지방법원 2010. 4. 9. 선고 2009가합66124 판결). 원저작자의 허락 없이 리메이크를 하는 경우 저작재산권 가운데 복제권과 2차적저작물작성권을, 그리고 저작인격권 중 동일성유지권을 침해하게 될 가능성이 있다.

- **공동저작물인 콜라보 작품의 경우**

  여러 제작자가 콜라보레이션 작업을 진행하여 만들어진 작품의 경우 공동저작물에 해당할 가능성이 있다. '공동저작물'이란 2명 이상이 공동으로 창작한 저작물로서 각자의 이바지한 부분을 분리하여 이용할 수 없는 것을 말한다(저작권법 제2조 제21호). 공동저작물에서, 저작인격권은 저작자 전원의 합의에 의하여(저작권법 제15조), 저작재산권은 각 공동 저작재산권자 전원의 합의에 의하여(저작권법 제48조 제1항) 행사가 가능하다. 또한, 공동저작물에 대한 이익은 공동저작자(재산권자) 사이에 각자의 이바지한 정도가 명확하지 않을 경우에는 균등한 것으로 추정된다(같은 조 제2항).

- **저작물의 공동저작자가 되기 위한 요건 및 '공동창작의 의사'의 의미**

  저작권법 제2조는 제1호에서 '저작물'이란 인간의 사상 또는 감정을 표현한 창작물을, 제2호에서 '저작자'란 저작물을 창작한 자를, 제21호에서 '공동저작물'이란 2인 이상이 공동으로 창작한 저작물로서 각자의 이바지한 부분을 분리하여 이용할 수 없는 것을 말한다고 각 규정하고 있다. 위 각 규정의 내용을 종합하여 보면, 2인 이상이 공동창작의 의사를 가지고 창작적인 표현형식 자체에 공동의 기여를 함으로써 각자의 이바지한 부분을 분리하여 이용할 수 없는 단일한 저작물을 창작한 경우 이들은 그 저작물의 공동저작자가 된다. 여기서 '공동창작의 의사'는 법적으로 공동저작자가 되려는 의사를 뜻하는 것이 아니라, **공동의 창작행위에 의하여 각자의 이바지한 부분을 분리하여 이용할 수 없는 단일한 저작물을 만들어 내려는 의사**를 뜻하는 것이라고 보아야 한다.

- 공동저작자 일방이 다른 공동저작자의 허락을 받지 않고 저작물을 이용하더라도 형사처벌을 받는 것은 아니다(대법원 2014. 12. 11. 선고 2012도16066 판결).

저작권법 제48조 제1항 전문은 "공동저작물의 저작재산권은 그 저작재산권자 전원의 합의에 의하지 아니하고는 이를 행사할 수 없으며 다른 저작재산권자의 동의가 없으면 그 지분을 양도하거나 질권의 목적으로 할 수 없다"고 정하고 있는데, 위 규정은 어디까지나 공동저작자들 사이에서 각자의 이바지한 부분을 분리하여 이용할 수 없는 단일한 공동저작물에 관한 저작재산권을 '행사'하는 방법을 정하고 있을 뿐이다. 따라서 공동저작자가 다른 공동저작자와의 합의 없이 공동저작물을 이용한다고 하더라도 그것은 공동저작자들 사이에서 위 규정이 정하고 있는 공동저작물에 관한 **저작재산권의 행사방법을 위반한 행위가 되는 것에 그칠 뿐**, 다른 공동저작자의 공동저작물에 관한 저작재산권을 '침해'하는 행위까지

된다고 볼 수는 없다. 따라서, 저작권법위반으로 인한 형사처벌을 받지는 않으나, 여전히 민사적인 책임은 질 수 있다.

다 ▶ 관련 사례

> **Case 1-1** 안무가의 허락을 받지 않고, 아이돌의 춤을 따라 춘 영상을 올린다면?
> 서울중앙지방법원 2011. 11. 8. 선고 2011가합23960 판결
> 서울고등법원 2012. 10. 24. 선고 2011나104668 판결

1. 사실관계

대중음악용 안무를 전문적으로 제작하는 안무가인 원고는 2010년 12월 10일 주식회사 H와 아이돌 그룹의 안무제작 용역계약을 체결하고, 이에 따라 안무를 창작하였다.

한편, 댄스 강사인 피고는 피고의 수강생들 앞에서 이 사건 안무를 재현한 다음 수강생들이 이를 따라 하도록 하여 이 사건 안무를 댄스 강습에 이용하였다. 나아가 피고는 안무 모습을 촬영, 녹화하였고 그 결과물을 회사 홈페이지 등에 게재하였는데 이 과정에서 이 사건 안무의 저작권자가 원고임을 밝히거나 표시하지 않았다.

이에 저작권자인 원고는 저작권 침해를 주장하며 자신의 안무가 사용된 영상, 홍보물의 폐기 및 안무 강습의 중단 요청과 함께 손해배상을

청구하였다.

2. 법원의 판단 : 공연권, 복제권, 전송권, 성명표시권 침해 인정

법원은 피고로 하여금 원고의 안무가 포함된 사진과 동영상을 폐기하고, 원고에게 484만원을 지급하라고 판단하였다. 법원은 원고가 창작한 'S' 안무는 귀엽게 어깨를 들썩들썩 거리는 동작, 가슴에 손을 모으고 두근두근하는 동작 등 가사와 멤버에게 적합한 몸짓을 조합해 안무가의 사상 또는 감정을 표현한 창작물로 저작권법상 보호가 된다고 보았으며, 안무에 대중에게 널리 알려진 스윙댄스의 기본적 스텝이 부분적으로 포함되어 있다고 하더라도 그것이 이 사건 안무의 창작성을 부정하는 근거로는 되지 않는다고 보았고, 그 결과 허락 없이 안무를 사용한 것에 대해서 저작재산권 침해를 인정하였다.

또한, 피고가 댄스 강습을 하거나 홈페이지와 게시판에 이 사건 안무 강습 사진과 동영상을 게시할 당시 이 사건 안무의 저작권자가 원고임을 표시하지 아니하여 원고의 저작자로서의 성명표시권도 침해하였음을 인정하였다.

3. 해설

저작권법 제4조 제1항 제3호에서는 **'무용저작물'**을 저작물의 한 예로 들고 있다. 그리고 안무에 대한 입법해석론이나 관련 판례에 따르면, '무용저작물'은 '동작의 형(形)' 또는 '일련의 신체적 동작과 몸짓을 창조적으로 조합 및 배열한 것'을 의미한다. 이 사건에서도 안무가 저작권법상 보호대상인지 여부가 쟁점이 되었고, 창작성이 인정되었다.

한편, 일본의 경우 사교 댄스의 스텝, 신체적 움직임 자체는 저작물성이 없고, 여러 사람이 동시에 페어를 이루어 추는 포메이션 댄스는 아이디어에 불과하여 저작권이 없다고 보았다. 미국의 경우 아이디어를 표현하여 매체에 고정한 유형물만을 보호대상으로 보고 있는데, 이에 따라 미국에서는 무형물인 안무는 곧바로 보호되지 않고 무보(舞譜) 또는 동영상 등으로 기록하여야 보호받을 수 있다.

이른바 '파파라치 사진'에도 저작권이 인정될까?

- 연예인들을 몰래 촬영하는, 이른바 '파파라치 사진'에도 저작권이 인정되는지 여부와 관련하여, 법원은 "이 사건 각 사진은 연예인 남녀, 유명 남자 운동선수와 여자 아나운서가 공개적이지 않은 장소에서 사적인 만남을 가지고 있다는 사실을 전달하기 위한 목적으로 촬영된 점, 피고가 이 사건 각 사진을 촬영하면서 사용된다고 주장하는 사진 기술은 특정 남녀가 사적인 만남을 가지고 있다는 사실을 전달하기 위해 촬영 대상이 되는 사람이 누구인지와 그들이 어떠한 행동을 하고 있는지가 잘 식별되도록 함을 목적으로 하여 활용되는 것으로 보이는 점, 이 사건 각 사진을 촬영하는 상황의 특성상 촬영 대상이 특정한 연예인

> 으로서 비대체적이고 촬영자가 촬영 시간을 자유롭게 정할 수 없으며 연예인들이 촬영되지 않도록 드러나려고 하지 않기 때문에 촬영자가 사실 전달의 목적 달성을 넘어서서 자신의 개성을 표현하기 위해 구도를 설정하거나 빛의 방향과 양, 카메라 각도를 조절하는 등의 작업을 할 여지가 없어 보이는 점을 알 수 있다. 사정이 이러하다면 이 사건 각 사진은 **저작권법에 의하여 보호할 만한 원고의 창작적 노력 내지 개성을 인정하기 어렵다 할 것이므로 저작권법에서 보호받는 저작물이라 할 수 없다**"고 판단하여, 저작권으로 보호될 수 없다는 입장을 밝혔다.

> **Case 2-1** 노래를 따라 부르는 짧은 UCC 동영상, 저작권 침해 아니다!
> 서울남부지방법원 2010. 2. 18. 선고 2009가합18800 판결
> 서울고등법원 2010. 10. 13. 선고 2010나35260 판결

1. 사실 관계

당시 UCC(User Created Contents) 제작자는 5살짜리 딸이 의자에 앉아 가수 S의 노래 'M'을 부르며 춤추는 것을 촬영한 59초짜리 동영상을 블로그에 업로드했고, 한국음악저작권협회(이하 '음저협'이라 한다)는 해당 동영상이 신탁관리 저작물의 저작권을 침해한다고 하며 블로그 서버를 제공하는 포털사이트에 해당 동영상의 복제 및 전송의 중단 조치를

청구하였다. 이에 대해 UCC제작자는 음저협이 공표된 저작물의 정당한 자유이용권을 침해했다는 이유로 손해배상을 청구하였다.

2. 법원의 판단

법원은, "해당 동영상은 저작권법 제28조(공표된 저작물의 인용)에 의거하여 'M'의 저작권을 침해하지 않으며, 그럼에도 불구하고 이 동영상의 삭제를 요청한 음저협은 저작권법 제103조 제6항에 따라 부당한 권리행사에 대한 손해배상책임을 진다"고 판시하였다. 이에 따라 UCC 제작자는 음저협으로부터 20만원의 위자료를 받게 되었다.

3. 해설

이 사건은 가수의 노래를 따라 부르는 대중들의 일상을 내용으로 하는 비상업용 영상을 제작하는 것이 저작권법 위반에 해당하지 않는다고 본 판례이다. 이 사건은 아버지가 5세의 어린 딸을 영리목적 없이 촬영하여 게재한 것으로, 음원 사용 없이 어린아이가 1분 남짓 원곡의 음정, 박자 등과 무관하게 후렴구를 부른 것에 불과하여 저작권법 위반이 인정되지 않았던 것으로 보인다. 이 사건처럼 곡의 일부가 아니라, 전곡을 가창하거나 음원을 이용하여 동영상을 제작해 유튜브에 올리는 경우에는 저작권침해에 해당할 수도 있으므로, 유의하여야 할 것이다.

> **Case 3-1** 리메이크를 할 때에는 원작자의 허락이 필요하다.

1. 사실관계

가수 C는 2007년경 발표한 3집에 일본 가수 'Q'의 'S'를 리메이크하며 원작자의 의견을 최대한 수용해야 했다. C는 이 곡을 부르기 위해 6개월간 이메일을 보냈지만 'Q' 측의 대답을 얻지 못하다가 마지막이란 생각에 가사를 맘대로 바꿔 부르겠다고 최후통첩을 했다. 이에 퍼블리싱 회사는 "그동안 많은 가수가 리메이크를 제안해 왔지만 모두 거절했다"며 "노래에 작곡가의 인생이 담겨있는 만큼 개사가 아닌 단순 번역으로만 불러야 한다"는 조건으로 허락을 한 바 있다. 이하에서는 리메이크 시 원작자의 허락이 필요한지, 원작자의 허락을 받는 방법 등을 살펴보기로 한다.

2. 해설

❶ 길거리 공연을 하는 것도 리메이크에 해당하여 원저작자 허락이 필요할까?

저작권법은 창작자의 권리 보호뿐 아니라, 창작자와 이용자 양자의 이익의 균형을 꾀하는 데에도 목적이 있다. 따라서 길거리 공연(버스킹)은 저작권법상 비영리 공연(저작권법 제29조 제1항)으로 인정되는 경우 저작자의 허락 없이도 공연이 가능하다. 즉, 공연자들이 타인의 음악을 이용하여 공연함에 있어 영리를 목적으로 하지 않고, 거리 공연을 즐기는 사람들에게 비용을 받지 않으며, 그 어떠한 보수나 후원 등도 받지 않으면 된다. 반면에 비영리공연의 범위를 넘는 버스킹 공연이라면 저작권자의 허락을 받아야 한다. 한편, 버스킹 공연을 보는 관객들이 해당 공연을 개인 휴대기기에 녹화하는 것만으로는 저작권법 위반에 해당한다고 보기 어려우나, 이것을 SNS에 게시하는 경우 저작권법상 공정이용(저작권법 제35조의5)의 범위를 넘는다면, 그 영상에 녹음된 음악(작사, 작곡)에 대한 저작권 및 저작인접권자의 재산적 권리(복제권, 공중송신권)를 침해하는 결과로 이어질 수 있다.

◑ 원작자를 도저히 찾을 수 없는 경우, 리메이크하면 표절이 되는 것인가?

리메이크는 원곡을 재해석하여 재창조한다는 점에서 단순히 원곡과 동일 유사하게 표현하는 표절과 구분된다. 한편, 단순히 외국가요를 한글가사로 번역하여 부르는 것(이른바 '번안곡')은 리메이크라고 하기 어렵다. 리메이크는 원곡을 이용해야 하고 또 원곡을 변형하게 되므로, 원곡의 저작권자의 복제권과 2차적저작물작성권(또는 동일성유지권)을 침해하게 된다. 따라서 리메이크를 하는 경우에는 반드시 원곡 저작권자로부터 리메이크에 대한 동의를 받아야 한다.

원작자를 찾을 수 없는 경우에는 원작자를 찾기 위한 상당한 노력을 한 후에, 문화체육관광부장관의 승인을 얻어 보상금을 공탁하고 원작품을 이용하는 '법정허락제도'를 이용하여 리메이크를 할 수 있다.

◑ 리메이크가 이루어지는 방식

저작권자에게 직접 동의를 받지 않고서도 특정 곡에 대한 리메이크는 가능한 것일까? 제작자로부터 모든 저작권을 신탁재산으로 위탁 받아 관리하고 있는 음저협은 리메이크를 원작을 개작하는 경우와 개작하지 않는 두 가지의 경우로 구분한다. 가사를 바꾸거나 편곡을 달리하는 등 원곡에 변형을 가한 리메이크 신청을 할 경우 음저협이 저작권자에게 동의 여부를 묻고 리메이크 가능 여부를 결정한다. 하지만 원곡에 변형을 가하지 않을 경우에는 음저협이 저작권자의 의사를 묻지 않고서도 리메이크를 허용할 수 있다. 결국 원곡 그대로 리메이크 될 경우 원곡의 저작권자로서는 앨범이 나오고 나서야 자신의 곡이 리메이크된 사실을 알 수 있다는 얘기다.

◐ 해외의 경우에는?

국내와 달리 해외에서는 특정한 음반 유통 회사가 리메이크에 대한 중개자 역할을 맡고 있다. 소니, 유니버셜, 워너채플, 후지퍼시픽, EMI 같은 퍼블리싱 회사(일종의 음악출판사)가 작곡가들을 연예인처럼 매니지먼트하며 사용자의 의사와 저작자의 의견을 중간에서 조정한다. 이런 회사들은 방송이나 기타 음원 사용처를 모니터링 해서 음원 사용 비용을 청구하고, 저작권자에게 일정 금액을 지급한다.

일본의 경우 우리나라 음저협의 역할을 하는 자스락(Jasrac)이 있지만 리메이크에 대한 요청이 오면 각 작곡가가 소속된 퍼블리싱 회사에 연결해 직접 허가를 받게 하고 있다.

◐ 저작권 귀속

어떤 곡이 리메이크 될 경우 원곡의 저작권자는 어떤 경제적 이익을 얻게 될까. 원칙적으로는 노래가 리메이크된 뒤 그 음원으로 인하여 발생하는 음원 저작권료를 배분 받는다. 쉽게 말해 원곡의 저작권자는 방송, 라디오에서 노래가 불러지거나 노래방 기기, MP3, 휴대폰 벨소리를 통해 발생한 이익의 일정 부분을 저작권료로 받게 된다. 이와 별도로 특정 가수가 리메이크를 하기 전 저작권자에게 리메이크의 허락에 대한 대가를 금전으로 지급하기도 하는데, 정해진 것은 아니지만 업계 통상 200만~300만원 정도를 지급하는 경우가 많다고 한다.

국내에도 서태지 컴퍼니, YG퍼블리싱 같은 퍼블리싱 회사가 존재한다. 서태지는 지난 2001년 패러디 가수 이재수가 '컴백홈'을 무단으로 리메이크하자 이듬해 음저협을 탈퇴한 바 있고, YG엔터테인먼트 역시 소속 가수들의 음원에 관한 저작권을 YG퍼블리싱을 통해서 자체적으로 관리하고 있다.

라 ▶ 참고 자료

◐ 유튜브의 Content ID 시스템

 음악 MR을 사용하는 것이나 노래를 그대로 따라 부르는 것은 복제권 침해에 해당할 수 있고, 편곡은 저작권법상 대표적인 2차적저작물 작성 행위이기 때문에 2차적저작물작성권 침해에 해당할 수 있다. 더 나아가 이러한 영상을 유튜브에 업로드하는 행위는 전송권 침해에 해당할 수 있다.

 유튜브는 2008년부터 Content ID 시스템을 도입하여 저작권자로부터 제공받은 원본 콘텐츠로 구성된 데이터베이스로 사용자가 업로드하는 동영상이 저작권자의 영상과 일치하는지 자동으로 대조하여 검증한다. 이에 따라 저작권 침해 소지가 있는 콘텐츠의 경우 유료화가 보류되어 광고 등의 수익을 창출할 수 없도록 하고 있다.

◐ 커버 가수와 원저작자 간 수익배분 방식

 유튜브 크리에이터가 음악을 리메이크하는 경우, 리메이크하는 기존 음악의 원저작자가 수익을 공유할 수 있도록 사전에 설정해 두었다면 크리에이터는 2차적 저작물의 수익을 공유할 수 있다. 이용자가 기존 음악을 편곡하면 2차적 저작물이 되어서 기존 저작권자와 수익공유가 가능한 경우도 있다. 다만 이러한 경우는 "리메이크 곡을 연주하는 경우 수익을 공유할 수 있음"으로 표시된 음악의 경우에 가능한 것이다.

그러나 원저작자가 수익공유 금지를 설정했으면 이마저도 불가능하며, 저작권 침해 시 영상의 광고수익이 원저작자에 귀속되게 된다. 또한 원저작자가 유튜브 업로드를 아예 금지해 놓은 음악의 경우에는 수익창출이 불가능할 뿐만 아니라 음소거 되거나, 동영상이 차단될 수 있다. 나아가 저작권 침해 경고 3회인 경우에는 채널 자체가 삭제될 수도 있기 때문에 해당 크리에이터에게 치명적일 수 있다.

참고로, YouTube 파트너 프로그램(YPP)에 참여하는 크리에이터는 YouTube에서 요건을 충족하는 리메이크 곡 동영상의 수익을 음반 제작자와 공유할 수 있다. 이러한 동영상의 수익은 비율로 환산하여 지급된다[54].

SW's comment (이것만은 알아두자)

◎ 위탁계약시 저작권의 귀속

⋯▸ 저작자는 원칙적으로 저작물을 창작한 자가 되지만, 예외적으로 저작권법상 업무상저작물의 요건이 충족되는 경우에는 법인 등이 저작자가 된다. 위탁계약에 의해 작성된 결과물이 업무상저작물로 인정되어 그 제작을 의뢰한 쪽이 저작자가 될 수 있는 지의 여부는 업무상저작물의 성립요건 중 '법인 등 업무에 종사하

---

54) 유튜브 파트너 프로그램(YPP)이란, 유튜브 운영사인 구글의 설명에 따르면 '크리에이터에게 YouTube 리소스와 수익 창출 기능을 더 폭넓게 사용할 수 있는 기회를 제공'하는 프로그램이다. 유효 시청시간이 4,000시간을 넘고, 구독자수가 1,000명을 초과하는, 유튜버가 YPP 약관에 동의하고 파트너십 가입을 신청하면, 유튜브 측에서 심사를 거쳐 파트너로 지정된다. 이후 유튜브를 통한 수익창출이 가능하게 된다(https://support.google.com/adsense/answer/72857 참조).

는 사람에 의하여 작성되었을 것'이라는 요건과 관련이 있다. 법에는 단순히 '업무에 종사하는 자'로만 되어 있으므로, 반드시 고용관계에 한정하여 해석할 것은 아니고, 실질적인 지휘·감독 관계가 있는지에 따라 판단한다. 일반적인 위탁·도급계약에서 수급인은 독립적 지위에서 자신의 재량에 의하여 활동을 한다는 점에서 업무상저작물의 성립요건 중 하나인 '업무에 종사하는 자'에 해당하지 않는 것으로 본다.

⋯▸ 따라서 저작권 귀속에 관한 특약이나 다른 반증이 없는 한, 위탁계약에 의한 결과물의 저작자는 직접 창작행위를 한 외주업체가 될 것이고, 의뢰자는 계약범위 내에서 저작물을 사용할 권리 혹은 그 결과물에 대한 소유권만을 가진다고 해석할 수 있다.

⋯▸ 간혹 저작권법에 대한 고려 없이 '용역계약에 의한 결과물은 의뢰자의 소유로 한다.'와 같은 내용으로 체결된 계약서를 접하게 된다. 명시적으로 저작재산권 또는 저작재산권(2차적저작물작성권 포함)이라고 명시하지 않고 위와 같이 기재한 경우에는 해당 결과물에 대한 저작권이 아닌 소유권만이 의뢰자에게 귀속하는 것이라고 해석될 수 있으므로 계약서를 명확하게 작성하는 것이 무엇보다 중요하다.

◎ 저작권 이용에 대한 대가를 제대로 받는 방법은?

⋯▸ 1) 기본 대가와 2) 수익배분 형식으로 구성하는 것이 좋다. 기업의 매출 또는 제품 판매 수량에 따라 수익배분을 받게 된다면, 저작권 이용허락 계약서에 기업의 정산 보고 및 확인 협조의무를 규정해야 한다.

⋯▶ 그리고 손해배상책임과 별도로 '위약벌' 조항을 추가할 수 있다. 예를 들어, "수익배분의 기준이 되는 정산 내용, 데이터 등을 위조하거나 거짓으로 통지한 경우 위약벌 1억원을 지급한다."와 같은 내용이다.

공연실황 중계

가 ▶ 뜨거운 감자 (Hot Issue)

이른바 '직캠 영상'은 연예인들을 친밀하게 바라보는 '일반 관객'의 시선을 담고 있다. 특히 SNS나 유튜브 등을 통해 짧은 영상이 급속하게 퍼져나갈 수 있는 환경이 마련되면서 직캠 영상이 더욱 주목을 받고 있다. 젊은 세대에게 친숙한 1인 미디어 영상문법은 '방송 카메라'보다는 '직캠 영상'에 맞닿아 있고, 잘 찍은 직캠 영상 하나로 순식간에 '음원 역주행'을 하여 잊혀가던 아이돌 그룹이 갑자기 큰 인기를 얻기도 한다. 이처럼 직캠은 K-POP 아이돌 문화에서 굉장히 중요한 요소를 차지하고 있다.

그런데 직캠 영상을 찍은 사람들이 팬들에게 유료로 판매하여 수천만원을 벌었다는 이야기도 들을 수 있는데, 이와 같이 직캠 영상을 유료로 판매하는 경우라면 법적인 문제가 발생할 수 있다. 연예인이나 공연기획·음반제작사 등으로부터 허락을 받지 않은 직캠 영상은 누구의 어떠한 권리를 침해한 것일까? 공연은 종합예술로 연예인의 초상권, 공연권과 같은 실연권, 음악 저작권, 음원 수익권, MD(머천다이즈, 상품 판매)

수익권 등 다양한 권리가 얽혀 있다. 이에 대한 세부적인 내용을 아래에서 살펴보기로 한다.

나 ▶ 법적 쟁점 (Legal Issue)

1. 공연 실황을 무단으로 중계하는 사람은 어떤 불법을 저지르고 있는 것인가?

다 ▶ 용어 해설

▶ **직캠**

'직접(直接)+Camera(Camcorder)'의 합성어로, 문언 그대로라면 '자신이 직접 찍은 영상'을 의미한다. 일반적으로는 팬이 직접 연예인의 실물 또는 공연을 촬영하는 것을 말한다.

직캠은 방송국 또는 공식 카메라를 통해서 보는 화면과 달리 현장의 생생함을 그대로 담고 있고, 그룹 멤버 중 자기가 좋아하는 1인에 대한 밀착 카메라 형식으로 구성되기도 하여 선호도가 높다. 이에 엠넷, MBC 등 방송국들은 'MPD 직캠', '예능연구소 직캠'과 같이 '공식 직캠'을 제공하기도 하며, 이는 상당한 인기를 얻고 있다. 즉, 대중에게는 이미 '직캠'이 정형화된 틀을 벗어난 촬영방식의 하나로 받아들여지고 있는 듯하다.

▶ 저작권 교육조건부 기소유예

이 제도는 저작권법 위반 사범 중 죄질이 경미한 사건을 대상으로 한국저작권위원회에서 실시하는 저작권 교육을 이수하는 것을 조건으로 기소유예처분을 하는 제도다. 교육조건부 기소유예 대상사건은 경미한 저작권법 위반사건으로 동종전과가 없고 비영리 목적으로 범행한 경우이다. 예를 들어 음악파일, 영화파일 등을 P2P 등을 통해 비영리 목적으로 공유한 경우, 이에 해당될 수 있다. 사건 담당검사가 경미한 저작권 침해 사건이라 판단한 경우, 기소유예처분을 하고 한국저작권위원회에 하루 8시간의 저작권교육을 의뢰하게 된다. 한국저작권위원회의 교육내용은 저작권의 개요, 저작권침해 및 심각성, 저작권 보호의식 제고방안 등으로 구성되고, 저작권 체험활동도 하게 된다.

라 관련 사례

Case 1-1 공연을 무단 중계하면 저작권 침해!

1. 사실관계

가수 I는 2019년 11월 2일 광주에서 콘서트를 개최하였다. 그런데 A, B는 현장에서 가수 I의 미공개 음원 및 공연을 스마트폰을 통하여 실시간으로 중계하였다. A, B는 현장 스태프에게 적발되어 즉각 퇴장당했다. 가수 I의 기획사는 그동안 직접적인 촬영을 하지 않는 경우에는 제재하지 않았으나, A는 이미 여러 차례 콘서트 음성을 중계해 온 전적이 있었고, 공연을 처음부터 약 4시간 동안 실시간으로 중계하여 14만 건의 누적 청취가 발생하여 부득이 퇴장조치 하였다는 공식 입장을 발표하였다.

2. 해설

가수나 연주자와 같은 실연자는 고정되지 않은 실연을 공연할 권리를 가진다(저작권법 제72조). '공연'은 저작물 또는 실연·음반·방송을 상연·연주·가창·구연·낭독·상영·재생, 그 밖의 방법으로 공중에게 공개하는 것을 말하며, 동일인의 점유에 속하는 연결된 장소 안에서 이루어지는 송신(전송을 제외)을 포함하므로, 공연기획자라 하더라도 실연자인 가수의 허락을 받지 않고 외부에 공연을 실황 중계한 것은 실연자인 가수의 공연권을 침해하게 된다.

또한 허락을 받지 않고 음원을 녹음·송신하는 경우 해당 곡의 작사·작곡가의 복제권, 전송권 및 공연권 침해에도 해당한다. 따라서, A의 경우 저작권법 위반으로 인한 민형사상 책임을 질 수 있다.

Case 2-1   직캠 영상의 저작권 문제

1. 사실관계

A는 행사장이나 음악방송 등에서의 가수 공연을 촬영한 직캠 영상을 자신의 저작물로 표현하면서 인터넷상에 올렸다.

2. 해설

◐ 직캠을 유튜브나 SNS에 올려도 될까?

직캠을 유튜브에 게시하려면 원칙적으로 실연자(가수, 기획사)와 음악 저작권자(작사가, 작곡가)에게 허락을 받아야 한다. 특히 콘서트나 공연 장면의 녹화물로 수익을 창출하려면 저작권자로부터 명시적 서면 허가를 받아야 한다. 그렇지 않은 경우 이는 명백히 저작권법 위반이다. 다만, 허락받지 않은 직캠 영상들을 유튜브에 업로드 하는 경우에도, 직캠 영상의 수익이 자동적으로 가수, 기획사, 음악저작권자 등에게 돌아가기 때문에 대다수 직캠 영상은 게재에 따른 제재를 받지 않고 있다. 또한, 아이돌 그룹의 홍보 효과를 위하여 기획사가 유튜브상 직캠 영상을 묵인하는 경우도 있다.

한편, SNS의 경우 플랫폼에 따라 저작권 관리 방식이 다르다. 인스타그램이나 페이스북은 동영상에서 나오는 음악에 대해 '음저협'에 저작권 사용료를 지불하고 있다. 반면, 트위터는 저작물 무단 사용 신고가 들어올 경우 그 게시물에 대한 차단 조치만을 할 뿐, 음저협에 저작권료를 지불하지는 않는다. 이 때문에 음저협과 트위터가 마찰을 빚기도 했다.

◐ 직캠에 별도의 저작권을 주장할 수 있을까?

소위 '직캠'이라고 불리는 공연 장면 촬영물은 저작권법 제5조의 '2차적저작물'에 해당되는 경우 독자적인 저작물로 보호받을 수 있다. 2차적저작물로 인정되기 위해서는 '실질적 유사성'과 '창작성'이 필요하다. 직캠의 경우 공연 영상과의 실질적 유사성은 인정되나, 창작성 인정 여부가 문제될 수 있다. 카메라를 고정시켜 놓는 등 공연 장면을 그대로 촬영한 직캠 영상은 독창적 개성을 담은 표현방식이라 볼 수 없어서 창작성이 있다고 볼 수 없으므로, 결국 2차적저작물로서 보호되기 어려울 것으로 보인다.

다만, 직캠 영상이 2차적저작물로 인정되는 경우에도, 동의 없이 직캠을 촬영 및 배포하는 경우, 원저작권자의 저작재산권이 제한되는 경우(저작권법 제28조, 제35조의5)가 아닌 한(종합 예술로서 여러 저작권이 결합 되어있는 유료 공연을 무단으로 중계하는 경우, 원저작자의 저작재산권이 제한되는 경우는 상정하기 매우 어렵다) 해당 공연의 저작권자가 보유한 2차적저작물작성권 등에 대한 침해가 된다는 것은 당연하다.

따라서 직캠 영상을 제작한 자가, 자기의 직캠 영상이 별도의 저작물임을 주장하여 2차적저작물임이 인정되더라도, 원저작권자의 2차적저작물작성권을 침해하는 것이어서 원저작자에게 대항하는 것은 어려울 것이다. 다만, 자기의 직캠 영상을 무단으로 재배포하는 제3자에 대하여는 저작권법상 권리를 주장해 볼 가능성은 있다.

SW's comment (이것만은 알아두자)

◎ 직캠의 문제 요약

⋯▸ 직캠은 저작권법에 따라 보호되는 작곡가, 작사가, 안무가 등 저작권자의 권리를 침해하는 행위일 뿐만 아니라 가수, 연주자, 방송국과 같은 저작인접권자들의 권리도 침해한다. 특히 불법 촬영된 직캠을 통해 이익을 창출하는 경우, 원저작자에 대한 2차적저작물작성권 또는 복제권·공연권 등 침해가 성립하므로, 직캠으로 발생한 이익은 원저작자에 대한 손해배상액으로 인정될 수 있을 것이다.

⋯▸ 나아가 직캠은 출연 연예인의 초상권 내지 퍼플리시티권 침해의 문제도 안고 있다.

◎ 저작자에게 발생한 손해?

⋯▸ 기획사가 직캠 촬영자를 신고한 사례는 많지 않은 것으로 보인다. 영리목적으로 촬영하는 사람과 일반 팬을 현장에서 구분하는 것도 쉽지 않고, 경찰이 출동하는 것이 공연장의 분위기를 망치는 것으로 여겨지기 때문인 것으로 보인다. 이러한 현실적인 문제 외에도, 직캠을 통해 연예인 홍보가 자연스럽게 이루어진다는 주장도 만만치 않다. 연예인 입장에서 크게 손해볼 것이 없다

는 논리이다. 그러나 공연실황을 중계하는 것은 영화관에서 몰래 영화를 촬영해서 유포하는 것과 본질적으로 큰 차이가 없다. 영화관에서 개봉 중인 영화를 촬영하는 것은 불법이라는 점은 명확한데 반하여 공연실황 저작권에 대한 대중들의 인식은 높지 않은 것이 현실이다.

◎ 팬들의 항의와 기획사의 묵인 아래 커지는 불법행위

⋯▸ 아이돌 그룹 B의 기획사가 저작권 보호를 위해 소속 가수의 직캠 영상을 음소거 처리하는 방식으로 제재를 가하자 팬들이 불만을 표출하였다. 직캠 영상 공유를 금지하자 팬들은 강력하게 항의한 사례도 있다. 반면 일부 기획사들은 직캠의 홍보효과를 노리고 이를 방조하기도 한다. 실제로 직캠 영상을 통해 차트 역주행을 하고 팬이 늘었던 'E' 걸그룹 사례가 있었다. 따라서 직캠이 연예인에게 망신을 주거나 연예인의 명예를 훼손하는 모습으로 소비되는 것이 아니라면 오히려 홍보전략으로 직캠을 방치하기도 하는 것이다. 이러한 태도는 공연 촬영을 '묵시적으로 허락'한 것으로 비칠 여지도 있으므로, 결국 직캠 영상의 확산을 방지하기 어렵게 하는 것이다.

◎ 문제해결을 위한 제언

⋯▸ 최근 음성적인 저작물 공유를 제한하기 위하여, '공식적인 직캠 촬영 가능' 시간을 따로 설정하는 등 인식 개선에 나선 기획사들이 존재한다. 이처럼 포토타임을 따로 가져 직캠을 한정적으로 양성화하고, 그 이외에는 강경하게 대응하는 것도 대안이 될 수 있을 것으로 보인다.

연예인 유튜브와 SNS

가 ▶ 뜨거운 감자 (Hot Issue)

유튜브가 일상생활에서 점차 영향력을 키워나가고 전통적인 방송매체를 위협할 정도로 성장해 가면서 유튜버로 변신하는 연예인들이 늘어나고 있다. 아이유, 소녀시대 태연, 엑소 백현·첸, 악동뮤지션 수현, 에이핑크 윤보미·정은지, 슈퍼주니어 규현, 차은우를 비롯한 톱스타들까지 가세하면서 유튜브를 하지 않는 연예인을 찾기 어려울 정도다. 블랙핑크 지수는 유튜브 개설 11시간 만에 구독자 100만 명을 넘겨 화제가 되기도 했다. 유튜브가 주요 엔터테인먼트 사업 부분으로 자리 잡아가면서 채널 수익 분배 문제가 업계의 새로운 화두로 떠오르고 있다.

1세대 아이돌 god의 리더였던 박준형을 앞세운 1인 예능 프로그램인 '와썹맨'과 이덕화가 출연한 '덕화티비'는 각 JTBC 산하의 스튜디오와 KBS StarTV의 제작진이 제작한 것으로, 방송국의 주도 하에 제작된 프로그램이다. 한편, MCN 회사와 파트너십을 맺은 연예인도 많은데, CJ ENM의 MCN 회사인 '다이아티비'는 가수 임영웅, 개그우먼 박미선, 강유미, 개그맨 이수근, 김대희 등과 파트너십을 맺었다. MCN회사인 '샌드박스'에는 방송인 김구라와 그의 아들 그리(김동현), 강남 등의 연예인들이 소속되어 있다. 최근 인기를 얻고 있는 유튜브 토크쇼 채널인 '노빠꾸 탁재훈'은 탁재훈이 소속된 기획사(크롬엔터테인먼트)의 웹콘텐츠 제작팀(스튜디오 크롬)이 직접 유튜브 영상을 제작하고 있다. 반면 강민경과 강유미 등은 촬영부터 편집까지 혼자 해낸다고 밝힌 바 있다.

이처럼 연예인의 SNS와 유튜브 채널 운영이 늘어나는데, 여기서 발생하는 수익은 누가 가져가는 것일까?

나 ▶ 법적 쟁점 (Legal Issue)

1. 연예인이 운영하는 유튜브 채널은 누구의 것인가?

다 ▶ 용어 해설

▶ MCN

'MCN'은 다중 채널 네트워크(Multi-Channel Network)를 의미하는 말로 크리에이터들을 종합적으로 관리해주는 일종의 매니지먼트 서비스업체를 의미한다. 유튜브의 정의에 따르면 "다중 채널 네트워크('MCN' 또는 '네트워크')는 여러 YouTube 채널과 제휴한 제3의 서비스 제공업체로서 잠재고객 확보, 콘텐츠 편성, 크리에이터 공동작업, 디지털 권한 관리, 수익 창출 및 판매 등의 서비스를 제공"하는 것이라고 한다. MCN은 최근 영상을 기반으로 한 다양한 콘텐츠 사업자가 생성되면서 유튜브 뿐만 아니라 페이스북, 트위치TV, 아프리카TV 등 인터넷 스트리밍 플랫폼에서 활동하는 사람들의 기획사를 통칭하는 용어로도 사용된다.

▶ 크리에이터(Creator)

아프리카TV, 트위치, 유튜브 등에서 활동하는 영상 중심의 혹은 애플 팟캐스트, 팟빵, 팟티에서 활동하는 오디오 중심의 인터넷 방송인들을 일컫는 말로, 어떠한 주제 하나를 가지고 인터넷 방송 또는 영상 및 음원 제작을 하는 사람을 의미한다. 초기에는 영상의 경우 게임이나 스포츠 경기 등의 해설 또는 코멘터리 영상물, 오디오의 경우 유머나 뉴스, 정규 라디오 방송의 다시 듣기가 크게 유행했지만, 현재 영상의 경우 먹방, 쿡방, 영어 강의, 뷰티, 개그 등으로 확장되었으며, 오디오의 경우 인문학, 어학 등에 이르기까지 넓은 분야에 걸쳐 다양화가 이루어졌다.

▶ 인플루언서(Influencer)

일반인이 온라인 스트리밍, SNS를 통하여 자신들의 명성을 쌓고, 이를 이용하여 광고 등을 통하여 수익을 얻는 구조가 유행하게 되면서 아예 신종 직업으로 각광받게 되어 적어도 온라인 웹상에서만큼은 사회에 미치는 영향력이 큰 인물이 되었는데, 이들을 '인플루언서'라고 한다.

라 기본 법리

- **MCN계약, 기획사 운영, 개별운영 방식에 따른 저작권 귀속 차이**

연예인의 유튜브 채널은, (1) 유튜브 크리에이터 전문 기획사(MCN)나, 공중파 방송국 등 기획사 이외의 회사와 계약을 체결하고 운영하는 방식, (2) 기획사와 함께 운영하는 방식, (3) 독자적으로 운영하는 방식으로 대별된다. 위 (1)과 (2)는 제3자에게 유튜브 채널 운영을 위탁한다는 점에 비추어 법적으로 유사한 점이 있으므로 함께 살펴본다.

(1) MCN 또는 기획사와 유튜브 채널 운영에 대한 계약을 체결한 경우

제3자에게 운영을 맡기는 경우, 채널 소유권 또는 영상의 저작권을 누가 가지게 되는지 문제된다. 여기에서 '채널의 소유권'은 법적으로 인정되는 개념은 아니지만, 일반적으로 채널에 접근하여 영상을 업로드하고, 관리하며, 이를 통해 수익을 창출하는 등 해당 채널의 사실상 처분권한을 가진다는 뜻으로 이해할 수 있다. 이하에서는 일반적인 인식에 따라 채널 소유권으로만 표시하기로 한다.

만약 계약서에 채널 소유권 또는 영상 저작권에 대한 **별도 언급이 없다면** 영상 제작자를 누구로 보느냐에 따라 권리 귀속 주체가 달라질 수 있다. 별도 특약이 없는 한, 영상저작물에 대한 권리는 저작권법 제100조에 의해 영상 제작자가 이를 양도받은 것으로 추정된다. 다만, 이에 더하여 해당 영상 제작이 **누구의 기획과 비용 투자로 인한 것인지**, 영상을 실제로 제작한 사람이 누구인지, 채널 관리 주체가 누구인지 등을 살펴보고

구체적으로 판단할 수밖에 없을 것이다. 만약 저작권 귀속에 대한 아무런 특약이 없다면 채널 소유권이나 영상 저작물 귀속에 대해 분쟁이 발생할 가능성이 있으므로 MCN 또는 기획사, 아티스트는 유튜브 채널 운영에 관한 별도 계약을 체결할 경우, 채널 저작권 귀속에 대해서도 명시하는 것이 바람직할 것으로 보인다.

(2) 독자적 운영의 경우

연예인 유튜브 영상도 영상저작물로 볼 수 있으므로, 독자적 운영 시 개인에게 유튜브 채널 및 영상의 저작권이 귀속될 것이다. 만약 연예인이 편집을 직접 하지 않고 따로 편집자를 고용해서 편집하는 경우는 어떨까? 편집자와 계약 시 저작권 귀속에 대해 명시해두는 것이 바람직하겠지만, 편집자를 두더라도 '업무상저작물'에 해당되어 해당 영상물의 저작권은 그 채널의 소유권자라 할 수 있는 연예인에게 귀속된다고 봄이 상당하다.

마 ▶ 관련 사례

> **Case 1-1** 기획사가 연예인 개인의 SNS 활동을 제한할 수 있을까?

1. 사실관계

SNS 보급 초기에는 연예인들의 SNS 활동이 팬들과의 교감을 높이고 홍보수단으로서도 톡톡히 효과를 발휘해 긍정적인 측면이 많았다. 그러나 잘못된 말 한마디나 사소한 실수가 사회적 물의를 일으키고 큰 파장을 낳는 경우가 속출하면서 최근 몇 년 새 기획사들 역시 연예인들의 개인 SNS 계정에 대해 각별한 주의를 기울이고 있다. 연예인들의 개인 SNS 계정은 팔로워가 적게는 수만 명에서 많게는 수십만, 수백만 명에 이르므로 그 파급력은 메가톤급이다. 이 때문에 기획사들은 소속 연예인들이 운영하는 SNS 계정을 수시로 모니터링한다. 문제가 될 만한 발언이나 사진, 오해의 소지가 있을 법한 내용에 대해 급히 게재 중단 또는 수정을 요구하기도 한다.

한 기획사 관계자는 신문사 인터뷰에서 '연예인들이 주로 개인 SNS에 게시하는 사진은 셀카나 음식을 먹는 일상적인 사진들인데, 대중들에게 어떻게 인식될지 알 수 없어 당분간 자제하도록 권고하고 있다'고 밝히기도 하였다.

그런데 기획사가 연예인들의 개인 SNS 활동을 제한할 수 있을까?

2. 해설

SNS 활동은 법적으로 '표현의 자유'와 관련이 있고, 기획사가 연예인의 개인 SNS활동을 제한할 수 있는 법률상 근거는 없는 것으로 보인다. 이 경우, 기획사가 연예인 SNS 계정에 접속하거나, 게시물 삭제를 요구하는 등 SNS 활동에 개입할 수 있는 **전속계약상 근거가 있는지 우선 확인**하여 보아야 할 것이다.

한편, 연예인과 기획사가 계정을 공유하며 함께 운영하는 경우도 많다. 일례로 모 기획사 홍보팀장은 언론 인터뷰에서 "배우들이 출연하는 프로그램에 대한 '본방사수' 공지나 촬영장 비하인드 사진 등은 기획사에서 배우 개인 SNS 계정에 띄워준다"면서 "이 경우 홍보용 문구 등은 배우와 사전에 협의한다"고 설명하기도 하였다.

기획사가 연예인의 SNS 활동의 자유를 제한하는 전속계약이라고 해서 곧바로 공서양속에 반하거나 불공정한 계약이 되는 것은 아닐 것이다. 연예활동 목적에 비추어 필요한 경우, 개인의 의사표현에 대한 자유를 원활한 연예활동을 위하여 일정 부분 제한하는 것으로 합의하였다고 볼 여지가 있기 때문이다.

SW's comment (이것만은 알아두자)

◎ 새로운 미디어인 '1인 미디어 플랫폼' 관리방식에 대한 이해 필요

⋯▸ 전통적인 연예인 전속계약은 기획사가 연예인의 연예활동 전반에 대한 지원업무를 수행하면서 장기간으로 이루어지는 것이 보통이었다. 반면 '1인 크리에이터'나 '인플루언서'를 관리하는 MCN 계약은 계약기간이나 업무범위가 과거 전통적인 연예인 전속계약에 비해 훨씬 다양해지고 있다. MCN이 영상제작 업무나 커뮤니케이션 업무와 같이 특정 업무만 대행하기로 하는 계약도 존재하는 한편, 모든 스케줄을 관리하기로 하는 계약도 존재한다. 유튜브와 같은 '1인 미디어 플랫폼'에 기존의 연예인 전속계약 방식이 그대로 적용되기는 어려운 실정이다.

⋯▸ 이른바 '아이돌'의 경우 기획사는 아이돌을 육성하는 시스템을 갖추어 두고 많은 비용을 투자하기 때문에, 교육훈련(실력향상)과 비용회수라는 두 가지 측면에서 보면 장기 전속계약을 체결하는 것이 더 유리할 수 있다. 이와 달리, '유튜버'와 같은 1인 크리에이터는 **개인의 창작성이나 개성을 발휘하는 것이 보다 중요**하고, 업무형태나 내용도 훨씬 다양하다. 따라서 1인 크리에이터에게 장기간의 전속계약이 어울리는지는 다소 의문이다. 즉, 1인 크리에이터가 도움을 받고자 하는 특정 업무에 대한 서비스를 제공하는 것이 더 적합할 수 있다.

⋯▸ 한편, 연예인들도 개인 유튜브 채널을 개설하는 경우가 늘고 있어 전통적 연예매니지먼트와 1인 크리에이터의 성질을 복합적으로 가지기도 한다. 이 때, 그 연예인과 기획사가 어떠한 방식으로

계약하는 것이 적절할지를 알기 위해서는 1인 미디어 산업 전반에 대한 이해가 전제되어야 할 것이다.

◎ MCN 산업 생태계에 대한 추가 설명

⋯▸ MCN의 기본적인 역할은 크리에이터의 콘텐츠 관리 및 제작을 지원하는 매니지먼트 역할이다. 크리에이터들은 MCN에 콘텐츠 저작권 관리를 위임하고, MCN은 이들에게 동영상 제작을 위한 장비 및 서비스 플랫폼을 제공하고, 광고주 접촉 및 프로모션 비즈니스를 지원한다. 또한 연예인의 기획사와 유사하게 콘텐츠 기획을 도와주거나 수익 관리 등을 대행해주기도 한다. 이러한 방식으로 MCN은 광고 출연, 채널 제휴, 브랜드 협업 등을 통해 얻은 수익금을 크리에이터와 일정 비율로 배분하여 공유한다. 그러나 단지 수익을 나누는 비즈니스 파트너의 관계에 그치지 않고 크리에이터들을 육성, 관리하는 역할을 수행하기도 한다.

⋯▸ MCN 산업 생태계는 크게 MCN, 크리에이터, 플랫폼으로 구성된다. MCN의 기본적인 역할은 크리에이터의 콘텐츠 관리 및 제작을 지원하는 매니지먼트 역할이다. 이를 통해 크리에이터가 수익을 창출하면 이를 크리에이터와 일정 비율로 나눠 가져 간다. 수익 중 가장 큰 부분을 차지하는 것이 광고다. 광고로 인해 수익이 발생하면 크리에이터와 유튜브(플랫폼)는 대체로 55:45로 수익을 분배한다. 여기서 MCN은 소속 크리에이터에게 돌아가는 수익 중 10~30%를 배분받는다.

◎ 서울형 표준계약서(1인 미디어콘텐츠 창작자) 배포

⋯▸ 서울시는 2022년 12월 9일 유튜브를 위시하여 가파르게 성장

하고 있는 1인 미디어 산업을 위한 표준계약서를 배포하였다. 크리에이터와 MCN의 관계는 연예인과 기획사의 관계와 유사하여 연예인들의 전속계약 분쟁과 흡사하게 진행되는 경향이 있다. 특히 계약을 종료하거나 혹은 계약이 진행되는 중에도 계정 내지 채널에 대한 관리 권한과 수익 수취 권한이 누구에게 있는지에 대한 분쟁이 다수 발생하고 있다. 서울시는 서울형 표준계약서(1인 미디어콘텐츠 창작자)의 배포로 크리에이터와 MCN 간의 서면 계약 체결 관행이 확립되고, 권리 의무에 관한 내용을 사전에 합의하여 크리에이터와 MCN의 분쟁가능성을 최소화함으로써 1인 미디어 산업이 건강하게 발전하기를 기대하고 있다.

◎ 수익분배

⋯▸ 연예인 유튜브 채널은 연예인의 인지도를 바탕으로 운영되는 것이므로, 당연히 기획사와 수익분배가 이루어져야 한다는 의견이 있다. 특히 회사 차원에서 장비를 마련하거나 편집 환경을 제공하는 경우 연예활동의 연장선에서 지원하는 것이므로 별도의 계약 없이도 기존 전속 계약에 따라 수익 분배가 이루어져야 한다는 것이다. 반면 연예인 개인 채널은 연예인의 것이라는 의견도 있다. 회사가 유튜브 채널에 접근하여 관리할 수 있는 권한 자체가 없기 때문이다. 기존의 연예활동과 다르게, 크리에이터 수익은 주로 광고에서 발생하며, 개인채널의 경우 별도의 출연료가 발생하지도 않는다. 따라서 연예인과 기획사가 전속계약 체결 당시에 크리에이터 활동에 대한 정산방법, 각자의 역할, 수익 배분 비율 등을 미리 정해 두는 것이 바람직할 것이다.

팬아트와 굿즈

가 뜨거운 감자 (Hot Issue)

아이돌, 유명 연예인의 초상을 담은 MD(Merchandise, 머천다이즈) 상품을 소위 굿즈(Goods)라고 한다. 굿즈는 전통적인 앨범, 응원봉, 브로마이드 상품뿐 아니라 의류, 잡화, 서적 등 모든 물건을 망라하는 개념으로 사용되고 있으며, 그 중 실용적인 물건도 많고, 기획사가 관여하여 제작, 판매하는 공식 굿즈는 기획사의 주요 수입원이기도 하다.

그런데 최근 개인이 굿즈를 제작하여 판매하는 이른바 '홈마' 시장이 확대되고 있다. 특히 공식 굿즈에서 볼 수 없는 연예인 초상이 사용된 상품도 제작이 가능하고, 개인이 연예인의 사진을 편집하여 상품으로 만들기 때문에 '커스터마이징 상품' 제작도 가능하며, 희소성도 높다. 이러한 개인 굿즈는 공식 굿즈보다 높은 가격에 팔리기도 한다.

그런데 이와 같은 개인 굿즈 시장, 소위 홈마 시장은 근본적으로 연예인의 성명, 초상을 활용하고 있어 당사자의 허락을 받지 않는 한 연예인의 권리를 침해하는 것이다. 또한 각종 사기 또는 소득 탈루[55] 등의 문제가 발생할 여지도 있다. 홈마와 같은 비공식 굿즈 시장이 확대되며 기획사들은 연예인의 초상권과 저작권 보호에 골머리를 앓고 있다.

나 ▶ 법적 쟁점 (Legal Issue)

1. 연예인의 초상을 그대로 따라 그린 팬아트의 소유권 및 저작권은 누구에게 있는가?
2. 홈마가 연예인 사진을 촬영하여 인터넷상에 게시하고, 이를 활용한 제품을 만든 경우에 법적으로 문제가 되는가?

다 ▶ 용어 해설

▶ 홈마

어원은 '홈페이지 마스터(HOMEPAGE MASTER)'의 줄임말이다. 일반적으로 '홈마' 혹은 '홈마스터'로 통칭하는데, 과거 SNS 또는 1인 미디어가 없던 시대에 팬들이 '개인 팬페이지' 사이트를 개설하여 활동하였던 것에서 유래하였고, 현재는 '연예인을 지속적으로 따라다니며 사진과 동영상을 찍어 홈페이지에 게시하는 팬을 의미한다. 주로 원거리에서 연예인의 사진을 고화질로 찍은 뒤 다른 팬들에게 공유하거나, 유료로 판매하기도 한다. 홈마는 연예인의 팬덤에서 출발하였다는 점에서 연예인의 일상을 따라다니는 파파라치, 혹은 연예부 사진기자와는 구분되는 개념

---

55) 납세자가 벌어들인 소득 대비 세금을 적게 내기 위해 소득을 신고하지 않는 것을 의미한다.

이라고 볼 수 있다.

▶ 아이돌 교차편집

아이돌은 '칼군무'로 유명하다. 피나는 노력에 의해, 무대가 바뀌어도 안무의 손 끝 각도 하나 달라지지 않는다. 이에 여러 음악방송 출연 영상을 짜깁기하여, 한 방송의 출연영상을 5초 내로 보여주다가 자연스럽게 다른 음악방송 출연영상으로 넘어가 하나의 음악방송영상인 것처럼 느껴지도록 콘텐츠로 제작한 것을 '아이돌 교차편집'이라고 부른다. 과거에는 한 두명의 팬들의 편집기술에 의하여 제작되었으나, 현재 아이돌 대부분의 교차편집 영상이 제작되고 있으며, 유튜브 등에서 큰 인기를 얻고 있다. 팬들로서는 여러 음악방송을 보는 효과를 누릴 수도 있고, 교차편집 이음매가 매끄럽고 화려하여 더욱 큰 시각적 만족감을 얻을 수 있기 때문이다. 아이돌 교차편집에 대하여 '2차적저작물로서 K-POP을 활성화하고 아티스트의 매력을 극대화하는 콘텐츠'라는 긍정적인 의견과, '음악방송의 저작권을 무시하고 영리목적으로 만들어진 불법콘텐츠(2차적저작물작성권 침해 저작물)'라는 부정적인 시선이 대립하고 있다. 그러나 아직까지 기획사나 방송국은 '교차편집'에 대한 긍정적인 측면에 주목해서인지, 법적으로 적극 대처하지는 않고 있다.

라 기본 법리

- **팬아트에 저작권이 있을까?**

팬아트가 연예인의 초상권을 기초로 하되, 독창적 표현방식을 가지고 있는 것이라면 저작물로 인정될 가능성이 있을 것이다.

한편, 연예인의 얼굴 그대로 그림을 그리는 것은 인격권의 일종인 초상권을 침해할 여지가 있으나, 앞서 살펴본 것처럼 초상을 재산적으로 사용할 권리인 퍼블리시티권은 아직 법적으로 확립된 개념은 아니다. 또한, 팬아트를 판매하는 경우 부정경쟁행위에 해당할 수 있다는 점도 항상 염두에 두어야 한다.

- **아이돌 사진, 공식로고, 포스터를 활용한 경우 저작권이나 상표권을 침해할 수 있다!**

아이돌 사진, 공식로고, 포스터 등은 누군가의 창작물일 가능성이 높다. 그리고 '업무상 저작물'로서 기획사가 저작권을 관리하고 있는 경우가 대부분일 것으로 예상된다. 즉, 아이돌 사진, 공식로고, 포스터를 그대로 활용하여 다른 저작물을 만들게 되면, 이는 곧 원저작권자의 저작권을 침해하는 행위가 된다는 점에 유의하여야 한다.

예를 들어, 팬이 선의로 자신이 좋아하는 연예인의 사진을 '보정'하여 블로그나 팬사이트 등에 게시하면 누구의 어떤 권리를 침해하게 되는가? 우선, 그 연예인의 사진이 누구나 찍을 수 있는 단순 기록용 사진이 아니라 사진을 찍은 사람의 구도 연출, 조명, 카메라 조작법(셔터스피드), 피사체 연출 등의 측면에서 창작성이 있다면 이는 사진저작물로 볼 수 있다. 그리고 해당 사진을 제3자가 허락 없이 인터넷에 게시하는 행위는 연예인 사진 저작물의 '복제권'(저작권법 제16조)과 '공중송신권'(저작권법 제18조)을 침해하게 될 것이다. 나아가, 연예인 사진에 'ㅇㅇ야 생일축하해!' 같은 문구를 자막으로 달거나, 의상을 합성하는 등 변경을 가하면 어떨까? 원저작물의 동일성을 해친 것이 되어, 저작인격권(동일성유지권) 침해가 문제된다. 만약 변경된 부분의 창작성이 인정되어 새로운 저작물을 창작한 정도로 인정된다면 연예인 사진 저작물의 2차적저작물작성권을 침해하게 될 여지도 있다.

또한, 기획사가 연예인들의 그룹명, 로고 등을 상표로 등록하여 관리하는 경우도 있으므로, 팬 입장에서는 상표권을 침해하는 결과가 되지 않도록 주의가 필요할 것이다.

마 ▶ 관련 사례

> **Case 1-1** 아티스트를 다룬 책에서 아티스트가 작사한 곡을 허락 없이 사용하는 경우 저작권 침해 및 부정경쟁행위가 성립할 수 있다!

1. 사실 관계

유명 아이돌 그룹 B의 작품 및 그들의 활동을 다룬 수필집을 작성하면서 B 멤버들이 작성한 곡을 별도 허락 없이 발췌하여 자신의 책에 수록한 사건에서, B 기획사는 부정경쟁행위를 원인으로, B로부터 저작재산권을 위탁 받아 관리하고 있는 음저협은 저작권 침해를 이유로 해서 해당 책들의 출판 등을 금지하는 가처분을 신청하였다.

2. 법원의 판단

법원은 B의 활동을 다룬 책을 집필, 출판하는 과정에서 별도의 허락 없이 멤버들이 작사한 곡들 가운데 일부를 발췌하여 삽입한 행위는 부정경쟁방지법상 부정경쟁행위가 성립하고, 곡의 가사는 창작자인 멤버들의 저작물이기 때문에 이처럼 저작물을 별도 허락없이 이용한 행위 역시 저작권 침해를 구성한다고 판시하였다.

Case 2-1 팬아트는 기획사의 것이 아니다.

1. 사실 관계

'기획사'가 공식 SNS 계정에 소속 연예인의 팬아트를 작가의 허락 없이 게시하였다.

2. 해설

팬아트는 (1) 연예인의 모습을 직접 보고 또는 상상해서 그린 것과 (2) 연예인 사진이나 프로모션 이미지 등 저작권이 인정되는 다른 작품을 보고 따라 그린 것(모사)으로 대별할 수 있다. 전자의 경우 해당 팬아트를 그린 사람에게 저작권이 인정되고, 후자의 경우에도 2차적저작물로 인정되는 경우 별도의 저작물로서 보호될 수 있을 것이다. 따라서 팬아트가 별도의 저작물로 보호되는 한, 팬아트의 대상이 된 연예인이나 기획사라 하더라도 팬아트를 무단으로 공표, 배포하거나 영리목적으로 이용하는 경우 저작권 침해 문제가 발생할 수 있다.

> **Case 3-1** 기획사가 팬아트나 굿즈를 판매하는 것까지 수인해야 하는 것은 아니다.

1. 사실 관계

인터넷상에서 팬아트나 각종 굿즈를 제작해 판매하는 팬들이 늘어나고 있다.

2. 해설

◐ 프로모션 이미지를 활용한 팬아트 문화의 경우

'프로모션 이미지'란 영화의 공식 스틸사진이나 보도자료 등 특정 상품의 홍보를 목적으로 배포되는 이미지이다. 제작사, 기획사들은 대체로 상품의 이미지를 훼손시키지 않는 범위 안에서는 스틸사진에 대해 2차적저작물의 창작에 관대한 입장을 보이고 있다. 그러나 단지 공식 스틸 사진에 대한 2차적저작물 작성을 문제 삼지 않는 것일 뿐, 원칙적으로 원저작권자의 저작권(2차적저작물작성권)을 침해하는 것이다.

◐ 홈마가 자신이 직접 찍은 사진을 이용하여 굿즈를 제작하는 경우

연예인의 얼굴이 나오는 경우라면 초상권이 문제될 수 있다. 나아가 이를 영리적으로 사용하는 경우 아래에서 설명하는 부정경쟁행위가 될 수 있다. 한편, 이름이나 그룹명을 이용하는 경우에는 성명권이나 상표권이 문제될 수도 있다. 아이돌은 공식 로고나 명칭을 상표로 등록해두는 경

우가 많다. 따라서 등록된 상표를 이용해서 굿즈를 제작하는 경우에는 상표권 침해의 문제가 발생할 여지가 있다.

◑ 부정경쟁행위 해당성

타인의 상당한 투자나 노력으로 만들어진 성과 등을 공정한 상거래 관행이나 경쟁질서에 반하는 방법으로 자신의 영업을 위하여 무단으로 사용함으로써 타인의 경제적 이익을 침해하는 행위는 부정경쟁행위에 해당한다(부정경쟁방지법 제2조 제1호 파목). 아이돌 그룹뿐 아니라 연예인의 이미지도 개인 또는 기획사가 상당한 투자 및 노력을 통하여 만들어낸 성과에 해당하고, 이처럼 널리 인식된 타인의 성명이나 초상을 영리적으로 사용하는 경우, 연예인의 고객흡인력을 임의로 이용하는 것이어서 민사상 손해배상책임을 지게 될 수 있다.

> **SW's comment (이것만은 알아두자)**
>
> ◎ '팬'이라면 연예인의 초상 또는 저작물을 마음대로 써도 된다는 의식의 변화가 필요하다!
>   ⋯▸ 기획사들은 아이돌 굿즈를 직접 생산 또는 외주 제작하여 수익을 거두기 위하여 소속 연예인들의 초상권 관리 및 이미지 관리에 많은 비용과 노력을 들이고 있다. 기획사의 허락 없이 굿즈를 만들어 영리목적으로 판매하는 등 새로운 수요를 창출하는 행위는 부정경쟁행위에 해당할 소지가 다분하다.
>   ⋯▸ 한편, 저작물인 브로마이드 사진을 보고 그린 그림은 해당 사진

에 대한 2차적저작물작성권 침해가 성립할 가능성이 높다. 한편, 사진이 연예인의 초상을 담고 있다면, 저작권 침해와 별론으로 민사상 불법행위책임(초상권 침해)이 성립할 여지도 있다.

⇢ 팬들이 순수한 팬심에 의하여 팬아트를 그려 연예인에게 선물하는 경우, 연예인이 초상권 침해를 문제 삼는 경우는 거의 없을 것이다. 또한 팬들이 사적으로 보관하는 것 자체도 저작권법상 문제가 되지 않을 것으로 보인다. 그러나 팬아트를 판매하거나 돈을 받고 제작해 주는 등 영리행위를 하는 것은 저작권법 또는 부정경쟁방지법 위반이 될 수 있으므로, 지양하여야 한다.

⇢ 연예인들은 팬들의 관심을 필요로 하는 직업이고, 대중에게 초상이 모두 공개되어 있다. 그리고 팬들은 연예인과 내적 친밀감·유대감을 형성해 나가며 연예인에게 사랑을 주는 만큼 연예인의 초상과 권리를 자유롭게 이용할 수 있다는 잘못된 생각을 할 수도 있다. 그러나 '굿즈'는 근본적으로 연예인의 인격권, 저작권자의 저작권을 이용하는 행위이므로 반드시 이용허락을 받고 사용·제작하여야 한다는 인식으로 전환하는 것이 필요하다. 이는 궁극적으로 연예인이 정당한 수익을 분배 받고, 연예인이 갖는 정당한 권리를 보호받음으로써 활동을 지속할 수 있게 하는 원동력이 되기도 하는 것이다.

Ⅳ. 계약

전속계약 분쟁
각종 출연계약 분쟁
연습생과 미성년연예인의 출연

전속계약 분쟁

가 ▶ 뜨거운 감자 (Hot Issue)

　연예인이 기획사와 전속계약을 체결한 경우, 기획사는 소속 연예인이 자신의 재능을 펼쳐 훌륭한 연예인으로 성장해 나가고, 팬들로부터 사랑을 받을 수 있도록 지원해 주어야 할 의무가 있다. 나아가 기획사는 연예인의 활동을 통하여 창출된 수익을 공정하게 배분하는 역할을 하여야 한다. 반면 소속 연예인은 특정 기획사의 매니지먼트 계획에 따라 활동할 의무가 있고, 기획사의 교육·투자·홍보 등 지원활동에 부합하도록 자신의 연예활동에 최선을 다하는 것이 바람직하다.

　전속계약상 각자의 의무를 충실히 이행하지 못하는 경우에는 서로 간의 신뢰에 금이 가게 되고, 분쟁이 발생하게 된다. 전속계약 관련 분쟁의 유형은 크게 두 가지인데, 하나는 전속계약 내용 자체의 불공정성을 문제 삼아 계약이 무효라고 주장하는 유형이고, 다른 하나는 전속계약 자체는 유효하지만 전속계약에 따른 의무를 상대방이 제대로 이행하지 않았음을 이유로 해지를 주장하는 유형이다.

과거 대형 기획사를 상대로 하였던 첫번째 분쟁유형의 사례에서 법원은, '지나치게 장기간인 계약기간과 이러한 전속계약에서 벗어나기 위하여 과도한 금액을 배상하도록 하는 조항이 서로 결합하여 연예인의 직업의 자유를 침해한다'고 하면서 대부분 연예인의 손을 들어주었다. 일련의 사건을 거쳐 공정거래위원회에서는 '표준전속계약서'를 마련하였고, 현재는 이러한 표준 전속계약서를 활용하는 경우가 대부분이므로 앞으로 '계약 자체를 무효로 주장'하는 분쟁 유형은 많이 발생하지 않을 것으로 예상된다[56].

한편, 기획사가 전속계약에 규정된 의무(연예활동 지원의무, 수익정산·배분의무)를 다하지 못한 경우 또는 전속계약상 신뢰관계가 파탄될 만한 사정이 있는 경우에 연예인은 전속계약을 해지할 수 있다. 반대로 연예인이 연예활동을 소홀히 하거나 스케줄에 불참하여 기획사에 손해를 입히는 경우, 다른 기획사를 통해 무단으로 연예활동을 하는 경우에는 기획사가 전속계약을 해지하고자 할 것이다. 이처럼 계약위반 또는 불법행위 등으로 인하여 전속계약을 해지하고자 하는 경우가 바로 두 번째 유형이다. 특히 이러한 유형의 분쟁은 연예인의 이미지 관리 차원에서 언론보도가 되지 않고 협상을 통해 조용히 해결되는 경우가 많다. 따라서 대중들은 인식하기 어렵겠지만, 두 번째 유형의 분쟁은 꽤 많이 발생하고 있다. 만약 기획사와 연예인이 서로 '폭로전'을 벌이기 시작하면 순식간에 진흙탕 싸움으로 번지고, 대대적인 언론 보도로 삽시간에 대중의 관심을 받게 되는 것도 바로 두 번째 유형이다[57].

---

56) 최근에 제1심에서 전속계약무효확인 판결을 받은 이달의 소녀 멤버 "츄" 사건이 이러한 유형에 해당한다.

이하에서는 주로 전속계약의 의무 이행에 문제가 있어 기획사와 연예인이 전속계약의 해지를 다투었던 분쟁을 유형을 더욱 나누어 세부적으로 살펴보고자 한다.

나 ▶ 용어 해설

▶ 해지

어떠한 법률행위 또는 계약관계가 장래를 향하여 그 효력을 잃게 된다는 것을 의미한다(민법 제550조). 계약 등이 소급적으로 소멸하여 원래부터 존재하지 않았던 것으로 보는 '해제' 또는 '무효'와는 차이가 있다.

계약이 '해지'되면 기존에 존재하였던 법률관계는 모두 유효하지만, 계약 해지 이후에 각 당사자는 상대방에게 계약 내용에 따른 급부의 이행을 청구할 수 없다. 쉽게 말해, '지금까지 있었던 일은 그대로 내버려 두고, 앞으로는 서로 아무 사이가 아닌 것으로 하자'는 것이 '해지'의 뜻이다.

▶ 반소

피고(소송을 당한 사람)는 소송의 목적이 된 청구 또는 방어의 방법과 서로 관련이 있는 내용을 '반소'로 제기할 수 있다. 이 때 반소청구는 소송절차를 지연시키지 아니하여야 하고, 다른 법원의 관할에 전속되지 아니하여야 하며, 변론을 종결하기 전까지 본래 피고가 제소당한 법원에 제기하여야 한다(민사소송법 제269조 제1항).

---

57) 최근에 언론의 주목을 받고 있는 피프티피프티 분쟁 사건이 대표적인 사례이다.

전속계약 분쟁에 관한 판결문을 살펴보면 사건번호 두 개가 나란히 있고(예를 들어, 2023가단0000(본소), 2023가단0001(반소)와 같은 식이다), 서로 상반되는 내용인 두 개의 소송을 한 법원의 같은 재판부가 재판한 경우를 심심치 않게 발견할 수 있다. 이것이 '반소'가 제기된 사건의 예다. 전속계약 분쟁은 명확히 어느 한쪽에만 귀책사유가 있다고 보기 어려운 경우가 많다. 오히려 이혼 소송과 같이 연예인과 기획사가 서로 잘못한 내용을 탓하게 되는 경우가 대부분이다. 가령 연예인이 기획사로부터 정산금을 지급받지 못하고 있다고 소를 제기하면, 기획사는 연예인이 제대로 활동을 하지 않았다고 주장하며 손해배상을 구하는 반소를 제기하는 것이다. 계약이 해지되었다는 연예인의 주장과 전속계약이 유지 중이라는 기획사의 주장이 부딪치는 사건에서는 본소 내에서 방어가 가능하므로 반소를 제기할 실익이 크지 않을 수 있다고 생각할 수 있지만, 기획사로서는 어떠한 이유로 계약이 해지되어도 그 귀책사유가 연예인에게 있다면 손해배상을 청구할 수 있으므로 여전히 반소를 제기할 실익이 있다.

다 기본 법리

- **'전속매니지먼트계약'의 의의**

'전속매니지먼트계약'이란 기획사나 매니저가 연예인의 연예활동 관련 업무 처리에 관한 서비스를 제공하고, 연예인은 기획사나 매니저를 통해서만 연예활동을 하고 직접 또는 제3자를 통해서는 연예활동을 하지 않을 의무를 부담하는 것을 주요 내용으로 하는 계약이다. 그 법적 성질은 해당 계약의 목적, 당사자들이 부담하는 의무의 내용과 성격, 당사자들의 지위, 인지도, 교섭력의 차이, 보수의 지급이나 수익의 분배 방식 등 여러 사정을 구체적으로 검토하여 결정하여야 한다(대법원 2019. 9. 10. 선고 2017다258237 판결).

- **'전속매니지먼트계약' 내용에 따른 분류**

특정 사업자에게 노무를 전속적으로 제공하는 연예인의 전속계약은 판례에 따르면 세 가지로 구분된다. ① 연예인이 다른 곳에 노무를 제공하는 것을 일체 인정하지 아니하는 완전전속계약, ② 사업자의 허락을 받은 경우에만 다른 곳에 노무를 제공할 수 있는 준전속계약, ③ 사업자로부터 노무 제공의 요청이 있으면 반드시 노무 제공을 하지 않으면 안 되는 우선·횟수전속(출연)계약이 그것이다. 그러나 실제로 계약서만으로 어떤 형태의 전속계약인지 파악하는 것이 쉽지 않다. 사실관계를 파악한 후 어떤 방식으로 수익 정산 및 매니지먼트가 이루어졌는지 법적으로 분석하는 과정이 필요하다.

한편, 해외와 비교하여 보면, 일본의 경우 연예인은 근로자와 유사하여 기획사가 소속 연예인에게 월급을 지급하는 방식이고(인기가 떨어지는 경우라도 월급으로 생계를 유지할 수 있게 됨), 미국의 경우에는 연예인이 자신의 앨범 제작비용을 포함하여 연예활동에 필요한 비용을 부담하고, 기획사의 업무는 에이전시 역할에 더 가깝다. 반면, **우리나라의 기획사는 연예인 활동의 관리라는 본래의 역할 외에 연예활동 업무의 중개라는 에이전시 역할, 더 나아가 신인에 대한 투자 및 육성과 앨범제작까지도 병행하는 경우가 많다.**

- **전속계약의 법적 성질 및 해지할 수 있는 법적 근거**

　전속계약은 기획사가 연예인으로부터 연예활동과 관련한 매니지먼트 업무를 위임 받아 성실하게 수행하는 것을 주된 내용으로 하므로 기본적으로 당사자 일방이 상대방에 대하여 사무의 처리를 위탁하고 상대방이 이에 대하여 승낙함으로써 성립하는 위임계약(민법 제680조)으로서의 성질을 가진다고 할 것이나, 그 외 일방이 사무처리에 대한 반대급부로 연예활동과 관련하여 발생한 모든 수입을 일단 자신이 수령한 다음 비용을 공제하고 나머지 중 일부분을 주기적으로 상대방에게 지급하는 등 민법에서 정한 전형적인 위임계약과 다른 특수성도 지니고 있으므로, **전속계약의 법적 성질은 민법상 전형적인 위임계약이 아니라, 위임 유사의 무명 계약으로 봄이 상당하다.** 따라서 당사자 쌍방의 특별한 대인적 신뢰관계를 기초로 하는 민법상 위임계약에서는 각 당사자가 언제든지 계약을 해지할 수 있는 데 반하여, 이 사건 전속계약은 그 존속과 관련하여 당사자의 이해관계가 강하게 결부되어 있으므로 위임계약과 달리 언제든지 계약을 해지할 수는 없다고 할 것이나, 당사자 쌍방의 대인적 신뢰관계가 심각하게 훼손되는 경우로 계약해지 사유를 제한하는 것은 이 사건 전속계약이 기본적으로 위임계약으로서의 속성을 지니고 있음에 비추어 바람직하지 않으므로 **계약당사자 중 일방은 상대방이 이 사건 전속계약을 제대로 이행하지 않는 경우 그 불이행의 내용이나 정도가 경미하여 이를 이유로 계약 해지를 인정하는 것이 신의칙에 반한다고 보이지 않는 이상 민법상 일반원칙에 따라 채무불이행을 원인으로 하여 전속계약을 해지함으로써 계약관계에서 벗어날 수 있다**(서울남부지방법원 2016. 4. 14. 선고 2014가합103504 판결).

이와 같이 법원은 대부분의 전속계약을 위임 유사 무명계약(비전형계약)으로 판단하고 있다. 따라서 민법상 위임 규정이 곧바로 적용되는 것은 아니다. 만일, 전속계약서에 해제·해지 조항이 있다면 그 계약의 내용에 따르고, 만약 해제·해지 조항이 없다면 민법 제543조 이하에 따라 어느 일방의 **채무불이행이 있는 경우에 그 상대방이 계약을 해지할 수 있다고** 할 것이다.

- **'신뢰관계 파탄'의 기본 법리**

법원은 연예인과 기획사 간 신뢰관계가 파괴된 경우, 연예인은 전속계약을 해지할 수 있다고 한다. 법원은 그 근거로, 전속계약에 의해 **연예인이 부담하는 전속의무는 일신전속적이고 대체 불가능한 것**으로서 그 성질상 계약당사자 상호간의 고도의 신뢰관계가 깨어진 경우까지 **연예인에게 그 자유의사에 반하는 전속활동의무를 강제하는 것은 연예인의 인격권을 지나치게 강압하는 것**으로서 현대의 문화관념과 인격존중이념에 배치되는 것이라는 점을 제시한다. 그리고 이때, 연예인의 전속계약의 해지로 인해 기획사가 손해를 입게 되었다면, 그 손해는 전속계약이 정하는 바에 따라 배상받으면 된다는 입장이다(서울고등법원 2004. 5. 11. 선고 2004라143 판결).

이러한 신뢰관계 파탄으로 인한 해지는 기획사의 전속계약상 의무 위반이 계약을 해지할 수 있을 정도로 중대하지 아니한 경우에도 인정될 수 있는 것이므로, 어떤 경우에 신뢰관계가 파탄된 것으로 볼 것인지에 대하여 판례상의 법리나 사례가 축적되지 아니하며 재판부의 성향에 따라 다른 결론이 나올 수 있다는 문제점이 지적되고 있다.

- **제목이 표준계약서라 하더라도, 실제로 일부 조항의 내용을 변경한 경우 불공정 계약에 해당할 수 있다!**

  기획사와 배우 또는 가수가 표준전속계약서의 표지(標識)를 그대로 사용하면서도 일부 계약 내용을 변경하여 체결한 전속계약은 「약관의 규제에 관한 법률」(이하 '약관법'이라 한다)에 위반될 가능성이 있다. 구체적으로, 기획사가 '여러 연예인과 체결하기 위하여 미리 마련한 계약서'를 해당 배우 또는 가수에게 제안하는 경우 전속계약서는 약관에 해당할 여지가 있고, 변경된 내용이 표준약관의 주요내용과 동일하지 않거나 연예인에게 불리한 경우에는, '표준계약서'라는 명칭과 함께 첫 페이지 우측 상단에 표준약관임을 표시하더라도 해당 조항이 무효로 될 가능성이 있다(약관법 제19조의3 제8항 및 제9항).

대중문화예술인(가수중심) 표준전속계약서

[가수 표준전속계약서에 사용된 표준약관 표지]

법원은 표준약관 표지를 사용하면서 수익배분 방식을 변경하여 체결한 전속계약에 대해, "표준약관에서 수익 배분은 음반 및 콘텐츠 판매와 관련된 수입과 연예활동과 관련된 수익을 분리하여 각각의 수익에서 각각의 비용을 공제하여 정산이 이루어져야 하는 것으로 규정하고 있는데, 이 사건 계약서에서는 피고(연예인)의 활동 전체의 수익에서 전체 비용을 공제하여 정산하는 것으로 수익 배분 방식을 정하고 있어 이는 표준약관의 내용보다 피고에게 불리하다고 할 것인 바, 그렇다면 약관의 규제에 관한 법률 제19조의3 제8항 및 제9항에 따라 피고에게 불리하게 규정된 내용은 무효"라고 판시한 바 있다(서울서부지방법원 2021. 12. 2. 선고 2020나48984 판결).

단, 계약의 상대방이 특정 조항을 미리 마련한 당사자와 거의 대등한 지위에서 그 상대방과 특정 조항에 관하여 충분한 고려를 한 뒤 영향력을 행사하여 변경하는 등 개별적인 교섭(또는 흥정)을 거침으로써 상대방이 자신의 이익을 조정할 기회를 가졌다면, 그 특정 조항은 약관의 규제에 관한 법률의 규율대상이 아닌 개별약정이 된다고 보아야 한다(대법원 2008. 7. 10. 선고 2008다16950 판결). 즉, 구체적인 조항의 내용 변경을 협상한 경우에는 해당 계약서가 '약관' 자체에 해당하지 않게 되어 불공정하다는 주장을 할 수 없게 된다는 취지이다. 결국 가장 좋은 방법은 협상 단계부터 계약 내용을 충분히 고려하고 협상하여 원하는 내용을 명시한 계약서에 날인하는 것이다.

라 관련 법령

「민법」
제103조(반사회질서의 법률행위)
선량한 풍속 기타 사회질서에 위반한 사항을 내용으로 하는 법률행위는 무효로 한다.

「약관의 규제에 관한 법률」
제19조의3(표준약관)
⑧ 사업자 및 사업자단체는 표준약관과 다른 내용을 약관으로 사용하는 경우 표준약관 표지를 사용하여서는 아니 된다.
⑨ 사업자 및 사업자단체가 제8항을 위반하여 표준약관 표지를 사용하는 경우 표준약관의 내용보다 고객에게 더 불리한 약관의 내용은 무효로 한다.

「대중문화예술산업발전법」
제2조(정의)
5. "대중문화예술제작업자"란 대중문화예술제작업을 하는 자를 말한다.
6. "대중문화예술기획업"이란 대중문화예술인의 대중문화예술용역을 제공 또는 알선하거나 이를 위하여 대중문화예술인에

대한 훈련·지도·상담 등을 하는 영업을 말한다.
7. "대중문화예술기획업자"란 대중문화예술기획업을 하기 위하여 제26조제1항에 따라 등록을 한 자를 말한다.
8. "대중문화예술사업자"란 대중문화예술제작업 또는 대중문화예술기획업을 하는 자를 말한다.
9. "대중문화예술제작물스태프"란 대중문화예술산업에 종사하는 자로서 대중문화예술제작물 제작과 관련된 기획, 촬영, 음향, 미술 등 업무에 기술적 또는 보조적인 용역을 제공하는 자를 말한다.

제26조(대중문화예술기획업의 등록)
① 대중문화예술기획업을 하려는 자는 문화체육관광부장관에게 **등록하여야 한다.** 이 경우 등록한 사항을 변경할 경우에도 또한 같다.
② 제1항에 따른 등록을 하려는 자는 다음 각 호의 요건을 갖추어야 한다.
1. 다음 각 목의 어느 하나에 해당하는 요건을 갖출 것. 다만, 법인의 경우에는 임원 1명 이상이 이에 해당하여야 한다.
가. 대중문화예술기획업에서 **2년 이상 종사한 경력**
나. 문화체육관광부령으로 정하는 시설에서 실시하는 **대중문화예술기획업 관련 교육과정의 이수**
2. 독립한 사무소
(생략)

⑥ 다른 법령에서 정한 절차에 따라 대중문화예술기획업의 등록을 한 경우에는 이 법에 따른 등록으로 본다.

제27조(결격사유)

다음 각 호의 어느 하나에 해당하는 자는 대중문화예술기획업을 운영하거나 그 업무에 종사할 수 없다.

3. 이 법,「형법」제287조부터 제292조까지 및 제294조,「특정범죄 가중처벌 등에 관한 법률」제5조의2,「성매매알선 등 행위의 처벌에 관한 법률」,「풍속영업의 규제에 관한 법률」및「아동·청소년의 성보호에 관한 법률」을 위반하거나「아동복지법」제3조제7호의2에 따른 아동학대관련범죄를 저질러 벌금 이상의 형의 선고를 받고 그 집행이 종료되거나 집행을 받지 아니하기로 확정된 후 3년이 경과되지 아니한 자

제40조(벌칙)

① 다음 각 호의 어느 하나에 해당하는 자는 **2년 이하의 징역 또는 2천만원 이하의 벌금에 처한다.**

3. 제26조제1항을 위반하여 등록을 하지 아니하고 영업한 자

마 관련 사례

Case 1 (4건)	전속계약 자체가 무효임을 주장한 사례
Case 2 (3건)	연예인이 기획사의 연예활동지원 의무 위반을 주장한 사례
Case 3 (4건)	연예인 또는 기획사가 정산 의무 불이행을 주장한 사례
Case 4 (2건)	기획사가 범죄·명예훼손·부당강요 행위를 한 사례
Case 5 (5건)	연예인의 이중계약·기타 의무 위반이 문제된 사례
Case 6 (4건)	전속금·계약금 또는 위약벌(위약금)이 문제된 사례
Case 7 (1건)	계약 당사자의 신뢰가 훼손되었다고 본 사례
Case 8 (2건)	연예인이 전속계약효력정지가처분을 신청한 사례
Case 9 (1건)	기타 계약상 제문제(양도, 취소) 또는 합의 해지 사례

전속계약 분쟁은 당사자간 계약의 내용에 따라 그 유형도 천차만별이다. 따라서 실제 판결에서는 '구체적인 계약의 내용'을 모두 설시한 후 판단하는 과정을 거치게 된다. 한편, 전속계약 분쟁은 오랜 시간 의무 위반이 누적되어 신뢰가 훼손된 상태에서 본격적으로 제기되기 때문에, 연예인 또는 기획사는 위 유형 중 **두 가지 이상의 의무 위반을 동시에 주장하는 경우가 대부분**이다. 예를 들어, 연예인이 '계약 자체도 불공정하게 맺은 것이라 무효인데다가(위 Case 1), 기획사는 매니저에게 급여도 제대로 지급하지 않았고(위 Case 2), 기획사가 지금까지 정산금도 제대로 준 적이 없으며(위 Case 3), 기획사 대표가 때때로 성희롱적인 발언을 하기도 하였는데(위 Case 4), 그렇다면 어느 모로 보아도 기획사는 전속계약상 의무를 준수하지 못한 것이다'라는 식의 여러가지 공격방법을 종합하여 판단을 구하는 것이다. 아래에서 살펴볼 판례도 당사자들이 하나의 소송에서 다양한 의무 위반을 주장하고 있는 경우가 많다. 다만, 이해를 돕기 위하여 **각 사안마다 주요 쟁점이 되었거나 판단이 이루어진 내용 하나를 추출하여**

해당 유형을 중점적으로 살펴본다. 또한, 배우, 가수, 모델 등 전속계약 상 매니지먼트 권한을 위임한 자를 합하여 '연예인'으로, 권한을 위임받은 전속매니지먼트기획사 등을 '기획사' 또는 '회사'로만 표현하기로 한다.

> **Case 1-1** 연예인에게 일방적으로 불공정한 내용의 계약은 전부 무효이다!
> 서울중앙지법 2009. 4. 8. 선고 2008가합98704 판결
> 서울고등법원 2010. 3. 17. 선고 2009나38065 판결
> 대법원 2010. 7. 29. 선고 2010다29584 판결

1. 사실관계

연예인 A는 2006년 7월 17일 "회사"와 전속계약을 체결하고, 회사에 소속된 가수로 활동하였다. A는 전속계약이 지나치게 불공정하고, 회사와 A 사이의 신뢰관계가 파탄되었다는 이유로 법원에 전속계약효력부존재확인 청구를 하였다.

A는 주위적으로, ① [계약기간] 계약기간을 첫 번째 음반 발매 후 10년으로 정하여 장기간으로 정했으면서도 A의 개인적인 사유로 연예활동을 하지 못할 경우에는 계약기간이 자동 연장되는 것으로 하였다는 점, ② [수익 분배] 심히 불공정한 수익분배 약정[58]을 둔 점, ③ [손해배상과 위약벌] A가 계약을 위반할 경우에는 총 투자액의 3배, 일실수익의 2배

---

[58] [제6조 이익의 분배 원칙]
이 사건 전속계약을 통해 얻는 모든 수입은 일단 회사에게 귀속되며, 회사는 그 수입금에서 제 비용을 공제한 나머지의 일정률을 아래에서 정하는 바에 따라 연예인에게 지급하여야 한다.

에다가 그와 별도로 위약벌 1억원까지 지급하도록 정하고도 회사가 계약을 위반할 경우에 관하여는 아무런 정함이 없는 점, ④ [계약의 해제·해지 가능성] 계약의 해제 여부가 회사의 주관적 판단에 따라 정해지도록 되어 있을 뿐, A가 계약에서 벗어나기 위해서는 오로지 연예활동을 중단하는 길 밖에 없는 점 등 쌍방의 권리·의무 사이에 불균형이 지나쳐 이 사건 전속계약 가운데 위에서 본 해당 조항들은 모두 민법 제103조에 위반하여 무효이고, 이 조항들을 제외한 나머지 조항만으로는 이 사건 전속계약 본래의 효력을 유지할 수 없으므로 이 사건 전속계약은 전부 무효라고 주장하였다.

한편, A는 예비적으로, 당사자 사이의 신뢰관계가 파탄에 이르러 해지사유가 발생하였으므로 A의 이 사건 전속계약의 해지에 따라 이 사건 전속계약은 그 효력을 유지할 수 없게 되었다고 주장하기도 했다.

[제7조 음반 발매와 모바일, 인터넷 유통으로 인한 이익의 분배]
① 연예인이 발표하고 회사가 발매한 음반에 대하여 단일음반의 경우에는 판매량 중 반품을 제외하고 50만 장 이상 판매되었을 경우 그 다음 앨범 발매시 5천만원을 지급하고, 100만 장 이상 판매되었을 경우 1억원을 지급하며, 싱글음반의 경우에는 그 절반을 지급한다. 다만, 앨범을 발매한 때부터 5년이 경과한 후에는 상기 인세의 100% 범위 내에서 연예인과 회사가 합의하여 이를 상향 조정할 수 있다.
② 전항은 연예인의 정규앨범의 수익에 대해서만 적용하고, 회사가 제작한 2차적 편집물(라이브 음반, 베스트 음반, 옴니버스 음반, 모음집 등)과 이미 발매된 곡을 회사가 편집앨범(컴필레이션 음반)으로 재발매할 경우 그 수익은 회사에게 귀속된다. 다만, 연예인이 편집앨범을 발매하면서 아직 발매된 적이 없는 연예인이 부른 새로운 곡을 삽입한 때에는 전체 수록곡 중 새로운 곡의 수에 상당한 비율의 수익을 연예인에게 지급하여야 한다.
③ 온라인, 유무선 인터넷, 모바일상의 음원유통(MP3와 그 외 디지털 음악파일과 사진 동영상파일의 유통을 포함)에 대한 수익과 해외시장 판매를 목적으로 외국에서 제작된 음반의 경우에는 순수익의 10%를 연예인에게 지급한다.

[제8조 음반 발매를 제외한 연예활동으로 인한 이익의 분배]
① 연예인이 고정방송매체(공중파, 케이블TV)에 출연하여 얻는 수익은 이 사건 전속계약에 의하여 발생한 수익으로 보고, 회사는 그 수익 중 40%를 연예인에게 지급하여야 한다.
② 고정출연 외에 게스트 및 가수로서의 방송출연으로 얻는 수익은 회사의 홍보진행비에 충당한 것으로 본다.

2. 법원의 판단

법원은 이 사건 전속계약이 전부 무효라고 판단하며, A의 주위적 청구를 인용하였다.

구체적으로 법원은, 첫째, ① **계약기간** 및 ④ **계약의 해제·해지 가능성**에 대해, 전속계약의 계약기간이 10년 이상의 장기간으로 정해져 있고, 회사는 해제(해지) 조항을 통해 전속계약에서 자유롭게 벗어날 수 있는 반면, A는 회사에 대하여 전속계약 위반을 주장하여 계약을 해제(해지)하는 것이 거의 불가능한 이상, A는 전속계약에서 정한 계약기간 동안 이 사건 전속계약에 심히 종속되어 그 활동의 자유가 지나치게 장기간 동안 부당하게 제한받을 수밖에 없는 상황이므로, 위 내용을 규정한 전속계약 조항은 그 내용이 민법 제103조에서 정한 선량한 풍속 기타 사회질서에 위반된다고 판단하였다.

둘째, ② **수익 분배**에 관하여, 음반의 실제 판매량에 따라 수익을 분배 받고, 모바일·인터넷에서의 음원 유통에 의한 수익에 관해서는 A가 그 순수익의 10%만을 배분 받는데다가, 연예활동으로 인한 수익은 실질적으로 고정출연인 경우에 한해 분배 받을 수 있다는 점에서, A가 주장할 수

---

③ 연예인의 연예활동 중 음반판매와 방송매체 출연수입을 제외한 모든 수입은 누적운영비를 제외한 순수익을 연예인과 회사가 균등 배분한다. 다만, 연예인이 그룹 기타 다수인으로 구성될 경우 연예인의 배분 비율은 60%로 한다.
④ 전항에서 운영비라 함은 연예인의 연예활동을 위한 매니저 및 그 일행이 사용하는 경비로서 교통비, 숙박비, 식대, 메이크업 및 코디네이터, 무용단 및 필요무대 인원비용 등 실제 연예활동 시에 일반적인 필요경비, 매니저 및 로드매니저의 월급, 숙소에서의 모든 생활비와 연예활동을 위한 트레이닝 비용을 포함한다.
⑤ 본조에서 정하는 수익의 배분은 수입 발생 후 6개월 내에 이루어져야 한다.

있는 이익은 극히 미미한 반면, 회사는 A에게 귀속시키는 것이 타당하다고 할 수 있는 권리까지도 모두 가져가는 심히 불공정한 이익 분배라고 보아, 그 내용이 민법 제103조에서 정한 선량한 풍속 기타 사회질서에 위반된다고 판시하였다.

셋째, ③ **손해배상과 위약벌**에 관해, 계약 당사자 중 일방에 대해서만 손해배상이나 위약벌을 정한 것은 그 자체로 불공정하고, 이 사건 전속계약에서 정한 손해배상과 위약벌의 정도에 관하여 보더라도, 손해배상은 피고가 들인 총 투자액의 3배에 잔여 계약기간 동안의 예상이익금의 2배 상당의 금액을 더하고, 여기에 다시 위약벌로 1억원을 가산해야 하기 때문에 A로서는 그 금액을 예상하기도 어렵고, 현실적으로 이를 감당하기도 어려울 것으로 보인다고 설시하였다.

또한 법원은 위에서 이 사건 전속계약의 중요한 조항들을 무효로 판단한 이상, 나머지 계약조항들만으로는 전속계약 자체의 목적을 달성할 수 없을 뿐만 아니라, 당사자들 역시 그러한 조항이 없더라도 나머지 조항들만으로 전속계약을 체결하였을 것으로 볼 수 없다고 하면서, 결국 전속계약은 그 전부가 무효라고 결론 내렸다.

4. 해설

민법 제137조는, "법률행위의 일부분이 무효인 때에는 그 전부를 무효로 한다. 그러나 그 무효부분이 없더라도 법률행위를 하였을 것이라고 인정될 때에는 나머지 부분은 무효가 되지 아니한다."라고 규정하고 있다. 이 사건에서 전체 전속계약 중 계약기간, 이익의 분배, 계약의 해제, 손해배상을 규정한 일부 조항만을 무효로 판단하였음에도, 그러한 중요한 조항이 없었다면 A와 회사가 나머지 조항들만으로 이 사건 전속계약을 체결할 것으로 볼 수 없다는 이유로 민법 제137조에 따라 전속계약 전부를 무효로 판단한 것이다. 결국, 전속계약 체결에 핵심이 되는 중요 조항이 무효가 될 가능성이 있는 경우에는 전속계약 전체가 무효가 될 수 있다.

> **Case 1-2** **표준계약서에 비추어 이익분배, 저작권과 상표권의 귀속, 지휘감독권과 복종의무 등 주요 내용이 심각하게 불공정한 경우라면 계약 전체가 무효이다.**
> 서울남부법원 2015. 2. 4. 선고 2014가단37655(본소),
> 2014가단228482(반소) 판결
> 서울남부지방법원 2015. 11. 12. 선고 2015나52164 판결

1. 사실관계

걸그룹 F에 소속된 C는 2013년경 회사와 전속계약을 체결하고 활동하였다. 회사는, C가 정식 데뷔 이전에도 무단으로 회사를 이탈하거나 회사의 지시를 불이행하다가 2014년 1월 이후로는 회사와의 연락을 완전히 끊는 등 전속계약상의 의무 이행을 거절하였다는 이유로, C를 상대로 소를 제기했다. 회사는 **주위적으로** 전속계약을 해지하고 손해배상을 청구하였고, **예비적으로** 회사가 C에게 들인 비용에 대해 부당이득반환 청구를 하였다.

그러자, C는 이 사건 전속계약이 불공정, 반사회적 계약으로서 무효임을 주장하며, 회사를 상대로 **반소**를 제기했다. 구체적으로, C는 **주위적으로** ① [수익분배] 수익분배 규정이 회사에게만 유리한 점, ② [권리 귀속] C가 창작한 모든 저작권 및 실연가로서의 권리가 모두 회사에게 귀속되는 점, ③ [지휘 감독권] C는 회사의 모든 지시에 예외 없이 따라야 하며, 그에 따르지 않을 경우 계약 해제의 제재를 받을 수 있도록 한 점, ④ [손해배상] 위약금 지급의무는 오로지 C에 대해서만 적용되고, C가 이 사건 전속계약에서 정한 의무 중 단 한 가지라도 위반할 경우 회사가 C를 위해 지출한 비용을 전액 배상하도록 규정한 손해배상의 예정액 조항이 불공정하다는 점을 주장하였고, **예비적으로** 이 사건 전속계약이 합의 해지되었음을 주장하였다.

2. 법원의 판단

회사의 C에 대한 청구는 전속계약이 유효함을 전제로, C의 의무 불이행을 문제 삼은 것이므로, 결국 이 사건에서 중요한 것은 C의 주장대로 전속계약이 무효인지 여부였다.

법원은 회사와 C 사이의 전속계약이 전부 무효라고 판단하여 회사의 주위적, 예비적 청구를 모두 기각하고, C의 반소 청구 중 주위적 청구(전속계약의 무효 확인)를 인용하였다.

구체적으로 법원은, 우선 **수익분배**에 관해, 전속계약에서는 음반 판매량 1만 장을 기점으로 C에게 1매당 1백 원의 수익금을 지급하도록 되어 있으나, C가 소속된 그룹 F는 행사출연 등이 주된 활동이었고, 기존에 발표된 다른 아티스트의 노래와 율동을 따라 하는 수준의 공연을 하여 온 점, 모바일시장 등을 통해 주로 음원을 판매하는 현재의 음반시장 상황 등을 고려했을 때 음반 판매로 인한 수익을 분배 받기는 어려울 것으로 판단했다.

한편, 전속계약 다른 조항에서는 회사가 C의 활동을 위해 지출한 경비 및 기타 비용을 공제한 나머지 금액을 분배대상 수익으로 규정하고 있긴 하지만, 수익 분배 여부 및 범위를 결정하는 우선 충당 대상의 관련 규정에 '활동', '경비', '기타 비용', '모든 비용' 등의 일반적 추상적 문구가 사용되어서 그 자체로 C의 수익 분배 청구권을 제약할 가능성이 크다는 점을 지적하며, 그럼에도 분배 대상 수익 중 10% 내지 20%만을 C에게 귀속시키는 내용의 약정은 회사에게만 일방적으로 유리하다고 판시하였다.

나아가, 전속계약에서 C에게 수익분배에 관하여 회사의 정산이 적절하게 이루어졌는지 여부를 판단하기 위한 자료제공 요구권, 이의제기권 등을 전혀 부여하지 않은 점까지 종합하여 보면, C의 전속계약상 가장 중요한 권리 중 하나인 수익 분배권이 형해화(形骸化) 될 우려가 있다고 판단하였다.

실제로도 회사는 C에게 정산자료를 일절 제공한 적 없고, 이 사건 소에서도 객관적인 증빙이 아닌 사실확인서, 견적서 등을 근거로 비용 지출을 주장하는 것은 전속계약상 수익분배 관련 규정이 갖는 불공정성이 현실화된 것이라고 판단하였다.

둘째로, **권리 귀속**에 관하여, 전속계약에 의하면 회사는 기간의 제한 없이 상표권, 저작물 등 콘텐츠를 사용할 수 있는데, 이는 공정거래위원회의 표준계약서 내용에 비추어 봐도 지나치게 회사에게만 유리한 조항이라고 판시하였다.

셋째로, **지휘 감독권**에 관하여, 전속계약에서 C에게 회사의 지시에 무조건적으로 복종해야 할 의무를 부과하면서도 C가 회사의 지시를 거부할 수 있는 사유에 관하여는 아무런 규정을 두고 있지 않은 점을 지적하며, 위 규정은 회사의 지시권 행사에 최소한의 예외도 두지 않고 있어서 인격권 침해의 소지가 크다고 판단하였다. 또한, 계약 위반행위의 종류나 경중을 묻지 않고 제재의 종류를 회사가 자유롭게 선택할 수 있도록 한 것은 비례의 원칙에 어긋날 뿐만 아니라, 계약 위반으로 인한 제재는 계약당사자의 이해관계에 중대한 영향을 미치는 사항이므로 그 사유를 구체적으로 정해야 함에도 포괄적이고 불분명한 제재사유를 규정하여, 회사가 자의적으로 제재권을 행사할 수 있는 여지를 제공했다는 점에서, 이는 결국 C의 자유를 심하게 제한하는 것으로서 선량한 풍속 기타 사회질서에 어긋난다고 판시하였다.

마지막으로, **손해배상**에 관하여, 법원은 전속계약상 C가 부담하는 의무는 지휘감독권에 복종할 의무, 회사의 명예나 신용을 해치는 발언, 언동을 하지 않을 의무, 연예인으로서의 품위를 손상시키는 행위를 하지 않은 의무 등과 같이 일반적, 추상적, 포괄적인 점, 의무위반의 내용, 정도와 관계없이 회사가 지출한 모든 비용 상당액을 배상하도록 한 것은 그 성격이 손해배상의 예정이라는 점을 고려하더라도 지나치다는 점 등을 고려하여 이 사건 전속계약 중 위약금, 손해배상, 무상출연에 관한 부분은 회사에게만 유리한 규정으로서 불공정하다고 판단하였다.

결국, 법원은 이 사건 전속계약 중 수익 분배, 계약의 해제, 손해배상, 지휘감독권 등 중요한 조항들이 모두 민법 제103조에 위반하여 무효인 이상, 나머지 계약조항만으로는 이 사건 전속계약 자체의 목적을 달성할 수 없을 뿐만 아니라, 당사자들 역시 그러한 조항이 없더라도 나머지 조항들만으로 전속계약을 체결하였을 것으로 보이지도 아니하므로 결국 이 사건 전속계약은 그 전부가 무효라고 결론지었다.

> **Case 1-3** 계약기간이 10년 이상이지만 당사자의 진정한 의사에 의하여 체결된 것이라면 유효하다!
> 서울중앙지방법원 2017. 4. 28. 선고 2015가합553452 판결
> 서울고등법원 2017. 10. 27. 선고 2017나2026261 판결

1. 사실관계

남자아이돌 그룹 E 소속 연예인 A는 2010년 12월 18일 회사와 전속계약을 체결하였다. 그리고 같은 날, 해외진출을 위한 준비, 해외 현지 회사와의 계약 및 기타 현지에서의 효율적인 연예활동과 창작활동을 위하여 위 기간보다 장기간의 계약이 유지될 필요성에 대해 상호 인지하고 동의하여 계약기간을 3년 더 연장하기로 하는 부속합의서를 체결하였다(계약기간 총 10년). A는 2015년 4월경 그룹 E에서 탈퇴하겠다는 의사를 표시하고 중국에서 활동하였다.

A는 회사를 상대로 소를 제기하였는데, **주위적으로** 전속계약이 ① [계약 체결과정의 불공정성] 회사가 절대적으로 우월한 지위에서 회사의 일방적인 의사에 따라 체결되었다는 점, ② [계약기간] 계약기간[59]이 과도

---

59) 제5조(계약기간 등)
 ① 본 계약의 계약기간은 2010. 12. 18.부터 시작하여 연예인의 연예활동 데뷔일로부터 7년째 되는 날 종료한다.
 ② 당사자 사이에 별도의 합의가 없는 한, 제1항의 연예활동 데뷔일은 아래와 같이 정한다.
  1. 가수로 데뷔하는 경우: 연예인또는 연예인이 속한 그룹의 첫 음반(정규/싱글/미니음반 포함하며, 단 타 아티스트 앨범 등에의 객원참가는 제외됨)
 ③ 연예인이 본 계약 체결할 당시 17세 이하의 경우에는 5년, 18세 이상 19세 이하인 경우에는 4년, 20세 이상의 경우에는 3년간 제2항에 따른 데뷔를 하지 못하는 경우, 그 날부터 7년째 되는 날 본 계약은 종료한다.
 ④ 연예인이 개인 또는 그룹의 일원으로서 해외 연예활동에 진출하기로 하는 합의가 당사자 사이에서 이루어

하게 장기라는 점, ③ **[계약의 적용범위]** 이 사건 전속계약의 적용 범위는 전 세계 지역일 뿐만 아니라, A는 그룹 E의 활동과 무관한 문예적·미술적 창작활동을 하는 경우에도 회사의 동의를 받아야 하는 등 그 계약 내용이 지나치게 포괄적이라는 점, ④ **[위약벌]** 계약기간 도중 A가 계약을 일방적으로 파기할 목적으로 계약상의 내용을 위반할 경우 손해배상 외에 계약해지 당시를 기준으로 직전 2년간의 월 평균 매출액에 잔여 계약기간 개월 수를 곱한 금액을 위약벌로 지급하도록 규정하고 있는 등 과도한 위약벌을 정하고 있고, 이러한 위약벌 약정은 오로지 A에게만 적용된다는 점, ⑤ **[전속계약금 및 기본급 보장]** 회사가 A에게 전속계약금이나 기본급 보장도 하지 않고 있다는 점, ⑥ **[수익분배]** 전속계약의 수익분배 규정의 수익분배율이나 분배 기준이 현저하게 균형을 잃어 불공정하다는 점을 근거로 들어 약관법 또는 민법 제103조에 의해 무효라는 점을 주장하였고, <u>예비적으로</u> 전속계약의 임의 해지 내지는 신뢰관계 파탄을 이유로 한 해지를 주장하였다.

진 경우에는, 연예인과 회사는 제1항의 계약기간을 연장하는 별도의 서면 합의를 체결하기로 한다.
⑤ 본 계약기간 중 다음 각 호의 어느 하나와 같이 연예인의 개인 신상에 관한 사유로 연예인이 정상적인 연예활동을 할 수 없게 된 경우에는 그 기간만큼 계약기간이 연장되는 것으로 한다.
  1. 군복무를 하는 경우
  2. 임신, 출산 및 육아, 대학원에 진학하는 경우 또는 유학의 경우
  3. 연예활동과 무관한 사유로 인하여 병원 등에 연속으로 30일 이상 입원하는 경우
  4. 관계법령 위반에 따른 체포·구속, 징역·금고 및 구류, 소송(회사/제3자), 본 계약상의 의무불이행, 분쟁 등 기타 일신상의 사유로 연예활동에 지장을 주거나 정상적인 연예활동이 불가능한 경우(단, 제19조 제1항에 따른 해제권 또는 해지권을 행사하지 않는 경우에 한함) 등 기타 연예인의 책임 있는 사유로 연예활동을 할 수 없게 된 경우

2. 법원의 판단

법원은 A와 회사 사이의 전속계약이 유효하다고 판단하며, A의 주위적 청구와 예비적 청구를 모두 기각하였다.

구체적으로, 먼저 **계약 체결과정의 불공정성**에 대해, A가 계약 체결 당시 미성년자이긴 하였으나, A의 아버지가 입회한 가운데 회사와 이 사건 전속계약을 체결하였고, A의 자율적 의사에 반하였다는 사정을 찾아볼 수 없다고 판단하였다.

둘째로, **계약기간**과 관련하여, 법원은, 전속계약에 의한 A의 총 계약기간은 12년으로 장기이고, 계약기간이 최대 15년까지 연장될 수 있다는 점은 인정하였다. 그러나 공정거래위원회의 표준전속계약서에서도 계약기간 자체에는 제한을 두지 않고 있으며, A가 데뷔를 하지 못할 경우 회사로서는 A의 교육 등을 위하여 비용을 지출한 후 어떠한 수익도 거두지 못하게 된다는 점을 고려하여, 이 조항이 A 일방에게만 불리한 약정으로, A의 기본권을 침해한다고 보기 어렵다고 판시하였다.

셋째로, **계약의 적용범위**에 관하여, 법원은 표준전속계약서에서도 계약의 적용 범위를 전 세계 지역으로 정하고 있고, 연예활동의 범위에 관하여 문예·미술 등의 창작활동 등으로서 계약당사자가 별도로 합의한 활동을 포함시키고 있으며, 이 사건 전속계약은 A의 해외활동을 예정하여 체결되었고, 구체적인 연예활동의 범위와 매체 등은 A와 회사의 합의로 달리 정할 수 있다고 정하고 있어 그 계약 내용이 지나치게 포괄적이라고 단정하기 어렵다고 판단하였다.

넷째, **위약벌**에 관하여, 전속계약의 위약벌 규정은 공정거래위원회가 공표한 표준계약서의 내용과 동일한데, A가 계약을 일방적으로 파기할 목적으로 계약을 위반한 경우에만 지급 의무가 발생하고, 잔여 계약기간이 줄어들수록 위약벌의 금액도 줄어든다는 점을 지적하였다. 또한, 회사의 위약벌에 대한 규정은 존재하지 않지만, A는 회사의 채무불이행에 대하여 손해배상책임을 물을 수 있다는 점을 언급하였다. 법원은 위 사정을 고려하여, 이 사건 전속계약에서 정한 위약벌이 부당하게 과중하거나 불공정한 것으로 볼 수 없다고 하였다.

다섯째, **전속계약금 및 기본급 보장**에 관하여, 전속계약은 '위임 유사의 무명계약'의 성질을 가지고, '고용관계'와 유사하다고 보기는 어려우므로, 회사가 전속계약금 및 기본급을 보장하지 않았다고 하여 이를 부당하다고 볼 수 없다고 판시하였다.

마지막으로, **수익분배**에 관하여, 우선 연예활동의 일환으로 이루어진 A와 관련된 콘텐츠에 관한 권리를 회사에게 귀속하도록 하는 것은 부당하지 않다고 판단하였다. 다음으로, 음반 등 유형적 매체에 관하여 매출액 중 2~5%를 A에게 분배하는 것이 수치상으로 적은 것처럼 보이긴 하나, 음반 및 영상 제작비용을 모두 회사가 투입하고 있고, 일정량 이상의 음반이 판매되지 않을 경우 회사는 위 비용을 회수할 수 없는 데 반하여,

회사는 음반이 판매되기만 하면 그로 인하여 수익이 발생하지 않더라도 매출액의 일부를 A에게 분배해야 하므로, 위와 같은 분배율이 A에게 불리하다고 볼 수 없다고 하였다. 한편, 수익을 그룹 구성원 수에 따라 균등 분할하는 분배 기준 또한 그룹활동에 따라 불가피하게 발생하는 결과로서, A에게 부당하게 불리한 것으로 보이지 않는다고 판시했다.

결국, 법원은 위 사정을 종합하여, '전속계약이 A에게 부당하게 불리한 것으로서 신의성실의 원칙에 반하여 공정을 잃은 법률행위이므로 약관법 및 민법 제103조를 위반하여 무효'라는 A의 주위적 청구를 받아들이지 않았다.

한편, 이 사건 전속계약을 임의 해지하거나 신뢰관계 파탄을 이유로 해지하고자 하는 A의 예비적 청구도 기각되었다.

4. 해설

표준전속계약서가 계약기간이 7년을 초과하는 경우 연예인에게 언제든지 계약을 해지할 수 있다는 취지의 규정을 두면서, 마치 계약기간은 예외 없이 최대 7년까지만 가능한 것으로 이해하는 이들이 있다. 그러나, 앞서 살펴보았던 여러 판례에서 알 수 있듯이 법원은 일관되게 표준전속계약서가 위와 같은 해지권을 인정하는 것과 구분하여 계약기간 자체에는 제한을 두지 않은 것으로 보고 있다. 즉, 해지권의 인정이 계약기간의 설정 한도를 의미한다고 판단하지 않는 것이다.

해당 판례에서도 A는 계약기간이 7년을 넘는 점을 들어 지나치게 장기간이어서 전속계약이 무효라고 주장하였지만, 법원은 총 계약기간이 길더라도 해외활동을 하기 위하여 당사자 간 합의에 의하여 10년 이상의 기간을 정한 것이라면 전속계약 자체를 무효로 볼 수 없다고 판단함으로써 상술한 입장을 고수하였다.

> **Case 1-4** 표준전속계약에 기초한 '계약기간 7년'은 유효하다!
> 서울중앙지방법원 2016. 6. 23. 선고 2015가합19327 판결

1. 사실관계

쌍둥이인 A, B는 2012년 7월 2일 회사와 전속계약을 체결하고, 2012년 8월 9일 음반을 발매하여 2인조 가수로 연예활동을 시작하였다. A, B는 2015년 8월 법원에 전속계약효력부존재 확인의 소를 제기하였다.

A와 B는 **주위적으로**, ① [계약기간] 계약기간이 첫 번째 음반 출시일로부터 7년으로 되어 있는 바, 그 기간은 지나치게 장기간이고, 계약의 종료 시점을 예측할 수도 없으며, 계약기간이 훨씬 길어질 수 있다는 점, ② **[손해배상과 위약벌]** 전속계약에서 '계약금 및 총 투자액 2배액과 잔여 계약기간의 예상수익금의 2배액'이라는 과도한 손해배상액을 예정했을 뿐만 아니라 이를 현금으로 5일 이내에 지급하도록 정하고 있어 A와 B가 계약에서 벗어날 수 있는 기회를 원천적으로 봉쇄하고 있는 반면, 회사의

계약 위반에 대한 위약금은 전혀 규정하고 있지 않다는 점, ③ **[활동 강요]** 전속계약은 A와 B의 모든 계약 체결이나 활동 일정에 대한 A와 B에게 발언권을 부여하지 않은 채, 회사의 결정에 따르도록 되어있고, 회사가 지정하는 매니저가 요구하는 제반 일정에 출연하도록 하여 A와 B의 활동을 비정상적으로 강요한다는 점, ④ **[권리 귀속]** A, B와 관련된 영상물의 저작권이 회사에게 모두 귀속된다는 점, ⑤ **[수익 분배]** 정규앨범이 3만 장 이상 판매되는 경우에 A, B에게 로열티를 지급하도록 정하고, 출연료 및 음원 유통 매출액에서 비용을 공제한 후 순수익을 분배하는 것으로 하였으며, 홍보를 목적으로 한 1회성 출연의 경우 출연료 전액을 홍보 진행비로 충당하도록 정한 수익 분배 규정 또한 현저하게 균형을 잃었고, 나아가 구체적인 수익분배 방식이나 이의제기 절차 등에 대해서 전혀 규정하고 있지 않기 때문에 무효라고 주장하였다.

한편, A와 B는 **예비적으로**, 당사자 사이의 신뢰관계가 파탄에 이르러 해지사유가 발생하였으므로 A, B의 전속계약의 해지에 따라 전속계약은 그 효력을 유지할 수 없게 되었다고 주장하기도 했다.

2. 법원의 판단

법원은 전속계약이 유효하다고 판단하며, A와 B의 주위적, 예비적 청구를 모두 기각하였다.

구체적으로 법원은, 첫째, **계약기간**에 관하여, 공정거래위원회가 작성하여 공표한 대중문화예술인(가수중심) 표준전속계약서 또한 기본적으로 계약기간 자체에는 제한을 두지 않고, 다만 7년이 넘으면 가수가 계약 해지를 주장할 수 있는 것으로 정하면서도, 정당한 사유가 있는 경우에는 별도 합의에 따라 장기계약도 가능한 것으로 정하고 있다는 점을 고려하였다. 또한, 신인 연예인의 연예활동을 위해 필수적인 기획사의 막대한 투자비용을 회수하기 위하여 일정한 전속기간을 정하는 것은 필수불가결할 뿐만 아니라 이러한 전속기간은 기획사의 투자를 가능하게 유인하는 역할도 하게 된다는 점 또한 인정하였다. 결국, 이와 같은 점들을 종합하면, 이 사건 전속계약에서 정한 계약기간 7년이 A, B의 기본권을 침해할 정도로 이르는 부당한 장기라고 보이지는 않는다고 판단하였다.

둘째, **손해배상과 위약벌**에 관하여, 기획사는 오랜 시간과 상당한 비용을 투자하여 대중의 인기를 얻는데 성공한 연예인이 무단으로 계약을 이탈하게 되는 경우 큰 손해를 입게 되는 반면, 그 구체적인 손해액 입증에 어려움을 겪을 수밖에 없어 적절한 손해배상을 받는 것이 곤란한 사정이 있으므로, 기획사는 연예인과의 전속계약을 체결함에 있어 연예인의 채무불이행으로 인한 손해배상액을 사전에 예정해 둘 필요가 있고, 기획사가 신인 연예인을 발굴·육성하기 위하여 상당한 시간과 비용이 투입되는 점까지 고려하면, 이 사건 전속계약의 손해배상액의 예정이 지나치게 과도한 것으로 보이지는 않는다고 하였다.

셋째, **활동 강요**에 관하여, 기획사와 연예인이 체결하는 전속계약의 본질 자체가 기획사가 연예활동 관련 업무의 처리에 관한 서비스를 제공하고, 연예인은 그 계약상의 기획사를 통해서만 연예활동을 하여야 하며, 그 외 직접 또는 제3자를 통해서는 연예활동을 하지 않을 의무를 부담하는 것을 주요 내용으로 하므로, 이 사건 전속계약이 회사가 A, B에게 비정상적인 활동을 강요하는 것은 아니라고 판단하였다.

넷째, **권리 귀속**에 관하여, A, B와 관련하여 제작된 영상물 등은 회사의 지원에 근거한 연예활동의 일환으로서 이루어지는 것이므로, 그 저작권을 회사에 귀속하는 것이 부당하다고 할 수 없다고 판단하였다.

마지막으로, **수익 분배**에 관하여, 회사가 A, B의 활동을 위한 모든 비용을 부담하는 상황에서, 그 비용의 회수를 고려하였을 때 이 사건 전속계약의 손익분배 규정 또한 합리성이 있다고 판시하였다.

결국, 법원은 이 사건 전속계약이 유효하다고 결론 내렸고, 신뢰관계 파탄을 이유로 이 사건 전속계약을 해지한다는 A, B의 예비적 청구 역시 이유 없다고 하여 A와 B의 모든 청구를 기각하였다.

3. 해설

이 사건 전속계약의 계약기간 관련 문제에서, 법원은 공정거래위원회가 공표한 표준전속계약서는 연예인과 기획사의 입장 차이를 충분히 고려하고 연예매니지먼트 산업 관련 단체들로부터 충분한 의견을 듣고 제정된 것이므로, 세부 내용에 일부 변경이 있었음에도 표준전속계약서에 따른 계약은 원칙적으로 유효하다는 판단을 하였다. 결국 개별 전속계약이 표준전속계약서를 기초로 작성되었는지, 그로부터 얼마나 변경되었는지 여부가 중요한 기준으로 등장한 것이다.

전속계약은 기본적으로 사인(내지 사기업) 간에 체결되는 계약인 점에서 당사자 간의 합의로 자유롭게 그 내용을 정할 수 있고, 계약기간 등 그 내용을 일정하게 강제하거나 제한하는 법령이 존재하지 않는다. 때문에 표준전속계약서가 그 계약내용의 불공정성을 주장하는 주된 기준으로 활용되고 있으며, 해당 판례는 법원 역시 판단에 있어 표준전속계약서의 내용을 중요한 기준으로 삼는다는 점을 보여주고 있다.

[Case 1의 쟁점과 관련한 기타 판례들]

◆ **전속계약을 무효로 본 판례**

☞ 계약기간이 정규음반 10장을 출시한 날부터 10년 이상의 장기간으로 정해져 있고, 연예인에게 계약내용 수정권한도 없는 경우 전속계약은 무효(서울남부지방법원 2012. 6. 29. 선고 2012가합694 판결)

☞ 계약금이 300만원에 불과하고 기획사의 연예인에 대한 지휘감독권을 폭넓게 인정하며 제재방법도 마음대로 선택할 수 있고, 연예인에게 손해배상책임이 발생하는 경우 투자받은 비용의 5배를 배상하도록 예정하고 있어서 불공정하

므로 무효(서울남부지방법원 2012. 9. 18. 선고 2011가단 95537 판결)

☞ 계약기간을 첫번째 음반 발매일로부터 10년으로 정하고 개인 신상에 관한 사유로 활동을 할 수 없을 경우 계약기간이 연장된다고 정하고 있고, 계약을 강제하는 손해배상규정도 있어서 연예인에게 지나치게 불리하여 무효(서울중앙지방법원 2006. 10. 11. 선고 2006가합37354 판결)

☞ 계약기간이 10년이고, 해지 시 투자비의 10배를 반환하여야 하며, 기획사가 기획한 모든 콘서트에 무한적으로 출연해야 하는 계약은 연예인의 경제의 자유를 지나치게 침해하여 무효(서울중앙지방법원 2008. 11. 6. 선고 2008가합4181 판결)

☞ 대형 기획사와 외국인인 미성년자 연예인간의 전속계약에서, 대형 기획사가 연예인보다 우월적인 지위에서 계약이 체결된 것으로 판단하며, 계약기간이 13년이라는 점만으로는 곧바로 무효로 보기 어렵지만, 권리와 의무의 분배 규정, 위약벌 또는 손해배상의 예정 규정('총 투자액의 3배, 계약 중 일실이익의 2배 배상')과 같은 중요한 조항이 불공정하여 무효인 이상, 전체 전속계약도 무효(서울중앙지방법원 2010.

12. 21. 선고 2009가합143410 판결)

☞ 계약기간이 장기간일 뿐 아니라, 전속계약금 8,000만원 중 2,000만원을 연예인의 성형수술비 명목으로 지급한 것은 연예활동 준비 비용을 기획사가 부담하는 관례에 맞지 않고, 계약해지 시 성형수술비를 포함한 전속계약금의 3배를 배상하게 하는 것은 부당하게 과중한 의무를 부담시키는 것이어서, 단순히 계약 위반으로 인한 투자자의 손해 회복 내지 계약 위반에 대한 제재 차원을 넘어서서 연예인을 기획사에 예속시킬 정도로 현저히 불공정하고 사회 질서에 반하므로 전속계약은 전부 무효(서울중앙지방법원 2012. 11. 14. 선고 2012가합19982 판결)

☞ 수익분배 조항이 ① 연예활동으로 얻은 모든 수입금을 기획사 7 : 연예인 3의 비율로 먼저 분배하고, ② 다음으로 연예활동으로 지출한 비용을 기획사 5 : 연예인 5의 비율로 나누어 위 분배비율로 나눈 각 수입금에서 비용을 각 공제하도록 규정되어 있다면, 기획사는 매출대비 비용이 140%가 되더라도 전혀 손실을 부담하지 않는 반면, 반대로 연예인은 매출 대비 비용이 60%를 초과하면 수익을 얻지 못하는 상황이 발생하게 되는 구조이므로 연예인에게 매우 불합리하여 무효이고, 수익분배조항이 무효인 이상 전체 전속계

약도 무효(서울북부지방법원 2023. 8. 17. 선고 2021가합 28437 판결, 항소심 진행 중).

◈ 전속계약을 유효로 본 판례

☞ 수익분배비율을 2007년 7 : 3(기획사 : 연예인), 2008년 6 : 4, 2009년 5 : 5로 설정한 수익분배규정이 불공정하여 무효인 지 여부가 문제 된 사안에서, 연예인은 이미 다른 기획사와 계약을 체결한 경험도 있고 각 조항마다 별도의 무인(지장) 이 있어서 불공정한 계약으로 볼 수 없을 뿐만 아니라(민법 제104조 위반 아님), 연예인의 수익이 증가할 것으로 예측 되는 2009년 이후에는 기획사와 연예인의 수익 분배 비율 을 동일하게 규정하고 있고, 수익의 분배에 관한 사항은 원 칙적으로 당사자의 사적 자치의 영역인 점 등을 고려하면, 위 수익분배규정은 유효(민법 제103조 위반 아님)하고, 결 국 전속계약도 유효하다고 판시한 판례(서울동부지방법원 2008. 5. 30. 선고 2007가합17039 판결)

☞ 연예산업의 경우 초기에 신인을 발굴하는 데 많은 비용과 시간이 소요되며 신인들 중 소수의 사람들만이 소위 '스타' 가 되는 위험성이 높은 산업이어서, 계약기간을 10년으로 정하지 않으면, 기획사가 수익을 거둘 시점에 계약이 끝나 투자한 돈을 회수하기 어려워질 우려가 높은 점을 고려할

때, 기획사가 신의성실의 원칙에 반하여 조건의 성취를 방해(민법 제150조 제1항)하였다는 등의 특별한 사정이 없는 한 계약기간이 10년이라는 사정만으로는 계약이 무효라고 볼 수 없다고 판시한 사례(서울중앙지방법원 2006. 5. 25. 선고 2005가합85172 판결)

◆ **기타 판례**
☞ 이미 계약이 묵시적으로 해지되었는데 기획사가 계약의 존속을 주장하는 경우, 연예인은 법원에 더 이상 계약이 존재하지 아니한다는 확인을 구할 수 있음(서울중앙지방법원 2007. 9. 5. 선고 2007가합15795 판결)

Case 2-1 기획사가 연예활동을 지원할 의무를 위반한 경우 계약 해지가 가능하다!
서울중앙지방법원 2006. 11. 7. 선고 2006가합15255 판결
서울고등법원 2008. 4. 16. 선고 2007나4594 판결

1. 사실 관계

A, B, C는 V그룹을 결성하고 활동하던 중, 2003년 4월경 회사와 전속계약을 체결하였는데, 그 계약내용은 다음과 같다.
(1) A, B, C는 회사와 그룹 V의 2, 3, 4집을 발매하며, 계약기간은 마

지막 음반활동 종료일 까지다.

(2) 회사는 저작물 및 콘텐츠에 대한 독점적인 사용수익권을 갖는다.

(3) 모든 수입은 일단 회사에 귀속되며, 회사는 비용을 공제한 나머지의 일정률을 A, B, C에게 지급하여야 한다.

이후 회사와 A, B, C간 여러 갈등으로 인해, V의 멤버들인 A, B, C는 법원에 이 사건 전속계약에 기한 A, B, C의 채무가 존재하지 않는다는 채무부존재 확인의 소를 제기하였다.

구체적으로, A, B, C는 ① 회사가 V의 음반활동에 따른 수입을 분배하지 않았다는 점, ② 회사의 대표이사가 청소년의 성보호에 관한 법률 위반으로 구속됨으로써 A, B, C의 명예를 훼손하였다는 점, ③ 회사가 연예활동지원의무를 다하지 않는 등 이 사건 전속계약상의 의무를 위반하였으므로 이 사건 전속계약을 해지하고, 그에 따른 A, B, C의 채무가 존재하지 않는다고 주장하였다.

이에 회사는 채무불이행 사실이 없으며, 오히려 A, B, C가 출연료를 횡령하고, 공연에 불참하였으며, 새로운 기획사와 전속계약을 체결하는 등 전속계약을 위반하였다고 주장하며 A, B, C에게 손해배상을 구하는 반소를 제기하였다.

2. 법원의 판단

법원은 회사의 반소를 기각하고, 원고의 청구를 인용하였다. 구체적으로, 위에서 V가 주장한 회사의 ① 수입 분배의무 불이행 ② 명예훼손의 점은 인정하지 않았으나, 전속계약이 회사의 ③ 연예활동지원의무 불이행으로 해지되었다고 인정하였다. 이하에서는 연예활동지원의무 불이행에 관해 중점적으로 살펴본다.

법원은, 회사는 2004년 4월경부터 로드매니저와 여직원의 월급을 지급하지 못하였고, 사무실의 임대료를 지급하지 못하여 3차례 사무실을 옮겼으며, 2004년 6월경부터는 직원들의 사무실 출근도 어렵게 되었고, 직원들의 업무도 2004년 8월 초경까지만 이루어진 사실, V의 숙소로 사용하던 오피스텔 월세를 지원해주지 못하여 임대차계약이 해지되었고, A가 비용을 보태어 다른 숙소로 옮겨야 했던 사실, 2004년 4월경 이후 V에게 제공되었던 악기도 모두 제3자에게 처분되었으며, 이후 A, B, C는 자기 소유의 악기와 장비를 사용하여 곡 작업을 해야 했던 사실을 모두 인정하였다.

결국, 법원은, 회사에게 전속계약의 당사자로서 V의 음악 훈련 및 작곡을 위한 장소를 제공하고 인력을 지원하는 등 V의 음반활동을 지원할 의무가 있음에도, 회사의 대표이사가 구속된 이후 숙소 및 작업실 제공 기타 기본적인 인력 및 자금 지원 의무를 다하지 못하였으므로, 전속계약은 V의 2004년 9월 18일자 해지 의사표시에 의하여 그 무렵 적법하게 해지되었다고 결론 내렸다.

> **Case 2-2** 연습실·의상 등을 연예인의 자비로 부담한 경우 기획사의 지원의무 위반이다!
> 서울중앙지방법원 2008. 6. 19. 선고 2007가합45697 판결

1. 사실관계

마술사 A는 2002년 5월 22일 회사와 계약기간을 10년으로 정하여 이 사건 전속계약을 체결하였다.

회사는 A에게 수익금을 지급하지 않았고, A의 활동 지원 또한 제대로 하지 않았다. A는 2004년 말경까지 수차에 걸쳐 수익금의 지급 및 연습실, 매니저 지원을 해줄 것을 요구하였으나, 회사는 계속하여 응하지 않았다. 결국 A는 2005년 1월 7일 회사에 전속계약을 해지한다는 통보를 하였다.

A는 회사를 상대로 수익금의 지급을 청구하는 소를 제기하였고, 회사는 A가 회사의 관리 없이 무단으로 공연에 출연하여 전속계약을 위반하였고, A가 회사의 마술용품의 반환을 거부한다고 주장하며 A에 손해배상을 청구하는 반소를 제기하였다.

2. 법원의 판단

법원은 A의 청구를 모두 인용하는 한편, A의 해지통보에 따라 전속계약이 유효하게 해지되어 A의 전속계약 의무 위반이 인정되지 않고, A가 마술용품의 반환을 거부하고 있다는 증거가 부족하다는 이유로 회사의 반소를 모두 기각하였다. 이하에서는, A의 전속계약 해지 통보가 유효했던 사정에 관해 중점적으로 살펴본다.

 법원은, 회사가 A의 활동을 지원해줄 전속계약상 의무[60]가 있음에도 불구하고, 회사가 A에게 제공한 연습실은 A가 공연을 하기에 비좁고 난방이 잘 되지 않는 등 그 환경이 열악하였다는 사실을 인정하였다. A가 회사에게 공연을 준비하기에 적합한 연습실을 마련해 줄 것을 수차 요청하였으나, 회사가 응하지 않아 A는 어쩔 수 없이 자신의 비용을 들여 보증금 1,500만원을 내고 연습실을 임대하였고, 공연에 필요한 의상·물품 등도 직접 구입하여 사용하였다. 나아가 A는 수익금도 지급하여 줄 것을 수차 요청하였으나 회사는 이 모든 요청에 응하지 아니하였다. 법원은 이러한 사정을 종합하여 봤을 때, 회사가 이 사건 전속계약에 따른 의무를 이행하지 아니하였거나 그 이행을 거절한 것이라고 보기에 충분하다고 보아, 결국 전속계약은 A의 해지통지로써 적법하게 해지된 것으로 판단한 것이다.

---

60) 제2조 전속
 ① 회사는 계약 기간 중 연예인의 모든 활동을 관리, 운영하며 연예인의 이미지 관리를 포함한 연예인의 활동에 성실히 조력하여야 한다. 또한 연예인이 필요로 하는 전반적인 사항(경영, 운영 관리, 자금, 사업장 등)을 제공하여야 한다.

3. 해설

연예인이 기획사와 전속계약을 체결하여 자신의 연예활동에 관한 독점적인 매니지먼트 권한을 부여하는 것은, 연예인 개인이 홀로 수행하기에 벅찬 계약 교섭 및 체결, 대가 수령 및 관리, 연예활동에 대한 기획 등 제반 지원을 받을 수 있기 때문이다. 기획사는 전속계약에 따라 위 업무를 충실하게 수행할 의무가 있고, 의무를 이행한 경우에 그 대가로 연예인의 수익 중 일부를 분배 받을 정당성이 인정될 것이다.

위 판례에서 A는 자비로 연습실 임대, 의상 및 물품 구입 등 연예활동을 위한 제반 부담을 직접 이행하면서도, 수익금은 제대로 정산 받지 못하였다. 이는 기획사가 계약상 의무를 불이행한 것이고, A는 전속계약으로 인해 오히려 연예활동을 혼자 할 때보다 불리한 처지에 놓여 있었을 것으로 추정된다. 이에 법원은 A의 해지가 적법하다고 판단함으로써 기획사의 지원 의무가 전속계약의 중요한 의무인 점을 재차 확인 및 강조하였다.

> **Case 2-3** 매니저와 코디의 급여를 제대로 지급하지 못하면 기획사의 의무위반이다!
> 서울중앙지방법원 2005. 9. 23. 선고 2003가합87990 판결

1. 사실관계

연예인 A는 2002년 9월 4일 회사와 전속계약을 체결하고 방송 분야에서 활동하였다.

그런데 2002년 4월 25일경부터 회사의 대표이사가 회사자금을 횡령하여 자신의 생활비, 유흥비로 사용하기 시작하여 회사의 자금 사정이 점차 악화되었고, 회사에 소속되어 있던 연예인들은 차례로 회사와 전속계약을 종료하였다. 2003년 5월경 이후로는 근무하던 대부분의 직원들이 퇴사하였고, 많은 소속연예인들이 전속계약을 파기 또는 해지하였으며, A의 로드매니저와 코디네이터를 비롯한 소속 직원들에 대한 급여가 제대로 지급되지 못하는 등 회사는 더 이상 기획사로서의 기능을 제대로 수행하지 못하게 되었다. 이에, A는 회사에 전속계약 해지 의사표시를 하고 독자적으로 연예 활동을 계속하였다. 그러자 회사는 A가 일방적으로 전속계약을 파기했다는 이유로 A를 상대로 전속계약에 따른 위약금 6억 원(전속계약금의 3배액)을 청구하였다.

2. 법원의 판단

법원은 회사의 청구를 전부 기각하였다.

구체적으로, 회사는 2003년 6월경부터는 급여와 진행비를 지급하지 아니함으로써 연예인의 활동을 지원하고 조력할 의무를 불이행하였다는 점을 인정하고, 이러한 회사의 채무불이행을 이유로 A가 이 사건 전속계약을 해지한 것이 임의적·일방적으로 계약을 파기한 경우에 해당된다고 할 수 없다고 판단하였다.

한편, 회사는 로드매니저와 코디네이터는 회사의 직원이므로 이들에 대한 급여를 지급하지 아니하였다고 하여 이 사건 전속계약상 의무를 불이행한 것은 아니라고 주장하였으나, 법원은 "연예인과 한 팀을 이루어 대부분의 시간을 밀접하게 함께 하면서 연예인의 거의 모든 활동을 보조하는 로드매니저와 코디네이터가 급여와 진행비를 제대로 지급받지 못하는 경우 연예인으로서는 그들과의 관계가 불편해지고 연예활동상의 지장을 초래할 정도로 그 활동에 제약을 받거나 불안감을 느꼈으리라고 봄이 상당"하다는 이유로 회사의 연예활동지원의무 위반 사실을 인정했다.

또한 법원은 연예활동지원의무가 상당한 정도의 물적·인적 자본을 필요로 함이 분명함에도, 회사의 자금 상황을 고려해 봤을 때 A로서는 회사가 연예활동지원업무를 제대로 수행하리라 기대할 수 없었고, 연예활동을 계속한다고 하더라도 그 수입금 등을 제대로 정산 받는 것이 불확실한 상태에 있었다는 점을 모두 고려하여 연예인 A의 해지통보는 적법하고, 회사는 A에게 이 사건 전속계약에 따른 위약금을 청구할 수 없다고 결론 내렸다.

[Case 2의 쟁점과 관련한 기타 판례들]

☞ 연예인에게 활동 기회를 제공하지 않고, 활동계획을 수립하지도 못한 경우, 생활비를 주었더라도 기획사의 지원 의무 위반이라고 본 사례(서울중앙지방법원 2009. 12. 9. 선고 2009가합85248 판결)

☞ 연예인 지망생의 능력 습득을 위한 교육기회를 제공하지 않은 경우 기획사의 지원 의무 위반이지만, 이 사건에서는 기획사의 의무 위반을 인정할 아무런 증거가 없고, 오히려 한국어 수업 및 보컬, 안무 트레이닝을 제공한 사실이 있음이 인정된다고 판단한 사례(서울중앙지방법원 2015. 1. 23. 선고 2014가합16048 판결)

☞ 미성년자와 계약한 후, 트레이닝을 시키지 않고 데뷔도 시키지 않았으며, 연습생의 사생활을 과도하게 침해한 경우 계약 해지가 가능하다고 판단한 사례(수원지방법원 성남지원 2009. 7. 24. 선고 2008가합10781 판결)

☞ 연습생들에게 연습실을 제공하지 않고, 반지하인 숙소만 제공하고 식사도 대부분 라면으로 해결하도록 한 경우, 기획사가 전속계약 상 활동 지원 의무를 다 하지 못하였다고 봄이 상당하고, 연습생들이 데뷔 직전 숙소를 이탈하였더라도 연습생들의 계약 위반은 없다고 한 사례(서울고등법원 2007. 11. 7. 선고 2006나90185 판결)

☞ 연습생에게 독립적 연습 공간을 제공하지 아니하고, 겨울철에 실내에서 히터를 켜지 못하게 하였으며, 기획사 대표가 연습생을 상해하여 벌금형까지 받은 바 있다면 이미 신뢰관계는 파탄에 이른 것이며, 기획사는 매니지먼트 의무를 위반하였다는 사례(수원지방법원 안양지원 2012. 4. 5. 선고 2011가합5313 판결)

☞ 가수 데뷔과정에서 분담금 1억원을 요구하고 결과적으로 가수 데뷔도 무산되었다면 계약 해지가 가능하다는 사례(서울중앙지방법원 2008. 1. 9. 선고 2006가단481879 판결)

☞ 가수가 라이브카페를 직접 섭외하여 노래하고 출연료를 받았는데 기획사에게 정산 비율에 따른 분배를 하여 주지는 않은 사안에서, 기획사가 연예인의 출연 및 음반제작, 기획, 홍보 판매 등 교섭을 대리하여 행한 바 없어 매니지먼트 의

무를 다하지 아니하였으므로 가수가 개인적으로 출연한 라이브카페의 출연료를 정산할 필요가 없다고 판단한 사례(서울고등법원 2004. 5. 14. 선고 2003나45528 판결)

☞ 그 외 앨범발매의무 위반(서울중앙지방법원 2008. 4. 2. 선고 2007가합62845 판결), 모델교육투자 의무 위반(부산지방법원 2010. 9. 17. 선고 2009가단94847 판결), 오디션·캐스팅 기회 미제공(서울중앙지방법원 2014. 11. 11. 선고 2014나23798 판결) 등 회사의 연예활동지원 의무 위반을 해지사유로 인정한 사례

☞ 연예인에게 연기수업을 받도록 하고, 방송 프로그램에 MC로 출연하게 해주었다면 연예활동지원 의무를 다하였다고 볼 수 있고, 기획사 대표가 연예인이 남자친구를 사귀는 것에 대하여 주의를 주었던 부분, 매니저의 운전이 미숙했던 부분, 계약서를 보여주지 않았던 부분은 기획사의 의무 위반이라고 할 수 없다고 한 사례(서울중앙지방법원 2006. 12. 29. 선고 2006가합64004 판결)

☞ 영세한 기획사가 연예인에게 숙소를 제공하지 않았던 사안에서, 계약상 숙소 제공을 명시적으로 규정하고 있지 않았고, 연예인도 기획사의 넉넉하지 못한 사정을 알고 계약을

> 체결한 것이며, 계약의 구속력을 인정한다고 하여 부당한 정도로는 볼 수 없으므로 기획사의 의무 위반이 없고, 결국 연예인의 기획사에 대한 계약해지 통보는 부적법하다고 판단한 사례(서울중앙지방법원 2009. 1. 21. 선고 2008가합 53879 판결).

> **Case 3-1** 기획사가 정산의무 및 시정요구를 불이행할 경우 계약 해지 사유가 될 수 있다!
> 서울중앙지방법원 2018. 11. 15 선고 2017가합549297(본소), 2018가합521418(반소) 판결

1. 사실관계

걸그룹 W의 멤버 A, B, C는 2013년 3월경 회사와 전속계약을 체결하고, 2013년 7월경 데뷔하여 2016년 11월경까지 활동하였다. A, B, C는 회사의 정산의무 위반 및 시정요구에 대한 조치의무 불이행을 이유로 회사에게 이 사건 전속계약 해지를 통보하였고, 따라서 이 사건 전속계약의 효력은 더 이상 존재하지 않는다고 주장하며 법원에 전속계약효력부존재 확인의 소를 제기하였다.

그러자, 회사 또한 A, B, C가 일방적으로 W를 이탈하였다며, A, B, C의 채무불이행을 이유로 A, B, C에게 손해배상 및 위약벌을 청구하는 반소

를 제기했다.

2. 법원의 판단

법원은 A, B, C의 청구를 인용하여 이 사건 전속계약의 효력은 존재하지 아니함을 확인하였고, 회사의 반소청구를 기각하였다. 이하에서는 회사의 A, B, C에 대한 정산의무 및 시정요구에 대한 조치의무 위반 사실을 중점적으로 검토한다.

법원은, 전속계약은 당사자 사이의 고도의 신뢰관계를 기초로 하고, A, B, C와 회사 사이의 성실한 수익 분배는 신뢰관계의 존속을 위한 전제 조건인 점을 인정했다. 따라서 회사의 수익 분배가 적정한지 여부의 판단을 위해 **회사가 부담하는 정산 자료 제공 의무 역시 회사의 정산 의무와 결부된 중요한 의무로서, 회사의 정산의무에는 정산자료 제공의무가 포함되고,** 이는 정산 결과 회사가 A, B, C에게 **실제 지급할 금액이 있는지 여부와 관계없이 당연히 회사가 부담하여야 할 의무**라고 판시하였다.

그리고 법원은 정산자료는 '총수입과 비용 공제 내용 등을 증빙할 수 있는 자료'로서, A, B, C가 이를 수령한 후 정산 내역과 관련하여 '공제된 비용이 부당 또는 과다 계상되었거나 A, B, C의 수입이 과소 계상되었다는 등'의 이의제기를 할 것인지 여부를 판단할 수 있을 정도여야 하며, 회사는 그러한 정산 근거를 성실히 제공하여야 한다고 하였다.

그런데 법원은 ① A, B, C는 이 사건 각 전속계약 체결 이후 회사에게 지속적으로 정산을 촉구하였으나, 회사는 구두로 대강 설명하거나, 기초 증빙자료가 첨부되지 않은 매출 및 지출 자료 또는 수입이 누락된 부실한 자료를 제공하는 등 유효한 정산자료를 제공하지 않았고, ② 이에 A, B, C는 회사에 특정 일자까지 정확한 정산서와 증빙자료를 제공하지 않으면 이 사건 계약을 해지하고 손해배상을 청구하겠다는 취지의 내용증명을 발송하였으나, 회사는 여전히 객관적인 증빙자료를 제공하지 않아 A, B, C의 시정요구에 응답하지 않았다는 사실을 인정했다.

결국 법원은 회사의 정산의무 위반 및 시정요구에 대한 조치의무 위반을 인정하며, 그것을 이유로 A, B, C는 적법하게 이 사건 전속계약을 해지하였고, 더 이상 이 사건 전속계약의 효력이 존재하지 않는다고 판단하였다.

> **Case 3-2** 연예인의 수입이 발생하면 정산 결과 실제 지급할 금액이 없더라도 회사는 정산 자료를 제공할 의무가 있다!
> 대구지방법원 서부지원 2015. 12. 11. 선고 2015가합5638 판결

1. 사실관계

아이돌 가수 A는 2012년 6월 21일 회사와 전속계약을 체결하고 일본에서 활동하였다. A는 법원에 이 사건 전속계약부존재 확인의 소를 제기했다. 구체적으로, A는 먼저 ① 계약기간이 부당히 장기간이라는 점,

② A의 계약해지권이 제한되어 있다는 점을 근거로 이 사건 전속계약이 무효라고 주장하였다. 다음으로, 이 사건 전속계약이 유효하더라도 회사의 정산의무 불이행을 이유로 이 사건 전속계약을 해지한다고 주장했다. 이와 함께, A는 회사를 상대로 미지급 임금을 청구하였다.

2. 법원의 판단

법원은 이 사건 전속계약이 무효라는 원고의 주장은 받아들이지 않았지만, 회사의 정산의무 위반을 이유로 한 A의 이 사건 전속계약 해지의 의사표시는 유효한 것으로 인정하였다. 또한 A가 회사로부터 받을 미지급 임금이 있다는 것 또한 인정하여 A의 청구를 전부 인용하였다.

아래에서는 회사의 정산의무 위반에 관련된 내용을 중점적으로 검토한다.

우선, 법원이 인정한 사실관계는 다음과 같다. A와 회사는 이 사건 전속계약을 체결하면서, 전속계약을 통하여 얻는 모든 수입은 일단 회사가 수령한 후 A에게 분배해 주기로 하되 회사는 6개월 단위로 A에게 분배할 금액을 정산한 후 이를 다음 달까지 지급하고 그와 동시에 수입과 비용 등을 증빙할 수 있는 정산 자료도 제공하기로 약정하였다. 그런데 회사는 A의 연예활동을 위하여 지출한 비용이 연예활동으로 얻은 수입을 훨씬 초과하므로 정산 자료를 제공할 의무가 없다고 주장하며, A에게 구체적인 정산 자료를 제공하지 않았다.

그러나, 법원은 ① 정산금은 A의 연예활동으로 발생한 모든 수입에서 비용을 공제해 산정하는데 계약상 공제되는 비용이 구체적으로 정해져 있어 연예활동과 무관한 비용은 공제할 수 없는 점, ② A는 정산 자료를 바탕으로 정산 내역에 대하여 이의를 제기할 수도 있는 점, ③ 전속계약에서 수입보다 비용이 많으면 그 비용을 다음 정산으로 이월하여 정산하기로 약정한 점 등을 종합하여 보면, 회사가 A에게 지급하여 줄 정산금이 존재하지 않았다고 하더라도 A의 연예활동으로 인한 수입이 발생된 이상 정산 자료를 제공할 의무가 있다고 판단하였다.

결국 회사는 A에게 정산 자료를 제공하지 않아 이 사건 전속계약상의 정산의무를 위반하였으므로, 법원은 A의 해지의사표시가 담긴 소장이 2015년 2월 26일 회사에 송달됨으로써 이 사건 전속계약은 적법하게 해지되었다고 판시하였다.

Case 3-3 기획사의 지속적인 수익금 지급의무 위반은 중대한 의무 위반으로, 연예인의 전속계약 해지 사유가 된다!
서울중앙지방법원 2010. 6. 8. 선고 2009가합84429 판결

---

1. 사실관계

유명 배우 Y는 2004년 8월 20일 회사와 전속계약을 체결하였다. Y와 회사는 수입 배분에 관하여, 드라마 출연 등 수입의 배분은 각 출연 업무 건 별로 각종 출연 업무와 직접 연관되는 제세공과금 및 에이전시 비용

을 공제한 금액 중 50%를 Y에게 지급하는 것으로 하고, 드라마 출연 수입을 포함한 모든 수입은 해당 월에 입금된 수익에 대하여 당월 말일에 정산하여 익월 25일에 지급하기로 정하였다.

Y는 2006년 5월경 MBC 드라마 B에 출연하였는데 드라마 출연료 중 수익금 1,500만원을 지급받지 못하였고, ① 이를 이유로 2007년 7월 26일 회사에 수익금 미지급 시 계약을 해지하겠다는 통보를 하였으며, 회사는 2007년 9월 21일 Y와 사이에 위 출연료 수익금을 6개월 내 지급하기로 약정하는 추가약정서를 작성하였다. 그러나 회사는 2008년 11월 30일까지 다른 소속 연예인들과 계약을 파기하고 직원들을 해고할 정도로 자금난에 빠져 위 약정금을 지급하지 못하였고, Y가 출연한 시트콤 K의 수익금도 지급하지 않았다.

회사가 이후 Y의 다른 드라마 C로 인한 수익금 또한 정산하지 않자, Y는 ② 2008년 11월 20일 경 회사에게 수익금을 지급하지 않으면 계약을 해지하겠다는 내용증명을 발송하였으나, 이사불명·수취인 부재를 이유로 회사에 도달하지 못하였다. 이후 Y는 ③ 2008년 12월 중순경 회사에 구두로 '회사가 정산의무를 이행하지 않아 이 사건 전속계약은 파기되었다'는 취지로 계약해지를 통지하였다.

여러 차례 수익금을 미지급한 경우, 언제 계약해지가 이루어진 것으로 볼 수 있는가?

2. 법원의 판단

법원은, Y가 회사의 수익금 지급 지체로 인하여 이미 이 사건 계약을 해지하려 한 바 있고, 2007년 9월 21일 추가 약정을 체결하였던 경위 등에 비추어보면 **회사의 수익금 지급의무는 전속계약상 회사의 중대한 의무**[61] **에 해당**한다는 점을 인정하였다. 결국 회사가 Y에게 수익금을 지급하지 못한 이상, Y는 전속계약 제8조 제2항에 따라 전속계약을 해지할 수 있다고 판단하였다. 그리고, 전속계약은 Y의 2008년 12월 중순경 이루어진 구두 통지에 의하여 적법하게 해지되었다고 결론 내렸다.

3. 해설

이 사건에서는 수익금 미지급이 여러 차례 있었고, 해지 통지도 수차례 이루어져 계약의 해지 시점이 언제인가가 쟁점이 되었다.

'의사표시'는 상대방에 도달한 때 그 효력이 있다(민법 제111조). 해지의 의사표시도 마찬가지이다. 그런데 상대방에게 어떠한 귀책사유가 있다 하더라도, 그 불이행을 시정할 수 있도록 상당한 기간을 두어 최고(의무 위반 사실을 알려주고 시정을 촉구)하고, 그 최고 기간이 지난 후에 재차 해지 의사표시를 하는 것이 적법한 해지 방법이므로(민법 제544조[62]), 대중문화예술인(연기자 중심) 표준전속계약서 제17조 제1항(연기자 중

---

61) **제8조(계약의 해지 또는 해제)**
　2) 연예인은 다음 각 호의 사유로 이 계약을 해제 또는 해지할 수 있다.
　　① 회사가 연예인에 대한 본 계약에 대하여 중대한 계약을 위반한 경우

심)은 다음과 같이 14일의 시정기간을 두도록 하고 있다.

['기획업자' 또는 '연기자'가 이 계약상의 내용을 위반하는 경우, 그 상대방은 위반자에 대하여 14일간의 유예기간을 정하여 위반사항을 시정할 것을 먼저 요구하고, 그 기간 내에 위반사항이 시정되지 아니하는 경우에 상대방은 계약을 해제 또는 해지하고, 손해배상을 청구할 수 있다.]

한편, 연예인이 회사에 수익금 정산을 요구하는 경우, 'X월 X일까지 수익금이 지급되지 않는 경우 추가적인 의사표시 없이도 계약이 자동 해지된 것으로 본다'는 자동 해지 조항을 삽입하여 내용증명을 보내기도 한다. 자동 해지의 의사표시는 일응 유효하다. 다만, 이 사건과 같이 별도의 '부속합의서'를 작성한 경우에는 정산금 지급 기한을 유예해 준 것이므로, 회사가 부속합의서에 정한 기한까지 돈을 지급하지 못하는 경우 특별한 사정이 없다면 위와 같은 시정 최고 및 해지 의사표시의 과정을 다시 거쳐야 한다.

나아가 Y의 2008년 11월 20일자 내용증명은 '도달하지 못하였으므로' 적법한 해지의 의사표시로 볼 수 없다. 반면 법원은 2008년 12월 중순경 있었던 구두 통지는 해지 의사표시로서 유효하다고 판단하였다. 즉, 회사가 내용증명을 의도적으로 받지 않는 등 책임을 회피하는 경우, 반드시 서면으로 작성할 필요 없이 구두로 의사를 전달하는 것만으로도 해지

---

62) 민법 제544조(이행지체와 해제)
　　당사자 일방이 그 채무를 이행하지 아니하는 때에는 상대방은 상당한 기간을 정하여 그 이행을 최고하고 그 기간 내에 이행하지 아니한 때에는 계약을 해제할 수 있다.

는 가능하다. 다만 소송에서 실제 구두로 해지의 의사표시를 했는지 여부에 대해 다툼이 있을 수 있으므로, 입증을 위하여 녹음을 해 두는 등 증거자료를 확보하는 조치가 필요할 것이다.

마지막으로, 이 사건에서 법원은 **'회사의 정산 의무는 계약상 중대한 의무로서, 정산 의무 위반만으로도 계약을 해지할 수 있다'**고 판단하였다. 부수적 채무의 위반만으로는 계약을 해제 또는 해지할 수는 없는데, 정산 의무 위반이 계약상 주요 의무라고 보고 해지를 인정하였다는 점에 이 사건의 의의가 있다.

> **Case 3-4** 음반을 발매해 주지 않고 수익도 분배해주지 않아 계약이 해지된 사례
> 서울중앙지방법원 2008. 4. 2. 선고 2007가합62845 판결
> 서울고등법원 2009. 7. 7. 선고 2008나83938 판결

1. 사실관계

연예인 K는 1999년경 회사와 계약기간을 1집 음반출반부터 5년으로 하고, 총 음반 6매 이상을 발매하기로 정하여 전속계약을 체결하였고, 계약체결일로부터 약 3년 후인 2002년 3월경 1집 음반을 발매하였다. 그런데 이후 회사는 어떠한 음반도 발매해주지 않았고, 수익금 또한 분배하지 않았다. 한편, K는 2004년 2월경 입대하였다.

K는 회사의 음원 발매 의무 및 수익금 분배 의무의 불이행으로 인해

전속계약해지통보를 하였으나, 오히려 회사는 K에게 손해배상을 청구하는 반소를 제기하였다.

2. 법원의 판단

법원은 전속계약이 K의 해지통보에 의해 적법하게 해지되었다는 점을 인정하고, K의 전속계약 해지 의사표시가 부적법함을 전제로 하는 회사의 손해배상 청구가 이유 없다고 보아, 회사의 반소 청구를 기각했다. 이하에서는 회사의 전속계약상 의무 불이행의 점에 관해 중점적으로 검토한다.

법원은, K와 회사 간의 전속계약에서 계약기간을 1집 영상음반 출반일로부터 만 5년으로 하고, 계약기간 동안 영상음반을 6매 이상 발매하기로 약정한 것은 1년에 1매 이상의 음반을 발매하는 것을 전제한 것임을 인정했다. 따라서 이 사건에서도 1집을 발매한 2002년 3월경으로부터 1년 후에는 2집을 발매하였어야 했음에도 K가 군에 입대한 2년 동안에도 2집 음반을 발매해주지 않아 전속계약 상의 음반 발매 의무를 불이행하였다는 것이다.

한편 법원은, 1집 음반 판매로 인한 수익금을 인정할 증거자료가 없으므로 회사가 수익금 분배 의무를 위반하였다는 K의 주장은 배척했으나, 회사가 행사 출연과 팬미팅 공연 등으로 인한 출연료 수입이 발생하였음에도 이를 분배하여 주지 않았다는 점은 인정하였다. 또한, 회사가 전속계약을 체결한 후 K에게 숙식을 제공하였고, 2~3차례에 걸쳐 대학등록금의 전부 또는 일부를 납부해 주었으며, 가끔씩 5~10만원 가량의 용돈을 지급한 사실 자체는 인정했으나, 그것이 수익금 분배 의무 불이행행위를 정당화할 사유는 되지 않는다고 판단하였다.

결국 회사는 전속계약에 따른 음반 발매 의무 및 수익금 분배 의무를 불이행하였고, 이러한 의무는 각각 '전속계약의 목적달성에 있어 필요불가결하고 이를 이행하지 않으면 계약의 목적이 달성되지 않아 당사자가 계약을 체결하지 않았을 것이라고 여겨질 정도의 주된 채무'라는 점을 인정하여, 회사의 의무 위반으로 인해 전속계약의 기초가 된 K와 회사의 신뢰관계가 심각하게 훼손되어 계약의 구속력을 인정하는 것이 부당하다고 판단하였다. 결국, K의 2006년 1월 11일 회사에 대한 계약 해지 통보로 전속계약이 적법하게 해지되었다고 결론 내렸다.

3. 해설

이 사건은 '음반 수익 분배 의무'와 '공연 출연료 수입 분배 의무'를 나누어 판단하고 있다는 점에 의의가 있다. 한편, K는 1집 앨범이 10만 장 이상 판매되었다는 것을 전제로 수익금 분배를 함께 청구하였는데, 그 입증책임이 K에게 있음에도 이를 인정할 객관적인 자료를 제출하지 못하였고, 음반판매에 따른 수익금 분배 청구 부분은 전부 기각되었다.

[Case 3의 쟁점과 관련한 기타 판례들]

☞ 약정에 따른 인센티브를 지급하지 않은 경우 정산 의무 위반을 인정한 사례(인천지방법원 2015. 1. 14. 선고 2014가합50162 판결)

☞ 전속모델계약을 맺고 공동사업을 경영하던 사안에서 수익 분배의무를 다 하지 않은 경우 연예인의 해지 통보에 의한 계약 해지를 인정한 사례(서울고등법원 2016. 3. 31. 선고 2015나2032286 판결)

☞ 기획사가 연예인에게 출연료를 지급하지 않은 경우 정산 의무 위반을 인정한 사례(서울중앙지방법원 2011. 6. 17. 선고 2010나50853 판결, 서울중앙지방법원 2009. 6. 9. 선고 2008가단455508 판결 등 다수)

☞ 부가가치세를 납부하여야 하는 등 세금 부담이 있는 출연료(수익금)는 기획사의 계좌로 지급받아 이후 정산 비율에 따라 기획사와 연예인이 정산해 온 사안에서, 출연료 자체에 부가가치세를 포함하여 지급받은 것이라면 기획사는 이를 공제할 수 없고, 사업소득세의 징수 의무자는 기획사이므로 사업소득세는 공제하여야 한다고 본 사례. 단, 이 사건은 계약해지를 논하는 것이 아니라 단순히 연예인이 기획사를

상대로 정산금을 분배해달라고 청구하였던 사안임(서울중앙지방법원 2007. 5. 9. 선고 2006가합70184 판결)

☞ 기획사가 연예인이 활동을 중단하고 돌연 잠적하였다고 주장한 사안에서, 오히려 기획사가 정산금을 지급하지 않은 의무 위반이 있다는 점을 인정한 사례(서울동부지방법원 2014. 10. 17. 선고 2013나10392 판결)

☞ 기획사의 정산금 지급 및 정산자료 제공 의무 위반으로 전속계약 해지가 인정된 사례(서울중앙지방법원 2021. 1. 22. 선고 2020가합506931, 2020가합580465 판결)

SW's comment (이것만은 알아두자)

◎ 미지급 정산금을 받기 위해서는 계약상 권리를 활용한 사전 자료준비가 중요하다.

⋯▸ 연예인이 기획사를 상대로 미지급된 정산금을 지급받기 위해 소송을 제기하는 경우, 지급받을 정산금이 존재한다는 점에 대한 입증책임은 연예인에게 있다. 재판에서의 입증은 객관적인 증거에 기반해야 하기 때문에, 단순히 비용이 과다 계상되었다거나 매출이 누락되었다는 식의 막연한 주장이나 추측만으로는 승소

판결을 이끌어내기 어렵다.
⋯▸ 소송 절차상 기획사를 상대로 문서제출명령 등 증거신청을 통하여 관련 증빙자료를 현출시키는 방법도 있지만, 그에 앞서 전속계약상 연예인에게 보장된 권리를 소 제기에 앞서 적극 활용하는 것도 필요하다. 예컨대, 표준전속계약서에는 연예인이 기획사를 상대로 자신의 활동과 관련된 자료나 서류 등을 열람 또는 복사해 줄 것을 요청할 수 있도록 하는 규정이 있다(가수 표준전속계약서 제6조 제1항 참고). 단순히 정산자료를 제공 받는 것을 넘어, 권리행사를 통해 자신의 연예활동과 관련된 계약서 등의 사본을 확보함으로써 그 안에 담긴 출연료 등을 확인 가능하도록 준비하는 것은 실제 소송 과정에서의 입증에 상당한 도움이 될 것이다. 만약 기획사가 자료 요청에 정당한 사유 없이 불응한다면, 새로운 전속계약 위반을 구성할 것이므로, 위 권리를 행사하는 것은 여러모로 분쟁상황에서 유의미한 카드가 될 수 있다.

제6조 ('가수'의 일반적 권한 및 의무)
① '가수'는 제2조 및 제5조에 따라 행사되는 '기획업자'의 매니지먼트 활동에 대하여 언제든지 자신의 의견을 제시할 수 있고, 필요한 경우 '가수'의 대중문화예술용역과 관련된 자료나 서류 등을 열람 또는 복사해 줄 것을 '기획업자'에게 요청할 수 있고, '기획업자'는 이에 응한다.

[대중문화예술인(가수 중심) 표준전속계약서 제6조 제1항 발췌]

◎ 기획사는 정산의무 위반이 발생하지 않도록 유의해야 한다.
⋯▸ 법원은 정산의무 위반을 계약상 중대한 의무 위반으로 보고 계약 해지 사유로 판단하고 있다. 기획사는 전속계약서상 명시된 정산주기에 따라 정기적으로 정산을 실행해야 하고 정산과 동시

에 연예인에게 정산자료를 제공해야 한다. 정산금이 발생하지 않은 경우에도 정산 및 정산자료 제공 의무가 면제되는 것이 아님을 유의해야 한다. 즉, 기획사는 정산시점에 마이너스 수익인 경우에도 연예인에게 정산자료를 제공하여야 하는 것이다. 혹여 기획사가 정산 주기를 변경하거나 정산자료 제공 시기를 변경하려면 연예인과 별도 합의서를 작성해 그 시기를 명확히 합의하는 것이 바람직하다.

⋯▶ 나아가, 기획사는 정산의무 이행 사실을 증빙하기 위하여 연예인에게 정산서 등을 이메일로 제공하고, 별도로 정산에 관한 설명을 한 후 정산서에 연예인 본인의 확인(예컨대, 서명)을 받아 두는 것이 좋다. 추가적으로 기획사는 정산의무 및 정산에 관한 설명의무 이행 사실을 증빙하기 위하여 연예인에게 설명하고 정산서에 확인을 받는 과정을 촬영하거나 녹음을 해 두는 방법도 고려해 볼 수 있을 것이다.

> **Case 4-1** 기획사가 폭언 또는 부당강요행위를 하면 연예인에 대한 인격권 보호 의무 위반이다!
> 서울중앙지방법원 2019. 11. 20. 선고 2018가합569007 판결
> 서울고등법원 2020. 9. 8. 선고 2019나2056419 판결

1. 사실관계

A는 배우로 활동하기 위하여 2017년 6월 13일 회사와 전속계약을 체결하였다. 이후 A는 다이어트를 강요받았고, 주기적으로 회사의 직원 및 연예인이 있는 가운데 사무실에 비치된 체중계에 올라가 공개적으로 몸무게 측정을 하는 과정에서 수치심을 느꼈다. 특히 회사의 이사 B는 동료 남성 연예인들이 있는 자리에서 A에게 '가슴이 작아서 옷태가 안 산다', '가슴이 작아서 화면상으로 매력이 없다', 살을 더 빼야 한다'는 말을 하였다. 그리고 회사의 매니지먼트 실무를 담당하는 팀장 C는 A에게 '돼지', '뚱땡이', '병신', '꼴통'으로 부르며 반복적으로 폭언과 욕설을 하였고, '돼지야? 지금 몇 킬로야?', '때려 쳐라', '맞고 싶냐', '뒤지고 싶냐', '그만 쳐 먹어', '너 그렇게 앉아있지 마 골반 커 보여', '속눈썹이 길어서 싸 보인다. 술집 여자냐'라고 말하였다. A는 위와 같은 폭언 등으로 심한 정신적 고통을 호소하였다.

A는 ① 회사의 정산의무, 인격권 보호의무 등 계약상 의무 위반을 이유로 한 이 사건 전속계약 해지와 ② 신뢰관계 파탄을 이유로 한 이 사건 전속계약 해지를 주장하며, 법원에 전속계약효력부존재 확인의 소를 제

기했다.

인격권 보호의무는 이 사건 전속계약 제2조 제2항의 내용으로, 다음과 같이 규정되어 있다.

> **제2조(매니지먼트 권한의 부여 등)**
> ② 회사는 A가 자기의 재능과 실력을 최대한 발휘할 수 있도록 성실히 매니지먼트 권한을 행사하여야 하고, 피고의 매니지먼트 권한 범위 내에서의 연예활동과 관련하여 원고의 사생활보장 등 원고의 인격권이 대내외적으로 침해되지 않도록 최대한 노력한다.

2. 법원의 판단

법원은 이 사건 전속계약은 A와 회사 사이의 신뢰관계 파탄을 원인으로 적법하게 해지되었다는 점을 인정하여 A의 청구를 모두 인용하였다.

구체적으로, 법원은 위의 A의 주장을 모두 사실로 인정하며, 회사의 정산의무, 인격권 보호의무 위반 사실을 긍정하였다. 그러나, 회사의 계약상 의무위반이 있는 경우, A가 계약 해지권을 취득하기 위해서는 회사에 유예 기간을 정하여 시정 요구를 했어야 하나, A가 회사에 대해 시정 요구를 한 사실이 인정되지 않았다.

다만, 법원은 회사의 정산의무와 인격권 보호의무 위반으로 인해, A와 회사 사이의 신뢰관계가 깨어졌고, "전속매니지먼트 계약은 당사자 사이에 고도의 신뢰관계를 유지하는 것이 필수적이고, 연예인은 소속사와 신뢰관계가 깨어지면 계약을 해지할 수 있다고 보아야 한다"고 본 대법원 판례(대법원 2019. 9. 10. 선고 2017다258237 판결)를 인용하여, 이 사건 전속계약에 관한 A의 해지권이 발생하였다고 판단하였다. 결국, 법원은 A의 해지권 행사는 적법하고, 전속계약의 효력이 존재하지 않는다고 결론 내렸다.

3. 해설

계약서에 해지 절차가 명시되어 있다면, 그 절차를 준수하여야만 적법하게 계약을 해지할 수 있다. 예컨대, **최고기간, 해지 통지 방법(서면 통지) 등은 계약 내용에 따라 반드시 지켜야 하는 것**이다. 한편, 신뢰관계 파탄에 따른 계약 해지를 통지하는 경우는 상대방에게 별도의 시정 요구 기간을 부여할 필요는 없고, 소장 또는 답변서 부본의 송달로써 해지를 통지할 수 있다.

> **Case 4-2** 매니저가 성관계를 요구한 경우 전속계약은 해지가 가능하다!
> 서울중앙지방법원 1998. 4. 9. 선고 97가합32814(본소),
> 97가합80370(반소) 판결

1. 사실관계

연예인 A는 매니저와 에이전시 형태의 전속계약을 체결하였다. A는 매니저가 A의 거절의사에도 불구하고 A에게 지속적으로 성관계를 요구하고, 술자리 접대를 강요하였으며, 출연 교섭 등 매니저로서의 의무를 다하지 않았다고 주장하였다. A는 전속계약 해지의 의사표시를 하고, 법원에 계약부존재 확인을 구하는 한편, 매니저에게 위자료 1,500만원과 기타 손해배상 1,500만원[63]을 청구하였다. 반면, 매니저는 A의 주장이 사실이 아니라고 반박하면서, 오히려 A가 연예활동에 불성실하게 임하는 등 전속계약상 의무를 위반하였다는 이유로 A를 상대로 손해배상을 청구하는 반소를 제기하였다.

2. 법원의 판단

법원은 A의 적법한 전속계약 해지통보에 따라 A와 매니저 간 전속계약이 유효하지 않음을 인정하고, A의 금전청구 중 일부 금액을 인용하였다.

---

63) A 이름으로 H사의 보증으로 승용차를 구입하여 매니저가 A를 대신하여 할부금을 지급해주기로 하였으나, 매니저가 이를 지급하지 아니하여 H사가 대위 지급하고 A에게 구상한 금액 9,136,440원 중 9,000,000원 및 출연 부진 등에 따른 일실 수익 상당액 6,000,000원 합계 15,000,000원을 A는 매니저에 대하여 기타 손해로 청구하였다.

법원은, 매니저가 A의 명백한 거절 의사에도 불구하고 계속하여 A에게 성관계를 요구하였다는 사실을 인정하고, 전속계약이 그 성격상 연예인과 매니저가 서로의 능력은 물론 인격적 성실성에 대한 신뢰를 바탕으로 삼아야 비로소 성립, 유지되는 것임을 참작하면 매니저의 위와 같은 행위는 위 전속계약을 더 이상 존속하게 할 수 없는 사유에 해당한다는 점을 인정하였다. 따라서 이를 이유로 한 원고의 위 해지 의사표시에 의하여 위 전속계약은 1997년 5월 1일 적법하게 해지되었다고 판단하였다.

그리고, **매니저는 A의 매니저 지위에서 A에게 성관계를 요구하였고 A의 거절의 의사표시에도 불구하고 이를 계속한 바, 이는 A로 하여금 성적 혐오감을 느끼게 하는 것으로서 A의 인격권을 침해하는 행위이며, 이러한 침해행위는 선량한 풍속 또는 사회질서에 위반하는 위법한 행위라고 판단하였다.** 이에 A가 이로 인하여 정신적으로 고통을 입었음은 경험칙상 명백하다고 판단하여, 매니저의 A에 대한 300만원의 위자료 지급 의무를 인정하였다. 또한, 법원은 매니저가 약정을 위반함으로써 A가 H사로부터 지급을 최고 받는 자동차 할부금 중 일부인 900만원 역시 A에게 지급의무가 있다고 인정하였다. 반면에, 법원은 매니저의 반소청구는 주장을 뒷받침할 자료가 없고, 전속계약은 매니저의 귀책사유로 해지된 것이므로, A의 귀책사유로 해지된 것을 전제한 매니저의 반소 청구는 이유 없다고 판단하였다.

[Case 4의 쟁점과 관련한 기타 판례들]

☞ 기획사 대표가 미성년자인 연예인을 강제추행하여 벌금형이 확정되었고, 이후에도 지속적으로 트위터를 통하여 성적 수치심을 자극하는 명예훼손적 표현을 다수 게재한 사안에서, 연예인이 전속계약을 해지한 것은 적법하다고 한 사례(서울중앙지방법원 2012. 9. 27. 선고 2011가단363081 판결)

☞ 법원에 의해 기획사의 전속계약상 정산의무 위반이 인정되어 미지급 정산금을 받을 수 있는 연예인이 추가로 기획사로부터 술접대를 강요받았다고 주장하며 위자료를 청구하였으나, 재산적 손해의 배상만으로는 회복할 수 없는 정신적 고통을 입었다고 인정할 증거가 없다고 본 사례(인천지방법원 부천지원 2016. 9. 30. 선고 2015가단117631 판결)

> **Case 5-1** 연예인이 전속기간 만료 전 임의로 타 방송국 프로그램에 출연한 것은 전속계약 위반이다.
> 서울지방법원 1999. 2. 4. 선고 98가합76415 판결
> 서울고등법원 2000. 5. 19. 선고 99나14831 판결

1. 사실관계

　　주식회사 A는 1996년 11월 8일 A가 주최하는 신인탤런트 선발대회에서 선발된 B와 연예활동 전속계약을 체결하였다. 위 계약의 유효기간은 1996년 11월 1일부터 1998년 10월 31일까지였다. B는 A의 섭외로 각종 TV 프로그램에 출연하고, 광고에 출연하였다. 그런데 B는 1998년 8월 31일부터 회사의 동의 없이 다른 방송국의 일일연속극에 주연으로 출연하며, 1998년 9월 1일에는 A가 섭외한 프로그램 출연을 중단하였다. 이에 A는 B가 A의 'B의 출연 및 활동여부를 결정하고 일정을 조정할 권리[64]'를 침해하여 전속계약을 위반하였다는 이유로, B를 상대로 전속계약상 의무의 불이행에 따른 위약금 및 손해배상금[65]을 청구하였다.

---

64) 제4조(권리와 의무)
　① 회사는 전속계약부문에 대해 연예인의 출연 및 활동여부를 결정할 권리, 일정을 조정할 권리, 출연료를 협의할 권리를 갖는다. (이하 생략)
65) 제5조(계약조건)
　① 전속계약금
　　가. 1년차에는 연간 금6,200,000원, 2년차에는 연간 금7,750,000원을 6분할하여 홀수월에 지급한다.
　　나. 회사는 연예인의 전속계약과 관련하여 다음의 간접부대경비를 지원한다(부담경비항목 : 인건비, 홍보비, 자료비, 조사비, 교육훈련비, 교통비, 통신비, 섭외비). 단, 의상비 및 개인경비는 제외한다고 규정하고, 같은 조 2항 출연료 항목에 회사가 지정하는 프로그램에 연예인이 출연할 경우 문화방송제작지급규정에 따라 출연료, 숙식비, 교통비 등의 제비용을 지급한다. (이하 생략)

2. 법원의 판단

법원은 B의 A에 대한 손해배상책임을 인정하되, 손해배상범위를 제한하여 A의 청구를 일부 인용하였다.

B는 A가 위 전속계약 체결 시, B를 주요 작품의 주연으로 출연시켜 주기로 하고, B가 주장하는 내용의 연수나 교육을 실시하기로 하며, B의 활동에 필요한 모든 경비를 지원하기로 약정하였으나 그를 이행하지 않아 전속계약이 해지되었다고 주장하였으나, 법원은 A와 B의 위 약정 사실을 입증할 증거가 없다는 이유로, 이를 전제로 한 B의 해지 항변은 이유 없다고 판시하였다.

결국, A와 B 사이의 전속계약이 유효하므로, B가 타 방송국에 출연하는 것은 전속계약 제4조 제1항을 위반하는 것으로서, B는 계약불이행으로 인한 위약금 및 손해배상금을 배상할 책임이 있다고 판단하였다.

다만, 법원은 A가 청구한 위약금과 손해배상액 중 일부만을 인용하였다. 먼저, 전속계약 제12조는 '제5조, 제6조의 규정에 의하여 지급된 제비용'을 기준으로 위약금과 손해배상금을 정하고 있으므로, '제5조, 제6조

제6조(수익 배분)
원고와 피고는 계약부문의 활동으로 인하여 발생하는 금전상의 수입에 대하여 대행수수료를 공제 후 회사 40%, 연예인 60%의 비율로 나눈다.

제12조(손해배상등)
연예인이 본 계약을 위반하였을 때에는 연예인은 회사에게 제5, 6조의 규정에 의하여 지급된 제비용(직·간접비 포함)의 2배액을 위약금으로, 1배액을 손해배상금으로 각각 배상하여야 한다.

의 규정에 의하여 지급된 제비용'의 범위에 관해 우선적으로 판단하였다. 법원은, **일반적으로 '비용'은 수익을 창출하기 위하여 기업이 소비한 경제적 자원의 가치를 의미하므로, 제6조에 의한 수익배분 방식에 따라 연예인에게 지급한 수입을 A가 지출한 비용이라고 해석하기에는 무리가 있다고 판시**하였다. 나아가, A와 B의 계약은 전속계약일 뿐이고, 출연계약이 아니므로, A가 전속계약의 유지를 위하여 자기의 계산으로 지출한 비용이 아닌, B가 다른 업체로부터 받은 출연료까지 포함시키는 것은 타당하지 않은 점, 제6조에서도 '수익배분'이라는 용어를 사용하고 있는 점 등 이 사건 전속계약 제12조의 '비용'이라는 단어의 문언적 의미와, 전속계약이 달성하려는 목적을 고려해보았을 때, A가 연예활동을 통해 얻은 출연료 등의 수입은 '제5조, 제6조의 규정에 의하여 지급된 제비용'에 포함되지 않는다고 판단했다. 따라서 위약금과 손해배상액의 예정의 산정 기준이 된 '제5조, 제6조의 규정에 의하여 지급된 제비용'의 금액 자체가 A의 청구보다 적게 인정되었다.

나아가, 법원은 손해배상액의 예정이 부당히 과다하다는 B의 항변을 받아들여, 제5, 6조의 규정에 의하여 지급된 제비용(직·간접비 포함)의 1배액으로 규정되어 있던 손해배상금을 1/2에 해당하는 금원으로 감액하였다. 반면, 위약금 조항 자체가 공서양속에 어긋나는 것으로서 민법 제103조에 위반되거나, B에게 부당하게 과중한 의무를 부담시키는 내용으로서 약관법 제8조에 위반되어 무효라는 주장은, 위약금 조항은 전속계약의 이행 보장을 위해 필요하다는 점, 타 회사의 전속계약 규정을 고려하였을 때 과중하다고 인정되지 않는다는 이유로 배척하였다.

3. 해설

위 사건에서 법원은 회사의 B에 대한 위약금 청구는 계약서에 명시된 금액 그대로 인정하였고, 손해배상금은 1/2 감액하였다. B는 위약금이 무효라고 주장하고, 손해배상 예정액은 감액되어야 한다고 주장하였다. 이처럼 B가 위약금과 손해배상액에 대해 다른 항변을 한 이유는, '위약금'이 '위약벌'로 해석되었기 때문이다.

'위약금' 약정은 '손해배상의 예정' 또는 '위약벌'로 해석될 수 있는데, 개별적인 사건에서 당사자의 의사 해석에 따라 달리 판단된다. 위약금은 당사자 의사가 명확하지 않은 경우에 손해배상예정으로 추정되고(민법 제398조 제4항), 위약벌로 해석되기 위하여서는 특별한 사정이 있어야 한다. 이 사건에서는 이 사건 전속계약서 제12조가 "연예인이 본 계약을 위반하였을 때에는 연예인은 회사에게 제5, 6조의 규정에 의하여 지급된 제비용(직·간접비 포함)의 2배액을 위약금으로, 1배액을 손해배상금으로 각각 배상하여야 한다."고 규정하여, 한 조항 내에서 '1배액의 손해배상금'과 '2배액의 위약금'을 모두 정하고 있었기 때문에 '2배액의 위약금'이 '손해배상의 예정'이 아니라 '위약벌'로 인정된 것으로 보인다.

'손해배상액의 예정'과 관련하여서는 "손해배상의 예정액이 부당히 과다한 경우에는 법원은 적당히 감액할 수 있다"는 민법 제398조 제2항의 규정이 존재한다. '손해배상의 예정'과 달리 '위약벌'은 감액의 근거 규정이 존재하지 않는다. 그러나 대법원은 민법 제103조 등에 근거하여 약정된 벌이 과도하게 무거울 때에는 그 일부 또는 전부를 '무효'로 판단한다(대법원 1993. 3. 23. 선고 92다46905 판결 등). 이와 같은 차이 때문에 B는 '위약금(위약벌)'과 '손해배상의 예정'의 감액에 관하여 다른 주장을 펼쳤던 것이다.

양 당사자의 합의 하에 체결된 계약의 조항 자체가 공서양속에 반해 무효로 인정되는 것은 쉽지 않은 반면, 법원이 여러 제반 사정을 고려해 예정된 손해배상액을 감액하는 경우는 적지 않다.

> **Case 5-2** 기획사의 제의를 거부하고 임의로 다른 드라마에 출연한 경우 연예인의 전속의무 위반이 될 수 있다.
> 서울중앙지방법원 2005. 12. 23. 선고 2005가합4661(본소),
> 2005가합27626(반소) 판결
> 서울고등법원 2006. 11. 28. 선고 2006나10073(본소),
> 2006나10080(반소) 판결

1. 사실관계

연예인 P는 2004년 2월경 회사와 계약기간 2년 6개월, 전속계약금 이하 '전속금') 7,000만원으로 정하여 전속계약을 체결하였다. 회사는 P에게 'S'드라마에 출연할 것을 제의하였지만, P는 독자적 판단에 기초하여 'O'드라마에 출연하였다.

P는 2004년 8월 27일 회사의 계약위반을 이유로 이 사건 전속계약

의 해지를 통보하였고, 회사는 제1심 소송 중인 2005년 5월 25일에 이르러 답변서의 송달로써 P의 계약위반을 이유로 이 사건 전속계약의 해지를 통보하였다.

P는, P의 이전 전속계약 해지 통보에 따라 계약의 효력이 없음을 주장하며 법원에 전속계약효력부존재의 소를 제기하였다. 그러자 회사는 반소로, P가 회사의 독점적인 매니지먼트 권한(이 사건 전속계약 제1조)을 부인하고, 회사의 기획과 지시 하에 연예활동을 해야한다는 전속계약상 의무(이 사건 전속계약 제12조)를 위반하였으므로[66], 1심 소송 중 답변서의 송달로써 이 사건 전속계약의 해지를 통보하였다. 또한, P에게 지급한 전속금 7,000만원과 P의 계약위반에 따른 손해배상액으로서 전속금 상당액인 7,000만원, 총 1억4,000만원의 지급을 반소로 청구하였다.

---

66) **제1조(독점적 매니지먼트)**
    연예인은 자신이 연기자로서 행하는 모든 활동에 관하여 독점적이고 포괄적으로 관리하는 권한(이하 '매니지먼트 권한'이라 한다)을 회사에게 위임하고, 회사는 이러한 매니지먼트 권한을 위임받아 행사한다. 연예인은 본 계약기간 동안 회사의 사전 승낙 없이 직접 또는 제3자를 통하여 출연교섭을 하거나 연예인으로서의 연예활동을 할 수 없다.

    제12조(연예인의 활동조건)
    - 연예인은 자기 재능, 실력을 최대한 발휘하여 회사의 지시에 따라 연예활동을 하여야 한다. 다만 연예인의 임무 이외의 지시 및 요구가 있을 시에는 거절할 수 있다. (임무 이외의 요구라 함은 임무와 관계없는 미팅이나 접대 또는 연예활동과 무관한 요구 등을 말한다)
    - 연예인은 회사의 기획적인 의도가 담긴 방송 및 연예활동에 대하여 동의하며 출연하여야 한다.
    - 연예인이 제3자로부터 창작이나 실연, 기타 연예활동을 요청받을 경우에는 제3자에게 회사의 동의가 필요하다는 사실을 알리고, 회사에게도 그러한 요청이 있음을 통지하여 회사와 연예인이 합의하여 연예활동에 임한다.
    - 연예인은 본 계약기간 중 회사가 인정하지 아니한 어떠한 연예활동을 하여 회사에게 피해가 발생할 시 그에 대한 모든 책임을 져야 한다.

2. 법원의 판단

법원은 우선 P가 소를 제기할 당시 이 사건 전속계약의 기간이 만료된 상태였으므로, P에게 계약 부존재의 효력을 구할 확인의 이익이 없다고 하여 P의 본소를 각하하였다.

또한 법원은 회사의 반소 청구를 일부 인용하여, P가 회사에게 1억 2,000만원을 지급할 의무가 있다고 판시하였다.

법원은 회사가 P에게 전속금으로 7,000만원을 지급한 사실, 이 사건 전속계약 기간 동안 P는 회사의 사전 승낙 없이 직접 또는 제3자를 통해 출연교섭을 할 수 없음에도 불구하고 독자적으로 다른 드라마에 출연하기로 결정한 사실을 인정했다. 그리고 이러한 행위는 회사의 독점적 매니지먼트 권한을 침해하는 행위로서 이 사건 전속계약상의 의무를 위반한 행위라고 판단하였다. 한편, 법원은 전속금의 원상회복으로서 7,000만원은 전부 인정했지만, "P와 회사의 각 지위, 이 사건 전속계약의 체결 경위와 내용, 위 전속계약의 목적, P가 회사가 제안한 드라마를 거절하고 다른 드라마에 출연하게 된 경위, 위 전속계약의 해지 시기, 회사의 실제 및 예상손해액, 회사로서는 P가 재능과 실력을 발휘할 수 있도록 매니지먼트 임무를 수행하여야 할 본연의 임무가 있다는 점"등을 고려하여 회사가 청구하는 손해배상 예정액을 감액하여 5,000만원만을 인정했다(7,000만원 + 5,000만원 = 1억2,000만원).

Case 5-3 아이돌의 공개연애 금지와 기획사의 퇴출 선언

1. 사실 관계

인기 가수 H와 I는 같은 기획사와 전속계약을 체결하고 활동하던 중, 2018년 8월 2일경 열애설이 불거졌다. 기획사는 열애 사실을 부인하였지만, 당사자들은 바로 다음날 교제사실을 인정하였다. 기획사는 2018년 8월 13일 해당 가수들과 신뢰회복이 불가능한 것으로 보고 '퇴출'을 선언하였다.

2. 해설

전속계약 상 연예인의 연애를 금지하는 것은 그 자체로 무효라고 보기는 어려울 것이나, 연예인의 사생활의 자유(헌법 제17조) 및 인격권(헌법 제10조) 등을 침해할 우려가 있는 행위로서 위법의 소지가 있는 것으로 보인다. 따라서 기획사가 연예인의 연애금지 조항 위반을 이유로 한 계약해지를 주장하여도, 그 해지가 법원에 의해 유효한 것으로 인정될 가능성은 매우 낮을 것이다.

한편 표준전속계약서에는, '기획사는 연예인의 사생활이나 인격권을 침해하거나 침해할 우려가 있는 행위를 요구할 수 없고(제5조)', '연예인은 연예활동에 지장을 초래할 정도로 대중문화예술인으로서의 품위를 손상시키는 행위를 하지 아니하며, 기획사의 명예나 신용을 훼손하는 행위를 하지 아니한다(제6조)'는 내용이 규정되어 있다.

즉, 위와 같은 전속계약 조항에 따라, 기획사는 연예인의 품위유지의무 위반 또는 기획사에 대한 명예훼손을 근거로 계약 해지를 주장할 가능성이 있을 것이다. 그러나, 아이돌의 공개연애 그 자체가 품위유지의무 위반이나 기획사에 대한 명예훼손에 해당할 가능성은 낮을 것으로 본다. 한편, 이 사건은 당사자간 계약 해지에 합의하여 별도의 법정 분쟁을 거치지 아니하고 종료되었다.

> **Case 5-4** 음주 후 숙소에서 무단이탈 한 연습생에 대하여 계약 해지 및 손해배상까지 인정될 수 있다!
> 서울중앙지방법원 2019. 7. 24. 선고 2017가합558109 판결

1. 사실관계

걸그룹 데뷔 예정이던 연습생 A, B는 회사와 전속계약을 체결하였다. 전속계약의 부속합의조항에는 '걸그룹 구성원 중 미성년자도 속한 것을 감안하여 흡연, 음주는 불가하다. 또한 멤버들이 임의대로 구성원에 피해가 가는 행동을 할 시 회사 판단 하에 계약을 해지할 수 있으며 투자비용의 3배의 손해배상을 청구할 수 있다', '회사는 이성과의 교제가 구성원의 효율적인 연기자 활동을 방해한다고 생각하는 바 멤버들은 회사와 계약기간 동안 이성과의 교제를 할 수 없다. 다만, 만 23살 이후의 구

성원은 회사와 협의 하에 이성과의 교제를 할 수 있다'는 내용이 포함되어 있었다.

그런데, B가 계약기간 중 음주, 숙소 무단이탈, 불성실한 연습으로 팀에 지장을 주자, 회사는 전속계약의 2차 부속합의서를 작성하여, B가 '이성과의 만남, 숙소 무단이탈, 지인과 또는 평상시에 욕설 사용, 연예활동에 해를 끼치는 거짓말, 팀원에 안 좋은 영향을 끼치는 언어와 행동 또는 선동'을 할 경우 회사가 계약을 해지하고 위약금 3,500만원을 청구할 수 있다는 내용을 포함시켰다.

그러나, 회사는 A, B가 회사의 경고에도 불구하고 수 차례에 걸쳐 흡연, 음주, 숙소무단이탈을 하는 등 연예활동에 지장을 초래할 정도로 대중문화예술인으로서의 품위를 손상시키는 행위를 하였고, 데뷔를 위한 연습의무를 태만히 하였으며, 결국 예정된 데뷔를 무산시켰다며 A, B에 대한 이 사건 전속계약 부속합의조항에 따른 손해배상(회사가 출연한 투자비용의 3배) 및 B에 대한 이 사건 2차 부속합의서에 따른 위약벌을 청구하였다.

이에 A, B는 ① 전속계약의 부속합의 조항과 부속합의서는 흡연, 음주, 이성교제를 금지하는 등 개인의 사생활, 인격권을 침해하는 조항이 포함되어 무효이고, ② 회사의 귀책사유로 인해 전속계약이 해지되었거나 ③ 전속계약이 A, B와 회사간의 합의로 해제되었다고 주장하였다.

2. 법원의 판단

법원은, A, B의 손해배상 의무는 인정하되, 그 금액을 감액하여 회사의 청구를 일부 인용하였다.

우선, 전속계약이 무효라는 A, B의 주장은 이유 없다고 판시하였다. 법원은 성인인 연예인들에 대하여 흡연, 음주, 이성교제를 전면적으로 금지하는 것은 연예인들의 인격권, 일반적 행동자유권, 행복추구권을 침해할 위험성이 있음을 인정하였다. 그러나 해당 전속계약은 다른 구성원이 성년이 될 때까지 연습 또는 합숙과정에서 음주와 흡연을 제한적으로 금지하고 있고, 만 23세까지 한정하여 연애를 금지하고 있었는데, **기획사는 연예인의 연예 관련 활동을 지원하고 지휘, 감독하는 자로서 걸그룹의 이미지 제고를 위하여 멤버들의 사생활을 어느 정도 통제하거나 관리하는 것이 이 사건 전속계약의 특성상 불가피**한 점을 고려하여, 이와 같은 내용을 포함한 부속조항과 부속합의서의 내용이 무효가 아니라고 판단하였다. 그리고 A, B의 나머지 주장 또한 그것을 달리 인정할 만한 증거가 없음을 이유로 배척하였다.

그리고, 법원은 회사의 주장대로 A, B가 전속계약의 존속기간 동안 음주를 하고 숙소를 무단 이탈하며 연습 활동을 게을리 하다가 2016년 12월 31일경부터는 연습 활동을 전면 중단하여 결국 이 사건 그룹의 데뷔가 무산되었음을 인정하며, 이러한 A, B의 행위는 전속계약 및 부속합의서에 따른 의무를 위반한 것이라고 판시하였다. 따라서 A, B는 기획사에게 전속계약 및 부속합의서에 따른 위약금을 지급할 의무가 있다고 판시하였다.

그런데, ① 전속계약은 회사와 연예인 양 당사자 모두에 대하여 투자계약의 성격을 가지는 점, ② 연예인에게 지출하는 비용은 오직 연예인만을 위한 것이 아니라 회사 자신을 위하여 지출되는 측면도 일부 있는 점, ③ A, B는 당초 예상보다 연습생 기간이 장기화되는 것에 불만을 가지면서 본격적인 채무불이행이 있었던 것으로 보이는 점, ④ 회사에 비하여 연예인 지망생인 A, B가 상대적으로 경제적 약자의 지위에 있는 점 등을 고려하면, '회사가 출연한 투자비용의 3배'는 부당히 과다하다고 판단하여 A, B 모두 손해배상액을 감액하여 인정하였다.

한편, B의 2차 부속합의서에 따른 위약벌 지급의무는 인정되어, B는 손해배상액과 함께 위약벌 또한 지급하여야 하는 것으로 결론 내려졌다.

> **Case 5-5** 연예인이 몰래 연예활동을 하고 수익금을 빼돌린 경우, 기획사는 정산금과 함께 위약벌까지 청구할 수 있다!
> 서울중앙지방법원 2020. 12. 17. 선고 2019가합582038 판결
> 서울고등법원 2022. 1. 20. 선고 2021나2003777 판결

1. 사실관계

회사는 전속계약을 체결하고 활동하던 가수 D가 회사 몰래 연예활동(행사 등)을 하고 그 수익금을 회사에게 알리지 않은 사정을 알게 되었다. 회사는 D에게 이 사건 전속계약[67]을 위반하였음을 이유로 그 시정을 요구하는 내용증명우편을 보냈으나, D는 14일이 경과하도록 아무런 시정 또는 해명을 하지 않았다. 이에 회사는 D에게 전속계약 해지 의사표시를 하였다.

한편, 회사는 다른 소송을 통해 D가 정산하지 않은 수익금 중 약정 수익비율 40%에 해당하는 금액을 청구하는 소를 제기하였고, 회사의 승소로 D의 회사에 대한 정산금 지급의무가 확정된 상태였다.

회사는 이에 더하여, ① D가 수익을 독식하였고, ② 제3의 매니지먼트 업체를 통해 F가요제에 출연하였고, ③ 회사와 상의 없이 3개의 앨범을 발매한 사실을 추가로 주장하며 전속계약 위반을 이유로 위약벌(직전

---

[67] 제2조(매니지먼트 권한의 부여 등)
③ D는 계약기간 중 회사가 독점적으로 권한을 행사하도록 되어 있는 연예활동과 관련하여 회사의 사전승인 없이 자기 스스로 또는 D 이외의 제3자를 통하여 출연교섭을 하거나 연예활동을 할 수 없다.

2년간 월평균 매출액 X 잔여 계약기간 개월 수)상당액을 청구하며 D를 상대로 소를 제기하였다.

2. 법원의 판단

법원은, D의 위약벌 지급의무를 인정하되, 그 금액을 감액하여 회사의 청구를 일부 인용하였다.

구체적으로, 법원은 D가 제3의 업체를 통해 연예활동을 하였다는 점, 전속계약을 위반하여 앨범을 발매한 점, 기타 피고가 계속 반복하여 회사의 사전승인 없이 연예활동을 하고 그로 인한 수익을 정산하지 않은 사실을 모두 인정하였다. 그리고, 이와 같은 D의 행위는 전속계약에서 정한 회사의 독점적 매니지먼트 권한과 수익분배권을 침해하는 것으로 위반의 정도가 중하고, D는 회사의 시정 요구에도 불구하고 시정할 의사를 밝히지 않은 사실을 더하여 보면, D가 전속계약을 일방적으로 파기할 목적으로 계약 내용을 위반하였다고 봄이 타당하다고 하여 D의 위약벌 지급의무를 인정하였다. 그러면서 전속계약상 위약벌 지급의무가 D에게만 규정되어 있는 점, 관련 판결을 통해 D는 회사에게 정산금을 지급할 의무도 있는 점 등 제반 사정을 고려하여 위약벌을 회사가 청구한 금액의 10% 수준으로 감액하여 인정하였다.

[Case 5의 쟁점과 관련한 기타 판례들]

☞ 성형수술이나 결혼을 위하여 앨범 제작을 하지 못한 것은 연예인의 활동 의무를 불성실하게 한 것은 아니라고 본 사례(서울중앙지방법원 2008. 4. 1. 선고 2007가합85497 판결)

☞ 기획사가 걸그룹을 해체 선언하였고, 전속계약 상 일정 나이(중학교 3학년)까지만 활동하기로 한 것이 명백하므로, 활동을 중단하였어도 연예인의 의무 위반이 아니라고 본 사례(서울중앙지방법원 2009. 4. 23. 선고 2008가합30852 판결)

☞ 전속계약상 혼성 가수그룹의 리더에게 멤버들을 관리할 의무가 있었으나 그룹이 해체된 경우, 그룹의 해체가 리더의 관리의무 불이행으로 인한 것이 아니라 다른 멤버의 무단이탈로 인한 사실을 인정하여 리더였던 연예인의 전속계약상 의무 위반을 인정하지 않은 사례(서울중앙지방법원 2005. 11. 29. 선고 2004가단264018 판결, 서울고등법원 2007. 8. 21. 선고 2006나11960 판결)

☞ 연예인이 촬영장 등에 몇 번 지각한 것에 불과하고, 제3자의 광고를 촬영한 것도 기획사의 허락을 얻었으므로 의무 위반을 구성하지 않는다고 한 사례(서울지방법원 2002. 7. 24. 선고 2000가합46011 판결). 오히려 기획사가 연예인의 명

예를 훼손한 점이 인정되어 기획사에게 500만원의 손해배상책임을 인정함.

☞ 계약기간이 종료된 연예인이 건물에 들어와 의상 등을 가지고 나갔으나 건조물침입죄와 절도죄에 대하여 무죄판결이 있었고, 달리 이중 계약을 인정할 만한 증거도 없어 연예인의 의무 위반이 없다고 본 사례(서울북부지방법원 2016. 1. 12. 선고 2015나3196 판결)

☞ 미성년자 연예인의 보호자인 아버지가 딸의 대학진학을 위한 입시 준비로 활동 중단을 요청한 경우, 전속계약 자체를 파기한다는 통보와 같다고 할 수는 없으므로 연예인의 활동 의무 위반으로 보지 아니한 사례(서울고등법원 2015. 12. 2. 선고 2015나2026298 판결)

☞ 기획사가 연예인의 책임있는 사유로 인해 연예활동을 하지 못한 기간동안 전속계약의 기간이 연장되어야 한다고 주장한 사안에서, 연예인이 한국연예매니지먼트협회로부터 연예활동 자제 권고를 받아 활동에 지장이 있었던 것이, 연예인의 책임있는 사유로 인한 것은 아니라는 사례(서울중앙지방법원 2013. 10. 17. 선고 2012가합106374 판결)

☞ 기획사가 연예인이 타 회사와 이중 계약을 맺었다고 주장한 사안에서, 이 사건 전속계약 자체가 기획사와 연예인이 투자자로부터 투자를 받도록 하기 위하여 형식적으로 작성한 것에 불과하여 유효한 전속계약에 해당하지 않으므로, 연예인이 타 회사와 전속계약을 체결한 것이 이중계약에 해당하지 아니한다고 본 사례(서울고등법원 2012. 3. 23. 선고 2011나40948 판례)

☞ 기획사가 엑스트라 배우인 연예인들이 자주 연락이 되지 않는 등으로 출연시킬 수 없어 피해를 입었다며 손해배상을 청구한 사안에서, 위 연예인들은 대체 가능한 단역이며, 기획사는 연예인들의 일정을 확인한 후 출연을 요청하였어야 하므로 연예인들의 의무 위반이 없다고 본 사례(서울중앙지방법원 2011. 11. 3. 선고 2010가단414449 판결)

☞ 기획사가 연예인과의 전속계약기간이 아직 남아있다고 주장한 사안에서, 전속계약의 내용은 36개월 간 앨범 5개를 발매한다는 것이었는데 '정규앨범', '싱글앨범', '베스트앨범'을 가리지 않고 종류와 상관없이 5개의 앨범을 발매하여 전속계약이 종료되었다고 본 사례(서울고등법원 2006. 8. 17. 선고 2005나99789 판결)

☞ 연예인이 기획사와 전속계약을 체결하기 위한 가계약을 맺었으나 이후 계약체결조건에 이견이 발생하여 연예인이 다른 기획사와 전속계약을 체결한 사안에서, 기획사는 본 계약이 체결될 것을 신뢰 내지 기대하였으므로 연예인의 가계약 상 의무 위반을 인정하고, 계약금의 3배 배상으로 예정된 손해액을 일부 감액하여 연예인에게 4억원의 손해배상책임을 인정한 사례(서울고등법원 2005. 6. 3. 선고 2003나84813 판결)

☞ 연예인이 이미 음반제작을 위한 계약금을 지급받은 이상 음반 제작에 협조할 의무가 발생하였고, 해당 음반제작계약은 계약체결대리권이 있는 자에 의하여 이루어진 것으로 유효하다고 판단한 사례(서울고등법원 2005. 11. 17. 선고 2005나34409 판결). 해당 사안에서 연예인의 음반 제작사에 대한 제작비 4,000만원의 반환 의무를 인정함.

☞ 연예인의 이중 계약체결을 인정하면서도 계약 위반 이후 기획사가 지출한 비용이 없어 연예인에게 손해배상책임이 없다고 본 사례(수원지방법원 안산지원 2014. 1. 9. 선고 2012가합20915 판결)

☞ 연예인의 이중계약 체결 여부가 문제된 사안에서, 계약의 내용을 살펴볼 때 연예활동에 직접적인 관련이 없는 사업

> 을 진행하는 경우 불이익을 가하는 취지의 합의가 이루어져 있기는 하나, 연예인이 운영할 사업주체의 명의, 패션사업을 포함시킬지 여부, 연예활동에 지장이 생길 경우 기획사가 가할 수 있는 불이익의 종류와 범위 등 구체적인 내용은 추후 합의하기로 해석하였다고 해석할 수 있으므로, 결국 연예인이 독자적인 액세서리사업을 한 것은 계약위반이 아니라고 본 사례(서울중앙지방법원 2007. 11. 30. 선고 2007가합37368 판결)

Case 6-1 전속계약을 합의해지 한 경우, 연예인들의 사이닝보너스 성격의 전속계약금은 반환의무가 없다!
서울중앙지방법원 2021. 3. 25. 선고 2020가단5063135 판결
서울중앙지방법원 2021. 11. 4. 선고 2021나22465 판결

---

1. 사실관계

유명 배우들인 F, G는 회사와 전속계약금을 3억원으로 한 전속계약을 체결하였다. F, G는 회사의 내부사정을 이유로 계약 해지 의사를 표시하였고, 회사는 그 요구를 받아들여 전속계약 해지합의서를 작성하였다. 계약해지일 기준으로 계약기간에 대한 전속계약금을 일할 계산하면, 해지 후 잔여기간에 대한 금액은 약 1억1,700만원에 달했다.

회사는 ① 전속계약금이 3억원이라는 큰 금액인 점, ② F, G가 수익의 8할을 가져갔던 점, ③ 회사가 연예업무를 부실하게 처리하지 않았으며 F, G의 인격권을 침해한 사실이 전혀 없는 상황에서 F, G의 요청에 따라 합의 해지한 사정을 종합하여 보면, 잔여기간에 해당하는 전속계약금은 회사에 반환되는 것이 공평의 원칙상 타당하다고 주장하며 F와 G를 상대로 전속계약금 반환청구를 하였다.

2. 법원의 판단

법원은 회사의 청구를 모두 기각하였다.

우선, 법원은 "기업이 경력 있는 전문 인력을 채용하기 위한 방법으로 근로계약 등을 체결하면서 일회성의 인센티브 명목으로 지급하는 이른바 '사이닝보너스'가 **이직에 따른 보상이나 근로계약 등의 체결에 대한 대가로서의 성격**만 가지는지, 더 나아가 **의무근무기간 동안의 이직금지 내지 전속근무 약속에 대한 대가 및 임금 선급으로서의 성격도 함께 가지는지**는 해당 계약이 체결된 동기 및 경위, 당사자가 계약에 의하여 달성하려고 하는 목적과 진정한 의사, 계약서에 특정 기간 동안의 전속근무를 조건으로 사이닝보너스를 지급한다거나 기간의 중간에 퇴직하거나 이직할 경우 이를 반환한다는 등의 문언이 기재되어 있는지 및 거래의 관행 등을 종합적으로 고려하여 판단하여야 한다. 만약 해당 사이닝보너스가 **이직에 따른 보상이나 근로계약 등의 체결에 대한 대가로서의 성격에 그칠 뿐이라면 계약 당사자 사이에 근로계약 등이 실제로 체결된 이상 근로자 등이 약정근무기간을**

준수하지 아니하였더라도 사이닝보너스가 예정하는 대가적 관계에 있는 반대급부는 이행된 것으로 볼 수 있다"고 판시한 판례(대법원 2015. 6. 11. 선고 2012다55518 판결)를 인용하며, 전속계약금의 성질에 대해 검토하였다.

구체적으로, 이 사건에서 전속계약금이 3억원 정도로 책정된 이유에는 F, G의 대중적 인지도가 큰 비중을 차지한 점, 전속계약의 내용 중에는 전속계약금 3억원의 분배나 귀속에 관하여는 아무런 정함이 없는 점, 그 밖의 여러 사정을 종합하여 봤을 때, 회사가 F, G에게 지급한 전속계약금은 F, G와 전속계약을 체결하기 위한 단발적인 대가로서의 성격만 가지는 것으로 보일 뿐, 더 나아가 계약기간 동안의 부당한 해지금지 내지는 계약기간을 준수시키기 위한 대가 및 수익금 선급으로서의 성격도 함께 가지는 것으로 보이지 않는다고 판시하였다.

이러한 이유에서 법원은 전속계약금을 F, G에게 모두 귀속시키는 것이 공평의 원칙에 비추어 부당하다거나 신의칙에 반하지 않는다고 하여 회사의 전속계약금 반환청구를 모두 기각하였다.

Case 6-2 회사가 계약금을 지급하지 않은 경우 연예인은 계약 해지가 가능하다!
서울중앙지방법원 2009. 12. 8. 선고 2009가합51665 판결

1. 사실관계

실력파 가수 A, B, C, D는 R&B그룹을 결성하여 활동하여 큰 인기를 얻었다. A, B, C, D는 2007년 5월 15일 회사와 전속계약을 체결하였는데, 그 내용[68]은 전속계약기간을 3년 6개월로 하되 음반을 5매 발매하기로 하고, 계약은 계약금을 지급한 때로부터 효력을 발생하며, 회사는 2007년 6월 30일까지 계약금으로 A에게 3억원, B, C, D에게 각 1억원을 지급하여야 한다는 것이었다.

그런데 회사는 위 계약금을 멤버들에게 전혀 지급하지 않았고, A, B, C, D는 2009년 4월 24일 회사에 전속계약 해지를 통보하였다. 그리고 A, B, C, D는 법원에 전속계약부존재 확인의 소를 제기하였다.

---

68) 제3조 [전속기간 및 효력범위]
    제1항 전속계약은 계약체결일로부터 3년 6월로 하되…(이후 생략)
    제2항 계약은 제8조 제3항의 계약금을 지급한 때로부터 효력을 발생하고 계약에 따른 권리·의무의 만료는 A, C, D, E가 계약된 마지막 음반의 마스터링 CD를 회사에게 제공한 뒤 3개월로 한다. 본 계약 효력 발생과 동시에 A, C, D, E 와 회사가 체결했던 기존 전속계약 일체는 효력을 상실한다.
  제8조 [전속조건, 수익 분배 및 개런티]
    제3항 회사는 2007. 6. 30. 까지 본 계약의 계약금으로 A에게 3억원, C, D, E 에게 각 일억원을 지급한다. (이후 생략)

2. 법원의 판단

법원은 A, B, C, D의 청구를 인용하여, A, B, C, D와 회사 사이의 전속계약에 기한 계약관계가 존재하지 아니함을 확인하였다. 전속계약[69]에 따르면 회사가 정당한 사유 없이 계약을 위반한 경우 A, B, C, D는 계약을 해지할 수 있는데, 회사가 계약금을 지급하지 아니하여 계약 해지사유가 발생하였고 A, B, C, D가 이 사건 전속계약해지를 통보하였으므로, 이 사건 전속계약은 적법하게 해지되었다고 보았다.

3. 해설

이미 상당한 인기를 얻고 있는 연예인과 계약을 체결하기 위하여 기획사는 계약금 또는 전속금을 지급하게 된다. 이 사안에서 법원은 '계약은 계약금을 지급한 때로부터 효력을 발생한다'는 규정이 있음에도, 일단 전속계약은 성립한 것이고, 기획사가 계약금을 지급하지 아니하면 해지 사유가 된다고 보았다.

---

69) 제10조 [계약의 해제 · 해지]
  제2항 연예인들은 다음 각 호의 사유로 본 계약을 해제 또는 해지할 수 있다.
  제3호 회사가 정당한 사유 없이 본 계약을 위반한 경우

> **Case 6-3** 전속계약금은 회사의 주식으로 받는 것도 가능하다!
> 서울중앙지방법원 2006. 11. 14. 선고 2006가합44000 판결

1. 사실관계

인기 연예인 A는 연예인 매니지먼트 관련 회사를 설립하면서, 그 회사와 전속계약을 맺기로 하고, 전속계약금은 회사의 주식으로 지급받기로 합의하였다. 이후, A는 법원에 전속계약에 기한 A의 채무가 존재하지 아니함을 확인하는 소를 제기하였다. 전속계약서는 단지 세무상 필요에 의하여 작성된 것일 뿐이므로, 전속계약이 체결된 사실이 없고, 회사가 A에게 전속계약에 따라 지급하기로 한 전속계약금 5천만원을 지급하지 않았다는 것이 주요한 이유였다. 한편, 회사는 A가 전속계약을 일방적으로 위반하였다고 주장하며, 반소로 A에게 이로 인한 손해배상을 청구하였다.

2. 법원의 판단

법원은 회사의 반소청구는 변론 종결 이후 제기된 것으로, 민사소송법 제269조 제1항[70]에 위배된다는 이유로 각하하는 한편, A의 청구 또한 모두 기각하였다.

---

70) **민사소송법 제269조(반소)**
① 피고는 소송절차를 현저히 지연시키지 아니하는 경우에만 변론을 종결할 때까지 본소가 계속된 법원에 반소를 제기할 수 있다. 다만, 소송의 목적이 된 청구가 다른 법원의 관할에 전속되지 아니하고 본소의 청구 또는 방어의 방법과 서로 관련이 있어야 한다.

구체적으로, 전속계약서가 단지 세무상 필요에 의해 작성된 것이라고 하더라도, 처분문서는 특별한 사정이 없는 한 그 처분문서에 기재되어 있는 문언의 내용에 따라 당사자의 의사표시가 있었던 것으로 객관적으로 해석되어야 하므로, A와 회사 사이에 전속계약이 체결된 것으로 보아야 한다고 판시하였다.

또한, 회사의 A에 대한 전속계약금 5,000만원의 지급의무가 있는 것은 사실이나, A가 5,000만원 가액의 회사 주식을 아무런 대가 없이 취득하여 보유하고 있던 점, A는 전속계약 체결 이후 별다른 이의 없이 회사와 수익금을 배분받아 온 점 등을 고려하여, A와 회사 사이에 A가 전속계약금의 지급에 갈음하여 그 액수에 해당하는 회사의 주식을 취득하기로 하는 내용의 합의가 있었던 것으로 인정된다고 판단하였다.

따라서 A와 회사 사이의 전속계약관계는 유효하게 존속 중이고, A는 회사에 대해 전속계약상의 의무를 부담한다고 보아 법원은 A의 본소 청구를 기각하였다.

Case 6-4 연예인이 협력의무를 다하였다면 전속계약금 반환의무가 없다!
서울중앙지방법원 2007. 11. 28. 선고 2006가합74469 판결

1. 사실관계

가수 C는 2002년 7월 27일경 회사와 사이에 전속계약금 3억원, 전속기간을 2004년 7월 27일까지(2년간)으로 정하여 전속계약을 체결하였다. 그 내용 중 전속계약기간 동안 C는 음반 2매를 발매하여야 하고, C는 회사가 취하는 업무에 성실히 임해야 하며, 만약 계약기간 중 C의 계약위반으로 계약이 해지되면 C는 회사에게 전속금과 음반제작에 사용된 모든 비용의 2배를 배상한다는 조항[71]이 있었다.

C는 위 전속기간이 만료되기까지 음반을 1매만 발행하였고, 2집음반을 발매하지 못하였다. 그러자 회사는 C를 상대로 전속계약금 3억원의 반환을 구하는 내용의 소를 제기하였다. C는 전속계약의 내용에 따라

---

71) **제2조**
제1항 계약 만료일은 2004년 7월 27일이며, 연예인과 회사는 이 계약기간 동안 음반을 2매(음반 및 프로젝트 앨범은 상호 조정하여 결정한다) 발매하여야 하며, 마지막 음반은 계약기간 만료일 6개월 전에 출반하여야 한다.

제5조
연예인은 이 계약의 목적을 달성하기 위하여 계약기간 중 회사가 취하는 업무에 연예인, 회사 상의하에 성실히 임해야 한다.
연예인은 회사의 지시에 회사 또는 회사와 계약을 체결한 제3자가 기획·제작하는 영상음반과 영상물, 캐릭터 사업, 홍보선전활동, 출연업무 및 연예활동이 수반되는 모든 업무에 성실히 임해야 한다. (이하 생략)

보수·비용부담약정
연예인은 계약 기간 중 계약위반으로 인해 계약이 해지될 시 연예인에게 전속금과 회사의 음반제작에 사용된 비용(직·간접 포함)의 2배를 배상한다.

2매의 음반을 제작 및 발매하고, 그에 대한 적극적인 홍보 및 연예활동을 하여야 하는데 가정 문제와 성대결절로 인해 그 의무를 불이행했다는 것이다. 따라서 그 의무가 이행되기 전까지는 전속계약이 계약기간 만료와 상관없이 종료되었다고 볼 수 없고, C의 중대한 의무 위반으로 인한 회사의 해지 통보로 계약이 적법하게 해지되었으므로, C가 회사에게 전속계약금 3억원을 반환해야 한다는 것이 회사의 주장이었다.

2. 법원의 판단

법원은 계약의 문언상 음반발매의무는 C와 회사의 공동의무이고, C에게 '업무에 성실히 임할 의무'를 부과하고 있을 뿐이지 C가 음반발매의 기획·제작 주체가 아니며, 오히려 회사가 음반 기획·제작을 사업목적으로 하고 있으므로, 결국 C는 회사의 음반제작 업무에 **협조할 의무**만 부담한다고 판단하였다. 따라서 C가 2번째 음반을 발매하지 못하였다고 하더라도, 일단 전속계약은 2004년 7월 27일 기간 만료로 이미 종료되었다고 보았다.

한편, 계약이 종료된 이후이긴 하나, 회사의 주장대로 C가 음반에 대한 홍보·연예활동을 하지 않았는지에 관하여, C는 계약기간이 종료된 후에도 도의적 차원에서 음반제작에 협력하고 성대결절 상태에서도 라이브 공연을 한 점, 반대로 회사가 2집음반의 투자금 및 음반제작비를 적시에 지원받지 못하여 음반의 제작이 지연된 사정도 있는 점을 고려하면, C가 계약을 위반하였다는 회사의 주장은 이유 없다고 판단하였다.

이러한 사정을 모두 고려하여, 법원은 회사의 전속계약금 반환청구를 전부 기각하였다.

[**Case 6의 쟁점과 관련한 기타 판례들**]

☞ 음반 제작에 관한 전속계약을 체결하였으나 연예인이 병역을 기피하여 입국이 금지된 사안에서, 사전에 제작한 음반에 대해 계약을 해지할 만한 사정이 있다고 보기는 어려우나, 이후 제작하기로 한 음반에 대해 그 의무가 이행불능 되었으므로 이미 지급한 선급금 20억원 중 절반인 10억원을 손해배상액으로 인정한 사례(서울지방법원 남부지원 2003. 10. 16. 선고 2002가합16638 판결)

☞ 위약금을 5억원으로 정한 전속계약이 체결되었고, 연예인이 엑스터시 등 향정신성의약품 투약 혐의로 유죄 판결을 받자 기획사가 연예인에게 위약금을 청구하였으나, 이미 기획사와 연예인 간 위약금 포기를 합의 한 사실이 있고, 기획사가 부도가 나 방송활동을 섭외하지 못하는 등 지원 의무를 이행하지 못하고 있었던 점에 비추어 위약금을 지급해야 할 정도의 계약위반이 있었다고 보지 아니하여 위약금 청구를 전부 기각한 사례(서울남부지방법원 2004. 9. 10. 선고 2004가합538 판결)

> **Case 7-1** 적절하지 못한 매니지먼트 업무처리로 신뢰관계 파탄에 이를 수 있다.
> 서울남부지방법원 2016. 4. 14. 선고 2014가합103504 판결

1. 사실관계

연예인 S는 2013년 7월 22일 회사와 전속계약을 체결하였다. 이 때, 부속합의서를 통해 수익분배율을 50 : 50으로, 회사가 S에게 전속계약금 3,000만원을 지급하기로 합의하였다. 그런데 회사 대표이사의 동생이자 직원인 I는 2013년 10월 5일 기획사 소속 가수에게 향정신성의약품인 졸피뎀을 먹이고 강간하였다는 범죄사실로 기소되어 2014년 7월 18일 징역 3년의 실형을 선고받았고, 이는 대법원에서 확정되었다. 위 사건의 피해자는 위 사건이 발생한 직후 S의 아버지를 찾아가 I의 범죄사실을 밝히고 S에게 조심할 것을 당부하였고, S의 아버지는 회사에 I의 혐의에 대해 항의하고 I를 매니지먼트 업무 수행 시 배제시킬 것을 요청하면서 '위 범행이 사실이라면 함께할 수 없다'는 취지의 이야기도 하였다. 그러나 회사는 I의 무죄를 주장하며 I에게 S가 탑승하는 차량의 운전을 맡기기도 하였다.

위와 같은 상황에서, 회사는 S가 수입금 중 50%에 해당하는 정산금을 지급하지 않고 있고, 독단적으로 연예활동계약을 체결하는 등 전속계약을 위반하였다고 주장하며 S를 상대로 정산금과 함께 위약금을 청구하였다.

이에 대해 S는, ① 전속계약이 회사의 기망 또는 S의 착오에 기하여 체결된 것이므로 전속계약을 취소하고, ② 그렇지 않더라도 전속계약은 회사의 채무불이행 내지 신뢰관계 훼손으로 해지되었으며, ③ S가 회사에 지급할 정산금이 있다면, 이미 S가 회사에 지급했던 정산금은 공제되어야 하고, S가 회사의 행위로 인해 회사에 대해 가지는 손해배상채권 또는 부당이득반환채권과 상계한다고 주장하였다.

2. 법원의 판단

법원은 ① 전속계약이 회사의 기망 또는 S의 착오에 기하여 체결되었다는 사실은 인정하지 않았으나, ② 신뢰관계 파괴를 이유로 한 S의 전속계약 해지의 의사표시는 적법하다고 판단하여 S의 위약금 지급의무는 존재하지 않는다고 판단하였다. 한편, S의 회사에 대한 미지급 정산금의 존재는 인정하여, S가 회사에 기지급한 정산금을 공제한 나머지 금액을 지급하여야 한다고 판시하였다. 결국, 법원은 S의 회사에 대한 일부 정산금 지급의무를 인정하고, 회사의 나머지 청구는 모두 기각한 것이다. 이하에서는 법원이 신뢰관계 파괴로 인한 전속계약 해지를 인정한 이유를 중점적으로 살펴본다.

법원은 우선, 전속계약은 민법상 위임계약으로서의 성격을 지니며, 회사와 S 간의 고도의 신뢰관계를 바탕으로 하는 것이므로 당사자 쌍방의 대인적 신뢰관계가 훼손되는 경우에는, 신의칙에 반할 정도로 경미한 사유로 인한 것이 아닌 이상 그 해지를 인정하는 것이 타당하고, 이 사건 전속계약[72]에서도 회사는 S의 인격권이 대내외적으로 침해되지 않도록 최대한 노력을 하여야 한다고 규정되어 있는 사실을 지적했다.

그런데 이 사건에서, ① 회사는 전속계약 초기 단계부터 투자금을 제대로 확보하지 못하는 등의 사정으로 S에 대한 원활한 매니지먼트 작업을 하지 못하였고, 특히 S가 'N광고'로 전국적인 명성을 얻기 시작한 2013년 11월 무렵 회사 대표의 동생 I가 소속사 가수를 강간하였다는 혐의로 기소되자 회사와 S 사이에 전속계약에 따른 정상적인 매니지먼트 활동이 이루어지지 못한 점, ② 위와 같은 상황은 여성이자 미성년자인 S의 연예활동에 심각한 영향을 미칠 수 있으므로 회사는 I를 배제시키는 등 적극적인 조치를 취하여야 함에도 I의 무죄를 강변하며 S의 차를 운전하게 하는 등으로 S의 인격권을 침해할 소지가 있는 행동을 한 점, ③ 회사는 S의 동의를 구하지 않고 공연실황을 담은 영상과 사진 등을 제3자에게 무상으로 넘기는 등 매니지먼트 활동을 적절하게 수행하지 못하였을 뿐만 아니라 2014년 1월 이후에는 사실상 신뢰관계가 훼손되어 회사는 S를 위한 아무런 매니지먼트 활동을 하지 못하였고 S도 2014년 2월 27일 독자적인 회사를 설립하여 회사와 별개로 연예활동을 해 나간 점, ④ 그 과정에서 회사와 S는 앞서 본 바와 같이 상대방을 형사 고소하는 등으로 더 이상 이 사건 전속계약을 유지할 수 없게 된 점 등에 비추어 볼 때 2014년 6월 17일 무렵 회사와 S 사이의 신뢰관계는 회복할 수 없

---

72) 제2조(매니지먼트 권한의 부여 등)
② 회사는 연예인이 자기의 재능과 실력을 최대한 발휘할 수 있도록 성실히 매니지먼트 권한을 행사하고, 회사의 매니지먼트 권한 범위 내에서의 연예활동과 관련하여 연예인의 사생활보장 등 연예인의 인격권이 대내외적으로 침해되지 않도록 최대한 노력한다.

을 정도로 훼손되었다는 것을 인정하고, 결국 이를 이유로 한 S의 해지가 적법하다고 판시하였다.

[Case 7의 쟁점과 관련한 기타 판례들]

☞ 매니저가 연예인의 드라마 출연 협상을 결렬시키기도 하고, 연예인에게 모욕적 언사를 내뱉기도 한 경우, 당사자간 신뢰관계가 파탄 되었으므로 계약해지가 가능하다고 한 사례(서울고등법원 2000. 7. 5. 선고 99나62533 판결)

☞ 기획사가 CCTV를 설치하여 사생활을 감독하거나 연예인들에게 폭언을 내뱉은 경우, 신뢰관계가 파탄되어 계약 해지를 인정했으나, 금전적 손해배상까지 인정하지는 않은 사례(서울남부지방법원 2012. 5. 24. 선고 2011가합19851 판결)

☞ 기획사 대표가 연예인의 어머니를 폭행하고, 학력과 연령을 속인 것이 드러난 사안에서 신뢰관계가 파탄 되었다고 본 사례(서울북부지원 1997. 5. 7. 선고 96가합819 판결)

☞ 기획사가 전(前) 소속 연예인이 병역비리를 저질렀다는 등 허위사실을 유포하여 연예활동을 방해하고, 결국 연예인이 현재 소속되어 있던 기획사로부터 전속계약을 해제 당하고 전속계약금을 반환하게 된 사안에서, 기획사의 연예인에 대

> 한 재산상 손해 및 정신적 고통에 대한 위자료를 배상할 의무가 있다고 인정한 사례(서울중앙지방법원 2011. 2. 17. 선고 2009가합60775 판결, 서울고등법원 2011. 12. 23. 선고 2011나31050 판결)

> **Case 8-1** 연예인은 전속계약효력정지 가처분을 통해 연예활동을 이어 나갈 수 있다!
> 서울중앙지법 2009. 10. 27. 자 2009카합2869 결정

1. 사실관계

A, B, C는 5인조 남성 가요그룹의 구성원으로, 국내외에서 두터운 팬층을 형성하여 왕성하게 활동하던 중, 부당히 장기간인 계약기간 및 과다한 손해배상액 예정 등을 이유로 법원에 전속계약효력부존재확인을 청구하였다. 그리고, 전속계약효력부존재확인의 판결 선고시까지 전속계약의 효력을 정지하여 회사를 배제하고 자유로운 연예활동을 하기 위해 법원에 전속계약효력정지가처분을 신청했다.

2. 법원의 판단

법원은, A, B, C의 신청을 인용하여, 전속계약효력부존재확인 청구사건의 판결 선고시까지 A, B, C와 회사 사이의 전속계약의 효력을 정지하

였다. 구체적으로, 회사는 A, B, C의 연예활동과 관련하여, 1) 방송사, 음반제작사, 공연기획사, 광고대행사, 광고기획사 등 제3자와의 제반 계약을 교섭하거나 체결하는 행위, 2) A, B, C의 의사에 반하여 A, B, C에게 개별적으로 또는 공동으로 연예활동을 요구하는 행위, 3) 위 제3자에 대하여 A, B, C의 연예활동에 관한 이의를 제기하거나 그 금지를 요청하는 행위, 4) 기타 전속계약이 유효함을 전제로 A, B, C의 자유로운 연예활동을 방해하는 일체의 행위를 하여서는 안 된다고 결정하였다.

법원은, 회사와 A, B, C 간의 전속계약이 장기간의 계약기간과 과다한 손해배상액 예정 조항 등을 주된 내용으로 하고 있는 점을 인정하며, 그것은 회사가 우월한 지위를 이용하여 부당한 지배력을 행사하고 A, B, C에게는 지나친 반대급부나 부당한 부담을 지워 그 경제적 자유와 기본권을 과도하게 침해하는 것으로, 그 계약 내용의 전부 또는 일부가 무효이거나 합리적 존속기간의 도과를 이유로 그 효력이 소멸되었다고 볼 여지가 있으므로, A, B, C에게 가처분 신청을 할 권리가 있음을 수긍하였다.

또한, 양자 간 더 이상 정상적인 전속관계가 유지되기는 어려울 뿐 더러 소송 기간 동안 A, B, C의 독자적 연예활동이 크게 제약될 것인데, 그것은 A, B, C의 직업선택의 자유와 활동의 자유 등 헌법적 기본권에 대한 심각한 침해요소로 작용될 우려가 있다는 점을 지적하여, 본안소송(전속계약효력부존재확인 청구의 소)에서 권리관계의 다툼이 최종적으로 가려지기 전까지 위 신청인들이 독자적인 연예활동을 할 수 있도록 하는 임시의 지위를 정할 필요성 또한 인정하였다.

3. 해설

이후 회사는 2010년 4월경 위 전속계약효력정지 가처분에 대한 이의신청, 전속계약효력존재확인 및 손해배상청구소송을 제기하였고, A, B, C도 2010년 6월 전속계약효력부존재확인 및 부당이득반환청구소송을 제기하였다. 그러다가 양 당사자는 본안 소송이 계속 중이던 2012년 11월 28일 이 사건 전속계약을 해지하기로 합의하였다.

결국 A, B, C는 전속계약효력정지 가처분이 인용된 2009년 10월 27일부터 소송진행으로 인한 연예 활동의 중단이라는 불이익이 없이 연예활동을 이어 나갈 수 있게 되었다. 이 사건은 전속계약의 효력과 관련하여 가처분 제도를 가장 잘 이용한 대표적인 사례로 평가할 수 있을 것이다.

Case 8-2 전속계약효력정지가처분 후 중재나 조정으로 분쟁을 조기에 마무리할 수도 있다!
서울중앙지방법원 2019. 5. 10. 자 2019카합20479 결정

1. 사실 관계

연예인 K는 2018년 2월 2일 A회사와 전속계약을 체결하였고, 이후 A회사는 2019년 1월 28일 B회사와 공동사업계약을 체결하였다. 위 회사간 2019년 1월 28일자 계약의 내용에는, '아티스트에 대한 방송, 영화, 공연 기타 사업 관련 행사에 대한 독점적인 교섭권은 B사에 있고, A사는 위 내용에 대하여 아티스트에게 설명하고 동의를 받았음을 보장한다'는 내용이 포함되어 있었다. K는 위 내용은 전속계약상 권리를 양도하는 것인데 K의 동의가 없었으므로 위법하고, 설령 그렇지 않더라도 K와 A회사 간의 신뢰 관계가 파탄되었다고 주장하며 법원에 전속계약효력부존재확인을 청구하고 위 전속계약의 효력정지가처분을 신청하였다.

2. 법원의 판단

법원은 K의 신청을 인용하여, 전속계약효력부존재확인 청구사건의 본안판결 확정 시까지, K와 A회사 사이의 전속계약의 효력을 정지하였다. 구체적으로, A회사가 K의 연예활동과 관련하여, 1) K의 의사에 반하여 방송사, 음반제작사, 공연기획사, 광고대행사, 광고기획사 등 제3자와의 계약을 교섭하거나 체결하여서는 안 되고, 2) K의 의사에 반하

여 K에게 개별적으로 또는 공동으로 연예활동을 요구하여서는 안 되며, 3) 위 제3자에게 K의 연예활동에 관하여 이의를 제기하거나 K와의 관계 중단을 요구하는 등으로 K의 연예활동을 방해하여서는 안 된다고 판시하였다.

법원은 우선, 회사간 체결한 공동사업계약이 A회사가 K에 대한 전속계약상 권리를 대부분 B회사에 양도하는 내용의 계약이라는 점을 인정하였다.

구체적으로, A회사는 이 사건 전속계약에 따라 K가 가수 또는 연기자로서 활동하는 모든 연예활동을 위한 계약의 교섭 및 체결권, 그 대가 수령 및 관리권, 이를 위한 기획, 구성, 연출, 일정관리 권한 및 위 연예활동에 따른 콘텐츠의 기획·제작, 유통 및 판매 권한을 가지고, 이 과정에서 발생한 모든 지식재산권을 계약기간 동안 이용할 수 있는 권한 및 위 과정에서 제작된 콘텐츠를 소유하는데, 이와 비교하여 볼 때 공동사업계약은 실질적으로 이 사건 전속계약 상 A회사가 K에 대하여 가지는 매니지먼트 권한 중 대부분을 B회사에 양도했다는 것이다. 한편, 계약 명칭을 '공동사업계약'이라 하고 그 내용 중 '양도'라는 표현이 없다고 하여 이 사건 전속계약 상 권리의 양도가 아니라고 볼 수는 없고, 앞서 본 바와 같이 그 실질을 양도라고 볼 수 있다면 이 사건 전속계약 상 권리의 양도에 해당한다고 판시하였다.

그리고, K가 위와 같은 권리 양도에 대하여 알았거나, 동의하였다고 보기 어렵고, 앞으로 동의하리라 볼 수도 없다는 것이 법원의 판단이었다.

이어서 법원은, **전속계약과 같은 계속적 계약은 당사자 상호 간의 신뢰관계를 그 기초로 하므로, A회사가 부담하는 매니지먼트 의무는 이 사건 전속계약에 따른 A회사의 주된 채무일 뿐만 아니라 누가 그 의무를 이행하는지에 따라 그 결과나 수준에 큰 차이가 발생할 수 있고 K의 연예활동에도 중대한 영향을 미치므로, 누가 위 의무를 수행할 것인지도 전속계약에 있어 가장 중요한 요소**임을 지적하였다. 그러므로 A회사가 K의 사전 동의 없이 K에 대한 전속계약상 권리를 대부분 B회사에 양도한 것으로 볼 수 있는 내용의 공동사업계약을 체결한 것은, 전속계약에 반할 뿐만 아니라 전속계약의 기초가 된 K와 A회사 사이의 신뢰관계가 무너뜨리는 행위로, 이로 인해 전속계약 관계를 그대로 유지하기 어려운 정도에 이르렀다고 봄이 상당하다고 인정했다.

또한, 전속계약의 효력에 관한 본안 판단이 장기화될 경우 잔여 계약기간 동안 K의 독자적 연예활동은 크게 제약될 것으로 예상되고, 이는 **계약관계의 단순한 경제적 측면을 넘어 K의 직업선택의 자유와 활동의 자유 등 헌법적 기본권에 대해서까지 심각한 침해 요소로 작용할 우려**가 있는 반면에 가처분이 인용된다 하더라도 그로 인하여 발생할 A회사의 유·무형적 손해는 금전적 손해배상으로 충분하다고 보이고, 달리 금전적 손해배상만으로는 회복할 수 없는 손해가 있다고 보이지 않는 점을 고려하여, 본안소송에서 권리관계의 다툼이 최종적으로 가려지기 전까지 전속계약의 효력 정지를 명할 필요성 또한 인정하였다.

3. 해설

K와 A회사가 2019년 9월 27일 한국연예매니지먼트협회의 중재안에 합의함에 따라, K는 본안 소송을 취하하였다. 연예인과 기획사 및 관련 협회 등의 발 빠른 대처로 인해, 전속계약 분쟁이 6개월만에 조기 종료되었던 드문 사례이다.

[Case 8의 쟁점과 관련한 기타 판례들]

◆ **연예인의 전속계약 효력정지 가처분신청이 인용된 사례**

☞ 법원은 연예인의 피보전권리 및 보전의 필요성을 인정한 후, "연예인과 기획사 사이에 체결한 전속계약에 대하여, 담보제공을 조건으로 관련 사건의 본안판결 선고 시까지, ① 위 계약의 전속계약의 효력을 정지하고, ② 기획사는 연예인의 방송·영화출연·콘서트 등 공연참가·음반제작·각종 연예행사참가 등 연예활동과 관련하여 i) 제3자와의 제반계약을 교섭하거나 체결하여서는 아니 되고, ii) 연예인의 의사에 반하여 연예인에게 연예활동을 요구하여서는 아니 되고, iii) 방송사·음반제작사·공연기획사·광고대행사·광고기획사·연예기획사·연예기획사협회 등 제3자에 대하여 연예인의 연예활동에 관한 이의를 제기하거나 금지를 요청하여서는 아니된다"는 취지의 가처분을 결정을 하고 이를 인가한

사례(서울중앙지방법원 2016. 3. 10. 자 2015카합81479 결정, 서울중앙지방법원 2016. 4. 25. 자 2016카합80324 결정; 위 사건의 가처분이의 사건)

☞ 법원은 "기획사가 계약 조건에 관한 갈등, 자금부족 등으로 인하여 다른 기획사에 이 사건 전속계약상 지위를 이전하려고 하면서 연예인의 재능 향상을 위한 필요, 적절한 교육의 기회와 장소를 제공하지 않고, 연예인의 방송출연 등을 위한 교섭이나 계약체결 등의 업무를 하지 않으며, 연예인의 홍보와 선전을 위한 활동을 하지 않고 있는 사실이 소명된다"면서 전속계약이 해지되었다고 판단하여 피보전권리를 인정하였으며, "아이돌 스타를 표방하는 연예인이 기획사에 7년간 독점적으로 귀속되고 있어 급변하는 아이돌 산업의 환경 및 대중의 취향, 아이돌 가수의 연령대, 활동기간 등을 종합적으로 고려할 때, 연예인이 전속계약의 효력을 다투면서 본안판결의 선고를 기다릴 경우 그때까지 연예활동이 크게 제약됨으로써 아이돌 스타로 성공할 수 있는 기회를 상실하게 될 수도 있는데, 이는 연예인에 상당한 경제적 손실이 될 수도 있고 나아가 직업 선택의 자유 등 헌법적 기본권에 대한 심각한 침해가 될 수도 있다"고 보아 보전의 필요성도 인정함. 결국 법원은 연예인의 신청을 받아들여 전속계약 효력정지 가처분을 인용함(서울중앙지방법원 2012. 5. 1.자

2011카합3211 결정)

◆ **연예인의 전속계약 효력정지 가처분신청이 기각된 사례**
☞ 아이돌 그룹 멤버들이 기획사에 전속계약 해지를 통지하고 전속계약 무효확인 소송을 제기하면서 가처분을 구한 사건에서, 법원은 "현재까지 제출된 자료만으로는 기획사가 계약상 정해진 의무를 위반하였거나 계약의 이행이 불가능한 정도에 이르렀는지 등 해지사유가 충분히 소명되었다고 보기는 어렵다", "기획사에 투자금 반환소송이 제기되었다는 것만으로는 곧바로 해지사유가 발생하였다고 단정할 수 없다", "귀책사유, 손해배상책임 등 분쟁은 본안소송의 심리를 통하여 해결되어야 할 것으로 보인다"고 하여 피보전권리를 인정하지 아니하고, "본안소송의 판결에 앞서 가처분으로 시급히 이 사건 계약의 효력을 정지하지 않으면 채권자들에게 회복하기 어려운 현저한 손해나 급박한 위해가 발생할 우려가 있다고 보기 부족하다", "기획사가 연예인들의 활동에 대한 금지를 요청하는 등 방해행위를 하고 있다고 볼 자료도 없다", "계약위반 등 문제는 향후 본안소송의 심리를 거쳐 판단될 문제이다"라고 보아 보전의 필요성을 인정하지 아니하여, 결국 가처분 신청을 기각한 사례. 그러나 연예인들은 전속계약이 무효임을 구하였던 본안소송에서는 승소함(서울중앙지방법원 2016. 10. 11. 자 2016카합81035 결정,

서울고등법원 2017. 1. 19. 자 2016라21237 결정; 위 사건의 항고사건, 서울중앙지방법원 2017. 4. 26. 선고 2016가합540253 판결; 위 사건의 본안사건)

◆ **연예인의 전속계약 효력정지 가처분신청이 기각된 사례**

☞ 발매곡이 빌보드 메인 싱글차트 상위권까지 오르는 등 상당한 실적을 기록한 아이돌 그룹의 멤버들이 기획사를 상대로 '정산의무 위반', '신체·정신적 건강관리의무 위반', '음반발매·연예활동 기획·홍보 능력 미비에 대한 시정의무 위반', '정산구조에 대한 부동의 및 신뢰 상실'을 근거로 전속계약 해지를 통지하고 전속계약효력정지 가처분을 신청한 사안에서 법원은, "① 연예인들이 지급받았어야 할 정산금이 있다는 사정은 확인되지 않았고, ② 기획사는 해지 내용증명을 수령한 이후 정산서를 발송하여 수입내역 누락을 시정하였으므로, 신뢰관계를 파탄 시킬 정도의 정산의무 또는 정산자료 제공의무 위반이 있었다고 단정하기 어려우며, ③ 기획사의 활동 강요로 인해 연예인A가 수술일정을 연기 하였다고 보기 어려운 점, 담당 직원의 연락 역시 향후 활동을 위한 조율로 보이는 점, 연예인A의 건강상태가 호전되기도 하였던 점 등에 비추어 건강관리·배려의무를 위반하였다는 점이 소명되지 아니하였고, ④ 특정 외주제작 업체와 계약이 종료된 후에 기획사의 임직원이 보강되었고, 다른 외주

제작업체를 통하여 지원업무를 계속 수행할 수 있으므로, 특정 외주제작업체가 업무를 담당하지 않는다는 사정만으로 활동지원의무를 위반하였다고 보기 어렵고, ⑤ 선급금 정산구조, 비용지출 내역 미고지, 대표이사의 배임여부 등은 본안소송의 면밀한 심리와 증거조사를 통하여 판단될 문제로, 현 상황에서 신뢰관계 파탄사유가 된다고 보기 어렵고, ⑥ 연예인들은 기존에 기획사의 전속계약 의무위반이나 신뢰관계파탄을 주장한 바 없이, 활동이 중단되고 갑작스럽게 전속계약 해지 통지를 보내고, 시정기간(유예기간)이 지나기도 전에 이 사건 신청을 하였는데, 그렇다면 설령 기획사가 이 사건 전속계약상 의무를 이행함에 있어 다소 미흡함이 있었다고 하더라도 기획사가 시정을 하지 아니 하였다거나 의무 위반이 반복 또는 장기간 지속되었다는 등 사정이 확인되지 아니하는 현 단계에서 신뢰관계가 파탄되는 정도에 이르렀다고 단정하기 어렵다"는 취지로, 연예인들의 가처분신청을 기각함(서울중앙지방법원 2023. 8. 28.자 2023카합207947 결정).

◆ **기획사의 출연금지 가처분신청이 기각된 사례**

☞ 전속계약이 아직 유효함에도 불구하고 가수들이 제3자와 계약을 통하여 연예활동을 하고 있다는 이유로, 기획사가 가수들의 각종 팬미팅 행사를 비롯한 연예활동을 금지하

여 줄 것을 가처분으로 신청한 사안에서, 전속계약이 실제로 해지되었을 가능성이 남아있는데 이는 본안에서 충실한 증거조사를 통하여 심리할 사항이고, 고도의 신뢰관계를 전제로 하여 계약의 목적을 달성할 수 있는 것이 전속계약인데 자발적 협력을 기대하기 어려운 상황에서 전속계약관계를 지속할 것을 강제하는 것은 부적절한 면이 있고, 가수들의 연예활동을 금지한다고 하여 전속계약의 본래 목적에 따른 이행을 기대하기 어렵고, 기획사가 입는 손해는 금전으로 손해전보가 가능한 반면 채무자들이 연예활동을 전면적으로 금지 당함으로써 입는 손실은 금전으로 환산하기 어렵고 직업 자체를 제한 받게 되는 결과에 이를 수 있다고 보아, 기획사의 청구를 기각한 사례(서울중앙지방법원 2016. 2. 5.자 2016카합80111 결정)

> **Case 9-1** '연예활동 방해'를 입증하는 것은 어렵다!
> 서울중앙지방법원 2016. 7. 20. 선고 2015가합569983 판결
> 서울고등법원 2018. 2. 9. 선고 2016나2052300 판결

1. 사실 관계

연예인 A는 회사와 전속계약을 체결하여, 2004년 7월 20일경 그룹 C의 멤버로 데뷔하였고 2006년 5월경까지 활동한 뒤 C를 탈퇴하고 이후 연기자로 활동하였다.

A는 회사가 기획이나 매니지먼트를 제대로 하지 아니하였고, 특히 A가 C를 탈퇴하고 난 이후에는 A에 대한 매니지먼트 의무를 전혀 이행하지 않았다고 주장하였다. 나아가 A는 회사가 A의 음악방송 출연을 방해하고, A의 곡을 노래방 반주기에 삽입되지 못하도록 했으며, 인터넷 사업자가 A의 음원을 판매하지 못하게 하는 등 A의 연예활동을 방해하였다고 주장하였다. A는 2009년 10월 13일 및 2010년 2월 5일경 위와 같은 회사의 채무불이행 등을 이유로 회사에게 이 사건 전속계약의 해지를 통보하였다. 그리고 회사의 불법행위(A의 연예활동 방해행위)로 인한 정신적 고통을 이유로 1억원 상당의 손해배상을 청구하며 A의 연예활동을 방해하는 일체의 행위의 금지를 구하였다. 그러자 회사는 A와의 전속계약은 계약기간이 만료된 2014년 7월 18일 에 종료되었고, A가 C를 임의 탈퇴함으로써 회사에 손해가 있었음에도 C를 지속적으로 지원하였으나 C가 일방적으로 전속계약 해지 통보를 하였다고 주장했다.

2. 법원의 판단

법원은 우선 계약의 해지 시점에 대해 판단하였다. A가 제출한 증거만으로는 회사의 매니지먼트 의무 불이행 사실을 인정할 수 없다며, A의 2009년 10월 13일 해지 주장은 이유 없다고 하였다. 오히려, 회사의 주장대로 계약기간이 만료된 2014년 7월 18일에 전속계약이 종료 내지 합의해지 되었다고 봄이 상당하다고 판단하였다.

또한, 회사가 A의 연예활동을 계속 방해하였음을 인정할 증거가 부족하고, 달리 이를 인정할 증거가 없다며 A의 회사에 대한 금전청구 및 금지 청구를 모두 기각하였다.

3. 해설

A는 회사의 연예활동 방해행위를 입증하기 위하여 노래방반주기 회사에 사실조회신청을 했고, 회사가 A 외에 다른 소속 연예인이 드라마, 영화, 프로그램 등에 출연할 수 있도록 추천한 사실들을 입증하고자 노력했던 것으로 파악된다. 그러나, A는 사실조회회신에서 자신이 희망한 회신을 받지 못하였고, 법원은 회사가 A 외 다른 소속 연예인을 출연하도록 추천한 사실만으로는 A에 대한 연예활동 방해행위로 인정하지 않았다. 심지어 법원은 회사가 A를 캐스팅한 제작사에게 A의 출연을 재고해 줄 것을 요청한 사실은 인정하였으나, 제작사가 A를 그대로 출연시켰음을 이유로 A에게 어떠한 손해가 발생하지 않았다고 판단했다. 즉, 설령

기획사가 출연을 훼방 놓는 발언을 하거나 행동을 하였더라도 연예인에게 출연 거절 등 실제 피해가 발생하지 않는다면, 기획사의 연예활동 방해나 매니지먼트 의무불이행으로 인정되지 않을 수 있다는 해석 및 판단이 가능한 것이다.

🤝 기타 사례

◎ 기획사가 범죄에 연루된 연예인과의 전속계약을 해지한 사례

- 기획사 F는 2019년 3월 21일 소속연예인 D와의 전속계약을 해지하였다. D는 2016년경 동료 연예인과 함께 여성을 집단으로 성폭행하고 불법 촬영물을 공유하였고, 이에 대하여 성폭력범죄의처벌등에관한특례법위반(특수준강간) 등 혐의로 재판을 받는 중이었다(이후 D는 상고심에서 징역 2년 6개월의 실형이 확정되었다(대법원 2020. 9. 24. 선고 2020도6369 판결)}. 기획사는 '당사자의 주장에 의거해 위 형사 소송의 진행상황을 전달하여 왔으나, 거듭된 입장 번복으로 더 이상 신뢰관계를 이어갈 수 없다고 판단하였다. 전속계약은 해지되었다'고 발표하였다.

- 배우 K는 2019년 7월 9일경 자택에서 여성 스태프 1인을 준강간하고, 다른 1인을 준강제추행한 혐의에 대하여 모두 유죄가 인정되어, 징역 2년 6개월, 집행유예 3년을 선고받아 위 형이 확정되었다(대법원 2020. 11. 5. 선고 2020도8669 판결). 한편,

K의 기획사 C는 수사가 개시된 지 약 1주일만인 2019년 7월 16일 '예상할 수 없는 불미스러운 일로 신뢰가 무너져 전속계약을 해지한다'라고 밝혔다. 기획사 C는 K가 출연 중인 드라마 제작사이기도 하였는데, K가 2019년 7월 25일 구속기소됨에 따라 드라마 출연이 불가능해지자, 이후 K와 K의 과거 기획사인 J를 공동피고로 하여, 'K와 J는 연대하여 C에게 출연료 전액의 반환 및 위약금, K의 하차로 I에게 반환한 손해배상금, 대체배우 R에게 지급한 출연료 상당의 손해배상금 합계 6,389,639,766원 및 이에 대한 지연손해금을 지급하라'는 소송을 제기하였다. 기획사 C와 K의 출연계약 당시에는 K의 기획사가 J였고, 출연계약상 연대보증약정이 있었기 때문이다. 특히 계약기간 중 J와 K 간의 계약 종료에 따른 이적이 발생하더라도 출연계약상 의무는 법적 분쟁에서 제외하고 이행하기로 약정하였다. 대법원은 2022년 9월 29일, K와 J가 C에게 연대하여 약 53억8천여만원을 반환하여야 할 의무가 있다는 것을 인정(C의 청구 일부 인용)한 원심 판결을 확정하였다(대법원 2022. 9. 29. 선고 2022다245969 판결).

SW's comment (이것만은 알아두자)

◎ 전속계약 분쟁의 특징

⋯▶ 수익분배 및 정산, 계약의 해지, 손해배상 및 위약금 등이 동시에 문제된다.

◎ 대중문화예술기획업의 등록은 선택사항이 아닌 의무사항이다.

⋯▶ 과거 '프로듀스 101'에 출연하였던 일부 연습생의 기획사들이 대중문화예술산업발전법상 대중문화예술기획업으로 등록되지 않은 것으로 밝혀져 불법 출연 논란이 발생했었다. 이에 Mnet은 뒤늦게 전체 기획사들에 대한 등록 업무를 진행하겠다고 해명한 바 있다. 최근에도 몇몇 연예기획사들이 대중문화예술기획업 등록을 하지 않고 회사를 운영하는 사실들이 밝혀지면서 물의를 빚고 있다.

⋯▶ 대중문화예술산업발전법상 대중문화예술기획업의 등록은 선택사항이 아닌 법적 의무사항이다.

> 「대중문화예술산업발전법」
> 제26조(대중문화예술기획업의 등록)
> ① 대중문화예술기획업을 하려는 자는 문화체육관광부장관에게 등록하여야 한다. 이 경우 등록한 사항을 변경할 경우에도 또한 같다.
> 제40조(벌칙)
> ① 다음 각 호의 어느 하나에 해당하는 자는 2년 이하의 징역 또

> 는 2천만원 이하의 벌금에 처한다.
> 3. 제26조 제1항을 위반하여 등록을 하지 아니하고 영업한 자

- ⋯▸ 위와 같이 대중문화예술산업발전법에 따라 기획회사를 운영하기 위해서는 대중문화예술기획업 등록을 마쳐야 하며, 미등록 시 범죄에 해당하여 2년 이하의 징역 또는 2천만원 이하의 벌금까지 선고될 수 있다.
- ⋯▸ 물론, 대중문화예술기획업 등록을 하지 않은 상황에서 연예인과 전속계약을 체결하였다고 하여 곧바로 전속계약 자체가 무효가 된다고 볼 수 있을지는 의문이다. 하지만 대중문화예술기획업 등록도 하지 않은 상황에서 기획사가 전속계약상 연예활동 지원 의무 등을 소홀히 할 경우에는 이러한 사유들이 종합적으로 전속계약 해지사유가 될 수 있음은 물론이다.

◎ 공정거래위원회 표준전속계약서를 사용하면서도 유의할 필요가 있다.
- ⋯▸ 상당수의 기획사들은 공정거래위원회가 마련한 표준전속계약서를 활용하고 있다. 표준전속계약서를 그대로 사용하는 회사도 있는 반면, 일부 조항 등을 수정하여 자신들의 사정에 맞게 변경한 뒤 연예인들과 계약을 체결하는 회사들도 있다.
- ⋯▸ 공정거래위원회가 마련한 표준전속계약서 표지에는 아래(검정 네모)와 같이 공정거래위원회의 표준약관임을 나타내는 표시가 존재한다.

대중문화예술인(연기자중심) 표준전속계약서

[매니지먼트사]   (이하 '**갑**' 이라 한다)[와, 과]
[대중문화예술인]   (본명 :   ) (이하 '**을**' 이라 한다)[는, 은]
다음과 같이 전속 매니지먼트 계약을 체결한다.

- 이는 공정거래위원회가 표준약관으로 해당 표준전속계약서를 제작한 것을 의미하는데, 몇몇 회사들은 표준전속계약서의 일부 내용을 수정하였음에도 불구하고 위 표지를 그대로 사용하고 있어, 결국 표준전속계약서의 내용과는 다른 내용의 전속계약이 체결되는 경우들이 심심찮게 발생하고 있다.
- 그런데 이러한 행동들은 앞서 사례들을 통해 살펴보았던 바와 같이 '약관법'에 위반하는 것으로 위법한 행위에 해당한다.

> 「약관의 규제에 관한 법률」
> 제19조의3(표준약관)
> ⑧ 사업자 및 사업자단체는 표준약관과 다른 내용을 약관으로 사용하는 경우 표준약관 표지를 사용하여서는 아니 된다.
> ⑨ 사업자 및 사업자단체가 제8항을 위반하여 표준약관 표지를 사용하는 경우 표준약관의 내용보다 고객에게 더 불리한 약관의 내용은 무효로 한다.

> 제34조(과태료)
> ① 다음 각 호의 어느 하나에 해당하는 자에게는 5천만원 이하의 과태료를 부과한다.
> 1. 제19조의3 제8항을 위반하여 표준약관과 다른 내용을 약관으로 사용하면서 표준약관 표지를 사용한 자

⋯▶ 약관법에 따라 표준전속계약서의 내용을 수정한 뒤에도 표준약관 표지를 그대로 사용하는 경우에는 5천만원 이하의 과태료가 부과될 수 있다. 하지만 기획사 입장에서 더 문제가 되는 것은 동법 제19조의3 제9항이다. 제9항에 따르면, 공정거래위원회 표준전속계약서의 내용을 수정한 뒤에 표준약관 표지를 그대로 사용하는 경우, 수정한 내용이 전속계약 상대방인 연예인(고객)에게 더 불리하게 되었다면 해당 내용이 무효가 될 수 있기 때문이다.

⋯▶ 물론, 무효가 되는 것은 전속계약 전체가 아니라, 표준전속계약서 내용과 대비하여 더 불리하게 변경된 내용 및 조항에 한정된다. 하지만 기획사 입장에서는 무효가 된 조항이 정산이나 연예활동 등에 대한 중요 내용을 담고 있었던 경우 그 내용을 다시 정해야 하는 번거로움이 발생하고, 이처럼 불공정약관이 문제된 경우 이미 회사와 연예인 사이의 신뢰관계가 상당 부분 훼손되었을 가능성이 크므로 관계를 재정립하는 것이 쉽지 않을 수도 있다.

⋯▶ 따라서, 기획사는 표준전속계약서를 기초로 어느 정도 내용을 수정하였다면 표준전속계약임을 나타내는 표지를 사용하여서

는 아니될 것이다. 이에 표준전속계약서 양식대로 계약을 체결하되 부속합의서 등을 체결하는 경우가 많은 것으로 보인다.
⋯▸ 연예인 입장에서도 자신이 체결한 계약의 내용이 공정거래위원회의 표준전속계약서와 다른 부분이 있는지 등을 검토하여 불공정성 여부를 확인할 필요가 있다.

◎ 전속계약 내용이 다소 불공정하게 보이더라도 그 자체로 계약 무효를 주장하기는 어려울 수 있다.
⋯▸ '무효'란 법률행위가 성립한 때(전속계약을 체결한 때)부터 법률상 당연히 효력이 없는 것을 의미하는 반면, '취소'란 일단 유효하게 성립한 법률행위의 효력(전속계약의 효력)을 사후에 행위 시로 소급하여 소멸하게 하는 것을 의미한다. 계약이 무효가 되는 경우로는, 전속계약이 '선량한 풍속 기타 사회질서에 위반한 내용으로 하는 법률행위'로 인정될 때(민법 제103조), '당사자의 궁박, 경솔 또는 무경험으로 인하여 현저하게 공정을 잃은 법률행위'로 인정될 때(민법 제104조)가 있다. 한편, 계약을 취소할 수 있는 경우로는, 전속계약이 진의 아닌 의사표시(민법 제107조), 통정한 허위의 의사표시(민법 제108조), 착오로 인한 의사표시(민법 제109조), 사기, 강박에 의한 의사표시(민법 제110조)에 의해 체결된 것으로 법원에 의해 인정될 때이다.
⋯▸ 이처럼 무효와 취소는 체결된 계약의 효력을 없앤다는 점에서 부당한 계약에 대해 주장할 수 있을 것으로 보이지만, 실제로 이미 체결된 계약의 효력을 무효화 또는 취소시키는 것은 민법 등 관련 법률의 요건에 부합하는 등의 경우를 제외하고는 상당히 어

려운 일이다.

···› 한편, 표준전속계약서를 비롯한 일반적인 계약서들은 계약 당사자가 일정한 요건을 충족하면 계약의 해지 혹은 해제를 주장할 수 있는 조항을 마련하고 있다. 여기서 '해제'와 '해지' 역시 무효와 취소처럼 그 의미가 다른데, 먼저 '해제'는 계약이 유효하게 성립된 후에 계약 당사자의 의사표시에 따라 계약의 효력을 해소시켜 그 계약이 처음부터 없었던 것과 같은 효력을 발생시킨다. 그리고 '해지'는 계약의 효력이 해소되지만 해제와 달리 해지 시점부터 장래를 향해 계약의 효력을 소멸시키게 된다. 이처럼 해제와 해지는 법률적 효력이 다르기 때문에 해제의 경우에는 계약의 양 당사자가 계약 과정에서 서로에게 주고받은 것들을 원상태로 돌려놓는, 즉 원상회복의무가 발생하게 된다. 그래야 계약이 처음부터 없었던 것과 같은 효력이 발생하기 때문이다. 한편 해지는 지금까지 이어온 계약 관계는 인정하되, 해지 시점부터 장래를 향해서만 계약의 효력이 소멸되었다고 보기 때문에 통상적으로는 원상회복의무가 발생하지 않는다.

제17조 (계약의 해제 또는 해지 등)

① 갑 또는 을이 이 계약상의 내용을 위반하는 경우, 그 상대방은 위반자에 대하여 14일 간의 유예기간을 정하여 위반사항을 시정할 것을 먼저 요구하고, 그 기간 내에 위반사항이 시정되지 아니하는 경우에 상대방은 계약을 해제 또는 해지하고, 손해배상을 청구할 수 있다.

[대중문화예술인(연기자 중심) 발췌]

···› 위와 같이 표준전속계약서 역시 계약 상대방이 계약을 위반하더라도 그 즉시 계약의 효력을 번복할 수는 없고, 계약을 위반하고

⋯→ 있는 상대방에게 14일의 유예기간을 정해 위반사항을 시정할 것을 요구하고, 그 기간(14일) 내에 위반사항이 시정되지 않는 경우에만 계약을 해제 혹은 해지할 수 있다고 정하고 있다.

⋯→ 한편 실무상 표준전속계약서를 수정한 형태의 전속계약서들 가운데 이러한 시정 요청을 '서면'으로 할 것을 규정한 경우들이 있다. 그렇다면 여기서 '서면'은 일반적으로 우편, 등기, 내용증명만을 의미하는 것인지가 문제될 수 있다. 특히 젊은 연예인들의 경우 우편보다는 이메일, 문자메시지, 카카오톡 메시지 등이 더욱 익숙한 세대이기 때문이다.

⋯→ 이러한 통신수단의 변화를 고려하여, 현행 전자문서 및 전자거래 기본법은 이메일 등의 전자문서도 서면으로 인정하고 있다.

「전자문서 및 전자거래 기본법」
제2조(정의)
1. "전자문서"란 정보처리시스템에 의하여 전자적 형태로 작성, 변환되거나 송신, 수신 또는 저장된 정보를 말한다.

제4조(전자문서의 효력)
① 전자문서는 전자적 형태로 되어 있다는 이유만으로 법적 효력이 부인되지 아니한다.

제4조의2(전자문서의 서면요건)
전자문서가 다음 각 호의 요건을 모두 갖춘 경우에는 그 전자문서를 서면으로 본다. 다만, 다른 법령에 특별한 규정이 있거나 성질상 전자적 형태가 허용되지 아니하는 경우에는 서면으로 보지 아니한다.

> 1. 전자문서의 내용을 열람할 수 있을 것
> 2. 전자문서가 작성, 변환되거나 송신, 수신 또는 저장된 때의 형태 또는 그와 같이 재현될 수 있는 형태로 보존되어 있을 것

◎ 기획사 또는 매니저 선택 시 주의할 점

- ⋯› 캐스팅을 위한 성형수술, 교육 등과 관련한 사례비나 섭외비 명목으로 돈을 요구하는 경우
- ⋯› 한밤중에 방송 출연이 있다거나 기획사와 계약한다며 부모를 동반하지 말고 혼자 나오라고 하는 경우
- ⋯› 유명작가, 연예인, 감독, PD를 거명하며 함께 일한다고 과장되게 말하고 알지 못하는 사람을 데리고 나와 제작자라고 소개하는 경우
- ⋯› 방송사나 제작사 이외의 장소에서 방송출연을 위한 오디션을 본다고 나오라는 경우

◎ 전속계약서 작성 및 이행 시 주의할 점

- ⋯› 부당한 대우와 무리한 요구는 단호히 거절한다. 정상적인 기획사는 결코 돈을 요구하지 않는다. 특히 여자 연예인 지망생의 경우, 성적 수치심을 느낄 수 있는 부당한 요구를 하는 경우를 주의하여야 한다.
- ⋯› 계약체결 전에 세심하게 계약서를 읽고, 잘 모르는 부분은 전문가와 상담하는 것이 좋다. 제대로 읽지도 않고 도장을 덜컥 찍고 나서는 나중에 몰랐다고 이야기할 수 없다. 본인 명의가 들어간 문서에 도장을 찍는 순간, 그 문서에 기재된 법률상의 행위를 한

것으로 해석되기 때문이다.
- ③ 공정거래위원회 표준전속계약서를 확인하여야 한다. 표준전속계약서는 법적 구속력을 가지지는 않지만, 불공정 여부를 가리는 일응의 판단기준이 된다. 표준계약서의 내용과 다른 부분에 대해서는 신중한 검토가 필요하다.
- ④ 당사자를 정확히 표시하여야 한다. 주식회사 xxx 대표이사 OOO라고 정확하게 표기되었는지 확인하고, 연예인이 미성년자라면 법정대리인의 동의가 필요하다는 것을 기억해야 한다.
- ⑤ 계약체결일을 반드시 정확하게 기재하여야 한다. 그래야 계약종료일을 확정할 수 있기 때문이다.
- ⑥ 기명날인을 하여야 한다. 구체적으로, 계약서에 이름을 쓰고 도장을 찍고, 계약서 사이사이에 간인을 하여 계약서 내용이 위조, 변조되는 것을 방지하여야 한다.
- ⑦ 기획사는 계약체결 과정을 세세하게 기록해 두는 것이 좋다. 상호간 합의 하에 체결된 전속계약임에도, 추후 연예인이 설명을 전혀 못 들었다거나 회사가 일방적으로 날인을 했다는 식의 주장을 할 수 있기 때문이다.
- ⑧ 개인 인감 및 인감증명서를 회사에 맡기는 것은 신중하여야 한다. 고도의 신뢰관계가 구축되지 않은 이상 인감이 어떻게 사용될지 확신할 수 없고, 예상치 못한 문서에 인감이 날인된다면 그로 인해 파생되는 문제가 본인에게 회복할 수 없는 피해를 줄 수도 있다.

◎ 좋은 기획사를 판단하는 기준
- ⋯ 연예인을 돈 버는 도구로 생각하지 않고, 인격적으로 존중하는가?
- ⋯ 기획사가 재정적으로 건강한가?
- ⋯ 기획사에게 연예인을 키워줄 능력이 있는가?
- ⋯ 브랜드가 있는 기획사 찾기
- ⋯ CEO의 경력 파악
- ⋯ 소속 연예인의 특성 분석

◎ 좋은 기획사를 찾는 방법
- ⋯ 회사 또는 CEO를 잘 아는 사람과 면담
- ⋯ 한국연예제작자협회, 한국연예매니지먼트협회, 한국매니지먼트연합 등 유관 단체에 문의
- ⋯ 연예 전문 변호사 등 전문가와 상담
- ⋯ 인터넷 관련 카페나 블로그 참조 (회사의 재무제표 등 공시자료 검색, 평판 검색)

대중문화예술인(가수중심) 표준전속계약서(안)

전문확인

대중문화예술인(연기자중심) 표준전속계약서

전문확인

각종 출연계약 분쟁

가 ▶ 뜨거운 감자 (Hot Issue)

연예인의 연예활동은 영화, 드라마, 공연, 방송, 행사 등에 '출연'하여 '실연'함으로써 이루어지고, 이에 따라 수익이 발생한다. 즉, 연예인이 배우인지 또는 가수인지, 어떤 역할을 맡아 연예활동을 하는지, 매체가 무엇인지 구체적인 내용은 천차만별이지만, 결국 연예활동의 꽃은 연예인이 자신의 끼를 드러낼 수 있는 곳에 '출연'하는 것이다.

그리고 연예인이 출연하는 콘텐츠의 기획 및 제작은 수많은 스태프와 관계자의 노력으로 이루어지고, 투자자 등 자본 문제와도 깊게 얽혀 있다. 결국 하나의 프로그램에 출연한다 하더라도 연예인과 기획사, 제작사 간 정확한 권리관계 의무를 정하기 위한 노력이 필요하다.

그런데 계약체결 전 계약서를 꼼꼼히 살펴보지 않는다면, 계약기간 종료일을 명시하지 않아 계약기간이 무한정 늘어나거나, 연예인이 제공하여야 하는 용역의 범위를 알 수 없는 경우, 또는 머천다이징

(merchandising) 상품 등에 연예인의 초상, 성명 등을 제작사가 무제한으로 사용할 수 있도록 규정한 경우 등 연예인의 예상 및 진의와는 전혀 다른 계약이 체결되는 경우가 있어 항상 주의하여야 한다.

한편, 어느 당사자 일방의 입김이 매우 세서 계약의 내용을 좌우할 수 있는 경우 불공정 조항이 삽입될 소지가 있다. 이하에서는 불공정한 출연 계약이 무엇인지 우선 살펴본 후, 출연료 채권의 채권자는 연예인인지 기획사인지에 대해서 살펴보기로 한다.

나 ▶ 법적 쟁점 (Legal Issue)

1. 출연계약서의 어떤 내용이 불공정한 것인가? 불공정한 조항은 어떻게 수정할 수 있는가?
2. 출연계약서가 없는 경우에 출연계약의 당사자는 연예인 본인인가 연예인이 전속계약을 체결한 기획사인가?

다 ▶ 관련 법령

「약관의 규제에 관한 법률」
제2조(정의)
이 법에서 사용하는 용어의 정의는 다음과 같다.
1. "약관"이란 그 명칭이나 형태 또는 범위에 상관없이 계약의 한

쪽 당사자가 여러 명의 상대방과 계약을 체결하기 위하여 일정한 형식으로 미리 마련한 계약의 내용을 말한다.
2. "사업자"란 계약의 한쪽 당사자로서 상대 당사자에게 약관을 계약의 내용으로 할 것을 제안하는 자를 말한다.
3. "고객"이란 계약의 한쪽 당사자로서 사업자로부터 약관을 계약의 내용으로 할 것을 제안받은 자를 말한다.

제6조(일반원칙)
① 신의성실의 원칙을 위반하여 공정성을 잃은 약관 조항은 무효이다.
② 약관의 내용 중 다음 각 호의 어느 하나에 해당하는 내용을 정하고 있는 조항은 공정성을 잃은 것으로 추정된다.
1. **고객에게 부당하게 불리한 조항**
2. 고객이 계약의 거래형태 등 관련된 모든 사정에 비추어 예상하기 어려운 조항
3. 계약의 목적을 달성할 수 없을 정도로 계약에 따르는 본질적 권리를 제한하는 조항

라 ▶ 관련 사례

> **Case 1-1** 오디션 프로그램 출연계약이 불공정한 경우, 공정거래위원회의 시정명령의 대상이 될 수 있다!

1. 사실관계

C 방송사는 일반인을 대상으로 한 오디션 프로그램을 방영하여 전국적인 인기를 누려왔는데, 한 일간지가 2016년 2월 16일 신규 오디션 프로그램의 출연계약서의 내용을 보도하면서 논란이 불거졌다.

위 일간지 보도에 따르면, 해당 출연계약서의 내용에는 사실상 출연자와 전속계약을 맺는 것과 같은 내용, 출연료 포기, 임의 편집권 등이 포함되어 있었다.

① 출연자는 방송사가 제작한 프로그램의 최종멤버로 선정될 경우, 출연자는 최종멤버 선정 이후부터 10개월간 방송사의 '인큐베이팅 시스템'에 참여하기로 하며, 기획사는 출연자의 대중문화예술인으로서의 연예활동을 수행함에 대한 매니지먼트 및 에이전시로서의 권한을 방송사에게 위탁하는 것에 대해서 동의한다(출연계약서 제2조 제2항). ② 출연자의 출연료는 0원이다(이외에 출연자가 가창하여 발매된 음원에 대한 수익분배규정은 존재하지 아니한다, 출연계약서 제5조). ③ 기획사 및 출연자는 본 계약기간 중 프로그램 진행 내용과 공연 현황 등 제작 기밀사항

에 대해 SNS와 다른 어떠한 매체를 이용한 공개 또는 누설 행위를 할 수 없다. 기획사 및 출연자는 가족이나 지인 또한 인터넷에 글을 게재하거나, 타 방송 및 언론 매체 또는 제3자와의 녹음, 녹화, 출연, 인터뷰 강연을 할 수 없도록 한다. 이를 위반할 경우 계약 해지의 사유가 될 수 있음을 확인한다(출연계약서 제7조 제10항). ④ 기획사와 연습생은, 프로그램의 제작 및 방송을 위하여 본인의 초상 및 음성 등이 포함된 촬영 분을 편집, 변경, 커트, 재배치, 채택, 자막(OAP[73]), 개정 또는 수정한 내용 및 방송 이후 시청자, 네티즌 등의 반응, 시청 소감 등 일체의 결과 및 영향에 대해서 명예훼손 등 어떠한 사유로도 방송사에게 이의나 민형사상 법적 청구(방송금지 가처분, 언론중재위원회 청구 등 포함)를 제기할 수 없다(출연계약서 제7조 제13항).

C 방송사는 2016년 2월 16일 공식 입장을 발표하여 계약서 유출에 유감을 표하며, 방송을 위하여 필요한 조항이라는 점을 강조하였다.

2. 사건의 경과 : 공정거래위원회의 계약조항 시정조치

공정거래위원회는 2016년 4월 26일 C 방송사의 P 프로그램과 S 방송사의 K 프로그램의 참가자 동의서를 심사한 결과, 다음과 같이 12개 유형의 불공정 약관조항을 시정하였다는 것을 발표하였다. C 방송사 P 프로그램의 약관은 위 12개 유형 모두에 해당하고, S 방송사 K 프로그램의 약관은 아래 ①, ②의 2개 유형에만 해당된다고 하였다.

---

[73] OAP(On-air Promotion)는 방송 채널의 프로그램을 시청자에게 홍보하는 각종 영상·디자인 및 채널 광고영상, 각종 이벤트 홍보영상 등을 전문적으로 제작하는 일 또는 사람을 말한다.

그 구체적인 내용은, ① 부당한 촬영 내용 편집으로 인해 피해가 발생해도 일체의 이의 제기를 금지하는 조항, ② 출연자의 저작권 등 법률상 권리를 사업자에게 귀속시키는 조항, ③ 출연자의 저작권 등 법률상 권리를 사업자가 임의로 이용할 수 있도록 한 조항, ④ 출연자의 저작 인격권 등 침해에 대한 일체의 이의 제기를 금지하는 조항, ⑤ 자의적인 계약 해지권을 사업자에게 부과하는 조항, ⑥ 출연자에게 과도한 손해 배상 의무를 부과하는 조항, ⑦ 해외에서는 사업자 대신 사업자가 임의로 지정한 제3자가 계약상의 권리, 의무를 수행하도록 하는 조항, ⑧ 출연자의 가족 등에 대한 인터뷰를 사업자가 활용할 수 있도록 출연자가 보장할 의무를 부과하는 조항, ⑨ 출연자에게 귀책사유 없는 출연자의 사망, 질병 등의 사고로 프로그램 제작에 차질이 있는 경우 출연자에게 일체의 민형사상 책임을 부과하는 조항, ⑩ 출연자에게 부당하게 추상적인 금지 의무(예: 사업자의 명예훼손, 사회적 물의 야기 등)를 부과하는 조항, ⑪ 출연자의 가족 등에게 금지 의무(예: 프로그램과 관련한 글을 인터넷에 게재하는 것을 금지)를 부과하는 조항, ⑫ 부당한 재판관할 합의 조항 등 12개였다.

공정거래위원회의 시정조치에 따라 각 방송사는 출연계약 내용을 시정하였는데, 특히 촬영내용을 부당하게 편집하여 출연자의 권리가 침해된 경우에는 이의 제기가 가능한 것으로 시정되었다. 또한 출연자에게 저작권(저작재산권 뿐 아니라 성명표시권 등 저작인격권을 포함)과 같은 법률상 권리가 인정되는 경우, 사업자는 권리이용에 대한 대가를 지불하여야 하는 것으로 시정되었다.

3. 해설

　공정거래위원회는 사업자가 불공정약관을 사용하고 있는 경우, 해당 약관 조항의 삭제·수정 등 시정에 필요한 조치를 권고하거나 명할 수 있다(약관법 제17조의2). 공정거래위원회가 오디션 프로그램 출연계약서를 심사하여 시정명령한 사례에 비추어보면, 공정거래위원회가 오디션 프로그램 출연계약서를 '약관'으로 판단하였음을 알 수 있다. 한편, 공정거래위원회의 시정명령 이후 방송사들은 오디션프로그램을 제작함에 있어서 출연계약서의 불공정성이 더 이상 문제되지 않도록 계약서 작성에 유의하고 있는 것으로 보인다.

Case 1-2 공정위의 추가적인 시정조치

　공정거래위원회는 2018년 5월 3일 T 프로그램, M 프로그램의 출연계약서·매니지먼트계약서를 심사하여 4개의 불공정약관 조항을 시정권고하였고, 조사대상 사업자는 약관심사 과정에서 해당 약관 조항을 스스로 시정하였다.

　① T 프로그램의 출연자들은 KBS가 요청하는 경우 KBS의 다른 프로그램에도 의무적으로 참여할 의무가 있었던 반면 다른 방송사의 프로그램 및 연예활동은 모두 금지되었다. 공정거래위원회는 출연자들이 KBS의 다른 프로그램에 출연하도록 강요하는 것은 출연자의 의사를 지나치게

제한하고, 다른 방송국에 출연할 수 없도록 하는 것은 특별한 사정이 없는 한 직업수행의 자유를 제한하는 것이므로 부당하다고 보았다. 결국 이는 출연자에게 부당히 불리한 조항으로서 무효(약관법 제6조)라는 이유로, 사업자는 이 조항을 삭제하였다.

② T 프로그램의 출연계약서는 손해배상액의 예정 규정이 있음에도 별도로 초과손해가 있는 경우 모두 배상하도록 되어있었다. 공정거래위원회는, 손해배상액의 예정이 있다면, 실손해가 예정액을 초과하더라도 초과된 부분은 청구할 수 없다고 봄이 타당하고, 부당하게 과다한 손해배상부과 조항은 무효(약관법 제8조)라고 판단하였고, 사업자는 이 조항을 삭제하였다.

③ T 프로그램과 M 프로그램은, 사업자(방송사)가 출연료 및 수익분배를 완료하면 계약상 모든 책임을 면제하도록 되어 있었다. 공정거래위원회는 방송사는 프로그램 제작·홍보를 성실히 할 의무, 출연자의 인격권을 보호할 의무를 진다고 보는 것이 타당하고, 이 조항은 사업자가 부담해야 할 위험을 고객에게 떠넘기는 것으로서 무효(약관법 제7조)라고 판단하였다. 사업자는 방송사의 책임이 면제되는 조항을 삭제하였다.

④ M 프로그램은 출연자에 대해 해지통지를 할 때 기획사에 대한 통지로 갈음하도록 하였다. 그런데 해지는 상대방에 대한 의사표시로 하여야 하고, 그 상대방에게 의사표시가 도달한 때 효력이 생기는 것이 원칙이다(민법 제111조). 공정거래위원회는 출연자의 계약 해지를 기획사에

계만 통지토록 규정하는 것은 고객의 이익에 중대한 영향을 미치는 사업자의 의사표시가 특별한 이유 없이 고객에게 도달된 것으로 간주하는 부당한 조항(약관법 제12조)이라고 하였고, 사업자는 의사표시 의제 조항을 삭제하고 출연자에게 직접 서면으로 알리도록 수정했다.

공정거래위원회의 위와 같은 해석은 출연자의 지위와 방송사의 지위가 상당히 차이나는 '오디션 프로그램'임을 전제로 하여 이루어진 것으로 보인다. 즉, 약관이 아니라 대등한 당사자 간 계약으로 판단되는 경우에는 불공정약관으로 인정된 위 내용들을 반드시 무효라고 볼 수는 없을 것이다.

> **Case 2-1** 출연료 채권자는 기획사가 아닌 연예인이다.
> 서울중앙지방법원 2015. 10. 29. 선고 2012가합80182-1 판결
> 서울고등법원 2016. 9. 29. 선고 2015나2062041 판결
> 대법원 2019. 1. 17. 선고 2016다256999 판결
> 서울고등법원 2019. 11. 22. 선고 2019나2010468 판결

1. 사실관계

유명 개그맨 및 MC인 Y, K 등은 각 2005년 3월경 연예기획사 S와 전속계약을 체결하였다. Y와 K등은 공중파 방송사(이하 '방송사'라 한다)에서 제작하는 각 프로그램에 출연하여 출연료채권이 발생하였다.

한편, Y는 2010년 10월 6일 방송사들에게 S와 전속계약이 해지되었다고 알리며, S가 아닌 Y 자신에게 출연료 채권을 지급해 줄 것을 요청하였다. 마찬가지로 K 또한 2010년 10월경 방송사들에게 직접 출연료 채권을 청구하였다.

방송사들은 진정한 채권자가 누구인지 불확실하다면서, 각 미지급 출연료를 법원에 공탁하였다.

원고들인 Y와 K는 ① 자신들이 각 방송사와 프로그램 출연계약을 체결한 당사자이므로, 기획사 S는 대리인 또는 보관자 지위에서 출연료를 지급받은 것에 불과하고, ② 예비적으로, 연예인의 방송출연계약은 도급계약이며, ③ 그렇지 않더라도 기획사 S에 대한 근로자 지위에 있어 임금채권이 발생하였다는 등의 주장을 하며 방송사들을 상대로 공탁물출급청구권 확인의 소를 제기하였다.

2. 법원의 판단

가. 제1심

법원은, S가 전속계약에 따라 Y 및 K의 방송출연에 관한 계약교섭, 체결 및 출연료 수령 등 업무를 수행하였고 각 방송사도 이를 잘 알고서 모든 프로그램 출연료를 기획사에게 지급하여왔던 바, 각 방송사와 각 프로그램에 관한 출연계약을 체결한 당사자는 S라고 보고, 연예인의 방송 프로그램 출연이 하도급 거래에 해당하지도 아니한다고 판단하여, 원고들의 청구를 기각하였다.

나. 제2심

법원은, ① 처분문서인 계약서가 존재하지 아니하고, 전속계약의 내용을 볼 때 S가 계약체결을 대행하였을 뿐 아니라 방송출연료 수령업무를 수행해왔고, 사후정산에 따라 출연료를 지급하기로 하는 내용도 존재하는 사정을 고려할 때 Y와 K를 각 프로그램의 출연계약 당사자라고 볼 수 없으며, 예비적 주장인 ②, ③의 주장도 모두 이유 없다고 판단하여 원고들의 청구를 기각하였다.

다. 대법원

대법원은 앞선 1, 2심의 견해를 모두 뒤집고, "프로그램 출연료에 관하여 직접 근거가 될 수 있는 출연계약서가 존재하지 않는 경우, 방송프로그램 출연계약의 당사자가 누구인지를 확정하기 위해서는 출연계약의 내용, 출연계약 체결의 동기와 경위, 출연계약에 의해 달성하려는 목적, 당사자의 진정한 의사 등을 종합적으로 고찰하여 합리적으로 해석해야 한다.", "방송프로그램 출연행위는 일신전속적인 급부를 제공하는 행위이고, 특히 원고들과 같이 인지도가 매우 높고 그 재능이나 인지도에 비추어 타인이 대신 출연하는 것으로는 계약 체결 당시 의도하였던 것과 동일한 효과를 거둘 수 없는 연예인인 경우, **원고들이 부담하는 출연의무는 부대체적 작위채무라 할 것**이다. 이와 같이 적어도 **교섭력에 있어 우위를 확보한 원고들과 같은 연예인의 경우에는 어떠한 프로그램에 어떠한 조건으로 출연할 것인지를 전속기획사가 아니라 연예인 스스로 결정하는 것이 통상적인**

출연계약의 모습이다. 또한 방송프로그램에 원고들과 같이 인지도가 있는 특정 연예인을 출연시키고자 하는 출연계약의 목적에 비추어 방송사로서도 전속기획사가 아니라 그 연예인을 출연계약의 당사자로 하는 것이 연예인의 출연을 가장 확실하게 담보할 수 있는 방법이다."라고 판시하였다. 결국 대법원은, 출연계약의 당사자는 Y, K이며, 출연료 채권은 이들에게 귀속된다고 본 것이다.

라. 파기환송심

법원은, Y, K는 각 출연계약의 당사자로서, 특별한 사정이 없는 한, 각 출연료채권을 각 방송사로부터 직접 지급받을 권리를 가지므로, 출연료 채권의 변제를 위해 각 방송사가 공탁한 공탁금에 대한 출급청구권은 Y, K에게 있다고 판단하였다.

SW's comment (이것만은 알아두자)

◎ 날인 전에 출연계약서를 꼼꼼히 읽고, 불분명한 내용은 적극적으로 확인하며, 수정이 필요한 사항은 계약서에 반영해야 한다.

⋯▸ 스스로 날인한 계약서의 효력은 사실상 되돌리는 것이 거의 불가능하다. 따라서, 날인 전에 계약서의 내용을 꼼꼼히 확인하고, 불분명한 내용은 확인하여 명료하게 고쳐 쓰며, 불리하다고 생각되는 내용은 협상을 통해 수정하여 그 내용을 계약서에 반영하여야 한다. 계약상 우위가 존재할 수는 있으나, 소위 '을'의 입장이라고 하더라도 불리한 계약 내용을 무조건적으로 수용한다

면, 계약상 불이익은 온전히 자신의 몫이 된다.

◎ 날인된 계약서는 반드시 교부 받아야 한다.
⋯▸ 본인의 권리·의무를 정하고 있는 출연계약서 등 각종 계약의 날인본을 가지고, 세부내용을 언제든지 확인할 수 있도록 구비해 두는 것은 스스로를 보호하기 위한 최소한의 조치이다.

대중문화예술인 방송출연표준계약서(가수)

전문확인

대중문화예술인 방송출연표준계약서(배우)

전문확인

연습생과 미성년연예인의 출연

가 ▶ 뜨거운 감자 (Hot Issue)

TV조선은 2020년 3월 13일 새벽 1시 30분까지 오디션 프로그램인 'M'의 결승전을 생방송하였다. 해당 방송의 출연자인 J는 만 12세 미성년자였는데, 미성년자인 J가 밤 늦게까지 가수로서 '출연'을 하는 것이 가능한 것인지 논란이 되었다.

나 ▶ 관련 규정

「근로기준법」
제70조(야간근로와 휴일근로의 제한)
② 사용자는 임산부와 18세 미만자를 오후 10시부터 오전 6시까지의 시간 및 휴일에 근로시키지 못한다. 다만, 다음 각 호의 어느 하나에 해당하는 경우로서 고용노동부장관의 인가를 받으면 그러하지 아니하다.

1. 18세 미만자의 동의가 있는 경우

근로기준법 제110조(벌칙)

다음 각 호의 어느 하나에 해당하는 자는 2년 이하의 징역 또는 2천만원 이하의 벌금에 처한다.

1. 제70조 제1항을 위반한 자

「대중문화예술산업발전법」

제22조(15세 미만 청소년의 대중문화예술용역 제공)

② 대중문화예술제작업자는 오후 10시부터 오전 6시까지의 시간에 15세 미만의 청소년 대중문화예술인으로부터 대중문화예술용역을 제공받을 수 없다. 다만, 대중문화예술용역 제공일의 다음날이 학교의 휴일인 경우에는 대중문화예술인과 그 친권자 또는 후견인의 동의를 받아 대중문화예술용역 제공일 자정까지 대중문화예술용역을 제공받을 수 있다.

제23조(15세 이상 청소년의 대중문화예술용역 제공)

② 대중문화예술제작업자는 오후 10시부터 오전 6시까지의 시간에 15세 이상의 청소년 대중문화예술인으로부터 대중문화예술용역을 제공받을 수 없다. 다만, 15세 이상의 청소년 대중문화예술인 및 그 친권자 또는 후견인의 동의가 있는 경우에는 대중문화예술용역을 제공받을 수 있다.

다 ▶ 용어 해설

▶ 청소년

'청소년'이란 만 19세 미만의 사람을 말한다. 다만, 만 19세에 도달하는 해의 1월 1일을 이미 맞이한 사람은 청소년에서 제외한다(청소년 보호법 제2조 제1호).

▶ 청소년유해업소

'청소년유해업소'란 청소년의 출입과 고용이 청소년에게 유해한 것으로 인정되는 청소년 출입·고용금지업소와, 청소년의 출입은 가능하나 고용은 유해한 것으로 인정되는 청소년고용금지업소를 말한다(청소년 보호법 제2조 제5호 전단).

▶ 청소년출입·고용금지업소

청소년출입·고용금지업소에는 「식품위생법」에 따른 식품접객업 중 단란주점영업 및 유흥주점영업, 「음악산업진흥에 관한 법률」에 의한 노래연습장업(다만, 청소년실을 갖춘 노래연습장업의 경우에는 해당 청소년실에 한하여 청소년의 출입을 허용), 「체육시설의 설치·이용에 관한 법률」에 의한 무도학원업, 무도장업이 포함된다(청소년 보호법 제2조 제5호 가목).

▶ 청소년고용금지업소

청소년고용금지업소에는 ① 휴게음식점영업으로서 주로 차 종류를 조리·판매하는 영업 중 종업원에게 영업장을 벗어나 차 종류 등을 배달·판매하게 하면서 소요시간에 따라 대가를 받게 하거나 이를 조장 또는 묵인하는 형태로 운영되는 영업, ② 일반음식점영업 중 음식류의 조리·판매보다는 주로 주류의 조리·판매를 목적으로 하는 소주방·호프·카페 등의 영업형태로 운영되는 영업 등이 포함된다(청소년 보호법 제2조 제5호 나목).

▶ **청소년 유해행위**

누구든지 다음의 어느 하나에 해당하는 행위를 해서는 안 된다(청소년 보호법 제30조 각호).

- 영리를 목적으로 청소년으로 하여금 신체적인 접촉 또는 은밀한 부분의 노출 등 성적 접대 행위를 하게 하거나 이러한 행위를 알선·매개하는 행위
- 영리를 목적으로 청소년으로 하여금 손님과 함께 술을 마시거나 노래 또는 춤 등으로 손님의 유흥을 돋우는 접객행위를 하게 하거나 이러한 행위를 알선·매개하는 행위
- 영리나 흥행을 목적으로 청소년에게 음란한 행위를 하게 하는 행위
- 영리나 흥행을 목적으로 청소년의 장애나 기형 등의 모습을 일반인들에게 관람시키는 행위
- 청소년에게 구걸을 시키거나, 청소년을 이용해서 구걸하는 행위
- 청소년을 학대하는 행위
- 영리를 목적으로 청소년으로 하여금 손님을 거리에서 유인하는 행위를 하게 하는 행위
- 청소년을 남녀 혼숙하게 하는 등 풍기를 문란하게 하는 영업행위를 하거나 그를 목적으로 장소를 제공하는 행위
- 주로 차 종류를 조리·판매하는 업소에서 청소년으로 하여금 영업장

을 벗어나 차 종류를 배달하는 행위를 하게 하거나 이를 조장 또는 묵인하는 행위

청소년유해행위를 한 자가 유해행위와 관련하여 청소년에게 가지는 채권은 그 계약의 형식이나 명목에 관계없이 이를 무효로 한다(청소년 보호법 제32조).

라 기본 법리

- **미성년자로 하여금 밤샘촬영을 하게 하는 것은 법 위반 소지가 있다!**

앞서 J의 경우, '가수'로서 오디션프로그램에 출연하였을 때 근로기준법이 적용되는 것인지 우선 문제된다. 대법원은 "유흥업소 출연가수가 장소적, 시간적 구속 하에서 노무를 제공한 것이 아니고 그에 대한 보수도 근로의 대가로 지급된 것이 아니므로 종속적인 관계하에서 노무를 제공하였다고 볼 수 없다고 하여 근로기준법 소정의 근로자에 해당하지 아니한다"고 판시하였다(대법원 1994. 4. 29. 선고 93누16680 판결). 가수의 근로자성을 일률적으로 부정하기는 어려울 것이나, J가 방송사에 대하여 구체적인 지휘감독을 받는 종속적인 지위에 있다고 보기는 어렵다고 판단되고, 근로시간·납세의무 등을 고려하여 보더라도 근로기준법이 적용되는 것은 어려울 것으로 판단된다.

한편, 이 사안에는 「대중문화예술산업발전법」이 적용될 수 있다. 위 법에 따르면 미성년자 가수는 '자정까지는' 본인과 부모의 동의 하에 출

연이 가능하다(법 제22조). 다만 별도의 처벌규정은 존재하지 않는다. 처벌규정의 부재에 보태어 다음의 사정, 즉, 해당 프로그램은 제작사가 개최하는 경연에 여러 연령대의 참가자들이 자진 출연하는 구조인 점, 문제된 결승전은 J 외에도 총 6명의 성인 출연자들이 함께 경합하는 방식의 생방송으로 진행되면서 새벽까지 촬영이 이어진 점, 해당 프로그램은 녹화방송으로 진행되어 왔고 결승전에 한하여 1회성 생방송이 진행된 점, J 또한 경연 우승을 위해 출연을 자진했던 것으로 보이고 자유의사를 제약하며 출연이 강제된 사정은 확인되지 않는 점 등을 고려하면, 제작사 측을 제재하는 것은 쉽지 않을 것으로 보인다.

문화체육관광부는 2019년 3월 4일 「청소년 대중문화예술인(또는 연습생) 표준 부속합의서」를 제정하였다(문화체육관광부고시 제2019-10호). 청소년 대중문화예술인 또는 연습생의 기본권이 사각지대에 놓여있다는 점을 고려하여, 출연계약서 작성 시 부속합의서를 함께 체결하여 청소년 출연자의 기본권 보장에 관한 내용을 계약에 포함하도록 하려는 목적이다. 그 내용 중 청소년의 수면권 및 휴식권 보장(제7조), 청소년의 대중문화예술용역 제공시간(15세 미만의 청소년은 주당 35시간 이내, 15세 이상의 청소년은 주당 40시간 이내, 제8조), 청소년의 고용이나 출입이 금지되는 업종에 대하여 문화예술용역을 제공할 수 없고 과다한 노출이나 선정적으로 표현하는 행위, 유해행위를 하여서는 아니된다는 조항(제9조 내지 제11조)이 포함되어 있다.

- **미성년자의 근로시간을 과도하게 제한할 경우 아티스트의 발전, 대중문화 예술산업 발전에 장애를 초래할 수 있다!**

가수 겸 배우 이승기가 18년간 기획사로부터 음원 수익에 관한 정산을 받지 못했다는 내용이 세간에 알려졌고, 이승기와 기획사는 법적 다툼을 이어가고 있다. 이로 인해 소위 '이승기방지법'으로 불리는「대중문화예술산업발전법」개정안이 발의되었고, 2023년 4월 21일 국회 문화체육관광위원회를 통과했다. 위 법안에는 기획사의 수익 정산 내역 공개 의무 조항 이외에도 미성년자의 근로시간에 관한 내용이 포함되었다. 구체적으로, 기존 15세 미만 주 35시간, 15세 이상 주 40시간이었던 노동시간 상한 규정을 12세 미만 주 25시간 및 일 6시간, 12~15세 주 30시간 및 일 7시간, 15세 이상 주 35시간 및 일 7시간으로 강화하였다.

이에 대해 한국음악콘텐츠협회, 한국연예제작자협회, 한국매니지먼트연합, 한국음반산업협회, 한국음악레이블산업협회는 "청소년 연예인의 노동 시간 제한을 강화한 개정안의 내용이 청소년 연예인의 정상적인 활동을 막는 과도한 규제"라고 지적했다. 특히, "아이돌의 경우 한 그룹 내에도 다양한 연령의 구성원이 있는데 법률로 연령별 활동 가능 시간에 차이를 둔다면, 구성원별 활동 가능 시간이 달라질 수밖에 없어 활동에 상당한 제약이 발생함은 물론 사실상 정상 활동이 불가능해진다"고 하였다.

연예인의 기본적 인권을 보호하고 연예인과 기획사 간에 공정한 계약이 체결되도록 관련 법률을 개정하는 것은 바람직하다고 할 것이나, 대중문화산업의 현실과 동떨어지거나 오히려 대중문화산업의 발전을 저해하는 법률 개정은 신중해야 할 것이다.

청소년 대중문화예술인(또는 연습생) 표준 부속합의서

전문확인

V.
기타

연예인의 미술활동
음원 사재기
암표
디지털 휴먼과 메타버스
연예인 조공
예술인 고용보험
연예인의 병역이행
유명연예인의 사생활과 언론보도

연예인의 미술활동

가 ▶ 뜨거운 감자 (Hot Issue)

　과거에는 미술 작가가 내놓는 작품을 전시관에서 수동적으로 관람만 하는 것이 미술을 향유하는 주된 방법이었다. 그런데 이제는 인터넷을 통해 특정 미술 작가의 작품을 손쉽게 볼 수 있고, 관객들이 예술작품에 적극적으로 개입하여 작품의 의미를 만들어가는 관객 참여형 작품·전시도 보편화되고 있다. 관객들은 VR을 통해 예술가가 만들어 놓은 세계에 접속하여 이야기를 만들어나가기도 하고, 직접 글을 쓰거나 모형을 만들어 함께 하나의 거대한 작품을 완성시키기도 한다. 즉, 관객들이 직접 미술작품에 참여하는 등 미술작품을 향유하는 방식이 변화하고 있는 것이다. 심지어 블록체인 기술의 진보에 힘입어, 미술품 일부를 구분소유하는 사업모델('조각투자'라고 함)이 등장하기도 하였다.

　그 과정에서 연예인 출신 화가가 주목받고 있다. 연예인 출신 화가들을 특별히 '아트테이너'라고 부르기도 한다. 이미 인지도가 있어 팬덤을 통해서 고객흡인력을 확보하고 있는 연예인들은 언론의 스포트라이트를 받으며 전시회를 열고, 작품활동을 이어 나간다. 과거 조영남, 하정우, 구혜선, 최민수, 유준상부터, 최근에는 이혜영, 구준엽, 임혁필, 나얼, 솔비, 박기웅, 하지원까지, 유명 연예인들은 아트페어에 초대되는 단골손님이다.

한편, 이러한 연예인 화가의 그림은 일반 작가와 달리 평론을 통해 인지도를 형성한 것이 아니므로, 작품의 가치 평가도 일반 작가와 다르게 산정되고 있다. 국내 미술시장에서 미술품 호당 신인 작가는 10만원 내외, 중견 작가는 30만원 내외의 매매가를 형성하는 것으로 알려져 있는데, 실제로는 신인작가 급의 경력을 갖지 못한 연예인들의 미술작품은 그 유명세를 기반으로 하여 중견작가 이상의 가격에 팔리기도 한다.

미술 작가가 되기 위하여 어떠한 자격이 필요한 것은 아니지만, 아트테이너가 그린 작품의 질 혹은 예술성에 대한 평론가들의 의심의 눈초리는 여전히 존재하는 것으로 보인다. 전문가들은 팬덤으로서의 소비와 예술품 투자를 구분하라고 조언하기도 한다.

이러한 시장 흐름의 변화 속에서, '미술작품의 가치'를 판단함에 있어 '연예인의 명성'이 얼마나 고려될 수 있는가 또는 예술가가 '직접 예술창작행위를 하는 것'이 필수적인가에 대한 시사점을 주는 대법원 판례가 있어 구체적으로 살펴보기로 한다.

나 ▶ 법적 쟁점 (Legal Issue)

1. 연예인이 대작(代作) 사실을 알리지 않고 그림을 판매하면 사기죄에 해당하는가?

다 ▶ 관련 법령

「형법」

제347조(사기)

① 사람을 기망하여 재물의 교부를 받거나 재산상의 이익을 취득한 자는 10년 이하의 징역 또는 2천만원 이하의 벌금에 처한다.

② 전항의 방법으로 제삼자로 하여금 재물의 교부를 받게 하거나 재산상의 이익을 취득하게 한 때에도 전항의 형과 같다.

라 ▶ 관련 사례

Case 1-1 대작(代作) 작품 판매가 사기에 해당할까?

서울중앙지방법원 2017. 10. 18 선고 2016고단5112 판결
서울중앙지방법원 2018. 8. 17. 선고 2017노3965 판결
대법원 2020. 6. 25. 선고 2018도13696 판결

1. 사실 관계

유명 가수 J는 2012년 4월 4일경부터 같은 달 21일경까지 서울 종로구에 있는 한 갤러리에서 전시회를 열어 'X' 등의 그림을 전시하였으며, 위 전시장을 찾은 방문객들에게 'X' 그림을 자신이 직접 그린 것처럼 판매하였다.

그런데 사실 'X' 그림은 화가 A가 J의 아이디어를 구체화하여 그린 그림이었다. J는 완성된 그림의 외곽에 경미한 덧칠을 하거나 사각형 몇 개를 그린 후 자신의 이름을 서명하였다. J는 이러한 점을 관람객들에게 미리 알리지 않았다.

2. 법원의 판단

하급심 법원은 공통적으로 'X' 그림을 그린 사람이 누구인가에 주목하였다.

제1심 법원은, 화가 A를 작가로 판단하면서, "예술작품은 작가의 머리에서 구상이 되고, 작가의 손에 의해서 표현이 되어서, 작가의 서명으로 아우라가 완성된다"는 표현 하에 '누가 그림을 그렸는가는 그림 구매를 결정하는 판단의 기초가 되는 중요한 사실'이라고 보고 가수 J에 대한 사기 혐의를 유죄로 인정하여 징역 10월, 집행유예 2년을 선고하였다.

그런데 항소심 법원은, 화가 A는 "아이디어를 작품으로 구현하기 위해 작품제작에 도움을 준 기술적인 보조자일 뿐"이라고 판단하면서, **'작품이 친작인지 보조자를 사용하여 제작되었는지 여부는, 작품 구매 여부를 결정하는 제반 요소의 하나이며, 작품 구매의 동기·목적·용도가 다양하고 제각기 다른 중요도를 가지므로, 경우에 따라서 친작 여부는 진품여부와 달리 전혀 고려요소가 되지 아니할 수도 있다'**고 설시하여 사기죄에서의 고지의무(미리 누가 그린 것인지 알려야 할 의무를 의미한다)를 부정하였다. 추가적으로 가수 J가 저작권 시비에 휘말린 것도 아니라는 점을 지적하였고, 결국 가수 J에게 무죄를 선고하였다.

마지막으로 대법원은, '창작적인 표현형식에 기여하지 아니한 자는 아이디어를 제공하였더라도 저작자가 되는 것은 아니며, 저작자 아닌 자가 마치 저작자인 것처럼 행세하여 그 미술품을 판매하였다면 이는 형법상 사기죄에 해당할 수 있다'는 일반론을 설시 하였으나, 본 사건에서 'X' 그림의 저작자가 누구인지는 명시적으로 판단하지 아니하였다. 그리고 원심에 판단유탈 또는 법리오해의 잘못이 없다고 보아, 상고를 기각하였다(무죄 확정).

3. 해설

이미 현대미술은 표현이 아닌 개념(저작권법에서 말하는 아이디어)을 중심으로 이루어지고 있으며, 표현 방식을 자동화하거나 대체하는 도구와 디지털방식의 작업이 늘어나고 있고, 앞으로 도래할 메타버스 시대에는 이러한 흐름이 더욱 가속화될 전망이다. 중요한 것은 유명 연예인을 포함한 인플루언서들이 미술 영역으로 진출하면서 개념미술[74]에 편승하고 있는 경우가 많아진다는 점이다. 따라서 미술품 구매자의 입장에서는 미술품을 선택할 때 연예인의 명성을 중시할지, 그림의 예술적 가치를 중시할 것인 것지를 선택하여야 할 것이다.

결국 대법원은 "미술저작물을 창작하는 여러 단계의 과정에서 작가의 사상이나 감정이 어느 단계에서 어떤 형태와 방법으로 외부에 나타났다고 볼 것인지는 용이한 일이 아니다. 본래 이를 따지는 일은 비평과 담론으로 다루어야 할 미학적 문제이기 때문이다. 그러므로 이에 관한 논란은 미학적인 평가 또는 작가에 대한 윤리적 평가에 관한 문제로 보아 예술 영역에서의 비평과 담론을 통해 자율적으로 해결하는 것이 사회적으로 바람직하고, 이에 대한 사법 판단은 그 논란이 법적 분쟁으로 비화하여 저작권 문제가 정면으로 쟁점이 된 경우로 제한되어야 한다."라고 판시하여, 무엇이 예술인지 판단하는 문제에서 사법 판단은 한발 물러서야 한다는 점을 강조하였다.

이 사건은 앞으로 연예인 또는 인플루언서의 이름을 내세운 예술행위 및 상업활동은 꾸준히 증가할 것으로 예상되는 바, 이러한 활동이 형법상 사기죄에 해당할 수 있을 것인가에 대한 일응의 기준이 될 수 있을 것으로 보인다.

[74) 개념미술은 "개념을 재료로 하는 미술"로(헨리 플린트), 기존 미술에서처럼 작품의 미학적, 기술적 요소가 중요시 되기 보다는 예술가의 관념이 더욱 강조되는 미술을 의미한다. 쉽게 말해, 예술가의 아이디어 자체가 작품이 되고, 예술가의 기술적 역량이나 실력이 부각되지 않으므로, 유명한 연예인의 경우 그 명성을 이용하여 미술 영역에 손쉽게 진입할 가능성이 있는 것이다.

음원 사재기

가 ▶ 뜨거운 감자 (Hot Issue)

음원 사재기에 대한 의혹은 꾸준히 제기돼 왔다. 한 방송사는 2015년 중국에서 '사재기 브로커'가 활동 중이라면서 '사재기 공장'을 공개하기도 하였다. 또한 많은 기획사는 일부 업체가 음원 차트 순위를 높이기 위한 불법적 수단을 쓰는 것이 아닌지 의심하고 있다. 특히 유명하지 않은 가수의 신곡이 연일 차트 1위를 기록하며, 하나의 기기로 아이디(ID)를 무작위 생성하고 불법 프로그램을 사용해 음원을 스트리밍하는 조작 방식이 이루어지는 것이 아닌지 문제가 제기되고 있었다.

그러던 중, 가수 P는 자신의 트위터를 통해 "B처럼, S처럼 (중략) 사재기 좀 하고 싶다"는 글을 작성하였고, 음원 사재기 논란이 급격히 확산되었다.

음원 사재기 논란이 일자 음원 제공 사이트들은 실시간 차트를 대폭 개편하였다. 음원 사이트 '멜론'은 2020년 7월경부터 24HITS(힛츠)를 운영하면서 24시간을 기준으로 1곡당 1회만 집계하는 방법으로 계산해왔으며, 순위 표기를 없앴다. 이와 같은 방식은 음원 사이트 '플로'에서도 마찬가지로, AI기술을 응용한 '플로차트' 등을 선보였다. 한편 음원 사이트 '바이브'는 이미 2020년 인(人)별 정산 시스템 'VPS[75]'를 도입한 바 있었다.

그런데 '멜론'은 2021년 8월 3일 다시 '톱100' 차트를 부활시켰다. 그리고, 공정한 차트 운영을 위해 차트 전담부서를 신설하고 기술적 대응을 하겠다고 밝혔다. '지니뮤직', '벅스' 등이 실시간 차트를 그대로 유지하여 영향력을 확대하는 중 '스포티파이', '유튜브 뮤직' 등이 가세하여 음원 플랫폼 시장 경쟁이 심화되면서, '멜론'은 '톱 100' 차트 부활이라는 선택을 하게 된 것으로 보인다. 이에 따라 '실시간 스트리밍 총공' 등 문화와 '음원 사재기' 논란도 계속 되고 있다.

한편, 2020년경 트로트 오디션 프로그램에서 큰 인기를 얻은 가수 Y의 소속사 대표가 2021년 11월 1일 음원 사재기 혐의로 검찰에 송치되었다. 이는 음원 사재기에 관한 혐의가 구체적으로 입증되어 검찰에 송치된 첫번째 사례이다. 경찰은 가수 Y가 위 음원 사재기에 관여하지 않았다고 판단하고 불송치 결정을 한 것으로 알려졌다.

---

75) Vibe Payment System, 재생횟수에 비례한 정산이 아니라 이용자 1인의 재생 곡을 기준으로 정산이 이루어 지도록 하는 시스템이다. 특정한 소수의 사람들이 특정 음원을 반복 재생하면 이에 비례해서 정산금이 집계되던 기존 방식에서 탈피해서, 개별 이용자가 낸 이용료는 해당 이용자가 실제로 들은 음악의 저작권자에게 지급 하겠다는 것이다. 이 경우 재생횟수가 상대적으로 적은 저작권자들에게도 음원 사용료가 분배되는 효과가 있을 것으로 기대된다. '바이브' 측은 이를 '내돈내듣'이라는 문구로 홍보하였다.

나 ▶ 법적 쟁점 (Legal Issue)

1. 음원 사재기는 위법행위일까? 어떤 처벌을 받게 될까?

다 ▶ 용어 해설

▶ 음원 사재기

'음원 사재기'는 일정 금액의 돈을 브로커에게 지불한 뒤, 특정 가수의 특정 음원을 계속 재생시켜 음원 순위 목록 및 실시간 스트리밍 순위 등 각종 음원 관련 기록 자료들을 조작하는 불법 행위를 의미한다. 음원 사재기는 2010년대부터 지속적으로 문제가 제기되어 왔다. 음악산업진흥에 관한 법률(이하 '음악산업법')이 2016년 3월 개정되어, 음원 사재기 행위에 대해 처벌이 가능해졌다.

▶ 차트 줄세우기, 무한 스밍, 그리고 총공

'차트 줄세우기'는 특정 가수의 앨범 수록곡들이 음원 차트 상위권에 나란히 줄을 지어 랭크되는 것을 의미한다. 이러한 차트 줄세우기는 팬층이 두터운 아이돌 가수들의 경우에 주로 나타나며, 주로 새벽 시간에 이루어지고 있다. 이러한 현상은 해당 가수들 팬덤의 '무한 스밍'에 기인한다. '스밍'은 인터넷에서 영상, 음원 등을 실시간으로 재생하는 '스트리밍'의 줄임말로, 팬들이 특정 곡을 무한정 반복 재생하는 것을 '무한 스밍'이라고 부른다. 위와 같은 '무한 스밍'이란 용어 외에 '총공'이란 단어 역시 존재한다. '총공'은 총공격의 준말로, 주로 아이돌 팬들이 특정 시간대에 특정 곡을 음원 다운로드, 스트리밍, 음원 선물, 온라인 투표 등을 시행하는 것을 의미한다.

▶ 스텔스 마케팅

'스텔스 마케팅'이란 레이더에 탐지되지 않도록 항공기를 제작하는 기술인 스텔스(Stealth)라는 용어를 차용하여, 마케팅이 진행되고 있다는 것을 시청자(소비자)들이 알지 못하도록 하는 방식의 마케팅을 의미한다. 즉, 매스컴 등 일반 매체에 식상해 있는 소비자들의 관심을 유도하기 위해 소비자들의 생활 속에 직접 파고들어 사람들이 눈치채지 못하는 사이에 구매 욕구를 자극하여 제품이 홍보되는 효과를 노린 방식이다. 예를 들면 소비자들이 흔히 접할 수 있는 SNS에서 친구나 지인이 추천하는 것과 같은 문구를 달아 상업적·영리적 목적을 숨긴 채 홍보를 진행하는 것이다. 다만 스텔스 마케팅 기법은 음원을 직접 구매하는 것은 아니기 때문에 음원 사재기와는 구분하여 이해할 필요가 있을 것이다.

라 ▶ 참고 자료

◑ 음원 조작 업체의 운영 방식

SBS 〈그것이 알고 싶다〉는 2020년 1일 4일자 방송에서 '음원 사재기'를 다룬 바 있다. 해당 방송을 통해 이른바 음원 조작 업체의 운영 방식이 공개되기도 하였다. 위 방송에 따르면, 음원 조작 업체는 음원 플랫폼 사이트를 이용하는 일반 이용자들의 아이디와 비밀번호를 입수한 뒤, 매크로 프로그램을 통해 하루 수천 회에 걸쳐 특정 곡을 반복하여 재생하였다. 이와 같은 방법을 위해 아이디가 도용된 이용자들은 자신도 모르는 사이에 특정 곡의 재생 기록이 수 천회 가까이 기록되는 셈이다.

◐ 음원 유통 구조 및 주요 개념

'CP(Contents Provider, 콘텐츠 제공자)'란 인터넷 상에서 콘텐츠를 제공하는 업체를 의미한다. 우리나라에서는 콘텐츠 제공자를 'CP(씨피)'라고 줄여서 부르는 경우가 많으며, 주요 포탈 사이트나 이동통신 회사 등에 각종 정보나 게임, 벨소리 등과 같은 부가 서비스를 제공하고 정해진 대가를 받는 회사나 개인을 일컫는데 이 용어가 사용된다.

제조자-도매상-소매상-소비자로 연결되는 일반적인 상품처럼 음원도 비슷한 경로를 거치게 된다. 음원 유통은 음원을 개인 또는 기획사에서 만들고, 유통사로 전달하여 (스트리밍)플랫폼에서 서비스되는 구조이다.

[가수 + 기획사 → 음원 유통사 → 음원 사이트 → 소비자]

음원 시장은 (1) 음원 권리사, (2) 음원 유통사, (3) 음원 서비스 업체의 3가지 개념이 존재한다.

(1) 음원 권리사
'음원 권리사'란 음원, 음악저작물을 만드는 개인(작사가, 작곡가) 또는 집단이다. 이러한 음원 권리사는 개인일 수도 있고 기획사가 될 수도 있다.

(2) 음원 유통사

'음원 유통사'란 주로 음원이 음원 권리사에서 소비자에게 도달하게 도와주는 업체를 의미한다. 멜론이나 애플뮤직 등 스트리밍 서비스에서 음원이 서비스되도록 음원을 제공하고, 포털사이트에 검색되도록 음원을 공급해준다. 카카오엠(구 로엔, 멜론), kt뮤직(지니), CJ E&M 뮤직(엠넷), NHN벅스(벅스) 등 개별 음원 사이트도 함께 운영 중인 대기업들, 인터파크, 뮤직앤뉴, 미러볼뮤직, 워너뮤직, 소니뮤직코리아 등이 배급을 하고 있다.

(3) 음원 서비스 업체

'음원 서비스 업체'란 소비자들이 음원을 들을 수 있게 해주는 업체이다. 소위 '스트리밍 서비스 업체'들이 여기에 해당된다. 그리고 음원 서비스 업체는 유통사와 서비스 업체가 같은 경우도 있고 다른 경우도 있다. 음원 유통 과정에서는 각기 맺은 계약에 따라 수수료가 발생한다. 음원 유통사는 이 수수료를 주된 수입원으로 삼는다.

마 ▶ 기본 법리

- **음원 사재기는 음악산업법 위반에 해당할까? : O**

'음악산업법' 제26조 제1항 제1호 및 제34조 제3항 제2의 2호는 음반·음악·영상물 관련 업자 등이 제작, 수입 또는 유통하는 음반 등의 판매량을 올릴 목적으로 해당 음반 등을 부당하게 구입하거나 관련된 자로 하여금 부당하게 구입하는 행위는 2년 이하의 징역 또는 2천만원 이하의 벌금에 처한다고 규정하고 있다. 즉, 위 규정에 정확하게 부합하는 '음원 사재기'는 음악산업법에 위반되는 위법행위이다.

그러나 위 규정을 적용하기 위하여는 '부당하게 구입하는 행위'를 입증해야 하는데, 실제 사용자에 의한 이용량 증가인지, 사재기 프로그램에 의한 것인지는 사실상 확인이 매우 어려운 상황이다. 따라서 수사기관의 적극적인 수사의지가 중요한 것으로 보인다.

- **개인정보보호법 위반에 해당할까? : △**

개인정보보호법은 기술적·관리적 보호조치 불이행으로 개인정보가 유출된 경우 해당 개인정보처리자를 2년 이하의 징역 또는 2,000만원 이하의 벌금에 처하도록 규정하고 있는데(개인정보보호법 제73조 제1호), 여기서 말하는 개인정보처리자에는 개인정보를 처리하는 공공기관, 법인, 단체, 개인 등이 모두 해당된다. 쉽게 말해 권한을 갖고 개인정보를 처리하는 기관이나 사람이 정보를 유출했을 때 이 규정에 따라 처벌할 수 있는 것이다. 위와 같은 음원 사재기를 위해 아이디와 비밀번호가 유출된 경우에도 개인정보보호법을 적용할 수 있다. 다만 해당 조항은 기술적·관리적 보호조치 의무를 이행하지 않은 때만 처벌할 수 있도록 되어 있어, 음원 사이트 및 플랫폼이 법률이 요구하는 보호조치를 다했는데도 아이디·비밀번호가 유출된 것이라면 유출에 대한 법적 책임을 묻기 어렵다는 문제가 있다.

- **'정보통신망법' 위반에 해당할까? : △**

  음원 플랫폼, 사이트의 이용자들 아이디 및 비밀번호 등을 무단으로 수집하여 사용하는 사재기 업체는 정보통신망법위반(정보통신망침해)죄[76]에 해당할 가능성이 있다.

- **표시·광고의 공정화에 관한 법률(이하 '표시광고법'이라 한다) 위반에 해당할까? : △**

  이른바 '스텔스 마케팅'을 통해 홍보 주체와 의도를 드러내지 않고 효과를 취하고자 하는 경우에는 표시광고법 위반 문제가 될 수 있다. 표시광고법은 일정한 대가를 받고 그에 대하여 광고를 노출하는 경우에는 이를 표시하도록 규정하고 있는데, 스텔스 마케팅은 홍보 주체와 그 의도를 드러내지 않는 것에 목적이 있다. 따라서 스텔스 마케팅의 경우에는 그 구체적인 상황 등에 따라 표시광고법 위반 여지가 발생할 수 있다(Case 2-1 참조).

---

76) **정보통신망법**
    제48조(정보통신망 침해행위 등의 금지)
      ① 누구든지 정당한 접근권한 없이 또는 허용된 접근권한을 넘어 정보통신망에 침입하여서는 아니 된다.
    제71조(벌칙)
      ① 다음 각 호의 어느 하나에 해당하는 자는 5년 이하의 징역 또는 5천만원 이하의 벌금에 처한다.
        9. 제48조제1항을 위반하여 정보통신망에 침입한 자

바 관련 법령

「음악산업진흥에 관한 법률」

제26조(음반등의 유통질서 확립 및 지원)

① 제2조제8호부터 제11호까지의 규정에 따른 영업을 영위하는 자 또는 음반등의 「저작권법」에 따른 저작자 및 저작인접권자(이하 "음반·음악영상물관련업자등"이라 한다)는 다음 각 호의 행위를 하여서는 아니 된다.
1. 음반·음악영상물관련업자등이 제작·수입 또는 유통하는 음반등의 판매량을 올릴 목적으로 해당 음반등을 부당하게 구입하거나 관련된 자로 하여금 부당하게 구입하게 하는 행위

제34조(벌칙)

③ 다음 각 호의 어느 하나에 해당하는 자는 2년 이하의 징역 또는 2천만원 이하의 벌금에 처한다.
2의2. 제26조 제1항을 위반하여 금지행위를 한 자 또는 같은 조 제3항에 따른 명령을 이행하지 아니한 자

「형법」

314조(업무방해)

① 제313조의 방법 또는 위력으로써 사람의 업무를 방해한 자는 5년 이하의 징역 또는 1천500만원 이하의 벌금에 처한다.

② 컴퓨터 등 정보처리장치 또는 전자기록 등 특수매체기록을 손괴하거나 정보처리장치에 허위의 정보 또는 부정한 명령을 입력하거나 기타 방법으로 정보처리에 장애를 발생하게 하여 사람의 업무를 방해한 자도 제1항의 형과 같다.

「개인정보보호법」

제73조(벌칙)

다음 각 호의 어느 하나에 해당하는 자는 2년 이하의 징역 또는 2천만원 이하의 벌금에 처한다.

1. 제23조제2항, 제24조제3항, 제25조제6항, 제28조의4제1항 또는 제29조를 위반하여 안전성 확보에 필요한 조치를 하지 아니하여 개인정보를 분실·도난·유출·위조·변조 또는 훼손당한 자

「정보통신망 이용촉진 및 정보보호 등에 관한 법률」

제49조(비밀 등의 보호)

누구든지 정보통신망에 의하여 처리·보관 또는 전송되는 타인의 정보를 훼손하거나 타인의 비밀을 침해·도용 또는 누설하여서는 아니 된다.

제71조(벌칙)

① 다음 각 호의 어느 하나에 해당하는 자는 5년 이하의 징역 또

는 5천만원 이하의 벌금에 처한다.
11. 제49조를 위반하여 타인의 정보를 훼손하거나 타인의 비밀을 침해·도용 또는 누설한 자

「표시·광고의 공정화에 관한 법률」
제3조(부당한 표시·광고 행위의 금지)
① 사업자등은 소비자를 속이거나 소비자로 하여금 잘못 알게 할 우려가 있는 표시·광고 행위로서 공정한 거래질서를 해칠 우려가 있는 다음 각 호의 행위를 하거나 다른 사업자등으로 하여금 하게 하여서는 아니 된다.
1. 거짓·과장의 표시·광고
2. 기만적인 표시·광고
3. 부당하게 비교하는 표시·광고
4. 비방적인 표시·광고
② 제1항 각 호의 행위의 구체적인 내용은 대통령령으로 정한다.
제7조(시정조치)
① 공정거래위원회는 사업자등이 제3조제1항을 위반하여 부당한 표시·광고 행위를 하는 경우에는 그 사업자등에 대하여 그 시정을 위한 다음 각 호의 조치를 명할 수 있다.
제9조(과징금)
① 공정거래위원회는 제3조제1항을 위반하여 표시·광고 행위를

한 사업자등에 대하여는 대통령령으로 정하는 매출액(대통령령으로 정하는 사업자의 경우에는 영업수익을 말한다. 이하 같다)에 100분의 2를 곱한 금액을 초과하지 아니하는 범위에서 과징금을 부과할 수 있다.

제10조(손해배상책임)

① 사업자등은 제3조제1항을 위반하여 부당한 표시·광고 행위를 함으로써 피해를 입은 자가 있는 경우에는 그 피해자에 대하여 손해배상의 책임을 진다.

② 제1항에 따라 손해배상의 책임을 지는 사업자등은 고의 또는 과실이 없음을 들어 그 피해자에 대한 책임을 면할 수 없다.

제17조(벌칙)

다음 각 호의 어느 하나에 해당하는 자는 2년 이하의 징역 또는 1억5천만원 이하의 벌금에 처한다.

1. 제3조제1항을 위반하여 부당한 표시·광고 행위를 하거나 다른 사업자 등으로 하여금 하게 한 사업자 등

사 ▶ 관련 사례

Case 1-1 음원 사재기를 하면 어떤 규정을 통해 처벌될까?

1. 사실 관계

음원 사재기의 가장 일반적인 방식은 다른 사람의 아이디를 불법 도용해 특정 음원을 반복해서 다운로드하거나 스트리밍하는 것이다. 음원 사재기 업체는 단속을 피하기 위해 대부분 해외에서 활동하고 있다. 이들은 1개의 기계에서 50여 개의 아이디를 제어할 수 있도록 설계된 불법 애플리케이션을 사용하는 방법을 주로 이용하였다. 언론사와 인터뷰를 한 해당 업체는 "음악을 다운로드 받고 재생하는 행위를 하는 것처럼 서버를 속이는 전용 프로그램이 있다"고 밝혔다.

2. 해설

SM, YG, JYP, 스타제국 등 대형 기획사는 2013년경 검찰에 사재기 브로커를 고발하였지만 불기소 결정되었다. 이후 음악산업법이 2016년 개정됨에 따라 처벌규정이 마련되었으나, 실제로 처벌된 사례는 Case 1-1이 있기까지 전무했다. 한 레이블에 따르면 사재기 업체가 먼저 자금을 투입하여 사재기를 완료한 후 수익의 일부를 가져가는 방식을 취한다고 하는데, 이 경우 '음원순위가 사재기로 인한 것인지 여부' 즉 인과관계를 입증하기 매우 곤란해진다.

나아가 형법상 업무방해죄(형법 제314조 제1항)에 해당하는지 살펴보면, 음원 플랫폼 및 사이트에 정상적으로 회원가입을 마친 후 음악을 재생한 것이라면, 해당 사이트의 어떠한 업무를 방해하는 행위가 존재한다고 보기 어렵다. 또한 '위력', '위계'가 존재한다고 볼 수도 없는 것으로 판단된다.

반면 형법상 컴퓨터등장애업무방해죄(동조 제2항)를 적용하는 것은 일응 가능할 수 있다. 포털사이트 연관검색어를 조작하는 경우, 해당 사이트의 검색서비스 제공 업무를 방해하였다고 본 판례가 존재한다(서울동부지방법원 2019. 1. 18. 선고 2018고단3829 판결). 만일, 음원 사재기의 경우에도 매크로 프로그램을 이용하는 것이 사실이라면, 법원이 "음원 플랫폼이 이용자들의 검색 및 재생횟수 등에 따라 순위를 표시하고자 한 정상적인 음원 서비스 제공 업무를 방해하였다"고 볼 여지가 상당하다.

> Case 1-2   음악산업법 위반이 인정된 첫 번째 사례!

1. 사실 관계

트로트 가수 Y는 2020년 1월부터 2020년 3월까지 방송된 오디션 프로그램에서 준우승하며 큰 인기를 얻었다. 그런데 방송, 광고계 등에서 절정의 인기를 구가하던 2021년 11월경, Y의 소속사 대표 L이 검찰에 송치되었다. L이 음원 순위 조작 대행업체에게 3,000만원을 지급하고 Y가 2018년경 발표한 N곡의 순위를 올려줄 것을 요청하여 음원 순위를 조작하였다는 혐의였다. 한편, L은 2021년 11월 4일 공식 입장문을 발표하여 위와 같은 혐의를 대부분 인정하였다.

2. 사건의 경과

경찰은 2021년 11월 1일 가수 Y에 대해서는 불송치 결정을 하였는데, 최초 고발자는 법률대리인을 통해 2021년 11월 15일 Y에 대한 불송치결정 이의신청서를 제출하였다. 이의신청서에는 Y가 소속된 단체대화방의 정황상 "Y가 음원 사재기가 진행되고 있음을 알고 있는 것으로 보인다"는 취지의 내용이 포함되어 있었다. Y는 단체대화방이 공개된 이후에도 여전히 사재기 사실을 몰랐다며 부인했고, 이의신청 결과에 대한 후속보도는 확인되지 않는 것으로 보아 검사가 불기소처분을 한 것으로 보인다.

3. 해설

앞서 살펴본 바와 같이, 음악산업법 제26조 제1항 제1호 및 제34조 제3항 제2의 2호는 '음반·음악영상물관련업자등이 제작·수입 또는 유통하는 음반등의 판매량을 올릴 목적으로 해당 음반등을 부당하게 구입하거나 관련된 자로 하여금 부당하게 구입하게 하는 행위'를 금지하고, 이를 위반하는 자를 2년 이하의 징역 또는 2천만원 이하의 벌금에 처하고 있다(제34조 제3항). 그런데 언더(Under)마케팅 내지 스텔스(Stealth)마케팅은 은밀히 이루어지고 있어 적발해내기 어렵고, 의심되는 정황이 있더라도 혐의를 입증할 자료를 확보하기는 쉽지 않아, 그동안 의심사례 중 처벌을 받은 사람은 존재하지 않은 것이 현실이었다. 실제로 Y의 소속사는 2020년 4월 8일경 국민의 당 김근태 후보가 제기한 음원 차트 조작 행위 의혹에 '사실무근'이라고 밝히며 완강히 부인한 바 있었다.

그러다 소속사 대표 L은 2021년 11월 4일, 모든 혐의를 공개적으로 인정하여, '자백'하였고, 음악산업법 위반으로 기소되었다.

반면에 설령 Y가 음원 사재기 사실을 알았던 것이라고 하더라도, 단순히 '알았다'는 사실만으로는 처벌에 이를 수 없었던 것으로 보인다. 음원 사재기 작업을 한다는 것을 알면서 그 실행행위를 용이하게 하는 직접·간접의 행위를 하는 경우에 이르러야 방조범으로서 공범이 성립될 수 있기 때문이다. 이 때 '방조'는 유형적 물질적인 방조뿐만 아니라 정범에게 범행의 결의를 강화하도록 하는 것과 같은 무형적·정신적 방조행위까지 포함한다

(대법원 1995. 9. 29. 선고 95426 판결). 처음부터 사재기 작업을 공모한 경우라면 공동정범의 죄책을 지는 것은 물론이다.

Case 2-1 스텔스 마케팅을 통한 차트 역주행은 불법인가?

1. 사실 관계

페이스북에는 취향을 고려하여 대중가요를 추천해주는 페이지가 다수 존재한다. 일종의 '플레이리스트' 정보를 공유하는 것이다. 그런데 서로 관련이 없었던 음악 소개 페이지들이 어느 날 일제히 같은 곡을 소개한다면 어떨까?

2. 해설

비단 페이스북 페이지뿐 아니라 네이버 블로그, SNS 등 개인적으로 운영되는 것처럼 보이는 인터넷 사이트들은 대가를 받았는지, 또는 제3자의 광고를 노출한 것인지 불분명한 경우가 많아, 이를 위법한 행위로 단정하기는 어려울 것이다. 또한, 어떤 음악을 언급하는 정도에 그치거나 개인적으로 '좋다'고 추천하는 감상의 수준이 광고에 해당하는지도 모호한 면이 있다.

스텔스 마케팅(바이럴 마케팅)의 가장 큰 문제는 경제적 대가를 받고 작성된 게시물을 광고주와 무관한 제3자의 의견으로 인식시켜 소비자의 선택에 영향을 미치고, 경제적 이해관계가 존재한다는 사실을 은폐하는 기만적 광고행위라는 점에 있다[77].

이에 관하여, 공정거래위원회는 2020년 9월 1일부터 '추천·보증 등에 관한 표시·광고 심사지침(소위 뒷광고금지)'을 마련하여 시행 중이다. 어떤 제품을 홍보할 때 '경제적 이해관계'가 있다면, 반드시 그러한 사실을 표준 문구로 표시하여야 한다. 특히 위 지침은 '제3자의 독자적인 의견으로 인식되는 경우', 예를 들면 '제가 들어봤는데 너무 좋았어요'라는 취지로 광고를 하는 경우에도 그대로 적용된다.

만약 여러 페이스북 페이지의 운영자들이 같은 날 같은 곡을 동일하게 추천하면서, 추천 문구를 동일 또는 유사하게 작성하였다면 동일한 광고주로부터 광고를 받은 것으로 의심해 볼 수 있을 것이다. 즉, 위 공정거래위원회의 심사지침에 따르면 '제3자의 의견을 표시한 때'에 해당하는 것으로 인정될 여지가 있다. 위 사안에서 페이스북 페이지들이 '돈을 받고 광고 중'임을 표시하지 아니하였다면 페이스북 각 계정 운영자들은 표시광고법 위반에 따라 손해배상, 과징금, 시정조치, 형사처벌의 대상이 될 가능성이 있을 것으로 보인다.

---

77) 손봉현, "인터넷을 통한 바이럴 마케팅에 대한 규제 - 표시광고법을 중심으로 -", 한국경제법학회, 2017, 제1면 참조.

SW's comment (이것만은 알아두자)

◎ 음원 사재기는 엄연한 불법행위이다.

⋯▸ 각종 논란을 빚은 바 있는 음원 사재기는 음악산업법을 위반하는 명백한 불법행위이다. 또한, 음원 사재기를 위하여 이루어지는 각종 행위들 역시 그 유형에 따라 형법상 업무방해죄를 비롯하여 개인정보보호법, 정보통신망법 위반에 해당하여 처벌을 받을 수 있다. 나아가, 스텔스 마케팅 행위 역시 표시광고법에 저촉될 가능성이 상당하다.

⋯▸ 현재까지는 음원 사재기를 비롯하여 위와 같은 행위에 대한 처벌이 이루어진 선례 등이 부족한 것이 사실이다. 하지만, 선례가 없다고 하여 불법행위가 아닌 것은 아니다. 기획사들은 소속 가수들의 음원 제작 및 홍보 등에 있어서 음원 사재기를 하지 않는 것은 물론이고, 위와 같은 법률에 저촉되는 행위를 하는 일이 없도록 유의할 필요가 있다.

암표

가 ▶ 뜨거운 감자 (Hot Issue)

　인기 아이돌 그룹의 콘서트 티켓은 순식간에 매진된다. 이에 매진이 예상되는 콘서트 티켓을 미리 매크로 프로그램을 돌려 여러 장을 구매해 놓고 '프리미엄'이라는 이름으로 재판매 하는 '리셀러'들이 기승을 부리고 있다. 이러한 프리미엄 티켓은, 티케팅이 시작된 지 몇 분 되지 않아 여러 중고거래, 리셀링 사이트에 올라오는데, 가격이 100배가 넘기도 한다. 특히 코로나19로 인한 사회적 거리두기 해제 이후 암표가 극성이다.

　리셀러가 이용하는 '매크로 프로그램'은 단순히 반복작업을 하는 것을 넘어서 인식 속도가 사람의 눈이나 손보다 훨씬 빠르기 때문에 '명당'을 차지할 가능성이 더 높다. 좋은 좌석은 단순 판매를 넘어 경매에 부쳐질 정도로 가치가 높다.

　최근 한 기획사는 공연티켓을 불법거래 또는 부정 예매하는 경우 강력한 법적 조치를 취할 것이라는 입장을 밝혔다. 티켓을 구하지 못한 팬들을 대상으로 터무니없는 가격에 재판매를 하는 경우 피해는 고스란히 팬들에게 돌아가기 때문이다.

나 ▶ 법적 쟁점 (Legal Issue)

1. 매크로 프로그램을 동원해 티켓을 예매하고, 여기에 프리미엄을 붙여 재판매를 하는 행위를 처벌할 수 있는가?

다 ▶ 용어 해설

▶ **온라인 암표**

매크로 프로그램을 이용해 대량으로 구매한 후 고가에 재판매 되는 티켓. 속칭 '프리미엄 티켓(플미티켓)'으로도 불린다.

▶ **매크로**

'매크로'는 단순반복적 작업을 자동으로 프로그램화하여 처리하는 소프트웨어의 일종으로, 이를 이용하면 웹페이지 '새로고침'을 계속해 구매까지 자동으로 넘어가도록 할 수 있다. 나아가 정보 입력까지 단숨에 하도록 설계되어 있는 매크로 프로그램도 많다.

라 관련 법령

「형법」

제314조(업무방해)

① 제313조의 방법 또는 위력으로써 사람의 업무를 방해한 자는 5년 이하의 징역 또는 1천500만원 이하의 벌금에 처한다.

② 컴퓨터등 정보처리장치 또는 전자기록등 특수매체기록을 손괴하거나 정보처리장치에 허위의 정보 또는 부정한 명령을 입력하거나 기타 방법으로 정보처리에 장애를 발생하게 하여 사람의 업무를 방해한 자도 제1항의 형과 같다.

「경범죄 처벌법」

제3조(경범죄의 종류)

② 다음 각 호의 어느 하나에 해당하는 사람은 20만원 이하의 벌금, 구류 또는 과료의 형으로 처벌한다.

4. (암표매매) 흥행장, 경기장, 역, 나루터, 정류장, 그 밖에 정하여진 요금을 받고 입장시키거나 승차 또는 승선시키는 곳에서 웃돈을 받고 입장권·승차권 또는 승선권을 다른 사람에게 되판 사람

「독점규제 및 공정거래에 관한 법률」

제3조의2(시장지배적지위의 남용금지)

① 시장지배적사업자는 다음 각호의 1에 해당하는 행위(이하 "濫用行爲"라 한다)를 하여서는 아니된다.

1. 상품의 가격이나 용역의 대가(이하 "價格"이라 한다)를 부당하게 결정·유지 또는 변경하는 행위

제66조(벌칙)

① 다음 각 호의 어느 하나에 해당하는 자는 3년 이하의 징역 또는 2억원 이하의 벌금에 처한다.

1. 제3조의2(市場支配的地位의 濫用禁止)의 규정에 위반하여 남용행위를 한 자

마 ▶ 기본 법리

- **리셀링은 업무방해에 해당할까?**

매크로를 이용하여 사용하지도 않을 티켓을 다수 구매하여 이를 필요로 하는 이용자들이 티켓을 살 수 없도록 하는 것은 티켓 판매업무를 하는 판매 대행자의 업무를 방해한다고 볼 여지가 상당하다.

그러나 형법상 업무방해죄(형법 제314조 제1항)는 '위계[78]' 또는 '위력[79]'

---

[78] '위계'라 함은 행위자의 행위목적을 이루기 위하여 상대방에게 오인, 착각, 부지를 일으키게 하여 그 오인, 착각, 부지를 이용하는 것을 의미한다(대법원 2022. 2. 11. 선고 2021도15246 판결 등).

을 행위 태양으로 하고, 컴퓨터등장애업무방해죄(동조 제2항)는 정보처리에 장애가 발생하도록 하여야 하는 바, 리셀링이 어떤 행위에 해당하는지가 문제될 수 있다. 나아가 '장애 발생 사실'을 기술적으로 입증하기 어려워 법적 처벌까지 이루어지기는 어려운 면이 있을 것으로 보인다.

- **경범죄처벌법이 적용될 수 있을까?**

경범죄처벌법은 흥행장, 경기장, 역, 나루터, 정류장, 그 밖에 정하여진 요금을 받고 입장시키거나 승차 또는 승선시키는 곳에서 암표매매를 하는 사람을 처벌하는 바, '현실공간'이 아닌 인터넷상의 암표매매는 위 규정의 구성요건 해당성이 없어서 처벌대상에 해당하지 않을 것으로 보인다.

- **독점규제 및 공정거래에 관한 법률이 적용될 수 있을까?**

독점규제 및 공정거래에 관한 법률(이하 '공정거래법') 제3조의2 적용 주체는 '시장지배적사업자'이며, '시장지배적사업자'란 동법 제2조 제7호, 제4조 규정에 비추어 보았을 때, 일반적으로 해당 분야 전체 시장의 거래 조건 등을 결정할 정도로 지배적인 영향력을 행사하는 독과점 사업자를 의미한다. 그런데, 대부분의 암표상은 독과점 사업자에 해당한다고 보기 어려울 뿐만 아니라 사업자에 해당한다고 보기 어려운 경우도 많을 것으로 판단된다. 따라서 암표상을 공정거래법위반죄로 의율하기는 쉽지 않을 것이다.

---

79) '위력'이란 사람의 자유의사를 제압·혼란케 할 만한 일체의 세력을 말하고, 유형적이든 무형적이든 묻지 아니하며, 폭행·협박은 물론 사회적, 경제적, 정치적 지위와 권세에 의한 압박 등도 이에 포함된다(대법원 2021. 10. 28. 선고 2016도3986 판결 등).

바 관련 사례

Case 1-1 프로야구 티켓을 매크로로 구매하는 경우, 업무방해 유죄!
대전지방법원 천안지원 2017. 8. 10. 선고 2017고단7 판결

1. 사실 관계

B는 인터넷 카페와 블로그를 운영하는 자로, 프로야구 입장권을 암표로 팔기로 마음먹었으나 판매대행사 사이트에는 1인당 예매 수 제한이 있는 것을 알고, 지인의 인적사항 등을 이용하여 아이디를 121개 만든 후, 2016년 9월 16일 수십 명의 구매자가 있는 것처럼 판매대행사 사이트의 관리자를 속여 입장권 163장을 구매하였다. B는 이를 비롯하여 77회에 걸쳐 합계 2,223장의 입장권을 예매하여 위계로써 입장권 판매 업무를 방해하였다.

2. 법원의 판단

법원은 B에게 징역 10월, 집행유예 2년을 선고하고 200시간의 사회봉사를 명하였다.

3. 해설

법원은 검찰의 공소사실을 그대로 인정하였고, 피고인 B도 모두 자백한 사건이었다. 주목할 점은, 1인당 예매 수 제한이 있는 티켓의 경우, 1인이 그 예매 수 제한을 넘어선 티켓을 구매하는 것을 업무방해죄에서 말하는 '위계'로 판단하였다는 것이다. 만약 콘서트 티켓에서도 동일한 제한이 적용된다면, 위 판례의 법리가 적용될 가능성이 높은 것으로 보인다.

추가적으로, 위 판결은 형법상 부당이득죄(형법 제349조[80])는 인정하지 않았다. 실제로 암표를 구매한 구매자들이 '궁박한 상태'에 빠져 있는 것은 아니라는 취지였다.

Case 2-1 암표 매매 조직 검거 및 처벌 사례
서울서부지방법원 2021. 5. 24. 선고 2021고단362 판결

---

1. 사실 관계

아이돌 공연과 팬미팅 표를 싹슬이하고 암표로 팔았던 조직이 2019년 11월 14일 검거되었다. 특히 '매크로를 이용한 암표 판매' 조직이 검거된 것은 처음이었다.

---

[80] 「형법」 제349조(부당이득)
① 사람의 곤궁하고 절박한 상태를 이용하여 현저하게 부당한 이익을 취득한 자는 3년 이하의 징역 또는 1천만원 이하의 벌금에 처한다.

위 조직은 매크로 프로그램 등을 이용하여 콘서트 온라인 입장권 판매를 위임받은 대행사들이 온라인에서 판매하는 입장권을 예매한 후, 인터넷 사이트 및 지인, 여행사를 통하여 판매하는 방법으로 수십 배의 차액을 남겼다. 특히 자금관리책, 예매책, 매크로 프로그래머, 예매사이트 계정모집책, 티켓수령책, 판매책, 전달책을 둔 범죄조직을 형성하였다.

이들은 콘서트와 팬미팅 티켓 9,028매를 구매한 후, 예매 가격의 수십 배의 금액을 받고 재판매하였다. 이로써 위 조직은 정당한 접근 권한 없이 티켓 판매 대행사의 정보통신망에 침입하고, 마치 수집한 계정의 명의자가 정상적으로 티켓을 구매하는 것처럼 사이트에 접속한 후 티켓을 구입하여 위계로써 티켓 판매 대행사의 업무를 방해하였다.

이 사건에서 매크로 프로그래머는 가상서버에 IP 497개에서 타인의 계정을 통해 접속한 후, 직접 개발한 JAVA 스크립트 소스를 실행 프로그램에 입력시켜두고, 양식이 자동으로 작성되도록 하여 입장권을 대량 구매하였다. 그리고, 수령책은 여러 장의 콘서트 입장권이 동일한 주소로 배송될 경우 불법 예매로 보아 강제 취소될 수 있으므로, 이를 방지하기 위해 다양한 주소에서 티켓을 가로채 수령하는 역할을 하였다.

이 사건 이후 위 콘서트 티켓 판매 대행사는 입장권을 1인 2매로 제한하고, 인기 아이돌 공연의 경우 티켓 양도불가, 현장수령(본인확인) 등의 정책을 적용하고 있으며, 구매자 모니터링 후 블랙리스트를 운영하여 암표상으로 보이는 티켓을 강제로 판매취소 시키고, 자체적인 매크로 대응

프로그램과 서버보안 확충, 콘서트 현장에서 티켓 확인 작업 등 암표 방지에 대해 다양한 노력을 기울이고 있다.

2. 법원의 판단

법원은 자금관리책, 예매책, 계정모집책, 수령책, 전달책 역할을 한 피고인에게 징역 1년, 집행유예 2년을 선고하고 사회봉사 80시간을 명하였다.

3. 해설

위 범죄의 나머지 조직원에 대한 판결도 여러 건 진행되었는데(대구지방법원 서부지원 2021. 1. 22. 선고 2020고단178, 2020고단998, 2020고단787 판결, 대구지방법원 서부지원 2020. 11. 12. 선고 2020고단507 판결, 대구지방법원 서부지원 2020. 5. 12 선고 2019고단3235, 대구지방법원 서부지원 2021. 4. 13 선고 2020고정539 판결, 대구지방법원 서부지원 2020. 6. 23 선고 2019고단3536 판결), 그 내용을 살펴보면 상당히 체계적이고 조직적인 범죄행위임을 알 수 있다.

법원은 '장기간에 걸친 조직적, 계획적 범행으로 인해 관련 피해 업체들의 업무가 방해되었을 뿐 아니라 시장질서가 교란되고 실수요자의 공연관람 권리가 침해되는 등 사회적 폐해가 적지 않다'라고 판시하였다.

SW's comment (이것만은 알아두자)

◎ '매크로'를 동원해 티켓을 예매하고, 여기에 프리미엄을 붙여 재판매를 하는 행위를 처벌할 수 있는가?

⋯▶ 개별적으로 구매한 티켓에 대해 프리미엄을 붙여 재판매하는 것 자체에 대해서는 팬클럽 차원에서의 제재가 있을 수는 있지만, 형사처벌 대상이 된다고 보기는 어렵다. 다만, 매크로를 이용하거나 개인정보를 도용하여 ID를 여러 개 만드는 방식 등을 통해 티켓을 대량 구매한 후 재판매하는 경우 형법상 업무방해 또는 개인정보보호법위반 등으로 형사 처벌받을 수 있다.

⋯▶ 한편, 티켓구입에 악용되는 매크로 사용을 제한하고, 위반시 과태료를 부과하는 공연법 일부개정법률안과 국민체육진흥법 일부개정법률안 등 이른 바 '매크로 암표방지법'이 2022년 3월 발의되었는데, 공연법 일부개정법률안은 약간의 수정을 거쳐 의결되어 2023년 3월 21일 공표되었고, 2024년 3월 22일부터 시행 예정이며, 국민체육진흥법 일부개정법률안은 현재 국회에 계류 중이다.

◎ 티켓 예매 사이트 및 소속사의 대처 방안

⋯▶ 온라인 암표를 방지하기 위하여 공식 예매처인 인터파크티켓 등의 예매사이트에서는 공식 이메일 계정을 통해 불법 거래를 지속적으로 모니터링하고 신고를 접수 받으며, 불법거래 정황이 파악되면 사전 안내 없이 예매 취소 처리를 하기도 한다. 또한 팬클럽에서도 팬클럽 정회원 중 선예매 티켓 불법 거래가 확인될 경우에는 팬클럽 정회원을 제명하는 조치를 취하기도 한다.

⋯▸ 나아가 기획사가 공연 현장에서 관람객이 제시한 티켓이 불법 거래 티켓인지 여부를 전산과 대조하여 확인해보고, 입장을 거부하는 경우가 있다. 최근 예매사이트가 활성화되어 공연 암표를 현장 판매하는 경우는 많지 않으나, 종전에는 현장에서 판매하는 암표상을 적발하기도 하였다. 또한 기획사는 예매 사이트에서 사전에 대량 구매내역 또는 매크로 의심내역을 전달받은 후, 현장에 불법 티켓을 소지하고 나타난 관객으로부터 불법 판매처의 정보를 확인하기도 한다.

◎ 온라인 암표 신고창구

⋯▸ 현재 경찰청과 문화체육관광부는 '합동 온라인 암표 대응 체계'를 구축하여 수사에 박차를 가하고 있다. 문체부는 '온라인 암표 신고창구'를 개설하여 운영 중이다. 대중음악 공연의 경우 한국콘텐츠진흥원 대중문화예술 종합정보시스템(http://ent.kocca.kr)에서 확인할 수 있다.

⋯ 신고창구를 통해 접수된 사례는 문체부가 티켓 판매업체와 협업해 사실관계 점검 후 의심 사례를 선별해 수사 의뢰하며, 경찰청은 책임수사관서를 지정하여 엄정 대응한다는 방침이다. 기획사나 티켓 판매 대행사들도 이러한 수사 체계를 활용해 볼 수 있을 것이다.

디지털 휴먼과 메타버스

가   뜨거운 감자 (Hot Issue)

　로지, 수아, 아이돌 그룹 에스파의 가상 멤버들, 그리고 시간을 거슬러 올라가보면 가수 아담까지. 컴퓨터 관련 기술의 발달 덕분에 이제는 실존 인물이 아닌, 사람이 만들어낸 '디지털 휴먼'들이 활동하고 있다.

　특히 코로나19의 세계적인 유행으로 '메타버스' 분야가 각광을 받으면서 디지털 휴먼의 활용도 또한 많은 기대감을 불러 일으키고 있다. 대표적으로 엔터테인먼트, 금융, 방송, 교육, 게임 등 다양한 분야에서 디지털 휴먼이 활용되고 있다. LG전자의 김래아, 삼성전자의 네온, 신한은행의 로지 등 각 브랜드는 자신들만의 디지털 휴먼을 내세우고 있으며, 버츄얼 아티스트 한유아는 최근 YG 케이플러스와 전속계약을 맺어 방송, 유튜브, 광고 등에서 다채로운 모습을 보여주고 있기도 하다. 한편, SM엔터테인먼트는 셀러브리티와 A.I.를 중심으로 한 미래를 그리며 SMCU(SM Culture Universe)를 표방하고 있다. SMCU의 첫 프로젝트로 데뷔한 걸그룹 aespa(에스파)는 현실 세계에 존재하는 아티스트 멤버와 가상 세계에 존재하는 아바타 멤버가 가상의 중간 세계인 디지털 세계를 통해 소통하고 교감하며 성장하는 세계관을 그리고 있다.

국내에서는 최근 들어 디지털 휴먼이 대중의 관심을 받고 있지만, 해외에서는 이미 유명인사의 자리를 차지하고 있기도 하다. 미국의 스타트업이 만든 디지털 휴먼 '릴 미켈라'는 500만 명 이상의 팔로워를 보유하고 있으며 릴 미켈라가 2019년 한 해 동안 벌어들인 수익은 130억원에 달한다.

그러나, 디지털 휴먼의 전망이 모두 밝은 것은 아니다. 올해 초 AI 전문 스타트업 스캐터랩이 출시한 AI 챗봇 '이루다'의 경우 출시 일주일 만에 온라인 커뮤니티에서 이루다를 성적 대상으로 취급하는 사람들이 등장하며, 이루다와 성적인 이야기를 할 수 있는 방법들을 공유하기 시작했다. 이루다를 대상으로 한 성적 발언 내지 혐오 발언의 사례는 과거 MS가 출시한 AI챗봇 '테이(Tay)'에게서도 발생하였는데, 백인우월주의 및 여성, 무슬림 혐오 성향의 네티즌들이 테이에게 인종 및 성차별 발언을 되풀이하여 학습시킴에 따라 출시 16시간 만에 운영을 중단하기도 하였다. 이루다 역시 상술한 문제로 인하여 2020년 12월 출시 후 3주 만에 서비스가 중단되었다. 이후 스캐터랩은 서비스 중단 1년 9개월만인 2022년 10월 27일 '이루다 2.0'을 출시하며 서비스를 재개하였고, 이루다 2.0은 지난 버전과 달리 이용자의 실제 대화 데이터를 기반으로 하지 않는다고 밝혔다.

나 ▶ 법적 쟁점 (Legal Issue)

1. 디지털 휴먼의 초상, 저작권은 누구에게 귀속되어야 하는가?
2. 디지털 휴먼을 상대로 한 범죄행위, 반대로 디지털 휴먼의 불법행위가 가능한가?

다 ▶ 용어 해설

▶ 디지털 휴먼

'디지털 휴먼(Digital Human)'이란 사람의 신체 구조 및 움직임을 데이터화하여 분석하고, 가상공간에서 마치 실제로 존재하는 사람처럼 움직임을 재현하는 디지털 기술로 만들어졌다. 사람과 동일한 외형을 갖추고 있는 가상 인간이며, 디지털 휴먼은 단순히 기계적인 데이터의 제공에 머무는 것이 아니라 다양한 의사표현이 가능하다는 점에 특징이 있다.

▶ 메타버스

'메타버스(Metaverse)'는 가상과 현실이 상호작용하며 그 속에서 사회, 경제, 문화 활동이 이루어지며 가치를 창출하는 세상을 의미하며, 이는 '초월'을 뜻하는 그리스어 메타(meta)와 '세상'을 의미하는 유니버스(universe)의 합성어이다. 메타버스는 1992년 닐 스티븐슨이 집필한 소설 〈스노 크래시(Snow Crash)〉에서 처음 등장한 개념이다. 메타버스를 연구하는 ASF(Acceleration Studies Foundation) 재단은 메타버스를 구현 공간과 정보의 형태에 따라 크게 4가지 유형으로 구분하고 있다. 첫 번째 유형인 증강현실(Augmented Reality, AR)은 현실에 외부

환경정보를 증강하여 제공하는 형태이다. 두 번째인 라이프 로깅(Life Logging)은 개인 혹은 사물이 현실에서 활동하는 정보가 가상과 연결돼 통합되는 형태이다. 세 번째로 거울 세계(Mirror World)는 가상 공간에 외부의 환경 정보가 통합된 구조이며, 마지막으로 가상 세계(Virtual World)는 완전히 가상으로 구현된 공간에서 개인이 활동하는 형태를 의미한다.

라 ▶ 기본 법리

- **실존 인물을 베낀 디지털 휴먼은 초상권 등의 침해를 야기할 수 있을까?**

디지털 휴먼, 혹은 메타버스 속 캐릭터 등을 실존 인물과 동일 혹은 유사하게 제작하는 경우에는 초상권 등의 침해가 발생할 수 있다. 초상권 침해 여부를 판단하기 위해서는 목소리와 인물의 외형 등이 종합적으로 고려된다. 그리고 디지털 휴먼과 같은 캐릭터들은 통상적으로 실존 인물과 흡사하게 3차원으로 제작되므로 실존 인물과의 유사도 또한 매우 높을 수 있다. 그러므로 디지털 휴먼 등의 외형과 행동, 음성 등이 실존 인물을 그대로 구현하는 것이라면 해당 인물의 초상권 등을 침해할 여지가 있다.

대법원 역시 "초상권은 우리 헌법 제10조 제1문에 의해 헌법적으로 보장되는 권리다. 사람은 누구나 자신의 얼굴 기타 사회 통념상 특정인임을 식별할 수 있는 신체적 특징에 관하여 함부로 촬영 또는 그림 묘사되거나 공표되지 아니하며 영리적으로 이용당하지 않을 권리를 가진다"고 판시한 바 있으므로, 이러한 법리는 디지털 휴먼과 메타버스와 관련해서도 동일하게 적용될 수 있을 것이다.

한편, 유명인과 같은 공적 인물과 동일 내지 유사한 디지털 휴먼 캐릭터를 무단으로 제작하여 이를 상업적으로 이용하는 경우에는 초상권 침해 외에도 부정경쟁방지법상 부정경쟁행위 역시 성립할 수 있을 것이다.

- 디지털 휴먼 캐릭터 등을 마음대로 사용하면 저작권 침해가 문제될 수도 있을까?

저작권법은 제46조에 따라 타인의 저작물을 이용하려는 사람은 권리자로부터 그 허락을 받은 범위 및 조건 하에서만 이용이 가능하다고 규정하고 있다. 한편, 디지털 휴먼 내지 메타버스를 통해 제작한 캐릭터는 이를 개발, 제작한 사람 혹은 기업의 저작물이라고 볼 수 있다. 그러므로 권리자로부터 어떠한 허락을 받지 않은 채 디지털 휴먼 캐릭터를 복제하거나, 이를 바탕으로 새로운 콘텐츠를 제작하는 경우에는 저작권 침해 문제를 비롯하여 타인의 성과를 무단으로 이용했다는 점에서 부정경쟁방지법상 부정경쟁행위가 발생할 수 있다.

아직까지 많은 선례가 존재하는 것은 아니지만, 대법원은 최근 스크린 골프 게임을 구현하면서 실제 골프장을 설계한 사람의 허락을 받지 않고 스크린 골프 코스를 제작한 행위는 부정경쟁행위로서 위법하다고 판시한 바 있다(대법원 2020. 3. 26. 선고 2016다276467 판결). 대법원은 이러한 행위가 공정한 상거래 관행이나 경쟁질서에 반하는 방법으로 자신의 영업을 위해 타인의 성과를 무단으로 사용함으로써 경제적 이익을 침해하는 행위에 해당한다고 판시하였다. 한편, 대법원은 해당 사건에서 저작권 침해를 인정하지 않았는데, 이는 골프장의 골프 코스는 설계자에게 저작권이 있으므로 설계자가 아닌 골프장 운영업체로서는 저작권 침해 소송을 제기할 수 없다고 판단하였기 때문이다.

- **디지털 휴먼을 범죄자로, 혹은 디지털 휴먼을 피해자로 취급할 수 있을까?**

 MS의 테이, 그리고 우리나라의 이루다를 둘러싼 일련의 사건들처럼 디지털 휴먼과 같은 인공지능 캐릭터에 대해서도 성희롱 등의 범죄가 성립할 수 있는지, 나아가 인공지능 캐릭터가 범죄자가 될 수 있는지에 대해서도 논의가 이루어지고 있다.

 현행 법률상으로는 디지털휴먼이 사람과 동일한 법 적용 대상이 된다고 보기 어렵다. 다만, 인공지능을 가진 캐릭터가 가할 수 있는 범죄 행위, 혹은 받을 수 있는 피해를 방지하기 위한 법률 내지 제도의 마련이 필요하다는 점에 대해서는 법조계에서도 공감을 얻고 있다.

SW's comment (이것만은 알아두자)

◎ 디지털 휴먼과 메타버스 관련 산업의 발달은 새로운 법률적 이슈들을 제기할 것이다.

⋯▸ 성경 등의 문헌을 복사(copy)하기 위한 권리(right)에서 출발한 저작권(copyright)은 이제 문화 콘텐츠 영역의 모든 분야에서 단순한 복제를 넘어, 다양한 이용 환경에 따른 권리와 의무를 부여하고 있다. 그리고 저작권법이 미처 보호하지 못하고 있는 '아이디어'는 부정경쟁방지법을 통해 경제적 가치가 있는 아이디어를 보호할 수 있도록 제도의 마련이 이루어지고 있다.

⋯▸ 새로운 기술의 발전과 이를 뒤따르는 법과 제도의 보완과 발전은 디지털 휴먼, 인공지능 등의 분야에서도 유효하다. 디지털 휴먼, 그리고 그들의 활동 무대가 되는 온라인 플랫폼 내지 메타버스에 대해서는 이를 직접 규율하는 법령이 없는 것은 물론, 관련 선례들 아직 부족한 것이 현실이다. 그럼에도 불구하고 법률가들은 저작권법, 개인정보보호법 등과 같이 현존하는 법률을 유추 적용하는 등의 방법으로 자문을 제공하거나, 사건을 풀어나가고 있다. 그 외 입법적 공백이 있는 부분은 학문적 연구 및 입법적 조치가 이루어질 필요가 있다. 디지털 휴먼에 대한 접근에 이른 것은 아니지만, 2022년 9월 국가지식재산위원회가 발간한 〈인공지능(AI) 창작물의 권리보호 방안 수립 등 AI-지식재산 이슈 대응 연구〉를 살펴보면, 인공지능 창작물과 관련하여 저작권법 개정 방안을 제안하기도 하였다.

연예인 조공

가 ▸ 법적 쟁점 (Legal Issue)

1. 팬들이 '조공'하는 경우 증여세를 내지 않아도 될까?
2. 팬들의 '조공'은 김영란 법 적용 대상은 아닐까?

나 ▸ 용어 해설

▶ 조공

 국어사전에 따르면 '조공(朝貢)'이란 '종속국이 종주국에 때를 맞추어 예물을 바치던 일, 또는 그 예물'을 뜻한다. 한편, 인터넷상에서는 팬들이 연예인의 생일에 맞추어 또는 특별한 기념할 만한 일이 있는 때(앨범 발매, 데뷔 n주년 등) 연예인에게 선물을 보내는 것 또는 개인 또는 단체가 돈을 모아 자신이 좋아하는 연예인이 출연하는 방송·드라마 촬영장 등에 '커피차, 밥차' 등 케이터링 서비스를 제공·후원하는 일을 '조공'이라고 부른다. 그 가액은 다양하며, 때로는 연예인에게 직접 선물을 하지 않고 TV나 옥외간판 등에 광고를 설치하는 것을 '조공'이라 부르기도 한다.

▶ 증여세

「상속세 및 증여세법」(이하 '상증세법'이라 한다)은 '증여'에 해당하는 거래행위에 대해 과세하기 위한 법률이다. 그 중 증여세는 타인의 증여에 의해 무상으로 취득한 재산을 과세대상으로 하여 그것을 취득한 사람에게 부과하는 조세이다(상증세법 제4조 각항 참조).

증여세의 과세표준은 증여의제이익 등 증여가액에서 감정평가 수수료를 뺀 금액으로 한다(상증세법 제55조 제1항). **단, 과세표준이 50만원 미만이면 증여세를 부과하지 아니한다(상증세법 제55조 제2항).** 증여세의 세율은 최저 10%부터 최고 50%까지 초과누진세율 구조를 갖추고 있다. 1억원 이하의 증여세의 과세표준에 대한 세율은 10%이다(상증세법 제56조, 제26조). 증여세의 산출세액 계산식은 '과세표준 X 세율 - 누진공제액 = 산출세액'이다.

증여세의 납부의무 있는 자는 증여받은 날이 속하는 달의 말일부터 3개월 이내에 증여세의 과세가액 및 과세표준을 납세지 관할 세무서장에게 신고하여야 한다(상증세법 제68조). 납부의무자는 자진납부서를 작성하여 우체국, 은행, 관할세무서를 방문하거나, 또는 온라인 홈택스 등을 이용해 납부 가능하다.

▶ 부정청탁 및 금품등 수수의 금지에 관한 법률(소위 '김영란법', 이하 '청탁금지법'이라 한다)

공직자 등은 직무 관련 여부 및 기부·후원·증여 등 그 명목에 관계없이 동일인으로부터 1회에 100만원 또는 매 회계연도에 300만원을 초과하는 금품 등을 받거나 요구 또는 약속해서는 아니된다(청탁금지법 제8조 제1항).

현장 스태프 등에게 '조공'을 하는 경우 실제로 금품 등을 받는 대상이 청탁금지법상 '공직자등'(제2조 제2호)에 해당하지 않는다면 청탁금지법 적용 대상이 아니다. 만약 조공을 받은 사람이 언론사 관계자[81]여서 청탁금지법의 적용대상이 되더라도, 특별한 사정이 없는 한 팬들이 주는 선물과 직무 사이에 관련성을 인정하기 어려우므로 청탁금지법상 제재를 받지는 않을 것으로 보인다. 다만, 이 경우에도 청탁금지법 제8조 규정에 비추어 1회 100만원을 초과하지 않는 범위에서 금품 등을 수수하는 것이 안전할 것이다(국민권익위원회 청탁금지제도과 2018. 5. 1. 자 청탁금지법 유권해석 참조).

다 ▶ 관련 사례

> Case 1-1 팬의 '조공'은 50만원까지는 비과세이다. '사회통념'을 넘는 수준의 기념품은 증여세 과세 대상이 될 수 있다.

1. 사실관계

---

[81] 청탁금지법 제2조 제2호 라.목은 '언론사의 대표자와 그 임직원'을 공직자 등에 해당하는 것으로 규정하고 있다. 여기에서 언론사란 방송사업자, 신문사업자, 잡지 등 정기간행물사업자, 뉴스통신사업자 및 인터넷신문사업자를 말한다(언론중재 및 피해구제 등에 관한 법률 제2조 제12호).

역주행 열풍을 일으킨 B걸그룹 멤버 Y는 생일을 맞아 여러 명의 팬들로부터 1,000만원 상당의 선물을 받았다. 선물 내역은 600만원대 명품백, 100만원대 명품 신발, 150만원대 카메라 등이었다.

2. 해설

상속세 및 증여세법 제2조 제6호에 의하면, '증여'란 그 행위 또는 거래의 명칭·형식·목적 등과 관계없이 직접 또는 간접적인 방법으로 타인에게 무상으로 유형·무형의 재산 또는 이익을 이전(현저히 낮은 대가를 받고 이전하는 경우를 포함한다)하거나 타인의 재산가치를 증가시키는 것을 의미한다. 또한, 같은 법 제4조 제1항 제1호는 "무상으로 이전받은 재산 또는 이익"에 대해서는 증여세를 부과한다"고 규정한다. 따라서, 고가의 선물을 주고받는 행위는 원칙적으로 증여행위로 간주되어 과세대상이 된다.

한편, 과세표준(증여세 과세가액 - 증여재산공제, 특수관계인이 아니고 특별공제사유가 없는 경우 증여재산공제액은 0)이 50만원 미만이거나, 증여재산이 사회통념상 인정되는 기념품인 경우에는 증여세가 부과되지 않는다(상속세 및 증여세법 제55조 제2항, 제46조 제5호, 시행령 제35조 제4항 제3호). 이 때, 과세표준은 증여자별·수증자별로 계산한다(상증, 재삼46014-881, 1997.04.14.). 고가의 귀금속이나 의류가 '사회통념상 인정되는 기념품'인지에 대해 조세심판원은 2022년 10월 18일 "고가의 귀금속이나 의류는 아무리 선물이라도 사회통념상 인정되는 비과세 물품에 해당하지 않아, 이에 대해 증여세를 부과한 국세청의 처분에 잘못이 없다"고 결정한 바 있다(조심-2022-부-6949).

결국, 이 사안에서 팬들이 모금하지 않고 명품 백, 명품 신발, 카메라를 각자 B걸그룹 멤버 Y에게 선물하였다면, 선물들은 각 50만원 이상에 해당하고 사회통념상 인정되는 기념품이 아니므로 증여세 부과 대상이 될 수 있다. 따라서, 수증자(=증여를 받은 사람)인 B걸그룹 멤버 Y는 팬들로부터 받은 선물의 물품가액의 10%에 해당하는 증여세를 납부할 의무가 발생할 수 있는 것이다(상속세 및 증여세법 제56조, 제55조 제1항, 제26조).

그러나, 현재까지 팬들이 연예인에게 한 선물에 대해 증여세가 부과된 사례는 찾아보기 어렵다. 생각건대, 과세관청은 지금까지 '생일 선물', '기념품' 등 명목으로 지급하는 소위 '조공'은 사회통념상 기념품에 해당할 여지가 있다고 보는 것으로 추정된다. 다만, 법적으로 보면 사회통념을 뛰어넘는 지나친 고가의 선물을 하는 경우에는 여전히 증여세 과세 대상이 될 수 있다는 점에 유의하여야 할 것이다.

예술인 고용보험

가 ▶ 법적 쟁점 (Legal Issue)

1. 사업주가 예술인의 고용보험 자격신고 등을 해야 한다면, 보험가입을 위하여 예술인의 개인정보를 사업주에게 제공해야 하는 것일까?

나 ▶ 제도 설명

◐ 예술인도 고용보험 가입으로 실업급여, 출산전후급여를 받을 수 있다!

예술인 고용보험 제도가 2020년 12월 10일부터 시행되었다. 고용보험은 회사의 감원 등으로 직장을 잃은 실업자에게 실업 보험금을 지급하고, 직업 훈련 등을 위한 장려금을 지원하는 제도이다. 그동안 고용보험에 가입할 수 없었던 프리랜서 예술인들이 '예술인 고용보험 특례규정'의 신설을 통해 보다 안정된 구직급여와 출산전후급여를 받을 수 있게 되었다.

◐ 예술인 고용보험 가입 대상

문학·미술·음악·국악·무용·연극·영화·방송·만화 등 문화예술 분야의 프리랜서 예술인 중 문화예술용역계약을 체결해 다른 사람을 사용하지 않고 직접 문화예술활동을 하는 예술인이 예술인 고용보험의 적용대상이다. 따라서, 근로자인 예술인이나 다른 사람을 사용해 문화예술활동을 하는 경우는 예술인 고용보험에 가입할 수 없다. 한편, 65세 이후 문화예술용역 등 계약을 체결한 신규계약자(연령제한)나 문화예술용역 관련 계약 건별 월 소득이 50만원 미만인 예술인(소득제한)의 경우에도 예술인 고용보험 가입이 제한된다.

◐ 피보험자격 관리 및 보험료

피보험자는 예술인의 계약기간을 고려하여 '일반예술인'(문화예술용역 계약기간이 1개월 이상인 예술인)과 '단기예술인'(문화예술용역 계약기간이 1개월 미만인 예술인)으로 구분된다.

원칙적으로 사업주가 고용보험 자격신고, 변동, 상실, 보험료 납부 등을 관리한다. 각 계약 건별 월평균소득이 50만원 미만이지만 중복 계약기간 중 합산 월평균소득이 50만원 이상인 경우에는 예술인이 직접 신고하고, 문화예술용역 관련 도급 사업 중 국가·지자체·공공기관 발주사업의 경우 발주자 또는 원수급인이 신고한다. 계약 체결이 발생한 날의 다음 달 15일까지 근로복지공단에 신고해야 하며, 사업주가 피보험자격을 신고하지 않는 경우 500만원 이하의 과태료가 부과될 수 있다.

예술인 고용보험료는 보험료 부과 기준이 되는 소득에 고용보험료율(2023년 현재 1.6%)을 곱하여 산정하며, 예술인과 사업주는 각 1/2씩(2023년 현재 각 0.8%씩) 균등하게 부담한다. 사업주는 예술인에게 문화예술용역 대가를 지급할 때 고용보험료를 원천징수한다.

◐ 예술인 고용보험의 혜택

휴직, 실업 상태에서 구직활동을 해야 하는 기간 동안 '실업급여(구직급여)'가 지급되고, 여성예술인의 경우 임신, 출산, 수유 등을 지원하는 '출산전후급여'가 지급된다.

'예술인 실업급여'는 고용보험에 가입된 예술인이 24개월 중 9개월 동안 보험료를 납부하고, 개인사정상 이직, 중대 귀책 사유 해고 등의 수급 제한사유가 없으며, 예술인 최초 종사기간(24개월 중 3개월) 등의 요건을 갖춘 경우 수급할 수 있다. 실업급여로 받을 수 있는 금액은 이직 전 평균 1일 임금의 60%와 지급 기간을 곱해 계산한다. 상한액은 66,000원, 하한액은 기준보수의 60%이다.

'출산전후급여'는 예술인이 출산 또는 유산, 사산으로 예술활동을 하지 못한 휴직 또는 실직 기간 중 최대 90일인 3개월 동안 지급되며, 1년간 월평균 보수의 100%가 지급된다. 상한액은 월 200만원, 하한액은 기준보수의 60%이다.

SW's comment (이것만은 알아두자)

　　고용보험 제도를 예술인에 확대한 것은 예술인의 권익보호 측면에서 환영할 만한 것으로 보인다. 다만, 예술인고용보험의 실질적인 운영에서는 연예인들의 개인정보가 위협받을 수 있다는 지적이 있다. 예술인고용보험의 가입, 신고, 변경 등 업무는 원칙적으로 사업주가 해야 하므로, 방송국, 제작사, 공연 주최사 등이 예술인 고용보험의 관리 주체가 된다. 그런데, 고용보험 가입을 위하여서는 예술인의 주민등록번호, 휴대전화번호, 주소 등이 사업주에게 제공되어야 하기 때문이다. 이에 일부 연예인 및 기획사는 사업주에게 연예인의 개인정보를 제공하는 것을 꺼려하여 사업주로 하여금 법무법인을 '대중문화예술기획업자대리인'으로 지정하도록 하여 연예인의 개인정보를 사업주에게 제공하지 않고, 법무법인에게만 제공하는 형태로 고용보험 관련 업무를 수행하고 있다.

연예인의 병역이행

가 ▶ 뜨거운 감자 (Hot Issue)

최근 BTS를 비롯한 K-POP가수들의 인기를 보면서 대중문화를 통해서도 '국위선양'이 가능하다는 점에는 동의하지 않을 수 없을 것이다. 특히 병역의무를 부담하게 되는 남자 연예인들 중 해외에서 높은 성과를 거두면서 한류를 견인하고 있는 경우 '예술·체육요원'과 같은 특례를 부여하여야 한다는 여론이 형성되기도 하였다. 이에 대해서 누구에게나 병역의무는 평등하게 부과하여야 하며, 여러 사람들의 도움으로 대중적인 성공을 거둔 연예인들이 병역까지 면제받으면 일반 국민들의 박탈감이 심해질 것이라는 반대 견해도 있었다. 본 장에서는 남자 연예인들의 병역문제에 관하여 법적으로 어떤 부분이 논란이 되었는지 살펴보기로 한다.

나 ▶ 법적 쟁점 (Legal Issue)

1. 연예인들도 병역특례를 받을 수 있을까?
2. 연예인의 병역 이슈가 어떤 내용의 행정 소송으로 이어지는가?

3. 연예인의 병역 이슈가 어떤 형사 사건으로 비화되는가?

다 ▶ 용어 해설

▶ 병역 의무

대한민국 헌법 제39조 및 병역법에 따라 18세 이상 남성 국민에게 부과되는 의무이다. 남성 국민은 19세가 되는 해에 병역판정검사를 받고, 신체등급에 따라 (1) 1급부터 4급까지는 학력·연령 등 자질을 고려하여 현역병 입영 대상자, 보충역 또는 전시근로역(전시상황이 아닌 이상 병역이 면제되는 병역 처분), (2) 5급은 전시근로역 병역처분을 받게 된다. 신체등급이 1급부터 3급까지인 사람은 일반적으로 현역병으로 징집되어 육군, 해군, 공군 등 군부대에서 최소 1년 6개월(2023년 3월 육군 입영 기준) 이상 군인으로 복무하여야 한다.

▶ 행정소송

법원이 공권력의 행사 또는 불행사 등으로 인한 국민의 권리 또는 이익의 침해를 구제하고, 공법상의 권리관계 또는 법적용에 관한 다툼을 해결하기 위해 진행하는 항고소송 등 소송절차를 의미하며, 행정청의 위법한 행정처분을 대상으로 처분의 취소를 구하는 취소소송이 대표적이다.

▶ 절차상 하자

행정절차법은 행정청의 위법한 행정작용으로 인한 개인의 권리침해를 사전에 방지하기 위한 목적 등을 위해 처분의 이유제시, 사전통지, 의견청취 절차 등 행정절차를 정하고 있고, 법원은 이러한 절차를 위반한 행정행위는 그 자체로 '절차상 하자'가 있음을 이유로 취소 또는 무효확인할 수 있다는 입장을 취하고 있다.

▶ **재량권의 일탈, 남용**

'재량행위'는 관련 법규의 해석상 행정청에게 행위 여부, 행위내용에 대한 선택권이 부여되어 있는 행정행위를 뜻한다. 재량권이 부여된 경우에도 행정청은 일정한 한계 내에서 그 권한을 행사하여야 하는데, 평등원칙 위반 등 재량권의 대내외적 한계를 벗어났다고 판단된 경우 법원은 재량권의 일탈 또는 남용으로 보아 해당 행정행위의 취소 또는 무효확인을 할 수 있다.

▶ **취소판결의 기속력**

행정처분 등을 취소하는 판결의 실효성 확보를 위하여 인정되는 효력으로서, 당사자인 행정청과 그 밖의 관계 행정청에게 확정판결의 취지에 따라 행동해야 할 의무를 지우는 효력을 말한다.

라 관련 법령

「병역법」

제2조(정의 등)

① 이 법에서 사용되는 용어의 뜻은 다음과 같다.

10의3. "예술·체육요원"이란 예술·체육 분야의 특기를 가진 사람으로서 제33조의7에 따라 편입되어 문화창달과 국위선양을 위한 예술·체육 분야의 업무에 복무하는 사람을 말한다.

제5조(병역의 종류)

① 병역은 다음 각 호와 같이 구분한다

3. 보충역: 다음 각 목의 어느 하나에 해당하는 사람

나. 다음의 어느 하나에 해당하는 사람으로 복무하고 있거나 그 복무를 마친 사람

3) 예술·체육요원

제33조의7(예술·체육요원의 편입)

① 병무청장은 다음 각 호의 어느 하나에 해당하는 사람 중 대통령령으로 정하는 예술·체육 분야의 특기를 가진 사람으로서 문화체육관광부장관이 추천한 사람을 예술·체육요원으로 편입할 수 있다. 이 경우 제1호부터 제3호까지에 해당하는 사람은 보충역에 편입한다.

1. 현역병입영 대상자
2. 현역병으로 복무(제21조 및 제25조에 따라 복무 중인 사람을 포함한다) 중인 사람
3. 승선근무예비역으로 복무 중인 사람
4. 사회복무요원 소집 대상인 보충역
5. 보충역으로 복무(사회복무요원, 공중보건의사, 병역판정검사전담의사, 공익법무관, 공중방역수의사, 전문연구요원 및 산업기능요원으로 복무하는 것을 말한다) 중인 사람

② 예술·체육요원의 편입에 필요한 사항은 대통령령으로 정한다.

제33조의8(예술·체육요원의 의무복무기간 등)

① 예술·체육요원의 의무복무기간은 2년 10개월로 하며, 그 기간을 마치면 사회복무요원의 복무를 마친 것으로 본다.

제60조(병역판정검사 및 입영 등의 연기)

② 지방병무청장은 병역판정검사 또는 재병역판정검사를 받은 사람으로서 다음 각 호의 어느 하나에 해당하는 사람과 제1항제1호부터 제3호까지에 해당하는 사람에 대하여는 징집이나 소집을 연기할 수 있다.

3. 국위선양을 위한 체육·대중문화예술 분야 우수자

⑥ 제2항에 따른 학교·연수기관 및 체육·대중문화예술 분야 우수자의 범위와 연기의 제한 등에 필요한 사항은 대통령령으로 정한다.

「병역법 시행령」

제68조의11(예술·체육요원의 추천 등)

① 법 제33조의7제1항 전단에서 "대통령령으로 정하는 예술·체육 분야의 특기를 가진 사람"이란 다음 각 호의 어느 하나에 해당하는 사람을 말한다.

1. 병무청장이 정하는 국제예술경연대회의 경쟁부문에서 입상한 사람으로서 다음 각 목의 요건을 모두 충족하는 사람. 다만, 한

국인의 참가비율과 입상비율 등을 고려하여 병무청장이 정하는 국제예술경연대회의 경우에는 경쟁부문에서 1위로 입상한 사람으로서 입상성적이 가장 높은 사람으로 하며, 입상성적이 같거나 입상성적을 확인할 수 없는 경우에는 병무청장이 정하는 추천기준에 해당하는 사람으로 한다.

가. 2위 이상으로 입상한 사람일 것

나. 입상성적 순으로 2명 이내에 해당하는 사람일 것. 다만, 1위로 입상한 사람이 없는 경우에는 입상성적이 가장 높은 사람으로 한정하며, 입상성적이 같거나 입상성적을 확인할 수 없는 경우에는 병무청장이 정하는 추천기준에 해당하는 사람으로 한다.

2. 병무청장이 정하는 국내예술경연대회(국악 등 국제대회가 없는 분야의 대회로 한정한다)의 경쟁부문에서 1위로 입상한 사람으로서 입상성적이 가장 높은 사람. 다만, 입상성적이 같거나 입상성적을 확인할 수 없는 경우에는 병무청장이 정하는 추천기준에 해당하는 사람으로 한다.

3. 「무형문화재 보전 및 진흥에 관한 법률」 제12조에 따라 국가무형문화재로 지정된 분야에서 5년 이상 국가무형문화재 전수교육을 받은 사람으로서 병무청장이 정하는 분야의 자격을 취득한 사람

4. 올림픽대회에서 3위 이상으로 입상한 사람

5. 아시아경기대회에서 1위로 입상한 사람

제124조의3(체육·대중문화예술 분야 우수자의 입영등 연기)[82]

① 법 제60조제2항제3호에 따라 입영등을 연기받을 수 있는 사람은 다음 각 호와 같다.

3. 「대중문화예술산업발전법」 제2조제3호의 대중문화예술인 중 「상훈법」 제17조의3의 문화훈장 또는 같은 법 제19조제10호의 문화포장을 받은 사람으로서 문화체육관광부장관이 국위선양에 현저한 공이 있다고 인정하여 추천한 사람

③ 제2항에 따른 추천 신청서를 받은 문화체육관광부장관은 추천 신청서를 제출한 사람이 체육·대중문화예술 분야 우수자로서 입영등의 연기가 필요하다고 판단되는 경우에는 지방병무청장에게 입영등의 연기를 추천할 수 있다. 이 경우 다음 각 호의 서류를 첨부해야 한다.

1. 입영등의 연기 추천서
2. 추천 대상자가 제출한 추천 신청서 및 첨부서류

④ 제3항에 따른 추천을 받은 지방병무청장은 다음 각 호의 구분에 따른 연령의 범위에서 연기 사유 등을 고려하여 입영등의 연기 여부를 결정하고, 그 결과를 추천 대상자에게 통보해야 한다.

2. 제1항제3호에 해당하는 사람: 30세까지

제129조(입영일 등의 연기)

---

82) 이 조항 중 '대중문화예술분야 우수자' 부분은 2021. 6. 22. 대통령령 제31798호로 일부개정(신설) 되어, 2021. 6. 23. 처음 시행되었다.

① 법 제61조제1항에 따라 병역의무이행일을 연기할 수 있는 사람은 다음 각 호와 같다.
1. 질병이나 심신장애로 병역의무의 이행이 어려운 사람
2. 본인의 직계존속·직계비속, 배우자, 형제자매 또는 가족 중 세대를 같이하는 사람이 위독하거나 사망하여 본인이 아니면 간호 또는 장례 등 가사정리가 어려운 사람
3. 천재지변이나 그 밖의 재난을 당하여 본인이 아니면 이를 처리하기 어려운 사람
4. 행방을 알 수 없는 사람
5. 각 군의 모집 또는 전환복무에 지원하여 그 결과를 기다리고 있는 사람. 다만, 현역병 입영일이 결정된 사람은 입영일 30일 전까지 지원한 경우로 한정한다.
6. 국외여행허가 또는 국외여행기간 연장허가를 받거나 25세가 되지 아니한 사람으로서 다음 각 목의 어느 하나에 해당하는 사람
    가. 출국을 기다리고 있는 사람
    나. 제128조제1항에 따라 병역판정검사, 재병역판정검사 또는 입영등이 연기되지 아니한 사람으로서 국외에 체재 중인 사람
7. 각급 학교 입학시험에 응시하려는 사람
8. 그 밖의 부득이한 사유로 병역의무를 이행하기 어려운 사람
② 제1항 각 호의 어느 하나에 해당하는 사람에 대해서는 통틀어 2년의 범위에서 그 의무이행일을 연기할 수 있다.

마 ▶ 관련 사례

> **Case 1-1** 연예인들도 입영연기 대상이 되거나, 병역특례를 받을 수 있을까?

1. 사실관계

방탄소년단(BTS)은 대한민국 가수로서는 유례없는 전 세계적 성공을 거두고 있다. 특히 2020년 9월 1일에는 미국 빌보드 '핫 100'에서 한국 가수 최초로 1위를 차지하였으며, 이후 발표한 곡들이 번갈아 9주 연속 1위를 차지하기도 하고, POP 부분에서 최고의 권위를 가진 '그래미 어워즈'에 3년 연속 후보로 지명되기도 하였다. 한편, 정부는 2018년 10월 24일 방탄소년단 멤버 7명에게 '한류·한글 확산 공로'로 화관문화훈장을 각 수여[83]하였다.

그런데 방탄소년단 멤버 중 가장 맏이인 진(본명: 김석진)은 1992년 생으로, 2020년 기준 만 28세의 현역 입영 대상이었다. 이에 전 세계적으로 K-POP을 알리고 국위선양을 한 방탄소년단 멤버들에게 병역 특례를 부여하여야 한다는 여론이 형성되었다.

---

[83] 「상훈법」 제2조는 '대한민국 훈장은 대한민국 국민이나 우방국 국민으로서 대한민국에 뚜렷한 공적을 세운 사람에게 수여한다.'라고 규정한다. 훈장을 받은 사람 입장에서는 '수훈한다'라고 표현하기도 한다.

2. 사건의 경과

방탄소년단에 관한 병역법 개정안 논의는 크게 두 단계로 진행되었다. 1단계는 '입영연기'이고, 2단계는 '예술·체육요원 편입'이었다. 통상 병역특례라 함은 2단계의 예술·체육요원 편입을 의미한다. 구체적으로 각 단계를 살펴보면 다음과 같다.

1단계에서, 국회는 2020년 12월 1일 제382회 제13차 국회에서 병역법 제60조 제2항 제3호 중 '체육분야 우수자'를 '체육·대중문화예술 분야 우수자'로 확대하는 취지의 개정안을 가결하였다. 위 병역법 개정안은 2020년 12월 22일 공포·시행되었다. 위 법을 근거로, 문화체육관광부 장관은 방탄소년단 멤버들이 문화 훈·포장 수훈자 중 특별히 국위선양에 공이 있는 자에 해당한다고 추천하였으며, 각 멤버들의 입영은 만 30세까지 연기되었다(이를 편의상 '1차 병역법 개정'이라고도 한다).

1차 병역법 개정과 관련하여, 병역법 개정이 완료된 후에도 다음과 같은 병역법 일부개정안이 발의되기도 하였다.

발의자 (의안번호)	발의일	주요내용
임오경의원 대표발의 (11539)	2021. 7. 16.	제60조 제5항을 신설하여 문화 훈·포장 **수훈자 외에도 대중문화예술인들이** 입영 연기를 받을 수 있도록 함.

2단계 과정에서, 국회는 2021년 6월경 입영 연기를 넘어, 대중문화예술 분야 공로자를 '체육·예술요원'으로 편입시켜 기초군사훈련 및 봉사

활동만 이수하도록 하자는 취지의 병역법 일부개정안을 다수 발의하였다 (이를 편의상 '2차 병역법 개정'이라고도 한다).

발의자 (의안번호)	발의일	주요내용
윤상현의원 대표발의 (11097)	2021. 6. 25.	제33조의7을 개정하여 대중예술인 또한 예술·체육요원으로 편입할 수 있도록 함.
성일종의원 대표발의 (12162)	2021. 8. 23.	
안민석의원 대표발의 (12886)	2021. 10. 19.	제33조의7을 개정하여 대중예술인 및 훈장을 받은 사람을 예술·체육요원으로 편입할 수 있도록 함.

한편, 2022년에도 병역법 일부개정안이 새롭게 발의되었는데, 그 내용은 다음과 같다.

발의자 (의안번호)	발의일	주요내용
이용호의원 대표발의 (17114)	2022. 8. 31.	제61조 제1항 단서를 개정하여 체육·대중문화예술 분야 우수자의 입영 의무이행을 최대 33세까지로 연장함.
김영배의원 대표발의 (17413)	2022. 9. 19.	제33조의7을 개정하여 대중예술인 및 훈장을 받은 사람을 예술·체육요원으로 편입할 수 있도록 함. (위 안민석의원 대표발의안과 동일)

1차 병역법 개정이 비교적 원만하게 이루어진 것과 달리, 2차 병역법 개정은 정치적·사회적으로 논란이 되었다. 특히 국방부와 병무청은 형평이나 공정을 고려하면 병역법 개정에는 신중을 기해야 한다는 입장이었다. 이종섭 국방부장관은 2022년 8월 31일 국회 국방위원회 전체 회의에서 국회의원들의 질의에 대해 '여론 조사를 실시하여 이를 결정에 참고하겠다'라는 답변을 하기도 하여 화제가 되었다. 위 각 법률안은 2022년 11월 기준 국방위원회에서 심사 중이어서, 2차 병역법 개정은 아직 진행

중인 상황이다.

2차 병역법 개정 과정 중, 방탄소년단 멤버들은 2022년 6월 15일경 당분간 단체활동을 중단하고 개인 활동을 하겠다는 입장을 표명하였으며, 기획사인 하이브는 2022년 10월 17일 방탄소년단 멤버들이 나이 순서대로 군에 입대할 예정이며, 입영 연기 취소를 신청할 예정이라는 점을 밝혔다. 결국 방탄소년단 멤버 진은 만 30세 생일이 지난 2022년 12월 13일 경기 연천 모 사단에 입대하였다. 이어 제이홉도 2023년 6월 18일 강원도 원주 모 사단에 입대하였다.

3. 해설

가. 입영연기

위 법률안들의 각 국방위원회 검토보고서에는 현재 체육·예술분야 우수자로서 입영 연기를 받은 사람들에 대한 통계자료가 포함되어 있다. 이를 살펴보면 다음과 같다.

◐ 입영연기 연령 상한 등

구 분			입영연기 가능 연령 상한
학 교	고등학교		28세
	전문대학 및 전공대학	2년제	22세
		3년제	23세
		학위심화과정	24세
	대 학	4년제	24세
		5년제	25세
		6년제	26세
		의학과, 치의학과, 한의학과, 수의학과, 약학과	27세
	석사과정	2년제	26세
		2년 초과 과정, 법학전문대학원	27세
		의학과, 치의학과, 한의학과, 수의학과, 약학과	28세
		의학 치의학 전문대학원	28세
	박사과정		28세
연수기관	사법연수원		26세
체육 분야 우수자	1. 경기단체에 선수로 등록된 사람으로서 대한체육회장이 추천한 국가대표선수 2. 국민체육진흥법 시행령 제2조제2호에 따른 우수선수 중 국내 전국대회에서 한국신기록을 수립한 선수 또는 국위선양에 현저한 공이 있는 선수로서 문화체육관광부장관이 추천한 사람		27세
대중문화 예술 분야 우수자	－「대중문화예술산업발전법」제2조제3호의 대중문화예술인 중 「상훈법」제17조의3의 문화훈장 또는 같은 법 제19조제10호의 문화포장을 받은 사람으로서 문화체육관광부장관이 국위선양에 현저한 공이 있다고 인정하여 추천한 사람		30세

● 체육·대중문화예술 분야 우수자 입영연기 현황

구 분	'22.8월	'21년	'20년	'19년	'18년	'17년	'16년	'15년	'14년
체육	44	7	4	2	5	4	7	2	3	10
대중문화예술	7		7						
계	51	7	11	2	5	4	7	2	3	10

(이상 2022년 11월 제400회 국회 제4차 국방위원회의 검토보고서 자료 참조)

바로 위 도표에서 2022년 8월 기준 입영연기를 받은 '대중문화예술 분야 우수자' 7인은 모두 방탄소년단 멤버였다.

이상에서 살펴본 입영연기는 병역법 제60조 제2항 및 병역법 시행령 제124조 내지 제124조의3 각항에 따라 '현역병 징집 대상이기는 하나, 병무청장이 징집이나 소집을 연기하는 것'을 의미한다. 앞으로 방탄소년단과 같이 20대에 문화훈장을 받고, 입영 연기 대상자가 될 수 있는 연예인이 또 다시 등장할 수 있을지는 지켜보아야 하겠으나, 방탄소년단이 세운 기록이 워낙 뛰어나므로 이를 넘어서는 '대중문화예술 분야 우수자'가 단기간 내에 배출되기는 쉽지 않을 것으로 예상된다. 국회에서도 이러한 점에 초점을 맞추어, 방탄소년단이 물꼬를 튼 병역법 개정안에 대한 여론에 힘입어 혜택을 받는 대상을 대중문화예술분야 전반으로 확대하기 위해 입영연기 요건을 완화하려는 개정안을 발의하였다.

① 입영 연기 상한

먼저 일부 개정안에서는 '대중문화예술 분야 우수자'의 입영연기 가능일을 '30세'로 정하고 있다. 대중문화예술분야의 입영 연기 상한인 30세는 박사과정 입영연기 가능일인 28세 등과 비교할 때 좀 더 긴 기간을 더 연기할 수 있도록 하였다.

한편, 입영 등의 연기제도와 구분되는 것이 '입영 의무이행일 연기제도'이다. 위 이용호의원 대표발의안에서는 입영 의무이행일 연기제도를 통해 33세까지 입영 기간을 연기하여 줄 수 있도록 하였다.

② '대중문화예술 분야 우수자'의 선정기준

앞서 살펴본 1차 병역법 개정이 비교적 논란 없이 이루어진 이유는, 입영연기 대상은 '대중문화예술인이자 문화 훈·포장 수훈자 중 문화체육부장관이 국위선양에 현저한 공이 있다고 인정하여 입영 의무이행을 연기하여 줄 것을 추천한 자'(병역법 시행령 제124조의3 제1항 제3호)로, 그 조건을 충족하는 것이 매우 까다로웠기 때문이다. 만약 대상을 수훈자를 넘어 일반적으로 문화예술인들로 확대하는 경우에는 구체적인 별도의 기준을 마련할 필요가 있을 것으로 보인다.

나. 병역 특례 부여

연예인을 종국적으로 '체육·예술요원'으로 편입시키기 위해서는 아직 넘어야 할 산이 많은 것으로 보인다.

대한민국 남성이 부담하는 병역의무는 민감한 문제이다 보니 국민들이 수긍할 수 있도록 사회적 합의점을 찾아야 할 것이다. 또한, 병역 특례를 부여한다고 하더라도, 그 선정기준을 마련하는데 고심이 필요하다.

앞으로 국회에서 많은 토의를 통해 모처럼 꽃을 피우고 있는 대중문화산업 발전에 기여하면서도 대중들이 지지할 수 있는 결론을 도출할 수 있기를 기대해 본다.

> Case 2-1 연예인의 병역 이슈가 행정 소송으로 이어진 사례

1. 사실관계

Y는 1997년 솔로 댄스가수로 데뷔한 이후 발매하는 앨범마다 수십만 장의 판매량을 기록하는 등 대중의 큰 관심과 사랑을 받은 당대 톱스타로, 당시 가족과 함께 미국으로 이주하여 취득(1989년 무렵)했던 미국 영주권을 가지고 있는 상태에서 국내활동을 하고 있었다.

구 병역법(2004. 12. 31. 법률 제7272호로 개정되기 전의 것)은 지방병무청장이 국외에서 가족과 같이 영주권(永住權)을 얻은 사람에 대하여 원(願)에 의하여 징병검사를 하지 아니하고 병역을 면제할 수 있다고 규정하면서도(제64조 제1항 제2호), 대상자가 국내에서 영주할 목적으로 귀국하는 등 대통령령이 정하는 사유에 해당하는 경우에는 면제 처분

을 취소하고 병역의무를 부과할 수 있다고 정하고 있었다(제65조 제4항). 한편, 병역법 시행령은 2001년 3월 27일 일부 개정을 통해 '국내취업 등 병무청장이 고시하는 영리활동을 하는 사람'에 대해 위 법 제65조 제4항에 근거하여 병역면제 처분을 취소하고 병역의무를 부과할 수 있도록 정하는 근거 규정을 신설하였고, 이로써 미국 영주권자로서 국내에서 가수 활동을 하던 Y가 병역 의무 이행의 대상이 되자 미디어와 대중은 그의 군입대 여부에 관심을 가졌다.

Y는 2002년 1월 초경 서울지방병무청장으로부터 여행 목적을 공연, 여행기간은 2002년 1월 12일부터 같은 해 2월 5일까지, 여행목적지를 일본, 미국으로 한 국외여행 허가를 받아 출국하였는데, 일본 콘서트 후 미국으로 넘어간 2002년 1월 18일 선서식에 참석[84]하여 미국 시민권을 취득하고 같은 달 23일 주로스엔젤레스총영사관 총영사에게 대한민국 국적상실신고서를 제출하였다. 이어서 그는 같은 달 24일 위 총영사에게 여행목적을 공연, 음반출판으로 하여 재외동포(F-4) 사증 발급을 신청하였고, 병무청장은 법무부장관에게 같은 달 25일 Y에 대한 입국제한을, 같은 달 28일에는 입국금지를 요청하였으며, 법무부장관은 2002년 2월 1일 출입국관리법 제11조 제1항 제3호 및 제4호, 제8호를 적용하여 Y의 입국을 금지하는 결정(이하 '입국금지결정'이라고 한다)을 하였다. 법무부장관의 위 결정은 내부전산망인 '출입국관리정보시스템'에 입력되었으나, Y에게는 별도 통보되지 않았다.

---

84) 당시 외국인 영주권자의 시민권 취득절차 및 요건에 관한 내용을 담은 미국의 "U.S code Title 8" 규정 중 '이민국적법'(Immigration and Nationality Act of 1952, 약칭 INA) 제1448조(INA 제337조)는 시민권 취득의 마지막 절차로 공개의식에서의 '포기 및 충성의 선서'를 정하고 있었다.

위 사실이 알려지자, 그가 병역 기피를 목적으로 미국 시민권을 취득한 것이라는 등 비판 여론이 일어났고, 광고주의 광고 보류, 방송국의 MC 선정 취소 등 후속 조치가 쏟아지면서 국내에서의 연예활동이 사실상 어렵게 되었다. 시간이 지난 후, Y는 구 재외동포의 출입국과 법적 지위에 관한 법률(약칭 '재외동포법', 2017. 10. 31. 법률 제14973호로 개정되기 전의 것)상 재외동포(F-4) 사증을 신청할 수 있는 38세 이상이 되자 2015년 8월경 주로스엔젤레스총영사관 총영사에게 재외동포(F-4) 사증 발급을 신청하였지만, 영사관 소속 직원은 2015년 9월 2일 그의 부친에게 유선으로 "Y가 입국규제대상자에 해당하여 사증발급이 불허되었다. 자세한 이유는 법무부에 문의하기 바란다"고 통보한 후 Y에게 여권과 사증발급 신청서를 반환(이하 '1차 사증발급 거부'라고 한다)하였다. 이에 Y는 2015년 말 주로스엔젤레스총영사를 상대로 서울행정법원에 1차 사증발급 거부를 취소해달라는 취지의 소송을 제기하였다.

2. 사건의 경과

1차 사증발급 거부처분 취소소송의 1심, 2심 재판부는 주로스엔젤레스총영사의 위 사증발급 거부에 문제가 없다고 보아 Y의 청구를 기각하였다(서울행정법원 2016. 9. 30. 선고 2015구합77189 판결, 서울고등법원 2017. 2. 23. 선고 2016누68825 판결). Y는 이에 불복하여 상고했고, 대법원이 원심을 파기하며 사건을 서울고등법원에 돌려보내면서 상황은 반전을 맞이했다(대법원 2019. 7. 11. 선고 2017두38874 판결 참조). 대법원의 파기환송판결은 "상급법원 재판에서의 판단은 해당 사건에 관하여 하급심을 기속한다."는 법원조직법 제8조가 나타내듯이 사건을 다시 이송 받은 하급심을 구속하기 때문에, 서울고등법원은 2019년 11월 15일 Y의 청구를 인용하였고[85], 해당 판단은 대법원에서 확정되었다(서울고등법원 2019. 11. 15. 선고 2019누49993 판결, 대법원 2020. 3. 12. 선고 2019두61090 판결 각 참조).

그 후 주로스엔젤레스총영사는 선행취소판결의 취지에 따라 Y에 대한 재처분을 검토하였고, 2020년 7월 2일 또다시 발급 신청을 거부하는 처분(이하 '2차 사증발급 거부'라 한다)을 했다. 그러자 Y는 2차 사증발급 거부처분이 선행취소판결의 기속력에 위반되는 등 위법하다고 주장하며 위 처분의 취소를 구하는 소를 2022년 초경 서울행정법원에 제기하였고, 담당재판부는 2022년 4월 28일 Y의 청구를 기각하였다(서울행정법원 2022. 4. 28. 선고 2020구합80547 판결 참조).

Y는 즉각 항소하였고, 항소심을 담당한 서울고등법원 제9-3행정부에서는 2023년 7월 13일 Y의 항소를 받아들여 제1심 판결을 취소하고, 2차 사증발급 거부를 취소하였다(서울고등법원 2023. 7. 13. 선고 2022누44806 판결 참조). 주로스엔젤레스총영사는 2023년 8월 2일 위 항소심 판결에 불복하여 상고장을 제출하였고, 이로써 해당 사건은 대법원의 최종 판단을 받게 되었다. 이 사건은 소송 당사자들뿐만 아니라 법무부, 병

---

85) 주문은 다음과 같다.
  1. 제1심판결을 취소한다.
  2. 피고가 2015. 9. 2. 원고에 대하여 한 사증발급거부처분을 취소한다.
  3. 소송총비용은 피고가 부담한다.

무청 등 관계부처와 대중들이 꾸준한 관심을 보이고 있는 이슈인 만큼, 대법원의 최종 판단에 귀추가 주목된다.

3. 해설

Y(이하 편의상 '원고'라고 칭한다)의 한국 입국 가능 여부를 좌우하는 사증발급 이슈는 앞서 살펴본 것처럼 7번에 걸친 사법부의 판단을 받았고, 주로스엔젤레스총영사(이하 '피고'라고 칭한다)가 상고하면서 대법원의 8번째 판단을 두고 치열한 법정 공방을 계속하게 될 것으로 예상된다. 7년이 넘는 시간 동안 진행되어 온 양측의 다툼은 행정처분에 관한 법리적 이슈를 포함하고 있는데, 아래에서는 핵심 쟁점을 위주로 각 재판부의 판단을 살펴보고자 한다. 단, 1차 사증발급 거부처분 취소소송은 대법원에서 원심 판결을 파기하였으므로 대법원의 판단만 살펴보기로 한다.

가. 1차 사증발급 거부 관련 제3심 판결 - 대법원 2019. 7. 11. 선고 2017두38874 판결

대법원은 해당 사건의 주요 쟁점을 ① 법무부장관의 입국금지결정이 처분에 해당하여 공정력과 불가쟁력이 인정되는지 여부와 ② 피고가 다른 사정을 전혀 고려하지 않은 채 오로지 13년 7개월 전에 입국금지결정이 있었다는 이유만으로 1차 사증발급 거부처분을 한 것을 적법하다고 볼 수 있는지로 압축하면서, 원심 재판부와 여러 대목에서 상반되는 판단을 하였다.

먼저, 법무부장관의 2002년 2월 1일자 '입국금지결정'을 항고소송의 대상이 되는 '처분'에 해당되지 않는다고 보았다(위 주요 쟁점 ① 관련). '입국금지결정'의 처분성을 부정한 대법원은, 해당 결정을 "법무부장관이 사증발급권한을 위임받은 재외공관장 또는 출입국항에서 외국인에 대한 입국심사 업무를 수행하는 출입국관리공무원(이하 '재외공관장 등'이라 한다)에 대하여 '원고가 출입국관리법 제11조 제1항 각호에서 정한 입국금지대상자에 해당하므로 대한민국 입국을 위한 사증발급이나 입국허가결정을 하지 말라.'는 지시를 한 것", 즉 행정규칙이라고 판단하면서, 피고가 그 결정을 그대로 따랐다고 해서 적법성이 보장되는 것이 아니므로, 적법 여부는 헌법과 법률, 대외적으로 구속력 있는 법령의 규정과 입법목적, 비례·평등원칙과 같은 법의 일반원칙에 적합한지 여부에 따라 판단해야 했음에도 원심 재판부가 이 부분을 살펴보지 않은 것은 법리를 오해하여 필요한 심리를 다하지 않은 위법에 해당한다고 보았다(위 주요 쟁점 ② 관련).

뿐만 아니라, 대법원은 1차 사증발급 거부가 행정절차법 제24조 제1항을 위반한 것으로서 절차상 하자를 갖고 있고, 해당 처분은 하자가 중대·명백하여 무효라고 판단함으로써 행정절차법의 적용이 배제된다고 본 원심과 상반된 결론을 내렸다.

마지막으로, 대법원은 재외동포에 대한 사증발급은 행정청의 재량행위에 속한다고 확인하면서, 이 사건에서 피고가 자신에게 주어진 재량권을 전혀 행사하지 않고 오로지 13년 7개월 전에 법무부장관의 '입국금지결정'이 있었다는 이유만으로 (위 결정은 처분에 해당하지 않아 불가쟁력이 없음에도) 그에 구속되어 사증발급 거부처분을 한 것이 비례의 원칙에 반하는 것인지 판단했어야 함에도, 이를 살피지 않은 채 1차 사증발급 거부처분이 적법하다고 본 원심판단에는 법리를 오해한 잘못이 있다고 지적하며 사건을 원심법원에 파기 환송하였다.

사건을 돌려받은 서울고등법원은 대법원의 위 파기환송판결의 취지에 따라 원고 승소판결을 선고하였고, 피고가 상고하였으나 그 상고가 기각되면서 2022년 3월 12일 1차 사증발급 거부를 둘러싼 원피고 간의 다툼은 종지부를 찍게 되었다.

나. 2차 사증발급 거부 관련 제1심 판결 - 서울행정법원 2022. 4. 28. 선고 2020구합80547 판결

그러나, 앞서 살펴본 판결은 원고에 대한 사증발급 거부처분을 취소할 뿐 피고로 하여금 사증을 발급하도록 의무 지우는 것은 아니었기 때문에, 피고는 원고에게 사증을 발급할 것인지 원점에서 재검토하였다. 피고는 법무부의 검토의견 및 병무청과 외교부의 관계기관 의견수렴결과 등을 고려하여 재량심사를 거친 끝에 2020년 7월 2일 원고의 신청을 재차 거부하는 2차 사증발급 거부 처분을 하였고, 같은 달 6일경 원고에게 이를 서면으로 통지하였다. 해당 서면에 기재된 '처분사유 및 처분의 근거'의 개요는 다음과 같다.

> ☑☐ 기타(Others) - 사증발급거부 사유
>
> 당관에서 귀하의 재외동포 사증(F-4) 신청에 대하여 심사한 결과, 귀하가 2002년 병역의무를 이행하여야 할 시점에 국적을 변경함으로써 병역의무를 면탈한 사실이, 재외동포법 제5조 제2항 제2호가 규정하는 재외동포 체류자격 부여 제외사유인 '대한민국의 안전보장, 질서유지, 공공복리, 외교관계 등 대한민국의 이익을 해칠 우려가 있는 경우'에 해당한다고 판단하였습니다. 끝.
>
> [재외동포법]
> 제5조(재외동포체류자격의 부여) ① 법무부장관은 대한민국 안에서 활동하려는 외국국적동포에게 신청에 의하여 재외동포체류자격을 부여할 수 있다.
> ② 법무부장관은 외국국적동포에게 다음 각 호의 어느 하나에 해당하는 사유가 있으면 제1항에 따른 재외동포체류자격을 부여하지 아니한다. 다만, 법무부장관이 필요하다고 인정하는 경우에는 제1호에 해당하는 외국국적동포가 41세가 되는 해 1월 1일부터 부여할 수 있다.
> 1. 다음 각 목의 어느 하나에 해당하지 아니한 상태에서 대한민국 국적을 이탈하거나 상실하여 외국인이 된 남성의 경우
>   가. 현역·상근예비역·보충역 또는 대체역으로 복무를 마치거나 마친 것으로 보게 되는 경우
>   나. 전시근로역에 편입된 경우
>   다. 병역면제처분을 받은 경우
> 2. 대한민국의 안전보장, 질서유지, 공공복리, 외교관계 등 대한민국의 이익을 해칠 우려가 있는 경우

이에, 원고는 위 2차 사증발급 거부 처분의 취소를 구하는 소를 제기하였다.

2차 사증발급 거부 처분은 피고의 1차 사증발급 거부 처분을 취소한 대법원 판결이 확정된 후의 재처분에 해당하기 때문에, 해당 재판에서는 아래 각호가 주된 쟁점으로 다루어졌다.

1) 2차 사증발급 거부 처분이 환송판결의 기속력(민사소송법 제436조 제2항) 및 취소판결의 기속력(행정소송법 제30조)을 위반하고 파기환송판결의 취지에서 실질적으로 도출되는 피고의 재처분 의무를 불이행한 것인지
2) 피고가 적용한 처분의 근거법령 선택이 잘못되었거나 위법하고 해당 처분사유가 부존재하는지 여부

3) 피고의 재량권행사가 비례원칙, 평등원칙 등을 위반하여 위법한
   지 여부

(1) 기속력 위반 주장에 대한 판단 (쟁점 1)

원고는 대법원의 종전 파기환송판결은 '원고에게 재외동포(F-4) 사증을 발급하라'는 것이므로, 피고가 2차 사증발급 거부 처분을 한 것은 행정소송법상 취소 확정판결의 기속력을 위반하여 위법한 것이라고 주장하였다. 그러나 재판부는 아래와 같은 여러 사정들을 종합하여 원고의 주장을 받아들이지 않았다.

1) 1차 사증발급 거부처분 당시 피고는 행정절차법 제24조 제1항을 위반하여 문서에 의하여 처분의 통지를 하지 아니하였고, 원고의 부친에게 구두 상으로 거부의 취지만을 전했을 뿐이어서, 원고는 사증발급이 거부된 처분의 근거와 이유에 관하여 구체적으로 알지 못하는 등 처분의 무효 사유에 해당하는 중대하고 명백한 절차적 하자가 있었다.
2) 선행취소판결은 이러한 중대한 절차적 위법이 처분의 무효 사유에 해당한다는 취지, 그리고 피고가 재량권을 행사하지 아니하고 오로지 법무부의 입국금지조치에 따라 사증발급을 거부한 '재량권 불행사'가 위법하다는 취지에서 1차 사증발급 거부처분을 취소하였으며 해당 판결이 확정되었으므로, 위와 같은 위법성 판단에 기속력이 발생한다.

3) 취소사유가 행정처분의 절차, 방법의 위법으로 인한 것이라면 그 처분 행정청은 그 확정판결의 취지에 따라 그 위법사유를 보완하여 다시 종전의 신청에 대한 거부처분을 할 수 있고, 그러한 처분도 위 조항에 규정된 재처분에 해당하는 바, 이 사건 처분은 처분의 근거와 이유 등을 구체적으로 기재한 문서로 통지하여 그 절차적 흠을 보완하였다는 점에서 행정소송법 제30조 제3항의 재처분의 취지에 부합한다.

4) 앞서 본 취소 확정판결의 기속력에 관한 법리에 비추어 보건대, 피고가 법무부 등 관계기관에 의견요청을 하는 등으로 다시 적극적으로 재량권을 행사하여 이익형량을 하고 새롭게 사증발급 허가요건을 판단하여 이 사건 처분을 한 이상, 선행취소판결의 기속력에 따른 재처분 의무를 이행한 것으로 보이고, 이 사건 처분이 비례원칙 위반 등으로 재량권을 일탈·남용하였는지 여부는 별론으로, 종전처분을 취소한 확정판결의 기속력에 반하지 않는다고 할 것이다.

(2) 근거 법령의 위법 및 처분사유 관련 주장에 대한 판단 (쟁점 2)

해당 쟁점에서는 Y에 대한 재외동포(F-4) 사증 발급이 '대한민국의 안전보장, 질서유지, 공공복리, 외교관계 등 대한민국의 이익을 해칠 우려가 있는 경우'에 해당하여 그 거부 처분을 적법하다고 볼 수 있는지가 중점적으로 다루어졌는데, 재판부는 Y의 미국 시민권 취득 경과 등 일련의 사실관계를 재차 되짚으면서 "원고(Y)는 '2002년 병역의무를 이행하여야 할 시점에 국적을 변경함으로써 병역의무를 면탈한 사실'이 인정되고, 그로써 Y에 대한 재외동포(F-4) 사증발급은 '대한민국의 안전보장, 질서유지, 공공복리, 외교관계 등 대한민국의 이익을 해칠 우려가 있는 경우'에 해당한다고 봄이 타당하다. 따라서 이 부분 처분사유가 인정되므로 피고의 주장은 이유 있고, 원고의 이 부분 주장은 이유 없다."고 판단하였다.

(3) 재량권 행사 관련 주장에 대한 판단 (쟁점 3)

해당 쟁점에서는 과연 피고의 2차 사증발급 거부 처분이 앞선 대법원의 판결이 지적한, 행정청이 재량 범위 내에서 적절한 이익형량 절차를 거친 적법한 것인지 여부가 검토되었다. 이에 대해, 재판부는 피고가 2차 사증발급 거부처분에 앞서 파기환송판결의 취지에 따라 관계부처(법무부, 외교부, 병무청) 협의, 의견검토 등을 통해 재량 심사에 필요한 여러 사정들을 충분히 논의한 것으로 보이는 점, 관계부처의 의견이 입국금지결정 유지였던 점 등을 인정하며 비례의 원칙 위반이 존재하지 않는다고 판단하였고, 달리 위 처분이 본질적으로 같은 것을 자의적으로 다르게 취급한 것으로 볼 수 없기 때문에 평등원칙도 위반하지 않았다고 보아 원고의 주장을 전부 배척하였다.

다. 2차 사증발급 거부 관련 제2심 판결 - 서울고등법원 2023. 7. 13. 선고 2022누44806 판결

그러나 항소심 재판부의 판단은 제1심과 달랐다. 해당 재판부는 위 쟁

점 2 "근거 법령의 위법 및 처분사유 관련 주장"에 주목하였고, 피고의 처분은 위법하므로 취소되어야 한다는 판결을 선고하였다.

먼저, 항소심 법원은 피고가 2차 사증발급 거부 처분을 하면서 2017년 10월 31일 법률 제14973호로 개정된 현행 재외동포법 제5조 제2항 제2호(신법규정)를 적용한 것이 잘못되었다고 지적하였다. 구 재외동포법(2017. 10. 31. 법률 제14973호로 개정되기 전의 것) 부칙 제2, 3조에서 경과규정(개정 법률 시행 전에 재외동포체류자격을 신청한 경우 구법 규정에 의하라는 등의 취지 규정)을 두고 있는 이상 2015년 8월 27일 재외동포(F-4) 사증을 신청한 Y에게는 현행 재외동포법을 적용할 수 없고, 구 재외동포법을 적용하였어야 함을 지적한 것이다.

이어서 법원은 구 재외동포법 제5조 제2항 제2호(병역규정)와 제3호(일반규정)의 관계를 법령의 문언, 체계와 2005년 당시의 입법 자료 등을 토대로 분석하면서, "병역기피 목적으로 외국국적을 후천적으로 취득하여 대한민국 국적을 상실한 사람에 대해서는 원칙적으로 체류자격을 부여해서는 안 되지만, 그가 38세가 넘었다면 처분 당시에 구법 일반규정이 정하는 사유 즉 '대한민국의 안전보장, 질서유지, 공공복리, 외교관계 등 대한민국의 이익을 해칠 우려'가 있다는 '다른 특별한 사정이 없는 한' 체류자격을 부여해야 한다는 취지로 새김이 타당하다"는 결론을 도출하였고, "이러한 법령의 체계 하에서 신청 당시 38세가 넘었던 Y의 이 사건 신청에 대해 피고가 구법 병역규정(제2호)이 아닌 구법 일반규정을 들어 사증발급을 거부하려면, 이 사건 처분일 기준으로 구법 병역규정이 예정·포섭하는 행위의 범위를 벗어난 별도의 행위 또는 상황이 있어야 한다"고 판단하였다.

> **[구 재외동포법(2017. 10. 31. 법률 제14973호로 개정되기 전의 것)]**
>
> 제5조(재외동포체류자격의 부여)
> ② 법무부장관은 외국국적동포에게 다음 각 호의 어느 하나에 해당하는 사유가 있으면 제1항에 따른 재외동포체류자격을 부여하지 아니한다. 다만, 제1호나 제2호에 해당하는 외국국적동포가 38세가 된 때에는 그러하지 아니하다.
> 2. 대한민국 남자가 병역을 기피할 목적으로 외국국적을 취득하고 대한민국 국적을 상실하여 외국인이 된 경우
> 3. 대한민국의 안전보장, 질서유지, 공공복리, 외교관계 등 대한민국의 이익을 해칠 우려가 있는 경우

이러한 법령 해석을 전제한 후, 재판부는 2차 사증발급 거부 처분서에 적힌 거부 사유가 Y의 2002년 병역의무 면탈인 점에서 구법 병역규정(제2호)이 정하는 사유에 정면으로 해당하는데, 이미 Y는 신청 당시 38세를 넘어 병역규정에 근거한 거부 처분이 불가하고, 일반규정이 적용되려면 위 병역의무 면탈과 구분되는 별도의 행위 내지 상황이 있어야 하는데 관련 언급이 위 처분서에서 찾을 수 없기 때문에, 결론적으로 2차 사증발급 거부처분은 근거 법령(구법 일반규정)에 해당하는 사정을 찾을 수

없는 이상 위법하여 취소되어야 한다고 판단하였다.

> **Case 3-1** 연예인의 병역 이슈가 형사 사건으로 이어진 사례

1. 사실관계

가수 M은 2000년대 다수의 히트곡으로 2005년 KBS 가요대상 올해의 가수상, SBS 가요대전 본상을 수상하는 등 왕성하게 활동한 래퍼 겸 싱어송라이터, 음악 프로듀서이다. 그는 KBS 대표예능에도 고정 멤버로 참여하며 예능인으로서도 정상의 위치에 올랐으나, 2010년경 병역을 기피하기 위해 고의로 치아를 발치했다는 의혹이 제기되면서 연예활동에 큰 위기를 맞이하였다.

2. 사건의 경과

M의 병역 문제에 대한 의혹은, 온라인을 중심으로 1979년생인 그가 2010년까지 병역의무 이행에 관한 특별한 언급 없이 활발한 연예활동을 하고 있던 상황을 의아해 하며 시작되었다. 그 과정에서 그가 치아를 발치해서 면제 판정을 받았다는 식의 의혹 제기가 확산되었고, 전성기를 구가하고 있던 연예인의 병역 이슈는 언론을 통해 더욱 깊게 다루어지기 시작하였다. M의 기획사는 "치아 때문에 면제를 받은 것은 맞지만 병역면제처분 과정에 의사의 불법치료행위는 없었으며, 정당한 사유로 병역 면

제를 받았다"고 입장을 밝혔지만, 논란은 계속되었다.

그 무렵 서울지방경찰청 경제범죄수사대가 M의 병역기피 혐의에 대한 내사를 진행하고 있는 사실이 언론에 보도되었고, 경찰과 검찰의 수사 끝에 서울중앙지방검찰청 형사3부는 2010년 10월경 M을 병역법 위반 및 위계에 의한 공무집행방해 혐의로 불구속 기소하였다. 당시 검찰은 일반시민 9인으로 구성된 검찰시민위원회의 의견을 받았는데, 만장일치로 기소 의결이 도출된 사실이 언론을 통해 공개되면서 화제가 되기도 하였다.

그렇게 M의 병역기피 의혹을 둘러싼 사건은 법원의 판단을 받게 되었는데, 공소사실은 (1) 2004년 8월부터 2006년 12월까지 서울 강남구 소재 치과에서 정상치아 4개를 뽑고 치아 저작 기능 점수 미달로 5급 판정을 받아 병역을 기피한 병역법 위반 혐의, (2) 2004년 3월 산업디자인학원 직원에게 250만원을 주고 허위 재원증명서를 발급받아 3개월간 입영을 연기하는 등 공무원 시험, 해외 출국 등을 이유로 총 422일간 입영을 미룬 위계에 의한 공무집행방해 혐의였던 것으로 파악된다.

「병역법」

제86조(도망·신체손상 등)

병역의무를 기피하거나 감면받을 목적으로 도망가거나 행방을 감춘 경우 또는 신체를 손상하거나 속임수를 쓴 사람은 1년 이상 5년 이하의 징역에 처한다.

> 「형법」
> 제137조(위계에 의한 공무집행방해)
> 위계로써 공무원의 직무집행을 방해한 자는 5년 이하의 징역 또는 1천만원 이하의 벌금에 처한다.

재판에서 M은 "입영 연기에 대해서는 일부 인정한다. 하지만 병역을 기피할 목적으로 단 한 번도 치사하게 거짓말한 적은 없다"고 고의 발치 혐의를 부인하였다. 검찰은 징역 2년을 구형하였고, 1심 재판부는 M에게 병역법 위반 혐의는 무죄, 위계에 의한 공무집행방해 혐의만 유죄를 선고하면서 징역 6월에 집행유예 1년, 사회봉사 120시간을 선고하였다. 검찰과 M이 모두 항소하면서 2심 재판부의 판단을 받게 되었으나, 2심 재판부 역시 양측 항소를 기각하면서 원심의 판단이 유지되었다. 이에 M은 상고를 포기하였으나, 검찰이 불복하여 대법원의 판단을 받게 되었고, 대법원이 상고를 기각하면서 결과적으로 M의 병역기피를 둘러싼 형사상 이슈는 고의 발치 부분(병역법 위반)은 무죄, 그 밖의 입영 연기 부분(위계에 의한 공무집행방해)은 유죄로 일단락되었다.

3. 해설

병역법 제86조는 '병역의무를 기피하거나 감면받을 목적'을 구성요건으로 정하고 있는바, 병역법 위반 혐의에서 핵심은 (1) M의 발치 목적이 오로지 병역의무를 기피하기 위함이었는지 여부, (2) 발치가 신체를 손상하는 행위에 해당되는지 여부였던 것으로 추정된다. 이에 대해 재판부는 'M이 전반적으로 치아상태가 좋지 않았음에도 추가 치료를 미루고 임플란트 시술을 받지 않은 점 등은 유죄 의심이 드는 부분이기도 하지만, 합리적으로 의심하지 않을 정도로 공소사실이 증명됐다고 보기 어렵다'는 취지를 밝히며 "병역면제를 목적으로 일부러 치아를 뽑았다고 인정하기 어렵다"고 보아 위 (1)의 목적에 대한 입증 부족을 이유로 무죄를 선고했다. 즉, 발치의 목적이 치료일 수 있다는 합리적 의심을 지우기 어려운 이상 유죄를 선고하기 어렵다고 판단한 것이다.

당초 M의 병역 기피 의혹은 '고의 발치', 즉 병역 의무를 회피할 목적으로 멀쩡한 생니 4개를 발치했다는 것인 점에서 대법원이 무죄 판결을 확정한 이상 M의 위 의혹은 일정부분 해소되었다고 볼 여지가 있다. 한편, M은 2021년 4월 병역법 위반에 대해 1심에서 무죄 판결을 받은 후 군입대를 희망하는 뜻을 밝혔으나, 병무청이 법제처의 법령해석을 거쳐 M은 구 병역법상 입영의무 등의 감면 기준인 31세 이상인 점에서 자원입대가 불가능하고, 병역법 위반 혐의가 무죄인 이상 위 기준이 36세로 연기되는 경우에 해당되지도 않는다고 판단함에 따라 실제 군입대가 이루어지지는 않았다. 그러나, M은 병역 기피 의혹 이후로 한 동안 매스컴을 통해 볼 수 없게 되었고, 몇 년 전 복귀를 하였으나 예전처럼 활발하게 연예활동을 하고 있지는 않은 듯하다.

SW's comment (이것만은 알아두자)

◎ '예술·체육요원'은 어느 시점에 병역의무를 마친 것으로 보는가?
　⋯▸ 병역법상 '예술·체육요원'으로 편입된 자는 의무복무기간 2년 10개월이 적용되고 그 기간을 마치면 사회복무요원 복무를 마친 것으로 본다. 다만, 그 기간 내에 일정한 의무를 전부 마쳐야 한다. 〈예술·체육요원 복무규정〉에 따라 의무복무기간 동안 부과되는 의무는 (1) 직무교육(편입 후 연 1회, 제7조의2 근거), (2) 기초군사훈련(기간 중 1회, 3주), (3) 특기활용 공익복무(기간 내 544시간, 제11조 제1항)가 있다. 공익복무 시간을 의무복무기간 내에 못 채울 경우 의무복무기간이 1년 연장되고, 이 기간동안 국외여행 허가가 제한될 수 있기 때문에 주의가 요구된다. 다만, 국외에서 활동하는 요원의 경우, 544시간의 절반인 272시간은 해외에서의 봉사활동도 인정된다(예술·체육요원 복무규정 제16조).
　⋯▸ 영국 프리미어리그에서 활약하고 있는 황희찬 선수는 2022년 6월경 3주간의 기초군사훈련을 마친 바 있는데, 그 외 직무교육, 특기활용 공익복무 요건까지 의무복무기간 내에 완료하여야 비로소 병역의무를 해소하고 온전히 선수생활에 집중할 수 있게 될 것으로 예상된다.

◎ 병역의무를 이행한 후 연예계에 복귀하여 전성기를 구가하는 경우가 많다는 사실을 기억하자
　⋯▸ 연예인의 병역기피 문제는 전성기인 연예인들이 군 복무로 인해 필연적으로 연예활동에 공백이 생기기 때문에 발생하는 것으로

보인다. 그러나, 현재 군 복무를 하더라도 기획사 등을 통해 연예인은 꾸준히 팬들과 소통할 수 있고, 군 복무를 마친 후 복귀한 연예인들도 실제로 꾸준한 인기를 영위하는 경우가 많다. 병역의무를 면하거나 입영을 연기하기 위한 편법을 강구하는 것은 앞선 사례와 같이 병역법 위반으로 형사처벌을 받게 될 수 있고, 병역기피 의혹만으로도 연예계에서 퇴출되거나 퇴출 위기를 맞을 수도 있다. 이에 연예인으로서는 법률이 정한 바에 따라 병역의무를 다하고 연예계에 복귀하는 정도(定道)를 따르는 것이 가장 현명한 방법이 될 것이다.

유명연예인의 사생활과 언론보도

가 ▶ 뜨거운 감자 (Hot Issue)

2022년 7월 25일, 2010 밴쿠버 동계올림픽 피겨스케이팅 여자 싱글 금메달리스트 '피겨 여왕' 김연아와 크로스오버 그룹 포레스텔라(Forestella)의 멤버인 가수 고우림의 결혼을 전제로 한 열애 소식이 각종 언론사에서 보도되었다.

그러나 위 보도와 관련하여, 일각에선 당사자의 동의 없이 일방적으로 결혼 소식을 보도하는 것은 개인의 사생활을 과도하게 침해하는 것이라는 의견이 있었고, 다른 한편에서는 공직자 뿐만 아니라 연예인 혹은 스포츠 스타 등 유명인도 넓은 의미의 공인으로 볼 수 있기 때문에, 대중의 관심이 쏠리는 건 당연한 것이므로 이 정도 수준의 사생활 공개는 감수해야 한다는 의견을 제시하는 등 그 견해가 엇갈렸다.

많은 언론사들은 높은 조회수를 목적으로 대중의 호기심을 자극하는 정치인, 유명 연예인 혹은 스포츠 스타 등 공인에 관한 뉴스 기사를 앞다투어 쏟아내고 있다. 이러한 속보경쟁의 과정에서 제대로 된 사실확인도 거치지 않은 채 만연히 공인에 대한 잘못된 내용을 보도하는 경우가 심심치 않게 발생하고, 이로써 공인의 사생활이 과도하게 침해되거나 혹은 공인의 명예훼손 및 이미지 실추가 발생하는 경우들이 점차 많아지고 있는 추세이다.

이처럼 국민의 알 권리를 위해 공인의 사생활도 보도해야 한다는 입장과 공인의 사생활 보호를 위해 보도해서는 안 된다는 입장이 첨예하게 대립되는 가운데, 공인의 내밀한 사적 영역은 어디까지이며, 뉴스 기사의 공인에 대한 사생활 침해 및 명예훼손 여부를 판단하는 기준은 무엇인지에 대해 생각해 볼 필요가 있다.

나 ▶ 법적 쟁점 (Legal Issue)

1. 공인(公人)과 사인(私人)의 구분 기준
2. 언론의 자유와 사생활 비밀의 자유 충돌 시 위법성 판단 기준
3. 위법성 조각 사유의 요건
4. 언론에 의한 사생활 침해 시 취할 수 있는 법적 조치

다 ▶ 용어 해설

▶ 공인(公人)

공인이라는 용어는 다양한 의미로 사용되는데, 국립국어원은 '공인(公

人)을 '공적인 일에 종사하는 사람'으로, '공적(公的)'의 의미를 '국가나 사회에 관계되는 또는 그런 것'으로 규정하고 있다. 이처럼 전통적인 '공인'의 의미는 고위 공직자를 의미하나, 언론에 의한 사생활 침해가 문제되는 경우 '공인'이라 지칭하는 대상은 정치인, 기업인, 연예인, 스포츠 선수, 유튜버 같이 대중매체를 통해 널리 알려진 인물들을 가리킬 때가 많다.

▶ **이익 형량 또는 법익 형량**

'이익형량' 또는 '법익형량'이란 공익과 공익, 공익과 사익, 그리고 사익과 사익 사이에 충돌이 발생하는 경우, 충돌하는 권익들이 갖는 이익을 비교해서 보호 가치가 더 우위에 있는 권익을 우선하여 보호해주는 것을 의미하며, 여기서 '형량'이란 저울에 무엇인가를 올려 무게를 재는 것과 마찬가지로 비교, 평가하는 것을 뜻한다.

▶ **위법성 조각 사유**

'위법성 조각 사유'란 범죄의 구성요건에 해당하는 경우라도 일정한 사유가 있는 경우 그 위법성을 배제하여 범죄가 성립하지 않도록 하는 일련의 사유들을 일컫는데, 형법상 정당방위, 긴급피난, 자구행위, 피해자의 승낙, 정당행위 등이 있다.

한편, 공연히 사실을 적시하여 사람의 명예를 훼손한 행위가 형법 제310조에 따라서 위법성이 조각되어 처벌되지 않기 위하여는 적시된 사실이 객관적으로 볼 때 공공의 이익에 관한 것으로서 행위자도 공공의 이익을 위하여 그 사실을 적시한 것이어야 될 뿐만 아니라, 그 적시된 사실이 진실한 것이거나 적어도 행위자가 그 사실을 진실한 것으로 믿었고 또

그렇게 믿을 만한 상당한 이유가 있어야 한다(대법원 1994. 8. 26. 선고 94도237 판결 참조).

여기서 '공공의 이익에 관한 것'이라 함은 널리 국가·사회 기타 일반 다수인의 이익에 관한 것뿐만 아니라 특정한 사회집단이나 그 구성원 전체의 이익에 관한 것도 포함된다고 할 것인 바, 공공의 이익에 관한 것인지 여부는 적시된 사실 자체의 내용과 성질에 비추어 객관적으로 판단하여야 할 것이고, 사실을 적시한 행위자의 **주요한 목적이 공공의 이익을 위한 것이면 부수적으로 다른 목적이 있었다고 하더라도** 형법 제310조의 적용을 배제할 수 없다(대법원 1993. 6. 22. 선고 93도1035 판결 참조).

라 기본 법리

- **공인의 개념 및 범주**

언론·출판의 자유와 명예보호 사이의 한계를 설정함에 있어서는, 당해 표현으로 명예를 훼손당하게 되는 피해자가 공적인 존재인지 사적인 존재인지, 그 표현이 공적인 관심사안에 관한 것인지 순수한 사적인 영역에 속하는 사안에 관한 것인지 등에 따라 그 심사기준에 차이를 두어야 한다(대법원 2003. 7. 8. 선고 2002다64384 판결).

이처럼 공인과 사인을 구별하는 기준은 언론보도의 사생활 침해 및 명예훼손 성립 여부를 검토함에 있어 가장 기본이 되는 문제이다.

공직자윤리법 제3조 제1항은 재산 등록 의무자로 대통령, 지방자치단체의 장, 4급 이상의 일반직 국가공무원 등을 규정하고 있으며, 공직자 등의 병역사항 신고 및 공개에 관한 법률(이하 '병역공개법') 제2조 역시 병역 사항 신고의무자를 규정하고 있는데, 이처럼 공직자윤리법 및 병역공개법에서 정하고 있는 공직자가 전통적인 고위공직자, 즉 공인의 범위에 속한다고 볼 수 있다.

한편, 대법원은 "명예훼손적 표현으로 인한 피해자가 공무원 내지 공적 인물과 같은 공인(公人)인지 아니면 사인(私人)에 불과한지에 따라 형법 제310조 공공의 이익에 관한 것인지 여부를 달리 판단해야 한다"고 판시하고 있는데, 경우에 따라 공인 또는 공적 인물은 사인과 대비되는 개념으로, 단순히 공직자라는 의미를 넘어 사회적 영향력 있는 유명인을 지칭한다고 볼 수 있다.

이와 관련하여, 법원은 구체적 사실관계에 따라 고위 공무원, 정치인, 유명 연예인 등에 관한 공인의 인정 기준을 달리하였는데, 서울지방법원은 이휘소 박사에 관한 판결에서 "이휘소는 뛰어난 물리학자로서 우리 나라 국민들에게 많은 귀감이 될 수 있는 사람으로서 **공적 인물**이 되었다고 할 것인데, 이러한 경우 이휘소와 유족들은 그들의 생활상이 공표되는 것을 어느 정도 수인(受忍)하여야 할 것이므로, 이휘소나 유족들의 인격권 또는 프라이버시가 침해되었다고 볼 수도 없다(서울지방법원 1995. 6. 23. 선고 94카합9230 판결)."고 하였으며, 재벌 그룹 회장(서울지방법원 1995. 9. 27. 선고 95카합3438 결정), 재벌 그룹 부회장(대법원 2013. 6. 27. 선고 2012다31628 판결), 신문사 대표이사(서울중앙지방법원 2012. 1. 18. 선고 2009가합55322 판결), 유명 인기 연예인(서울지방법원 2001. 12. 19. 2001가합8399 판결) 등의 경우에도 '공인'에 해당한다고 판단하였다.

이처럼 명예훼손 소송에 있어서 공인이냐 사인이냐에 따라 권리보호의 범위가 달라질 수 있기 때문에 공인 개념의 정의는 매우 중요하나, 아직까지 판례들은 '공적 존재' 또는 '공인'에 대한 명확한 정의를 내리기 보다는, 사안에 따라 개별적으로 공인에 해당하는지 여부를 판단하고 있을 뿐이다.

- 공인의 가족 등 주변 인물을 공인으로 볼 수 있는지 여부

공인의 결혼이나 연애, 개인의 가정사, 송사 등이 개인의 내밀한 영역에 해당한다면, 이에 관한 보도는 사생활 침해나 명예훼손 등에 해당하여 민형사상 책임을 부담해야 할 수 있다. 더 나아가 공인의 가족 또는 지인 등 주변 인물들까지 공인과 마찬가지 잣대로 어느 정도 사생활 침해 등을 감수하여야 하는 것인지에 대해서는 의문이 들 수 있다.

이와 관련하여, 서울중앙지방법원은 한 유명 남자 가수의 결혼 예정 보도와 관련해 "이 사건 기사의 경우, 결혼 적령기에 있는 유명 인기 연예인인 원고의 결혼 예정 사실을 보도하고 있어 그 내용이 일반인들로서 관심을 가질만한 것이고, 한편 이 사건 기사가 그 외에 위 원고의 다른 내밀한 영역에 관한 사항이나 일반에 노출되어서는 안 될 사적인 비밀에 관한

사항 등을 적시하고 있지는 않다"고 보아 **유명 연예인의 결혼예정일은 공중의 정당한 관심사에 해당한다**고 보았다(서울중앙지방법원 2001. 12. 19. 선고 2001가합8399 판결).

반면, 유명 재벌 그룹 후계자의 재혼과 관련된 뉴스 보도에 대하여 "피고들은 원고들의 동의 없이 **원고들의 사생활 영역에 속하는 양가 상견례, 데이트 장면 등을 상세히 묘사하고, 원고들을 무단으로 촬영한 사진을 함께 실은 이 사건 보도를 함으로써 원고들의 사생활의 비밀과 자유를 침해**하였고, 또 원고 2의 동의 없이 그녀의 얼굴을 무단으로 촬영하고 그 사진을 게재하여 이 사건 보도를 함으로써 그 초상권을 침해하였으므로, 특별한 사정이 없는 한 피고들은 공동불법행위자로서 원고들이 입은 정신적 손해를 배상할 의무가 있다(대법원 2013. 6. 27. 선고 2012다31628 판결)"고 판단한 사례도 있다.

관련 사례에서 자세히 살펴보는 바와 같이, 대체로 법원은 공인의 가족 등 주변 인물의 경우, 공인과는 달리 비교적 사생활의 비밀을 넓게 보호하여야 한다는 입장이다.

- **공적인 관심 사안과 사적인 영역에 속하는 사안의 심사기준 차이**

공적 인물의 공적 활동에 관한 명예훼손적 표현이 문제된 경우 형법상 명예훼손죄 규정의 해석기준과 관련하여, 헌법재판소는 "공적 인물과 사인, 공적인 관심 사안과 사적인 영역에 속하는 사안 간에는 심사기준에 차이를 두어야 하고, 더욱이 이 사건과 같은 공적 인물이 그의 공적 활동과 관련된 명예훼손적 표현은 그 제한이 더 완화되어야 하는 등 개별사례에서의 이익형량에 따라 그 결론도 달라지게 된다(헌법재판소 1999. 6. 24. 선고 97헌마265 결정)"고 판시했다. 위 결정에서 헌법재판소는 언론의 자유와 명예 보호라는 상반되는 헌법상의 두 권리의 조정 과정에서 ① 당해 표현으로 인한 피해자가 공적 인물인지 아니면 사인인지, ② 그 표현이 공적인 관심 사안에 관한 것인지 순수한 사적인 영역에 속하는 사안인지, ③ 피해자가 당해 명예훼손적 표현의 위험을 자초한 것인지, ④ 그 표현이 객관적으로 국민이 알아야 할 공공성·사회성을 갖춘 사실(알권리)로서 여론형성이나 공개토론에 기여하는 것인지 등을 고려하여야 한다며 구체적 심사 기준을 제시하였다.

이후 대법원은 "언론·출판의 자유와 명예보호 사이의 한계를 설정함에 있어서는, 당해 표현으로 명예를 훼손당하게 되는 피해자가 공적인 존재인지 사적인 존재인지, 그 표현이 공적인 관심사안에 관한 것인지 순수한 사적인 영역에 속하는 사안에 관한 것인지 등에 따라 그 심사기준에 차이를 두어, 공공적·사회적인 의미를 가진 사안에 관한 표현의 경우에는 언론의 자유에 대한 제한이 완화되어야 하고, 특히 공직자의 도덕성, 청렴성에 대하여는 국민과 정당의 감시기능이 필요함에 비추어 볼 때, 그 점에 관한 의혹의 제기는 악의적이거나 현저히 상당성을 잃은 공격이 아닌 한 쉽게 책임을 추궁하여서는 안 된다(대법원 2003. 7. 8. 선고 2002다64384 판결)"고 판시하며, 헌법재판소가 제시한 구체적 심사기준에서 한 걸음 더 나아가 '악의적이거나 현저히 상당성을 잃은 공격이 아닌 한 쉽게 책임을 추궁하여서는 안 된다'는 새로운 판단 기준을 제시하였다.

이처럼 공적 인물이나 공적 관심 사안의 경우, 대법원이 당해 표현이 악의적이거나 현저히 상당성을 잃은 공격이 아닌 한 쉽게 책임을 추궁하여서는 안 된다는 새로운 심사기준을 적용함으로써 언론·출판의 자유가 더욱 광범위하게 보호되고 있는데, 이와 같이 심사기준을 구별하는 이유는 공론의 장에 나선 전면적 공적 인물의 경우에는 비판을 감수해야 하고 그러한 비판에 대해서는 해명과 재반박을 통해서 극복 가능하다고 보기 때문이다(대법원 2018. 10. 30. 선고 2014다61654 전원합의체 판결).

- **언론 출판의 자유와 공인의 사생활의 비밀과 자유가 충돌할 경우 : 이익형량을 통한 위법성 판단**

　대한민국 헌법 제21조 제1항은 "모든 국민은 언론·출판의 자유와 집회·결사의 자유를 가진다."고 하며 언론의 자유를 규정하고 있다. 또한, 대한민국 헌법 제10조 제1문은 "모든 국민은 인간으로서의 존엄과 가치를 가지며, 행복을 추구할 권리를 가진다.", 제17조는 "모든 국민은 사생활의 비밀과 자유를 침해받지 아니한다.", 헌법 제21조 제4항은 "언론·출판은 타인의 명예나 권리 또는 공중도덕이나 사회윤리를 침해하여서는 아니 된다. 언론·출판이 타인의 명예나 권리를 침해한 때에는 피해자는 이에 대한 피해의 배상을 청구할 수 있다."고 규정하고 있다.

　공인과 관련된 사실을 보도한 신문 기사가 명예훼손적 표현을 담고 있는 경우, 사생활의 자유와 언론의 자유라는 상반되는 두 법익 사이 충돌이 발생하게 되는데, 위 헌법 규정을 종합하여 보면, 개인의 기본권인 언론의 자유와 타인의 인격권인 명예는 모두 인간으로서의 존엄과 가치, 행복추구권에 그 뿌리를 두고 있음을 알 수 있으므로, 두 권리 사이의 우열은 쉽게 단정할 수는 없다.

그러나 자기의 사상과 의견 표현에 아무런 제한도 받지 않고 타인의 인격권인 명예를 함부로 침해할 수 있다고 한다면 언론의 자유는 자기모순에서 헤어나지 못하므로(헌법재판소 1999. 6. 24. 선고 97헌마265 전원재판부), 언론의 자유는 개인의 명예 보호와의 관계에서 일정한 제한을 받아야 한다.

개인은 자신의 사생활의 비밀에 관한 사항을 함부로 타인에게 공개당하지 아니할 법적 이익을 가진다고 할 것이므로, 개인의 사생활의 비밀에 관한 사항은 그것이 공공의 이해와 관련되어 공중의 정당한 관심의 대상이 되는 사항이 아닌 한, 비밀로서 보호되어야 하고, 이를 부당하게 공개하는 것도 불법행위를 구성한다. 그러므로 사생활의 비밀과 자유 또는 초상권에 대한 부당한 침해는 불법행위를 구성하고, 그 침해는 그것이 공개된 장소에서 이루어졌다거나 민사소송의 증거를 수집할 목적으로 이루어졌다는 사유만으로는 정당화되지 아니한다(대법원 2012. 1. 27. 선고 2010다39277 판결, 대법원 2006. 10. 13. 선고 2004다16280 판결 등 참조).

한편 사생활과 관련된 사항의 공개가 사생활의 비밀을 침해하는 것으로서 위법하다고 하기 위하여는 적어도 공표된 사항이 일반인의 감수성을 기준으로 하여 그 개인의 입장에 섰을 때 공개되기를 바라지 않을 것에 해당하고 아울러 일반인에게 아직 알려지지 않은 것으로서 그것이 공개됨으로써 그 개인이 불쾌감이나 불안감을 가질 사항 등에 해당하여야 한다(대법원 2006. 12. 22. 선고 2006다15922 판결).

요컨대, 공인을 포함한 개인은 자신의 사생활의 비밀에 관한 사항을 함부로 타인에게 공개 당하지 아니할 법적 이익을 가진다고 할 것이므로, 개인의 사생활의 비밀에 관한 사항은 그것이 공공의 이해와 관련되어 공중의 정당한 관심의 대상이 되는 사항이 아닌 한, 비밀로서 보호되어야 한다.

- **명예훼손적 표현에 대한 면책 요건 및 위법성 조각 사유의 적용 범위**

민법은 제750조, 제751조에서 고의 또는 과실로 인한 위법한 명예훼손적 표현으로 타인에게 손해를 가하거나 타인의 신체, 자유 또는 명예를 해하거나 정신상 고통을 가한 경우에 손해배상책임을 지는 규정을 두고, 형법은 제307조 내지 제309조에서 공연히 사실(또는 허위의 사실)을 적시하여 명예를 훼손하거나, 사람을 비방할 목적으로 신문, 잡지 또는 라디오 기타 출판물에 의한 명예를 훼손하는 행위와 공연히 모욕하는 행위에 형사제재를 가하고 있다. 또한, 정보통신망법 제70조는 사람을 비방할 목적으로 정보통신망(인터넷 등)을 통하여 공공연하게 사실 혹은 거짓 사실을 드러내어 다른 사람의 명예를 훼손하는 경우 이에 따른 처벌에 대하여 명시하고 있다.

한편, 형법 제310조는 "제307조 제1항(사실적시 명예훼손)의 행위가 진실한 사실로서 오로지 공공의 이익에 관한 때에는 처벌하지 아니한다"고 위법성의 조각으로 처벌하지 아니하는 경우에 대한 규정을 두고 있고, 언론중재 및 피해구제 등에 관한 법률 제5조 제2항은 후단에서 "언론 등의 보도가 공공의 이익에 관한 것으로서 진실한 것이거나 진실하다고 믿는 데에 정당한 사유가 있는 경우"에는 인격권 침해에 대하여 책임을 지지 않는다는 내용의 명예훼손적 표현에 대한 형사제재의 면책 요건을 규정하고 있는데, 이는 언론의 자유와 명예 보호라는 두 가치의 법익을 형량하기 위한 목적으로 제정된 조항이다.

한편, 헌법재판소는 "① 명예훼손적 표현이 진실한 사실이라는 입증이 없어도 행위자가 진실한 것으로 오인하고 행위를 한 경우, 그 오인에 정당한 이유가 있는 때에는 명예훼손죄는 성립되지 않는 것으로 해석하여야 하며, ② 형법 제310조 소정의 '오로지 공공의 이익에 관한 때에'라는 요건은 언론의 자유를 보장한다는 관점에서 그 적용범위를 넓혀야 하고, ③ 형법 제309조 소정의 '비방할 목적'은 그 폭을 좁히는 제한된 해석이 필요하며, 법관은 엄격한 증거로써 입증이 되는 경우에 한하여 행위자의 비방 목적을 인정하여야 한다(헌법재판소 1999. 6. 24. 선고 97헌마265 결정)."고 보아 형법 제310조 위법성조각사유의 적용 범위를 확장하고, 명예훼손의 책임 범위를 축소하였다.

이처럼 법원은 명예훼손 행위가 진실한 사실로서 오로지 공공의 이익에 관한 때 형법 제310조 위법성 조각사유가 인정된다고 판단할 뿐만 아니라 허위 사실이더라도 이를 진실한 사실로 믿었고 또한 오인한 데에 상당한 이유가 있다면 명예훼손죄가 성립되지 않는 것으로 해석된다고 하며, 형법 제310조의 위법성 조각사유의 적용 범위를 확장하여 행위자를 벌하지 않고 있다.

◐ 언론에 의한 사생활 침해시 취할 수 있는 법적 조치

언론사의 언론보도에 의한 사생활 침해 및 명예훼손이 발생한 경우, 당사자는 사실을 적시하여 타인의 명예를 훼손한 자에 대하여 '출판물에 의한 명예훼손죄'로 형사 고소 가능한데(형법 제309조 제1항 참조) 이 경우 사람을 '비방할 목적'이 입증되어야 한다. 또한 형사 고소와 별개로 당사자는 언론사에 대하여 민사상 불법행위로서 그로 인한 손해를 배상할 것을 청구할 수 있으며(민법 제750조, 제751조 참조), 아울러 손해배상에 갈음하거나 손해배상과 함께 명예회복에 적당한 처분을 청구할 수 있다(민법 제764조 참조).

한편, 언론보도로 인한 피해에 대한 실효성 있는 구제제도를 확립하고, 궁극적으로 언론의 자유와 공적 책임을 조화할 목적으로 2005년 1월 27일 언론중재 및 피해구제 등에 관한 법률(약칭 : 언론중재법)이 제정되었다. 언론중재법 제14조는 사실적 주장에 관한 언론보도 등이 진실하지 아니함으로 인하여 피해를 입은 피해자는 언론사 등에게 그 언론보도 등의 내용에 관한 정정보도를 청구할 수 있음을 규정하고 있으며, 또한 같은 법 제16조는 피해자가 그 보도 내용에 관한 반론보도를 언론사 등에게 청구할 수 있음을 규정하고 있다. 이처럼 특별법인 언론중재법이 일반법인 민법에 우선하기 때문에, 피해 당사자는 언론사 등의 과실이나 위법성이 없어도 보도 자체가 진실에 부합하지 않으면 정정보도 청구가 가능하며, 다만, 언론보도가 있음을 안 날로부터 3월, 해당 언론보도가 있은 후 6월 이내에 정정보도 및 반론보도를 청구하여야 한다.

더불어 언론중재법 제30조 제1항 "언론의 고의 또는 과실로 인한 위법행위로 인하여 재산상 손해를 입거나 인격권 침해 그 밖에 정신적 고통을 받은 자는 그 손해에 대한 배상을 언론사에 청구할 수 있다."고 규정하고 있는 바, 피해 당사자는 민법 제750조, 제751조 및 제764조의 규정에 따른 구제수단에 앞서 언론중재법 제30조 제1항, 제3항, 제4항, 제31조에서 자세히 규정 하고 있는 언론의 위법행위로 인한 손해배상청구가 가능하며, 이는 언론중재법 제18조 제1항 및 제24조 제1항에 의한 손해배상청구의 조정과 중재에도 그대로 적용 가능하다.

> **마** ▶ 관련 사례

> **Case 1-1** 출생, 성장내력, 혼인관계, 전과관계, 전자팔찌 착용 등 유명인의 내밀한 사생활을 담은 보도가 위법한가?
> 서울중앙지방법원 2020. 1. 9. 선고 2018가단5100406 판결

1. 사실관계

W는 2017년경 유명인 A와 혼인신고를 마쳤다. 그 후 A가 SNS에 혼인신고 사진 등을 올리자 신문과 방송 등 언론에서 W의 출생·성장과 관련한 비밀, 학력, 가족관계, 과거 범죄전력 등에 대한 각종 의혹기사들이 쏟아졌다.

이에 W는 언론사 소속 기자들이 W의 동의 없이 이 사건 각 기사를 작성하고, 언론사와 방송사가 이를 보도, 방송함으로써 W의 출생 및 성장내력, 사실혼 등 혼인관계, 전과관계 등 사적 사항을 공표하여 W의 사생활의 비밀 및 자유를 침해하였으므로, 인터넷신문사와 그 소속 기자들, 그리고 공중파와 케이블 방송사 및 그 소속 기자들은 각자 W에게 사생활 비밀 및 자유의 침해로 인한 위자료를 지급할 의무가 있다며 손해배상 청구를 하였다.

2. 법원의 판단 : 청구 일부 인용

가. 이 사건 기사가 사생활의 비밀과 자유를 침해하였는지 여부 : 침해 인정

법원은 "언론사들 및 기자들은 W가 A와 혼인 신고를 마쳤다는 사유로 대중의 관심사라는 명분 아래 W의 동의 없이 W가 공개를 꺼려할 출생 및 성장내력, W의 학력, 친부모 여부, 사실혼 관계, 전과, 현재 재판계류 중인 사안, W의 혼외자 여부, 사기 혐의의 존부, 교도소 복역 전력, 사기 피해액 등 W의 입장에서 노출을 꺼리는 사적 비밀에 관한 사항을 무차별적으로 취재한 후 대중들의 호기심을 자극하는 선동적인 문구로 보도 내지 방송을 함으로써, W의 사생활의 비밀과 자유를 침해하였다"고 보아 이 사건 각 기사를 공동으로 작성한 피고들에 대하여 공동불법행위자로서 공동하여 W가 입은 정신적 손해를 배상할 의무가 있다고 판단하였다.

나. 이 사건 기사에 위법성 조각 사유가 있는지 여부 : 불인정

(1) W를 공인으로 볼 수 있는지 여부

법원은 "A가 팝 아티스트로 활동하면서 여러 차례 방송에 출연해 오던 중 자신의 SNS 계정에 W와 혼인신고를 하며 같이 찍은 사진과 함께 W의 이름을 업로드하면서 세간의 주목을 받게 되었던 점 등을 통해 이 사건 기사 게재 당시 A는 이른바 '공적 인물'의 지위를 취득하게 되었고 그의 결혼을 둘러싼 사생활, 특히 그 결혼 상대방이 누구일지 등은 일반인의 지대한 관심을 끌 만한 사항에 해당하게 되었다고 할 것이다"고 보

아 A의 공인성을 인정하고, A의 결혼 상대방에 대한 사항을 공적 관심사에 해당한다고 판단했다.

나아가 법원은 "W가 과거 스스로 모 언론사와의 인터뷰를 자처하여 고(故) J의 편지를 가지고 있다고 주장함으로써 이 사건 각 보도 이전에도 이미 W에 대한 정보가 일반 대중들에게 알려져 있었던 것으로 보이는 점 등을 더하여 보면, W 역시 A와의 혼인 및 J와 관련된 범위 내에서 일반인들의 관심의 대상이 되었다"고 판단하였다.

(2) 이 사건 기사 내용의 공중의 정당한 관심사 해당 여부

법원은 위와 같은 사실을 전제로, "W가 이 사건 각 보도 며칠 후 기자회견을 열고 자신이 가짜 J 편지 사건의 당사자가 맞고, 그 증거위조로 집행유예 2년을 선고받은 적이 있으며, 그리고 전자발찌 착용 및 사실혼 관계 여성의 존재 여부 등에 관하여 해명하였는 바, 그렇다면 W의 과거 전력, 전자팔찌 착용 여부 및 사실혼 관계 존재 여부는 일부 사람들의 관심을 끌 만한 사항에 해당될 여지가 있다"고 보았다.

◐ 원고는 공인의 주변인물로서 비교적 넓은 사생활의 보호를 받을 필요가 있음.

법원은 우선 W가 비록 과거에 언론에 유명세를 탔다거나 기자회견까지 열었다고 할지라도 사생활의 비밀과 자유가 완전히 배제되는 것은 아니라고 보았다.

나아가 '공적 인물'인 A의 결혼 상대방으로서 W가 대중적 관심사가 되기는 하였으나, W가 이 사건 각 보도 당시에 평소 일반 대중에게 자신의 출생 및 혼외자 관계, 사실혼 여부, 과거 전과전력 등에 관한 자신의 사생활을 드러내는 것을 추구하여 왔다거나 그와 같은 노출을 자발적으로 감수하여 왔다고는 볼 증거는 없다고 판단하였다.

이러한 점을 종합하여, 법원은 W의 출생 및 혼외자 관계, 과거 전과 및 전자팔찌 부착관계, 그리고 사실혼 관계의 구체적 내용, 재판을 받고 있는 상황 등은 일부 사람들의 단순한 호기심의 대상이 될 수는 있을지라도 그 자체로 공공의 이해와 관련되어 공중의 정당한 관심사에 해당한다[86]고 인정하기 어렵다고 판단하였다.

◐ W의 사생활의 비밀과 자유가 언론 출판의 자유보다 더 중요함.

나아가 법원은 설령 W의 출생 및 혼외자 관계, 과거 전과 관계, 그리고 사실혼 관계의 구체적 내용, 재판을 받고 있는 상황 등이 일반 대중의 정당한 관심사에 포함된다고 하더라도, 그러한 요소에 대한 대중적 관심이 W의 사생활의 비밀과 자유라는 인격적 이익보다 더 우월하다고 볼 수

---

[86] 사안에서 법원은 "① 피고의 이 사건 보도는 W의 기자회견이 열리기 전에 이루어진 점, ② 며칠 후 열린 위 기자회견은 A와의 혼인신고 후 언론사 등의 무분별한 폭로와 억측이 지속되자, W와 A가 자신들의 입장을 밝히고 더 이상 사적 생활부분의 비밀과 자유를 침해하지 말아달라는 취지로 열린 것인 점, ③ 그런데 이 사건 각 기사는 W의 출생이나 성장관계, 전과 및 전자팔찌 부착관계, W의 사실혼 관계 등 일반인의 감수성을 기준으로 보았을 때 W가 공개를 꺼려할 사적 영역 부분을 구체적, 무차별적으로 기술 내지 묘사한 내용으로서, 그 중에는 신분과 혼외자 관계, W의 여러 전과관계 및 재판을 받고 있는 내역 등에 대한 내용도 포함되어 있는 점, ④ 위와 같은 구체적인 보도 내지 방송은 피고측 기자들이 위 A의 혼인과 관련하여 대중들의 호기심을 자극하기 위해 앞서 본 기자회견 장에서 나온 W의 해명에 대한 논평이나 반박의 차원을 넘어 부정적인 기사나 선동적인 문구에 초점을 맞추어 사생활 등에 관한 부분을 적나라하게 적시한 것으로 보이는 점"을 토대로 공중의 정당한 관심사에 해당하지 않는다고 판단하였다.

는 없다고 보아, W의 사생활 보호 및 자유의 가치가 더 우위에 있는 기본권이라고 판단하였다.

◐ 이 사건 기사의 표현 내용 및 방법이 정당하다고 볼 수도 없음.

법원은 피고들 중 방송사나 인터넷신문사가 언론기관으로서 A의 결혼 상대방에 관하여 조사·취재함으로써 이를 W의 결혼을 둘러싼 사생활을 보도함에 있어 하나의 자료로 사용할 필요성이 있었음에 관하여는 인정하였다.

그러나, 피고들 중 기자들이 W의 출생지와 친부모의 가족사항은 물론 유치원 및 초등학교 앨범까지 탐문 조사하여 공개하였고, 나아가 W의 특수강도강간 등 전과 죄명 등을 공개하고 전자발찌 착용논란을 더욱 부추김으로써 W가 가장 꺼려하는 사적 비밀의 영역을 심대하게 침해하였으며, W가 무죄 다툼을 벌이고 있는 사기나 횡령 사건의 피의사실을 피해자의 진술을 토대로 무차별적으로 보도를 해 일반인으로 하여금 유죄의 심증을 갖게 하였는 바 그와 같은 취재로 인한 침해의 방법, 그에 이은 표현 방법 및 내용 역시 합리적인 것이라고 볼 수는 없다고 보아, 가사 공공의 이익이 있다고 하더라도, 그 표현내용·방법 등이 부당한 것에 해당하여 위법성이 조각될 수는 없다고 판단하였다.

다. 결론

이러한 점을 종합하여 법원은 피고 소속 기자들이 부당한 방법으로

W를 취재하여 이 사건 각 기사를 각 작성하고 공표·방송한 행위는 W의 사생활의 비밀과 자유를 침해하는 행위로서 그 위법성이 조각될 수 없고, 그러므로 W가 입은 정신적 손해를 배상할 의무가 있다고 판단하여, 피고들은 공동하여 W에게 5,000,000원 및 지연손해금을 지급할 것을 명하였다.

> **Case 2-1** 공인의 가족 등 주변인물을 공인으로 볼 수 있는지
> 서울중앙지방법원 2001. 12. 19. 선고 2001가합8399 판결

1. 사실관계

원고 A는 1988년 12월 MBC 대학가요제에서 그룹 M에 보컬로 참여하여 대상을 수상하면서 가요계에 입문한 후 1990년 및 1991년 올해의 가수상 등에 선정되었고, 라디오 가요프로그램을 진행하거나 여러 대학에서 대중문화에 관한 초빙특강을 하는 등 일반인들에게도 널리 알려진 인기있는 연예인으로서 활동하여 왔던 자이며, 원고 B는 재일교포 2세로서 미국에서 대학교를 졸업한 후 2000년 4월부터 같은 해 12월까지 G 일본지사의 애널리스트로 근무한 경력이 있는데, 1996년 미스코리아 본선 대회에 뉴욕 진으로 참가한 적도 있었다. 피고 1은 일간신문을 발행하는 언론사이고, 피고 2는 피고 1 회사 소속 기자이다.

원고들은 1999년 말경 미국 뉴욕에서 아는 사람을 통하여 소개받은

후 여러 차례 만나거나 서로 연락을 주고받아 왔는데, 원고 A는 2001년 1월 11일경 케이블 TV와의 인터뷰에서 '애인이 있느냐'는 질문에 '있다'라고 답한 바 있으며, 2001년 1월 13일자 신문에는 위 원고 A가 8살 연하로서 일본계 금융회사에 재직 중인 여자와 열애 중이라는 취지의 기사가 보도되기도 하였다.

피고 2는 '원고 A가 1년 넘게 국제적으로 사랑을 나눠온 미모의 아가씨와 결혼초읽기에 들어갔다'는 내용의 기사(이 사건 기사)를 작성하였고, 피고 1은 2001년 1월 20일자 기사 1면에 원고들의 사진과 더불어 이 사건 기사를 실어 보도하였다.

피고들이 이 사건 기사를 보도함에 있어 기사 및 사진 게재에 관하여 사전에 원고들의 동의를 받은 바는 없고, 원고 B의 사진은 위 원고의 대학졸업 앨범에 실렸던 것이다.

이에 원고들은 프라이버시권 및 초상권 침해를 주장하며, 신문사와 기자를 상대로 손해배상 청구 소송을 제기하였다.

2. 법원의 판단

가. 이 사건 기사가 원고들의 프라이버시권을 침해하였는지 여부 :
  침해 인정

법원은 "이 사건 기사가 원고들의 사진과 함께 "가수 원고 A가 천생

배필을 만났다. 1년 넘게 국제적으로 사랑을 나눠온 미모의 아가씨와 결혼 초읽기에 들어간 것이다", "원고 A는 영국과 미국을 오가며 앨범작업을 준비하는 틈틈이 원고 2를 만나 사랑을 가꿔왔다", "일본에서 직장생활을 해 온 원고 B는 최근 회사에 사표를 제출한 뒤 지난 연말 아버지가 있는 한국으로 돌아왔다. 원고 B가 귀국한 이유는 바로 원고 A와의 결혼을 준비하기 위해서다", "이들의 측근은 '원고 A가 원고 B에게 먼저 프로포즈를 했으며, 이미 양가에서 두 사람의 결혼을 기정사실화한 것으로 알고 있다'고 밝혔다", "원고 2는 2001년의 첫날을 원고 A의 부모 집에 머물며 예비 며느리의 역할을 담당했다", "양쪽 가족은 조만간 상견례를 할 예정이며, 이르면 올 3-4월께 화촉을 밝힐 것으로 보인다"는 등의 표현을 사용함으로써, 원고들의 실명을 특정하면서 원고들이 양가의 허락 하에 곧 결혼할 것이라는 사실을 단정적으로 적시하고 있는 바, 이는 원고들의 사생활의 영역에 속하는 사항이므로, 원고들로서는 이러한 사항을 함부로 타인에게 공개 당하지 아니할 권리 즉 프라이버시권을 가진다고 할 것인데, 피고들이 보도를 통하여 위와 같은 사실을 공표한 이상 이 사건 기사의 보도는 특별한 사정이 없는 한 원고들의 프라이버시권을 침해하였다"고 판단하였다.

나. 이 사건 기사에 위법성 조각 사유가 있는지 : 불인정

1) 공중의 정당한 관심사인지 여부

◐ 널리 알려진 유명 연예인 원고 A의 공중의 정당한 관심사에 해당함

법원은 "원고 A는 일반인들에게 널리 알려진 유명 연예인으로서 상당한 인기를 누리고 있는 '스타'라고 할 것이므로, 이른바 '공적 인물'이라고

볼 것인데, 공적 인물에 대하여는 보통 사람들이라면 사생활에 관한 사항에 해당하는 것이라도 공중의 정당한 관심의 대상이 되는 경우가 있을 수 있는데, 이 사건 기사의 경우, 결혼 적령기에 있는 유명 인기 연예인인 원고 A의 결혼 예정 사실을 보도하고 있어 그 내용이 일반인들로서 관심을 가질 만한 것이고, 한편 이 사건 기사가 그 외에 위 원고의 다른 내밀한 영역에 관한 사항이나 일반에 노출되어서는 안 될 사적인 비밀에 관한 사항 등을 적시하고 있지는 않고, 위 원고의 사회적 평가를 저하시킬 만한 내용도 없으므로, 위와 같은 기사 내용은 공중의 정당한 관심사의 대상이 되는 것이라고 보인다"고 판단하였다.

◐ 공인과 결혼을 앞둔 주변 인물 원고 B의 경우 공중의 정당한 관심사에 해당된다고 볼 수 없음.

그러나 법원은 위 유명 연예인과 결혼할 것이라고 보도된 상대방인 원고 B에 대하여는 "원고 B가 1996년 미스코리아 대회에 뉴욕 진으로 참가한 적이 있기는 하나, 이것만으로 원고 B를 공적 인물이라고 보기는 어렵고, 원고 A와 결혼할 사이라고 해서 공적 인물이 된다고 볼 수도 없으며, 피고들로서는 원고 A의 결혼에 관한 기사를 보도한다고 하더라도 원고 B의 실명을 게재하여서는 아니되고, 달리 원고 A의 결혼할 상대가 바로 원고 B라는 것까지 공중의 정당한 관심사가 된다고 볼 근거가 없다"고 보아, 단순히 공인과 결혼을 앞둔 주변 인물이라고 하여 마찬가지로 공중의 정당한 관심사에 해당된다고는 볼 수 없다고 판단했다.

(2) 기사 내용의 진실성 내지 상당성 여부

법원은 원고들이 양가의 허락 하에 곧 결혼할 것이라는 이 사건 기사 내용이 신속한 보도를 필요로 하는 것이라고 볼 수 없는데도 피고 2가 이 사건 기사 보도 이전에 원고들이나 그 가족들에게 사실 여부를 확인하지 않은 채 단정적인 표현을 사용하여 기사를 작성, 보도한 점에 비추어, 설사 피고들의 주장처럼 지인의 제보를 믿었다고 하더라도 피고들이 이 사건 기사 내용을 진실이라고 믿을 상당한 이유가 있는 경우에 해당한다고 보기 어렵다고 판단하였다.

(3) 소결론

결국, 법원은 이 사건 기사가 원고 A에 대한 관계에서는 공중의 정당한 관심사에는 해당하나 그것이 진실이라거나 진실이라고 믿을 상당한 이유가 있는 경우라고 볼 수 없어 위법성이 조각되지 않고, 원고 B에 대한 관계에서는 그 실명의 게재가 공중의 정당한 관심사에 해당하지 않아 역시 위법성이 조각되지 아니하며, 원고들이 수인하여야 할 범위를 넘어서는 것이라고 판단하였다.

다. 이 사건 기사의 원고 B에 대한 초상권 침해 여부 : 인정

아울러 법원은 피고들이 이 사건 기사를 보도함에 있어 공적 인물도 아닌 원고 B의 동의를 받지 않은 채 그의 사진을 무단으로 게재하였으므로, 실명 게재 부분과 마찬가지로 사진 게재도 위법성이 조각된다고 볼 수 없으므로, 그로 인하여 원고 B의 초상권을 침해하였다고 판단하였다.

라. 결론

법원은 위와 같은 점을 종합하여, 이 사건 기사의 보도를 통하여 원고들의 프라이버시권 및 원고 B의 초상권이 침해되었으므로, 피고들은 각자 원고들이 이 사건 기사의 보도로 인하여 입은 정신적 손해를 금전으로나마 배상할 의무가 있다고 보아 원고 A에게 1,000만원, 원고 B에게 2,000만원 및 각 금원에 대하여 지연손해금을 지급할 의무가 있다고 판단하였다.

SW's comment (이것만은 알아두자)

공적 인물에 대한 명예훼손에 있어 헌법재판소는 ① 당해 표현으로 인한 피해자가 공적인 존재인지 사적인 존재인지, ② 그 표현이 공적인 관심사안에 관한 것인지 순수한 사적인 영역에 속하는 사안에 관한 것인지, ③ 그 표현이 객관적으로 국민이 알아야 할 공공성, 사회성을 갖춘 사안에 관한 것으로 여론형성이나 공개토론에 기여하는 것인지 아닌지 등을 따져보아 공적 인물에 대한 명예훼손과 사인에 대한 명예훼손의 경우 그 위법성 판단 기준을 달리 적용해야 한다고 판단하고 있다(헌법재판소 1999. 6. 24. 자 97헌마265 결정).

이와 관련하여 대법원은 "공직자의 도덕성, 청렴성에 대하여는 국민과 정당의 감시기능이 필요함에 비추어 볼 때, 정부 또는 국가기관의 정책결정 또는 업무수행과 관련된 사항을 주된 내용으로 하는 발언으로 정책결정이나 업무수행에 관여한 공직자에 대한 사회적 평가가 다소 저하될 수 있더라도, 발언 내용이 공직자 개인에 대한 악의적이거나 심히 경솔한 공격으로서 현저히 상당성을 잃은 것으로 평가되지 않는 한, 그 발언은 여전히 공공의 이익에 관한 것으로서 공직자 개인에 대한 명예훼손이 된다고 할 수 없다"고 하며 구체적인 위법성 판단 기준을 제시하고 있다(대법원 2003. 7. 8. 선고 2002다64384 판결, 대법원 2021. 3. 25. 선고 2016도14995 판결).

    연예인은 인지도, 사회에 미치는 영향력 등을 고려하면, 일반적으로 '공적 인물'로 이해된다. 뿐만 아니라, 연예인 스스로도 '공인'이라고 칭하는 경우를 심심치 않게 접할 수 있다. 그렇다면, 언론보도를 통해 연예인의 사생활이 침해되었다거나 혹은 명예훼손의 피해를 당하였다고 판단되는 경우에는 '공인에 대한 명예훼손'의 판단기준을 고려하여, 정당한 언론활동의 범위를 벗어나 악의적이거나 심히 경솔한 공격으로서 현저히 상당성을 잃은 것인지의 여부를 검토해볼 필요가 있을 것이다. 만약 그러하다고 판단되는 경우 위에 적시한 바와 같이 형사상 명예훼손죄 고소(형법 제309조 제1항 참조), 민사상 불법행위 손해배상 청구, 나아가 언론중재법 상 정정보도 청구 및 반론보도 청구를 고려해볼 필요가 있다. 다만, 정정보도 및 반론보도 청구의 경우 언론보도가 있음을 안 날로부터 3월, 해당 언론보도가 있은 후 6월 이내에 정정보도 및 반론보도 청구가 가능하다는 점도 유의할 필요가 있다.

판례로 알아가는 연예매니지먼트 분쟁사례집

초 판 1쇄 발행 2023년 9월 15일

지은이	법무법인(유한) 신원
펴낸이	이옥겸
콘텐츠사업팀	하다솜
디자인팀	오한결, 이예은
펴낸곳	도서출판 좋은피알
등록번호	제2018-000029호
주 소	서울시 중구 수표로 45 을지비즈센터 709호
전 화	070.7731.7555
팩 스	0505.898.1010
이메일	master@soyapr.com
홈페이지	www.soyapr.com
ISBN	979-11-968251-9-5
가 격	34,000원

* 잘못된 책은 바꾸어 드립니다.
* 이 출판물은 저작권법에 의해 보호를 받는 저작물이므로 무단전재와 무단 복제를 할 수 없습니다.